NOUVELLES
LEÇONS FRANÇAISES

DE LITTÉRATURE ET DE MORALE

ou

RECUEIL DE MORCEAUX

EN PROSE ET EN VERS,

EXTRAITS DES MEILLEURS AUTEURS FRANÇAIS,

ENRICHI

De Préceptes et de Notions littéraires sur chaque genre de composition,

PAR H. J. T.

TOME SECOND.

PROSE.

Grenoble,

Ch. VELLOT ET Cie, LIBRAIRES DE L'ACADÉMIE,
RUE LAFAYETTE, 14.

PARIS,
CARLE ET JAGER, LIBRAIRES,
QUAI DES AUGUSTINS, 57.

1843.

NOUVELLES

LEÇONS FRANÇAISES

DE LITTÉRATURE ET DE MORALE.

Tout exemplaire de cet ouvrage non revêtu de la signature de l'auteur sera réputé contrefait.

GRENOBLE. — TYPOGRAPHIE DE F. ALLIER,
GRAND'RUE, COUR DE CHAULNES.

NOUVELLES
LEÇONS FRANÇAISES

DE LITTÉRATURE ET DE MORALE

ou

RECUEIL DE MORCEAUX

EN PROSE ET EN VERS,

EXTRAITS DES MEILLEURS AUTEURS FRANÇAIS,

ENRICHI

De Préceptes et de Notions littéraires sur chaque genre de composition,

PAR H. J. T.

TOME SECOND.

PROSE.

CH. VELLOT ET Cie, LIBRAIRES DE L'ACADÉMIE,

RUE LAFAYETTE, 14.

PARIS,

CARLE ET JAGER, LIBRAIRES,

QUAI DES AUGUSTINS, 57.

1843

PRÉFACE.

Du Style et de l'Art d'écrire.

Il s'est trouvé, dans tous les temps, des hommes qui ont su commander aux autres par la puissance de la parole. Ce n'est néanmoins que dans les siècles éclairés que l'on a bien écrit et bien parlé. La véritable éloquence suppose l'exercice du génie et la culture de l'esprit. Elle est bien différente de cette facilité naturelle de parler qui n'est qu'un talent, une qualité accordée à tous ceux dont les passions sont fortes, les organes souples, et l'imagination prompte. Ces hommes sentent vivement, s'affectent de même, le marquent fortement au dehors ; et, par une impression purement mécanique, ils transmettent aux autres leur enthousiasme et leurs affections. C'est le corps qui parle au corps : tous les mouvements, tous les signes, concourent et servent également. Que faut-il pour émouvoir la multitude et l'entraîner ? Que faut-il pour ébranler la plupart même des autres hommes et les persuader ? un ton véhément et pathétique, des gestes expressifs et fréquents, des paroles rapides et sonnantes ; mais pour le petit nombre de ceux dont la tête est ferme, le goût délicat et le sens exquis, et qui comptent pour peu le ton, les gestes et le vain son des mots, il faut des choses, des pensées, des raisons ; il faut savoir les présenter, les nuancer, les ordonner : il ne suffit pas de frapper l'oreille, d'occuper les yeux ; il faut agir sur l'âme, et toucher le cœur en parlant à l'esprit.

Le style n'est que l'ordre et le mouvement qu'on met dans ses pensées : si on les enchaîne étroitement, si on les serre, le style ferme devient nerveux et concis ; si on les laisse se succéder lentement, et ne se joindre qu'à la faveur des mots, quelque élégants qu'ils soient, le style sera diffus, lâche et traînant.

Mais, avant de chercher l'ordre dans lequel on présentera ses pensées, il faut s'en être fait un autre plus général et plus fixe, où ne doivent entrer que les premières vues et les principales idées ; c'est en marquant leur place sur ce premier plan, qu'un sujet sera circonscrit, et que l'on en connaîtra l'étendue ;

c'est en se rappelant sans cesse ces premiers linéaments, qu'on déterminera les justes intervalles qui séparent les idées accessoires et moyennes qui serviront à les remplir. Par la force du génie, on se représentera toutes les idées générales et particulières sous leur véritable point de vue; par une grande finesse de discernement, on distinguera les pensées stériles des idées fécondes; par la sagacité que donne la grande habitude d'écrire, on sentira d'avance quel sera le produit de toutes ces opérations de l'esprit. Pour peu que le sujet soit vaste ou compliqué, il est bien rare qu'on puisse l'embrasser d'un coup-d'œil ou le pénétrer en entier d'un seul et premier effort de génie; et il est rare encore qu'après bien des réflexions on en saisisse tous les rapports. On ne peut donc trop s'en occuper; c'est même le seul moyen d'affermir, d'étendre et d'élever ses pensées : plus on leur donnera de substance et de force par la méditation, plus il sera facile ensuite de les réaliser par l'expression.

Ce plan n'est pas encore le style, mais il en est la base; il le soutient, il le dirige, il règle son mouvement, et le soumet à des lois : sans cela, le meilleur écrivain s'égare, sa plume marche sans guide, et jette à l'aventure des traits irréguliers et des figures discordantes. Quelque brillantes que soient les couleurs qu'il emploie, quelques beautés qu'il sème dans les détails, comme l'ensemble choquera ou ne se fera pas assez sentir, l'ouvrage ne sera point construit; et en admirant l'esprit et l'auteur, on pourra soupçonner qu'il manque de génie. C'est par cette raison que ceux qui écrivent comme ils parlent, quoiqu'ils parlent très-bien, écrivent mal; que ceux qui s'abandonnent au premier feu de leur imagination, prennent un ton qu'ils ne peuvent soutenir; que ceux qui craignent de perdre des pensées isolées, fugitives, et qui écrivent en différents temps des morceaux détachés, ne les réunissent jamais sans transitions forcées; qu'en un mot, il y a tant d'ouvrages faits de pièces de rapport, et si peu qui soient fondus d'un seul jet.

Cependant, tout sujet est un; et, quelque vaste qu'il soit, il peut être renfermé dans un seul discours. Les interruptions, les repos, les sections, ne devraient être d'usage que quand on traite des sujets différents, ou lorsque, ayant à parler de choses grandes, épineuses et disparates, la marche du génie se trouve interrompue par la multiplicité des obstacles, et contrainte par la nécessité des circonstances; autrement, le grand nombre de divisions, loin de rendre un ouvrage plus solide, en détruit l'assemblage; le livre paraît plus clair aux yeux, mais le dessein de l'auteur demeure obscur; il ne peut faire impression sur l'esprit du lecteur; il ne peut même se faire sentir que par la continuité du fil, par la dépendance harmonique des idées, par un développement successif, une gradation soutenue, un mouvement uniforme que toute interruption détruit ou fait languir.

Pourquoi les ouvrages de la nature sont-ils si parfaits? c'est que chaque ouvrage est un tout, et qu'elle travaille sur un plan éternel dont elle ne s'écarte jamais. Elle prépare en silence les germes de ses productions ; elle ébauche, par un acte unique, la forme primitive de tout être vivant, elle la développe, elle la perfectionne par un mouvement continu et dans un temps prescrit. L'ouvrage étonne, mais c'est l'empreinte divine dont il porte les traits qui doit nous frapper. L'esprit humain ne peut rien créer : il ne produira qu'après avoir été fécondé par l'expérience et la méditation : ses connaissances sont les germes de ses productions. Mais s'il imite la nature dans sa marche et dans son travail, s'il s'élève par la contemplation aux vérités les plus sublimes, s'il les réunit, s'il les enchaîne, s'il en forme un tout, un système par la réflexion, il établira, sur des fondement inébranlables, des monuments immortels.

C'est faute de plan, c'est pour n'avoir pas assez réfléchi sur son objet, qu'un homme d'esprit se trouve embarrassé, et ne sait par où commencer à écrire : il aperçoit à la fois un grand nombre d'idées, et, comme il ne les a ni comparées, ni subordonnées, rien ne le détermine à préférer les unes aux autres, il demeure donc dans la perplexité. Mais lorsqu'il se sera fait un plan, lorsqu'une fois il aura rassemblé et mis en ordre toutes les pensées essentielles à son sujet, il s'apercevra aisément de l'instant auquel il doit prendre la plume, il sentira le point de maturité de la production de l'esprit, il sera pressé de la faire éclore, il n'aura même que du plaisir à écrire ; les idées se succéderont aisément, et le style sera naturel et facile, la chaleur naîtra de ce plaisir, se répandra partout, et donnera de la vie à chaque expression : tout s'animera de plus en plus; le ton s'élèvera, les objets prendront de la couleur ; et le sentiment, se joignant à la lumière, l'augmentera, la portera plus loin, la fera passer de ce que l'on a dit à ce qu'on va dire, et le style deviendra intéressant et lumineux,

Rien ne s'oppose plus à la chaleur que le désir de mettre partout des traits saillants ; rien n'est plus contraire à la lumière, qui doit faire un corps et se répandre uniformément dans un écrit, que ces étincelles qu'on ne tire que par force en choquant les mots les uns contre les autres, et qui ne nous éblouissent pendant quelques instants que pour nous laisser ensuite dans les ténèbres. Ce sont des pensées qui ne brillent que par l'opposition ; l'on ne présente qu'un côté de l'objet, on met dans l'ombre toutes les autres faces; et, ordinairement, ce côté qu'on choisit est une pointe, un angle sur lequel on fait jouer l'esprit avec d'autant plus de facilité, qu'on s'éloigne davantage des grandes faces sous lesquelles le bon sens a coutume de considérer les choses.

Rien n'est encore plus opposé à la véritable éloquence que l'emploi de ces pensées fines, et la recherche de ces idées légères, déliées, sans consistance, et qui, comme la feuille du métal battu, ne prennent de l'éclat qu'en perdant de la solidité : aussi, plus on mettra de cet esprit mince et brillant dans un écrit, moins il aura de nerf, de lumière, de chaleur et de style, à moins que cet esprit ne soit lui-même le fond du sujet, et que l'écrivain n'ait pas eu d'autre objet que la plaisanterie; alors l'art de dire de petites choses devient peut-être plus difficile que l'art d'en dire de grandes.

Rien n'est plus opposé au beau naturel que la peine qu'on se donne pour exprimer des choses ordinaires ou communes d'une manière singulière ou pompeuse : rien ne dégrade plus l'écrivain. Loin de l'admirer, on le plaint d'avoir passé tant de temps à faire de nouvelles combinaisons de syllabes, pour ne rien dire que ce que tout le monde dit. Ce défaut est celui des esprits cultivés, mais stériles; ils ont des mots en abondance, point d'idées : ils travaillent donc sur des mots, et s'imaginent avoir combiné des idées, parce qu'ils ont arrangé des phrases, et avoir épuré le langage, quand ils l'ont corrompu en détournant les acceptions. Ces écrivains n'ont point de style, ou, si l'on veut, ils n'en ont que l'ombre : le style doit graver des pensées; ils ne savent que tracer des paroles.

Pour bien écrire, il faut donc posséder pleinement son sujet; il faut y réfléchir assez pour voir clairement l'ordre de ses pensées, et en former une suite, une chaîne continue, dont chaque point représente une idée; et, lorsqu'on aura pris la plume, il faudra la conduire successivement sur ce premier trait, sans lui permettre de s'en écarter, sans l'appuyer trop inégalement, sans lui donner d'autre mouvement que celui qui sera déterminé par l'espace qu'elle doit parcourir. C'est en cela que consiste la sévérité du style ; c'est aussi ce qui en fera l'unité et ce qui en règlera la rapidité, et cela seul aussi suffira pour le rendre précis et simple, égal et clair, vif et suivi. A cette première règle, dictée par le génie, si l'on joint de la délicatesse et du goût, du scrupule sur le choix des expressions, de l'attention à ne nommer les choses que par les termes les plus généraux, le style aura de la noblesse ; si l'on y joint encore de la défiance pour son premier mouvement, du mépris pour tout ce qui n'est que brillant, et une répugnance constante pour l'équivoque et la plaisanterie, le style aura de la gravité, il aura même de la majesté ; enfin, si l'on écrit comme l'on pense, si l'on est convaincu de ce que l'on veut persuader, cette bonne foi avec soi-même, qui fait la bienséance pour les autres, et la vérité du style, lui fera produire tout son effet, pourvu que cette persuasion intérieure ne se marque pas par un enthousiasme trop fort, et qu'il y ait partout plus de candeur que de confiance, plus de raison que de chaleur.

Les règles ne peuvent suppléer au génie : s'il manque, elles seront inutiles. Bien écrire, c'est tout à la fois bien penser, bien sentir et bien rendre ; c'est avoir en même temps de l'esprit, de l'âme et du goût. Le style suppose la réunion et l'exercice de toutes les facultés intellectuelles ; les idées seules forment le fonds du style, l'harmonie des paroles n'en est que l'accessoire, et ne dépend que de la sensibilité des organes : il suffit d'avoir un peu d'oreille pour éviter les dissonnances, et de l'avoir exercée, perfectionnée par la lecture des poètes et des orateurs, pour que mécaniquement on soit porté à l'imitation de la cadence poétique et des tours oratoires. Or, jamais l'imitation n'a rien créé : aussi cette harmonie de mots ne fait ni le fond ni le ton du style, et se trouve souvent dans des écrits vides d'idées.

Le ton n'est que la convenance du style à la nature du sujet. Il ne doit jamais être forcé ; il naîtra naturellement du fond même de la chose, et dépendra beaucoup du point de généralité auquel on aura porté ses pensées. Si l'on s'est élevé aux idées les plus générales, et si l'objet en lui-même est grand, le ton paraîtra s'élever à la même hauteur ; et si, en le soutenant à cette élévation, le génie fournit assez pour donner à chaque objet une forte lumière, si l'on peut ajouter la beauté du coloris à l'énergie du dessin ; si l'on peut, en un mot, représenter chaque idée par une image vive et bien terminée, et former de chaque suite d'idées un tableau harmonieux et mouvant, le ton sera non-seulement élevé, mais sublime.

Les ouvrages bien écrits seront les seuls qui passeront à la postérité : la quantité des connaissances, la singularité des faits, la nouveauté même des découvertes ne sont pas de sûrs garants de l'immortalité. Si les ouvrages qui les contiennent ne roulent que sur de petits objets, s'ils sont écrits sans goût, sans noblesse et sans génie, ils périront, parce que les connaissances, les faits et les découvertes s'enlèvent aisément, se transportent, et gagnent même à être mis en œuvre par des mains plus habiles. Ces choses sont hors de l'homme; le style est l'homme même. Le style ne peut donc ni s'enlever, ni se transporter, ni s'altérer. S'il est élevé, noble, sublime, l'auteur sera également admiré dans tous les temps; car il n'y a que la vérité qui soit durable, et même éternelle. Or, un beau style n'est tel en effet que par le nombre infini des vérités qu'il présente : toutes les beautés intellectuelles qui s'y trouvent, tous les rapports dont il est composé, sont autant de vérités aussi utiles, et peut-être plus précieuses pour l'esprit humain que celles qui peuvent faire le fond du sujet.

Le sublime ne peut se trouver que dans les grands sujets. La poésie, l'histoire et la philosophie ont toutes le même objet, et un très-grand objet : l'homme et la nature. La philosophie décrit et dépeint la nature, la poésie la peint et l'embellit; elle peint aussi les hommes; elle les agrandit, elle les exagère; elle crée les héros et les dieux. L'histoire ne peint que l'homme, et le peint tel qu'il est : ainsi le ton de l'historien ne deviendra sublime que quand il fera le portrait des plus grands hommes; quand il exposera les plus grandes actions, les plus grands mouvements, les plus grandes révolutions, et partout ailleurs, il suffira qu'il soit majestueux et grave. Le ton du philosophe pourra devenir sublime toutes les fois qu'il parlera des lois de la nature, de l'être en général, de l'espace, de la matière, du mouvement et du temps, de l'âme, de l'esprit humain, des sentiments, des passions; dans le reste, il suffira qu'il soit noble et élevé. Mais le ton de l'orateur et du poète, dès que le sujet est grand, doit toujours être sublime, parce qu'ils sont les maîtres de joindre à la grandeur de leur sujet autant de couleur, autant de mouvement, autant d'illusion qu'il leur plaît ; et que, devant toujours peindre et toujours agrandir les objets, ils doivent aussi partout employer toute la force, et déployer toute l'étendue de leur génie.

BUFFON. (*Discours de réception à l'Académie française.*)

NOUVELLES
LEÇONS FRANÇAISES

DE

LITTÉRATURE ET DE MORALE.

RELIGION,
MORALE ET PHILOSOPHIE.

PRÉCEPTES DU GENRE.

La morale est la partie essentielle de la philosophie, la seule même qui soit digne de ce beau nom, *d'amour de la sagesse ;* car le sage n'est pas celui qui cherche à pénétrer les mystères de la nature, à remonter des effets aux causes et à soumettre à ses calculs l'ordre et le cours de l'univers. Le bon Socrate déclarait qu'il ne savait rien de tout cela. C'était lui cependant que l'oracle proclamait sage, parce qu'il bornait son étude à ce que l'oracle lui-même recommandait à l'homme de connaître avant tout : *Nosce te ipsum.*

C'est dans cette étude de soi-même, dans cette science de l'homme, négligée jusqu'à Socrate, et depuis cultivée avec beaucoup de soin, que se renferme la morale. Mais cette science, comme bien d'autres, a été oiseuse et frivole, tant qu'elle ne s'est occupée que de vaines spéculations. Une science peut être curieuse, sans être utile; mais elle n'a d'utilité réelle qu'autant que de sa théorie résultent les moyens et les règles d'un art dont elle éclaire la pratique : c'est l'usage qui en fait le prix.

Ainsi, l'astronomie est utile à l'agriculture et à la navigation; la géométrie aux mécaniques; la chimie à l'art de guérir et à celui de fondre les métaux, etc.

La morale n'est donc une science utile qu'autant qu'elle est réduite en art. Cet art, qui est celui de bien vivre avec soi et avec ses semblables, et d'être bon pour être heureux, cet art, borné aux seuls intérêts de la vie, fait la morale philosophique. Les épicuriens n'en connaissaient point d'autre. Les matérialistes modernes la terminent au même but. Mais non seulement elle est étroite et futile dans son objet, elle est encore incertaine et variable dans ses principes; car, en faisant dépendre le devoir d'être bon du désir d'être heureux durant le court espace de la vie, ils rendent cette règle variable et flexible au gré des affections, des inclinations, des passions, des humeurs et des fantaisies, qui changent et déplacent l'objet du bonheur. L'homme, qui ne se croit obligé d'être bon que pour être heureux dans ce monde, selon ses goûts et ses caprices, changera de moyens, s'il croit aller plus sûrement à son but par une autre route, et sera vicieux et méchant par principe, s'il croit, ou le vice, ou le crime plus convenable à son bonheur. C'est ce qui rend si dangereuse la morale philosophique.

La morale religieuse a infiniment plus d'élévation,

d'étendue et de consistance. On la définit *la science de vivre pour l'éternité*. Or, vivre pour l'éternité, c'est bien aussi vivre pour soi; c'est bien, par excellence, l'art d'être bon pour être heureux; mais ce n'est là ni une bonté de convenance, ni un bonheur de fantaisie. La volonté divine devient la règle unique des volontés humaines, et les petits intérêts du présent disparaissent devant l'invariable intérêt du grand avenir.

Ainsi, dans la morale religieuse, le principe, la fin, le moyen, tout est fixe, tout est constant; le but en est marqué, la route en est tracée: il ne s'agit pour l'homme que de bien savoir à quelles conditions le bonheur lui est promis, et quelle est la bonté dont il sera la récompense.

Je sais qu'on donne à la morale un objet plus sublime encore, celui de conformer l'existence de l'homme à la volonté de son Dieu, dans l'intention unique et pure de lui plaire en lui obéissant, et de lui faire de la vie, et de tous les dons qu'il a reçus de lui, un hommage perpétuel de reconnaissance et d'amour.

Rien de plus louable, sans doute, et la morale des stoïciens s'attribuait aussi la pureté de cette morale *ascétique*, en ne laissant au cœur humain, dans la vertu, d'autre intérêt que la vertu même. Mais, comme on risque de faire évanouir ce qu'on veut trop subtiliser, je crois ce désintéressement absolu trop exalté pour une morale usuelle. Puisque Dieu a donné à l'homme le soin de son salut, il veut donc bien que son salut le touche; puisqu'il lui a donné l'espérance, et lui en a fait une vertu, il veut donc bien qu'elle l'anime, et que ses promesses tempèrent ce qu'il peut y avoir de pénible et de rigoureux dans sa loi.

« Il est indubitable, dit Pascal, que l'âme est mortelle ou immortelle; cela doit mettre une différence entière dans la morale; et cependant les philosophes ont conduit la morale indépendamment de cela. Quel aveuglement ! »

Pascal fait donc lui-même de la morale un calcul d'intérêt, dont l'alternative est pour l'homme l'anéantissement ou une éternelle existence.

Je m'en tiens là, et je définis la morale *la science de la vie*, en vue de l'éternité.

Cette science, mise en pratique, sera donc l'art de s'assurer le bonheur pur et plein qui attend l'homme au-delà de la vie, sans toutefois renoncer au soin de se procurer dans la vie les lueurs de cette félicité, qui, sur ce passage rapide, sont comme de pâles éclairs échappés du sein des nuages.

MARMONTEL. (*Morale.*)

Influence de l'instruction sur les mœurs.

Des écrivains mécontents de leur siècle ont prétendu que nos sciences et nos arts sont funestes aux mœurs. Si, d'un côté, je vois que l'industrie multiplie les besoins, complique les intérêts et fournit de nouveaux aliments aux passions ambitieuses, d'un autre côté, je suis frappé de voir que les peuples sans arts, sans besoins, ont des mœurs farouches, et qu'ils préfèrent la rapine au travail : ce qui caractérise ces sauvages, c'est la paresse et la férocité. Mais on me dira peut-être qu'il ne faut chercher l'état le plus convenable à l'homme, ni dans les forêts, ni dans les capitales, et, pour modèles, on me citera des pleuplades innocentes, heureuses, telles qu'en offrent aux regards du voyageur quelques vallées de la Suisse. Je sais goûter le charme des récits qui me font habiter un moment ces humbles vallées; et je bénis la Providence d'avoir rendu ce bonheur si facile. Toutefois, ce n'est pas avec une imagination romanesque qu'il faut discuter les intérêts de l'humanité. Les peuples ne peuvent rester éternellement chasseurs ou pasteurs ; l'industrie se développe et leur donne une nouvelle existence. Pour les améliorer, il faut étudier les ressources que présente leur situation, et non se livrer à des regrets, à des rêves, vains sujets d'idylles et d'amplifications. Pour donner aux peuples industrieux autant de bonheur que le comporte leur nature, il faut employer deux moyens qui ont entre eux des rapports intimes; il faut rendre l'aisance aussi générale qu'il est possible, et répandre des lumières. Mais on s'abuse étrangement, si l'on croit que pour répandre les lumières on doive chercher à faire de tous les hommes des beaux-esprits et des savants. L'instruction serait portée au plus haut degré dans le pays où chaque individu saurait tout ce qu'il a besoin d'avoir appris pour remplir en ce monde sa destination particulière.

Il existe dans l'univers une lutte entre la force

physique et la force morale. Un des plus redoutables agents de la force aveugle est la multitude ignorante. Sans cesse elle propage les vices, les crimes; et dans de grandes circonstances, elle est lancée contre les gens de bien, tantôt par les despotes, tantôt par les factieux. C'est l'affaiblir, c'est la diminuer en nombre, que d'instruire les hommes. A mesure qu'on répand de sages lumières, on accroît ici-bas l'influence de la force morale, et l'on restreint celle de la force physique.

Droz. (*De la Philosophie morale.*)

Influence de l'étude des lettres.

L'art d'écrire et l'art de penser sont inséparables. L'étude approfondie d'une langue, si cette étude est dirigée par le goût, est une des occupations les plus propres à former le jugement. Et remarquez, Messieurs, le bon sens de nos pères : un instinct sûr leur avait appris cette vérité. La jeunesse élevée dans les anciennes écoles étudiait d'abord les langues classiques pour mieux apprendre la sienne. Les sciences avaient leur tour; mais les connaissances littéraires étaient la base de toutes les autres. Elles étaient communes aux Bacon, aux Descartes, aux Leibnitz, aux Galilée, aux Pascal, comme aux Milton, aux Tasse, aux Corneille, aux Bossuet. Ces savants illustres aimaient et cultivaient les lettres; et si plusieurs d'entre eux furent surpassés par ce progrès naturel des sciences de calcul et d'observation, quelques-uns laissèrent après eux des écrits dont l'éloquence durable ne sera point effacée.

Les sciences physiques et mathématiques ont sans doute la plus haute importance. La société s'enrichit tous les jours de leurs travaux. C'est à leur application que l'industrie, le commerce et les arts mécaniques sont redevables de tant de machines ingénieuses ; mais ces *arts*, comme le dit énergiquement Bacon, *sont enracinés dans les besoins de l'homme*, et se développent successivement par les efforts de l'intérêt et de la cupidité. L'accroissement des richesses et des commodités de la vie est un grand bienfait, on ne peut le nier ; cependant notre cœur a de plus nobles instincts qu'il faut aussi satisfaire. Les lettres, envisagées dans leurs rapports généraux, ont une influence plus directe sur la partie morale et sensible de l'homme. Je ne crains donc point de le dire, et je m'appuie en ce moment sur l'autorité de ces grands hommes, qui portèrent une haute philosophie dans la culture des sciences, je ne crains point de le dire : Un peuple qui ne serait que savant pourrait demeurer barbare, un peuple de lettrés est nécessairement doux et poli.

Quoi qu'il en soit, tous nos grands écrivains ont commencé par des études classiques. Ils tenaient dès leur jeune âge entre leurs mains Homère et Virgile, Cicéron et Démosthène. Leur imagination, fécondée par la lecture de ces grands originaux, a transporté dans la langue française des richesses qu'elle ne connaissait pas. C'est par cette raison qu'il s'exhale de leurs écrits je ne sais quel parfum d'antiquité dont la douceur est si pure, et qui semble venir jusqu'à nous des beaux cieux de l'Italie et de la Grèce. Ceux à qui manqua le premier bienfait de cette éducation littéraire n'ont pu même y suppléer par les plus heureux dons de la nature.

FONTANES. (*Discours à l'Académie française.*)

Des plaisirs du travail.

Je ne conçois pas comment on regarderait le travail comme une peine imposée à l'homme. Les desseins de la divinité sur nous, et sa prévoyance pour le maintien des sociétés ont plus de profondeur et de bonté que ne le pensent même les sages. Le travail n'est pas une peine, c'est un plaisir... Les choses auxquelles nous donnons ce nom ne sont, à vrai dire, que des distractions rapides qui ne peuvent avoir que des instants de durée. Après l'ivresse de la passion, si le devoir lui a été sacrifié, il s'élève comme un remords qui en trouble toute la joie. Mais le travail est un plaisir pur, vrai, sans amertume et sans repentir, et malgré les excès que le besoin des familles et l'ardente soif du gain ne rendent que trop fréquents, il est encore le bien dont les hommes abusent le moins.

Seul de tous les plaisirs de l'homme, le travail, qui nous est imposé comme une nécessité, ne nous cause pas d'ennui, et ne produit pas l'inconstance par la satiété : plus on le goûte, plus on veut le goûter ; il convient à tous les âges, il nous conduit par la main jusqu'au tombeau. — Le travail est l'absence du mal, le contre-poids des conseils pervers, l'oubli ou le retard des mauvais desseins, et le frein le plus puissant de tant d'hommes réunis que les menaces des lois ne sauraient contenir.

Si nous pouvions, comme la Divinité, lire d'un regard dans tous les cœurs, connaître leurs passions, suivre les mouvements de leur volonté, voir les desseins formés, arrêtés, suspendus, affaiblis tour-à-tour en eux, et enfin tout-à-fait oubliés, le nombre des victimes attendues par le malheur et que le travail a sauvées du crime et ramenées à la vertu, serait le plus magnifique des éloges pour la sagesse qui l'a donné à l'homme comme un préservatif et un asile contre les tentations funestes!

P. F. Tissot. (*Mélanges.*)

Des plaisirs de l'étude.

Le travail, de quelque nature qu'il soit, affranchit l'âme des passions dont les chimères se placent au milieu des loisirs de la vie. L'étude offre un but qui cède toujours en proportion des efforts, vers lequel les progrès sont certains, dont la route présente de la variété sans crainte de vicissitudes, dont les succès ne peuvent être suivis de revers... Ces jours si aimables pour le malheur, si uniformes pour l'ennui, offrent à l'homme dont l'étude remplit ce temps beaucoup d'époques variées. Une fois il a saisi la solution d'un problème qui l'occupait depuis longtemps; une autre fois une beauté nouvelle l'a frappé dans un ouvrage inconnu; enfin, ses jours sont marqués entre eux par les différents plaisirs qu'il a conquis par sa pensée : et ce qui distingue surtout cette espèce de puissance, c'est que l'avoir éprouvée la veille vaut la certitude de la retrouver le lendemain. Ce qui importe, c'est de donner à son esprit cette impulsion, de se commander ces premiers pas; ils entraînent à tous les autres. L'instruction fait naître la curiosité. L'esprit répugne de lui-même à ce qui est incomplet; il aime l'ensemble, il tend au but; et de même qu'il s'élance vers l'avenir, il aspire à connaître un nouvel enchaînement de pensées qui s'offrent en avant de ses efforts et de ses espérances.

Soit qu'on lise, soit qu'on écrive, l'esprit facilite un travail qui lui donne à chaque instant le sentiment de sa justesse ou de son étendue, et sans qu'aucune réflexion d'amour-propre se mêle à cette jouissance; elle est réelle comme le plaisir qu'éprouve l'homme robuste dans l'exercice du corps proportionné à ses forces.

L'âme trouve de vastes consolations dans l'étude et la méditation. Il semble que notre propre destinée se perde au milieu du monde qui se découvre à nos yeux; que des réflexions qui tendent à tout généraliser portent à nous considérer nous-mêmes comme l'une des mille combinaisons de l'univers, et qu'estimant plus en nous la faculté de penser que celle de souffrir, nous donnions à l'une le droit de chasser l'autre. Sans doute l'impression de la douleur est absolue pour celui qui l'éprouve, et chacun la ressent d'après lui seul. Cependant il est certain que l'étude de l'histoire, la connaissance de tous les malheurs qui ont été éprouvés avant nous, livrent l'âme à des contemplations philosophiques dont la mélancolie est plus facile à supporter que le tourment de ses propres peines. Le joug d'une loi commune à tous ne fait pas naître ces mouvements de rage qu'un sort sans exemple exciterait. En réfléchissant sur les générations qui se sont succédé au milieu des douleurs, en observant ces mondes innombrables où des milliers d'êtres partagent simultanément avec nous le bienfait ou le malheur de l'existence, l'intensité même du sentiment individuel l'affaiblit, et l'abstraction enlève l'homme à lui-même.

Mme DE STAEL.

Avantages de l'étude dans les différents âges de la vie.

AUX JEUNES GENS.

En énumérant les avantages de l'étude, je n'entends pas parler de cette étude vaine et stérile, qui se fait par caprice, par désœuvrement, qui se commence sans goût, sans but déterminé et sans cette ferme volonté qui est un garant du succès, de cette étude à laquelle on se livre comme pour sauver au moins les apparences, qui se prend sans motif, qui se quitte de même; mais d'une étude forte, consciencieuse, patiente; celle-ci seule fonde dans le temps présent les avantages de l'avenir; celle-ci seule attend pour récompense la paix de l'âme qui est le bonheur de la vie, et l'estime publique qui en fait la plus noble gloire.

Je vous parle de bonheur, jeunes amis, et je vous en parle avec raison, car il est au pouvoir de l'homme d'être heureux sur la terre; le Ciel a créé pour lui l'espérance, et l'espérance du bonheur n'est-elle pas quelquefois le bonheur même? Mais ne confondez pas le bonheur avec le plaisir; le plaisir ne doit être pris que comme délassement, quiconque passe cette limite manque son but; les roses du plaisir ont un éclat brillant qui enivre et qui transporte, mais cet éclat n'est que passager, bientôt elles se fanent et l'impression que laisse le plaisir, loin de charmer, souvent importune. Le plaisir n'est que d'un instant; le bonheur a ses éléments impérissables, il est une situation de notre être, le bonheur est dans l'âme, dans le cœur, dans l'imagination, c'est le résultat de la direction donnée à toutes nos facultés intellectuelles; l'étude peut exclure le plaisir, tel que l'entendent les organisations communes; mais elle conduit toujours au bonheur.

Si donc vous ne vous livriez pas à l'étude, vous végéteriez dans une honteuse ignorance, vous renonceriez à posséder jamais le sentiment exquis de vos devoirs les plus sacrés et les plus doux. L'étude épure déjà vos âmes, par elle votre cœur s'ouvre à de vives impressions, votre esprit s'éclaire, votre jugement se forme, votre raison s'agrandit. Quelle joie vous éprouvez à chaque rayon de lumière que vous parvenez à saisir! comme vous êtes flattés des éloges mérités par votre travail! comme vous brûlez d'en obtenir de nouveaux! et alors vous renoncez aux pensées futiles, aux rêves frivoles, vous sentez que l'avenir est à vous, et vous voulez grandir pour l'avenir; vos cœurs neufs et sensibles se tournent vers le bien, l'étude vous montre le vice dans toute sa laideur, la vertu parée de tous ses attraits. Ainsi, vos premières années s'écoulent heureuses, et que de ressources vous avez recueillies contre les peines de la vie qui va se compliquer pour vous!

La jeunesse arrive avec ses passions. Les passions sont inhérentes à la nature de l'homme, et l'homme sans passions serait même un être imparfait; mais s'il ne sait en arrêter la fougue, il marchera d'abîme en abîme, il connaîtra le regret, le remords peut-être, et le bonheur ne peut plus exister là où est entré le remords. L'étude, en développant la raison du jeune homme, réglera les mouvements de ses passions et les dirigera avec constance vers de nobles et féconds résultats. L'étude l'attachera surtout à la vie de famille et par là même le préservera des écueils dont son inexpérience est entourée. A son âme il faut un aliment; si l'étude ne le captive pas, il trouvera trop monotone le foyer paternel, il s'abandonnera à mille illusions perfides, il rêvera indépendance et liberté. Victime de l'impatience qui l'entraîne, il ira profaner son bel âge et se brisera contre l'écueil qu'il ne savait pas voir. Combien de jeunes gens pleins d'espoir et d'avenir se sont éteints et flétris pour avoir préféré les affections étrangères aux affections domestiques! Jeunes gens, aimez l'étude pour toujours aimer la famille; et qu'y a-t-il de plus doux et de plus consolant que l'intérieur de la famille! là, un père et une mère qui eurent pour vous tant de soins touchants, tant d'ingénieuses caresses, vous protègent encore de leur sollicitude et de leur amour;

là, on se pénètre de la piété filiale et de la tendresse paternelle ; là, on voit les sacrifices dont on est l'objet, on apprécie les devoirs dont on est la cause ; là, toutes les affections sont légitimes, tous les plaisirs sont innocents, toutes les joies sont pures. La famille est comme un sanctuaire où l'on peut toujours prier et recevoir, aimer et être aimé ; c'est un abri contre les orages, c'est un asile intime où l'on puise pour d'autres temps d'ineffaçables souvenirs. Heureux celui qui, dédaignant de coupables ou frivoles loisirs, laisse s'écouler sa jeunesse docile sous l'égide de la famille, c'est encore un bienfait qu'il devra à l'étude !

Mais elle vous réserve des biens plus précieux encore pour l'âge mûr. Votre raison agrandie planera au dessus de l'étroit calcul des intérêts terrestres, elle vous montrera la nécessité de mettre des bornes à votre ambition, elle vous indiquera la juste valeur des choses humaines et les véritables limites du bien et du mal. Elle vous apprendra à vivre dans le monde en hommes de bien, aimant ce qui est pur, faisant ce qui est utile ; elle vous apprendra à obéir pour avoir le droit de commander, à chérir et à honorer vos parents, ceux de qui vous avez tout reçu et qui ne vous demandent, en retour de tant de soins, de peines, de veilles, de travaux, de fatigues, qu'un peu d'affection pour réchauffer les jours de leur vieillesse et les vertus de l'honnête homme pour l'embellir.

A son tour, la vieillesse viendra vous apporter ses rides et ses cheveux blancs. Si vous n'avez jamais aimé que le plaisir, il ne sera plus temps de vous réfugier, pour la première fois, dans le sein de l'étude, et forcés de renoncer au plaisir qui lui-même vous abandonnera, vous maudirez les jours qui vous resteront à vivre. Mais si, de bonne heure, vous vous êtes délassés dans une vie laborieuse, que de consolations vous seront réservées ! Riches des trésors que vous aurez acquis par l'étude, vous les multiplierez encore par l'expérience et l'observation. Si votre carrière a été pénible et agitée, vous vous reposerez paisiblement : il vous sera donné de pouvoir vous dire que tous vos instants furent remplis d'une manière utile pour les autres, et digne pour vous, et vous voudrez que vos loisirs soient dignes encore. Et quelle âme sera au-dessus de cette âme que l'étude aura perfectionnée, qui aura parcouru les domaines des lettres, ou des sciences, ou des arts, qui aura voulu connaître les secrets découverts par les génies qui honorent l'humanité et s'associer aux progrès des temps. Oh ! quel noble spectacle que celui du vieillard dont le corps s'incline vers la terre et dont l'âme sereine s'élève vers les cieux ! Pour lui la vieillesse est un port d'où il jette avec complaisance les yeux sur les mers qu'il a traversées, il vit encore de toute sa vie d'autrefois, il résume en lui seul le passé et l'avenir ! le passé, car il a longtemps et noblement vécu ; l'avenir, car il est aux premiers jours de son immortalité !

Jules TAULIER.

De la reconnaissance due par les jeunes gens à leurs maîtres.

Il faut un esprit cultivé pour apprécier les bienfaits intellectuels et en éprouver de la reconnaissance. Les lumières que votre esprit a reçues de maîtres habiles, de parents dévoués, d'amis sincères qui ont veillé sur votre enfance et sur votre jeunesse, qui vous ont ouvert les portes de la vie et ont dirigé vos pas dans ces sentiers de la vertu et des belles âmes où le bonheur se rencontre souvent, la paix et le calme toujours, ces lumières vous éclaireront à chaque instant, durant le cours de votre pélérinage terrestre. La sagesse et la force que vous aurez acquises par l'étude vous soutiendront et vous encourageront à l'heure du péril, au moment du désespoir, alors que vous ne pourrez plus trouver de secours et de soulagement dans l'amitié ou dans la richesse.

Gardez-vous donc de croire que vous êtes dispensés de toute reconnaissance envers vos maîtres, parce qu'ils auront reçu une somme quelconque que vous regarderiez comme la seule récompense due à leurs travaux. Non, ils ne sont point payés de leurs peines; non, le salaire qu'ils reçoivent n'est pas un dédommagement qui vous dégage à tout jamais de gratitude envers eux; non, il n'y a pas de prix proposé pour leurs efforts, pour leurs succès.

Les dons terrestres peuvent s'apprécier, les choses matérielles peuvent s'évaluer en or et en argent;

mais les trésors de l'intelligence, les biens de la vie morale ne le peuvent pas. Essayez de compter les larmes que vous avez coûtées à votre mère! essayez de mettre un prix aux pénibles travaux, aux longues et douloureuses veilles d'un père! Vous ne pourrez pas davantage payer les sollicitudes, les fatigues, les efforts sans nombre d'un instituteur appliqué à éclairer votre esprit.

Avez-vous jamais réfléchi aux douloureuses préoccupations qui l'assiègent sans cesse? Chaque ouvrier, à la fin de son travail, en connaît le résultat; l'instituteur que peut-il connaître, de quoi peut-il immédiatement s'enorgueillir? Il ignore si sa parole a pénétré dans le cœur de son élève; il ignore si elle y produira des fruits. Quand le laboureur a répandu sa semence dans une terre convenable, il voit germer les espérances de la moisson, puis les épis viennent le récompenser abondamment de ses travaux. Mais l'instituteur jette sa semence dans un sol presque toujours inconnu et couvert de ténèbres, dans le sol des esprits; il ne peut juger si elle est tombée sur un terrain fertile, rien ne le soutient que sa confiance en Dieu et la pureté de ses intentions. Que de jours, que de veilles sans résultats consolants; et trop souvent ceux dont il a été le guide, l'ami, le bienfaiteur au temps de leur jeunesse, plus tard l'outragent avec l'indifférence, le paient avec l'oubli.

Soyez donc reconnaissants envers eux aussi, jeunes élèves, et le meilleur moyen de leur témoigner que vous n'êtes point ingrats, c'est de pratiquer ce qu'ils vous ont appris, de suivre la voie qu'ils vous ont tracée, c'est de leur donner la consolante pensée qu'ils ont accompli leur œuvre et n'ont point travaillé vainement. Montrez-leur donc dans toutes les relations de la vie la déférence et le respect que vous devez à leurs leçons et à leur caractère, vivez sans reproche, aimant ce qui est pur, faisant ce qui est bien et leur donnant le droit d'être fiers et heureux de leur ouvrage.

Le Même.

De la reconnaissance envers nos parents.

Quel lien plus fort et plus intime existe-t-il sur la terre que le sentiment qui unit le cœur des enfants à celui des auteurs de leurs jours? Ces noms si doux de père et de mère sont les premières paroles que nous avons apprises à bégayer, et par lesquelles la bouche de l'enfant répand la joie et la consolation autour de lui. Toutes les autres liaisons peuvent se rompre par le temps, les circonstances, les mœurs, les différences de caractère, d'opinion, de destination; la vertu peut s'éteindre, les plus nobles sentiments se flétrir, mais la tendresse d'un père, l'amour d'une mère, le respect pour les parents ne peuvent jamais être entièrement détruits, même dans le cœur le plus pervers. Le lien qui unit l'enfant à son père, à sa mère, résiste seul à la passion, au temps, à la satiété. Le fils le plus dégénéré ne peut se rappeler sans attendrissement le temps où il reposait sans crainte dans les bras de son père, où il jouissait de toute la tendresse maternelle, et quand il sent qu'il a à se reprocher d'avoir trompé leur amour, de s'être rendu indigne de ceux auxquels il doit son existence, son éducation, sa position, sa fortune, la rougeur couvre son front et le remords pénètre dans son âme.

Ainsi donc la reconnaissance due aux auteurs de nos jours est la première vertu à laquelle s'ouvre le cœur de l'homme, la première qui pousse des racines dans l'âme de l'enfant; elle est la sainte, l'éternelle flamme qui habite encore au-dedans de nous quand tout autre sentiment y est étouffé.

Malheur donc aux fils dans le cœur desquels la reconnaissance s'affaiblit! Chez les peuples anciens on n'avait pas de loi contre cette ingratitude, on n'en admettait pas la possibilité; cependant, de nos jours, combien d'enfants tirés d'une humble condition par les longs sacrifices d'un père, rougissent de son origine et de son nom! Que de fils insensibles aux douleurs d'une mère qui a passé jadis près de leur lit des nuits pleines d'angoisses se montrent indociles dès leur enfance, se livrent dès leur jeunesse à toutes les dissipations, et se raillent des espérances trompées qui font vieillir ces têtes vénérables que le chagrin incline et entraîne vers le tombeau! Aussi, nul ne les plaindra si jamais leurs enfants les dédaignent et les repoussent à leur tour, si un jour ils étendent vainement leurs mains tremblantes de vieillesse pour trouver un appui, un refuge dans leur abandon, une consolation sur leur lit de mort! Vous qui, au lieu d'être la satisfaction de vos parents, les avez abreuvés d'amertumes, vous ne connaîtrez jamais les joies paternelles!

Enfants, soyez reconnaissants envers vos pères et mères, honorez-les et soyez-leur soumis pendant toute votre vie; car, ils vous ont donné l'existence, ils vous ont nourris quand vous ne pouviez leur donner encore que du souci et des inquiétudes. Ils se sont refusé bien des jouissances afin de vous amasser un patrimoine, longtemps ils n'ont vécu que pour vous, ils ont veillé à votre bien-être, à votre santé, à votre instruction, à votre avenir; ils vous ont inspiré les premiers sentiments de vertu, d'honneur, de religion. En les honorant, vous honorerez Dieu lui-même. L'amour pour les auteurs de ses jours est la première religion de l'enfant; de cette source découlent toutes les autres vertus; celui qui aime et honore son père et sa mère est capable de tout ce qui est bon et grand; cette vertu est l'ange protecteur du premier âge; elle aide à l'enfant qui tombe à se relever de ses chutes. Souvenez-vous que personne ne connaît comme vos parents et vos maîtres le secret de votre vrai bonheur. Leur expérience vous tient lieu de sagesse; qu'ils vous caressent ou qu'ils vous châtient, c'est toujours leur tendresse qui vous récompense, leur amour qui vous punit.

Honorez-les en aimant, en soutenant, en protégeant leur vieillesse, rendez-leur les jours heureux qu'ils ont donnés à votre enfance, sacrifiez-vous pour eux comme jadis ils se sont sacrifiés pour vous. Quels que soient leurs défauts, quelles que soient leurs faiblesses, s'ils en ont, ne vous permettez jamais de les censurer, l'honneur de vos parents est le vôtre; souvenez-vous qu'ils ont montré une longue patience pour vos défauts et qu'au lieu de se rebuter, leur amour n'a fait que s'accroître.

Honorez-les toujours, et quand vous serez devenus à votre tour chefs de famille, maîtres de vos actions, chargés de devoirs importants, conservez encore pour eux le respect le plus profond, la tendresse la plus vive, le dévoûment le plus entier.

Et lorsqu'ils ne seront plus, lorsqu'il ne vous restera plus qu'un souvenir d'eux, oh! que ce souvenir ne périsse jamais en vous! Que leur tombe vous soit sacrée! Vous aurez été les objets de leur dernier soin, de leur dernière crainte, de leur dernière joie, de leur dernière prière, ne l'oubliez jamais! Honorez-les encore par une vie irréprochable; songez à leur âme immortelle, à l'éternité devenue leur séjour, et que le bonheur de les retrouver soit votre espérance et votre vœu le plus cher.

Le Même.

Des plaisirs des sens et des plaisirs du cœur.

L'auteur de la nature, en douant l'homme d'une volonté libre, l'a visiblement destiné à être un agent moral : nous avons un tel besoin de morale que les idées du juste et de l'injuste doivent remonter au commencement de notre existence et précéder le raisonnement.

Plaisirs des sens, plaisirs de l'esprit, plaisirs du cœur : voilà, si nous savons en user, les biens que la nature a répandus avec profusion sur le chemin de la vie.

Et qu'on se garde de mettre en balance ceux qui viennent du corps et ceux qui naissent du fond de l'âme.

Rapides et fugitifs, les plaisirs des sens ne laissent après eux que du vide, et tous les hommes s'en dégoûtent avec l'âge.

Les plaisirs de l'esprit ont un attrait toujours nouveau : l'âme est toujours jeune pour les goûter ; et le temps, loin de les affaiblir, leur donne chaque jour plus de vivacité. Pythagore offre aux dieux une hécatombe, pour les remercier d'un théorème qui porte encore son nom. Keppler ne changerait pas ses règles contre la couronne des plus grands monarques. Est-il des jouissances au-dessus de telles jouissances?

Oui, il en est de plus grandes. Quels que soient les ravissements que fait éprouver la découverte de la vérité, il se peut que Newton, rassasié d'années et de gloire, Newton qui avait décomposé la lumière et trouvé la loi de la pesanteur, se soit dit, en jetant un regard en arrière, *vanitas!* tellement que le souvenir d'une bonne action suffit pour embellir les derniers jours de la vieillesse, et nous accompagne jusque dans la tombe.

Combien s'abusent ceux qui placent la suprême félicité dans les sensations! Ils peuvent connaître le plaisir, ils n'ont pas idée du bonheur.

LAROMIGUIÈRE. (*Leçons de philosophie.*)

Conseils à un jeune homme.

Mon cher ami, vous avez de la noblesse dans les sentiments, de la bonté dans le cœur, un esprit agréable et très-cultivé : voilà bien des moyens d'intéresser et de plaire ; mais croyez-moi, il n'y en pas encore assez pour satisfaire l'ambition que vous montrez de subjuguer tous les cœurs, de tourner toutes les têtes. Ce désir si général de plaire est difficile à concilier avec le désir d'inspirer des affections fortes et profondes Si vous voulez être aimé, cherchez moins à être aimable.

On disait au président Montesquieu que Fontenelle n'aimait personne : « *C'est ce qui fait*, répondit le président, *qu'il est si aimable*, » Pensez à ce mot, il peint le monde. En effet, ce qu'on y appelle un homme aimable est d'ordinaire un homme d'un esprit animé, d'une conversation piquante, d'un commerce doux et facile ; mais ce n'est pas celui dont il faut faire son ami ; les hommes faits pour les sentiments tendres et solides mettent un intérêt trop faible à ce qui occupe essentiellement la société pour lui en inspirer un très-vif.

Pour mériter d'être aimé, ce n'est pas assez de mettre sa gloire à être aimé, il faut y attacher son bonheur.

Prenez-y-garde, mon cher ami, vous vous faites illusion sur les moyens de plaire : jaloux de toutes les sortes d'agréments, vous voudriez réunir en vous toutes les qualités qui plaisent aux autres ;

et lorsque vous rencontrez dans la société un homme qui, par le tour de son esprit, par ses manières, par son humeur, vous paraît faire une impression généralement agréable, vous êtes tenté d'imiter tout ce qui plaît en lui.

Vous avez adopté une erreur bien plus extraordinaire encore pour un homme de votre âge. Vous avez réfléchi sur la société, sur les hommes, sur ce qui les intéresse, les séduit, leur plaît ou leur déplaît ; et, d'après vos observations, vous vous êtes fait des principes sur lesquels vous imaginez régler vos démarches et le cours de votre vie.

Assurément, c'est fort bien fait que de réfléchir sur le cœur humain et sur le monde ; mais des réflexions qui ne sont pas le fruit de l'expérience, ont ordinairement bien peu d'empire et de solidité ; et, quant au plan de conduite que vous vous êtes formé, prenez garde qu'il ne vous égare au lieu de vous guider.

Mon cher ami, mettez-vous bien dans l'esprit cette vérité importante, quoiqu'en apparence simple et commune, c'est que non-seulement on n'est jamais bien que ce que l'on est, mais même qu'on n'est jamais que ce que l'on est. L'ambitieux, l'intrigant, l'homme frivole qui passe sa vie à ne voir le monde qu'en visite, peut à force d'attention sur lui-même, et surtout de mobilité dans sa vie, en imposer par de fausses vertus, des manières factices, un caractère emprunté ; mais on ne trompe ni ses amis, ni ses connaissances habituelles. Regardez autour de vous, et nommez-moi un seul homme qui ne finisse par être apprécié et jugé ce qu'il est par ceux qui vivent avec lui.

Comment prétendre cacher pour toujours son caractère? Il perce et s'échappe à chaque instant. Malgré toute l'attention et tous les soins qu'on peut y apporter, les passions et la vanité, mises en jeu par mille circonstances imprévues, le décèlent et le trahissent sans cesse.

J'aime cette maxime chinoise : *L'âme n'a point de secret que la conduite ne révèle.* Cela est vrai à Paris comme à Pékin.

On peut bien garder le masque et prendre une voix de bal pendant quelques heures; mais cette contrainte serait impossible huit jours de suite. A Venise, où l'on est masqué pendant la moitié de l'année, on se reconnaît comme si l'on était à visage découvert.

Je terminerai cette triste morale par quelques maximes que l'expérience m'a démontrées, et que mon amitié offre à votre raison.

On peut attirer les cœurs à soi par les qualités que l'on montre; mais on ne les fixe que par celles que l'on a.

On plaît quelquefois dans le monde par ses défauts plus que par ses talents et même par ses vertus.

On perdrait souvent à posséder réellement tous les genres de mérite qu'on voudrait avoir. La société est un commerce qui n'est agréable à tous que parce que chacun croit y apporter ce qui manque à d'autres.

Une prétention frustrée est une bataille perdue, qui vous fait perdre autant de terrain que vous en auriez pu gagner par la victoire; et de ces batailles-là, je n'en ai presque vu gagner aucune.

De toutes les prétentions, la plus commune aujourd'hui et la plus difficile à soutenir, c'est la prétention à la grande sensibilité et même à l'enthousiasme. Les âmes passionnées et les cœurs sensibles ont des moyens de se toucher et de se reconnaître que l'esprit ne peut apercevoir et encore moins imiter. Ce n'est pas seulement par des paroles que la sensibilité s'exprime ; c'est par l'air, le regard, les accents et le son de la voix, surtout par un accord de tout cela qu'il est impossible de jouer. J'ai vu des hommes pleurer à volonté, en entendant une scène de tragédie ou un morceau de musique, et conserver la réputation d'âmes sèches et d'imaginations froides. Je vois, d'un autre côté, qu'il ne faut souvent qu'un mot simple, un accent vrai, pour peindre une sensibilité profonde.

On n'a pas assez de temps pour tromper tout le monde, et quand on pourrait y parvenir, ce qu'on y gagnerait ne dédommagerait pas de ce qu'il en aurait coûté.

Suard. (Mélanges de littérature.)

De l'Art d'être heureux.

Les biens essentiels sont la tranquillité d'âme, l'indépendance, la santé, l'aisance et l'affection de quelques-uns de nos semblables.

L'âme tranquille est celle que n'agitent ni les remords ni l'ambition : or il dépend de nous de ne point commettre des actions coupables, et de ne pas rechercher un pouvoir et des honneurs dont la possession, toujours incertaine et troublée, ne dédommage jamais de ce qu'il en a coûté pour se la procurer. Le repos de l'âme peut être détruit par le malheur ; mais on rend l'impression du malheur moins vive, moins terrible en se familiarisant d'avance avec son image : on éprouve quelquefois une sorte de volupté en mesurant ses forces avec les siennes ; enfin la résignation a ses charmes, et le temps vient à bout des plus profondes douleurs. L'indépendance absolue n'existe pas ; mais il en est une qui résulte nécessairement de l'élévation de l'âme, combinée avec la modération des désirs : quiconque est assez sage pour se contenter du nécessaire, et assez fier pour ne pas vouloir acheter le superflu par de basses soumissions, ne dépend que de lui-même ; et s'il engage une portion de son temps, il n'aliène pas du moins son opinion et sa volonté. La santé est encore ordinairement un produit de la modération ; les émotions douces l'entretiennent, celles qui sont violentes l'altèrent. L'imagination paraît avoir sur elle une puissante influence : c'est donc un remède moral dont nous pouvons utilement opposer les effets aux désordres physiques. L'aisance est relative : elle s'étend ou se restreint au gré des désirs : la plus limitée est la meilleure. Il faut travailler pour l'acquérir ; mais une fois qu'on la possède, l'augmenter c'est la détruire : elle tend alors à devenir de l'opulence ; et l'on se tourmente encore, quand on ne devrait plus que jouir. Reste l'affection de nos semblables : ne nous asservissons point aux caprices tyranniques de l'opinion ; en possession de notre propre estime, joignons-y celle de quelques hommes de bien, et tâchons d'obtenir leur affection en échange de la nôtre : du reste, ayons de l'indulgence pour tous les hommes, et faisons-leur du bien autant qu'il dépendra de nous.

AUGER. (*Mélanges littéraires.*)

Des principaux éléments du bonheur.

Le bonheur est le but commun de l'éducation et de la vie; mais bien que tous les hommes tendent à ce but par réflexion et par instinct, et bien qu'il n'en soit aucun qui ne désire être heureux, la plupart ignorent en quoi consiste réellement le bonheur, et paient chèrement cette fatale ignorance. Les uns, abandonnés à des passions inquiètes, à des illusions séduisantes, s'épuisent en pénibles efforts quand ils pourraient le trouver sous leurs pas; les autres, par une méprise plus funeste, n'emploient pour le conserver que des moyens de ruine et d'infortune, et empoisonnent leur existence en cherchant à la rendre heureuse.

L'observation, l'expérience et la raison paraissent indiquer trois éléments essentiels de bonheur : la force du corps et la santé; l'élévation de l'âme ou la moralité; la culture de l'esprit ou l'instruction. Plusieurs autres moyens de bonheur, secondaires et accessoires, quoique très-importants, viennent se rattacher à ces premières causes et en dépendent nécessairement. La fortune, par exemple, objet de tant de vœux, et réputée souvent le premier des biens, n'a pu d'abord devenir le partage que d'un homme qui avait su l'acquérir par son travail et par ses talents, par l'activité du corps et de l'esprit, par l'estime et la confiance qu'avaient inspirées ses qualités morales. Si elle a été transmise par héritage, elle ne peut être conservée que par une conduite prudente et par un esprit d'ordre et d'économie. La fortune, ainsi que la puissance, les honneurs, la réputation, est un moyen, mais non pas un but; elle donne des avantages réels et solides, lorsqu'on en sait faire un noble et digne usage pour soi-même et pour les autres; mais elle ne pourrait seule suffire au bonheur : elle n'acquiert de prix qu'autant qu'elle serait accompagnée des autres avantages que nous avons indiqués.

Supposons en effet un homme possesseur d'une immense fortune qui serait tourmenté par les maladies, plongé dans une grossière ignorance, dépourvu de moralité, privé par conséquent des douceurs de l'amitié, des charmes de la société, des jouissances dont les sciences et les arts viennent embellir la vie : comment cet homme pourrait-il être heureux ? il en est de même des autres biens qui excitent nos désirs : aucun d'eux n'a de prix que par la santé qui permet d'en jouir, par l'état de calme et de dignité de l'âme, par l'égalité d'humeur, de caractère, et par une bonne moralité, qui procurent le double avantage d'être bien avec soi-même, et d'avoir des amis avec lesquels on augmente son bonheur en le partageant ; enfin, par la culture et l'élévation de l'esprit, ou par l'instruction qui fait même apprécier tous les moyens de conservation et de bien-être, et qui leur prête un nouveau charme.

JULLIEN. (*Essai sur l'emploi du temps.*)

La Liberté dans le monde.

AUX JEUNES GENS.

Sous les yeux de vos maîtres, votre jeune âge a été occupé à des travaux utiles, il a fallu former votre cœur, votre esprit, votre caractère, et vous initier de bonne heure à la vie, au monde, à l'avenir. Vous avez dû ressentir d'inévitables contrariétés, soumettre votre volonté à celle de vos maîtres et plier vos caprices naissants aux conseils de leur raison et de leur affection. Plaçant alors le bonheur à ne pas obéir, à ne pas travailler, à prolonger indéfiniment vos jeux, à n'entendre ni plaintes, ni reproches, à secouer en un mot le joug de vos divers devoirs, votre esprit a cédé, plus d'une fois peut-être, aux illusions que vous prêtait une naïve inexpérience, et vous vous êtes écrié : quand donc serons nous libres? et l'on vous a répondu jamais !

Jamais ! ce mot est triste, n'est-ce pas? Jamais de liberté, jamais d'indépendance! Non, jamais, comme vous l'entendez du moins, car si la liberté pouvait exister telle que vos jeunes imaginations se la représentent, la société ne serait plus possible, il n'y aurait plus de lois, plus d'hiérarchie, plus d'ordre public.

Jusqu'à la fin de vos études vous devez obéir à vos maîtres, vos amis, qui cherchent à vous rendre léger ce joug nécessaire qui vous est imposé pour votre bien; plus tard, vous trouverez encore des maîtres, vous ferez choix d'une carrière, vous devrez vous consacrer à de longs et pénibles travaux pour conquérir d'abord et conserver ensuite une position sociale. Quelle que soit la carrière que vous suiviez, il vous faudra débuter, vous aurez des supérieurs, des chefs quelquefois indifférents et froids, et qui n'auront pas toujours pour vous l'affection que vous trouvez à votre âge. Viendront aussi les soucis, l'ambition, les devoirs que la société impose, et ceux aussi nombreux, aussi gênants qui naîtront de vos occupations elles-mêmes. Si vous êtes sans fortune, vous voudrez en acquérir; si déjà la tendresse de vos parents a pris soin d'assurer votre avenir, vous voudrez conserver ou augmenter ce que vous possédez, vous voudrez vous distinguer par vos travaux, par le poste que vous occuperez, vous serez jaloux de l'estime publique, de l'avenir de vos enfants, et il faudra vous condamner à un véritable esclavage; et toujours il en sera de même! Vous avancerez dans la vie, vous obtiendrez des postes plus élevés, une position sociale plus belle, et toujours vous aurez des devoirs à remplir, des lois à suivre, des chefs à ménager. Parfois la pensée d'un voyage, le besoin de paisibles loisirs se présenteront à votre esprit, alors, comme à présent, il faudra y renoncer, alors, comme à présent, la voix impérieuse du devoir se fera entendre, et sans cesse vous verrez que sur la terre il n'existe pas de liberté complète, et que toujours l'homme, même en commandant, doit obéir.

Dans le monde, la nécessité d'une juste et sage dissimulation pèsera sur vous; vous ne pourrez jamais donner un libre cours à vos convictions personnelles;

vous devrez respecter des convictions contraires et craindre de blesser de légitimes susceptibilités. Souvent vous entendrez de sots propos, de ridicules réflexions, de perfides mensonges, de misérables calomnies répandues dans de coupables desseins de nuire, et vous devrez, dans l'intérêt même de la victime, refouler en vous une généreuse indignation ; chaque jour, se révèlera pour vous, sous mille formes diverses, un joug inévitable qu'il faudra savoir souffrir, car c'est là la science de la vie.

Et puis, au-dessus de tous ces devoirs, de toutes ces obligations, de tous ces supérieurs qui commanderont le respect et l'obéissance, vous trouverez encore vos pères et mères, et à eux toujours vous devrez honneur, soumission et respect! Oui, jeunes élèves, honneur, soumission et respect à vos pères et mères! ne fût-ce que pour ce temps de votre enfance dont ils ont été seuls maîtres, et qui ne reviendra plus! ne fût-ce que pour cette somme immense d'amour qu'ils ont dépensée pour vous! ne fût-ce que pour ces travaux d'une vie longue et pénible entrepris pour rendre votre existence plus douce! Voilà votre devoir, à vous qui, enfants encore, rêvez déjà l'indépendance et paraissez impatients de courir sans guide et sans frein dans la route de la vie, à vous qui vous exagérez une intelligence précoce et croyez que votre raison à peine éclose vous dispense déjà de tous conseils de guides éclairés! Vous les quitterez un jour ces maîtres dont les remontrances semblaient vous fatiguer, dont l'amitié n'était pas toujours comprise par vous, et un jour viendra que vous les regretterez! Ils s'en iront ces parents, dont les discours ont aussi quelquefois une teinte de sévérité qui vous blesse, dont les conseils importunent ou offensent votre présomption, dont l'âge avancé déjà vous impose des soins qui vous distraisent de vos plaisirs, ils s'en iront et un jour viendra que vous les pleurerez! Alors vous vous rappellerez avec quel amour ils surveillèrent votre enfance, ils protégèrent votre jeunesse, avec quelle bonté ils vous corrigèrent de vos défauts, vous parlèrent de Dieu et de la vertu, quelle peine ils prirent pour faire de vous des hommes sages et instruits, et ils se présenteront alors à vous sous un nouvel aspect! Heureux encore, si votre conduite passée ne vous inspire pas de cuisants regrets d'un temps précieux perdu ou de soins utiles méconnus!

Non, vous ne serez jamais libres, non, l'homme ne peut être indépendant! Eh quoi! atôme imperceptible dans l'ensemble de la création, faible jouet de la main puissante de Dieu, l'homme sujet aux maladies, au travail, à la mort, l'homme qui ne fait que paraître et disparaître sur la terre, l'homme ose rêver la liberté et l'indépendance, et pourtant un insecte caché sous l'herbe, un air plus froid que de coutume, quelques grains de plomb, abattent et couchent dans la tombe pour toujours ce colosse si fier de sa puissance! Oh! en présence de tant de petitesse, de tant de néant, de tant de servitude, peut-on s'empêcher de s'écrier : Dieu seul est libre.

Mais de tout cela, faudrait-il en conclure que l'homme n'est qu'une machine sans volonté et que Dieu lui a refusé toute sorte de liberté? Non, telle n'est pas ma pensée. Dieu, au contraire, a donné à l'homme une somme immense de liberté, c'est la liberté de faire le bien ; ainsi, quoiqu'il puisse vous arriver, conservez toujours cette noble et sainte indépendance, ce courage élevé que l'homme de bien doit toujours mettre à remplir ses devoirs, à pratiquer les vertus qui font l'honnête homme et le chrétien. Distinguez-vous par votre instruction, par votre conduite pure et sans reproches, loyale et ferme, par votre amour pour vos parents, votre respect pour les lois et l'ordre public, votre déférence envers ceux que la Providence aura mis au-dessus de vous, par le noble usage de la fortune que vous possèderez un jour, ou par une résignation ferme et courageuse, si Dieu veut que le malheur vous éprouve; sachez résister aux mauvaises passions, aux basses intrigues, aux honteuses manœuvres que vous verrez plus d'une fois s'agiter autour de vous ; enfin, soyez sourds aux mauvais conseils, aux perfides insinuations que l'envie murmurera à vos oreilles, aux caresses dangereuses du vice, aux blasphèmes de l'impie qui, ne croyant plus à rien, se blasphème lui-même.

Et ceci vous serez toujours libres de le faire !

Jules Taulier.

De l'emploi du temps dans la jeunesse.

En général, l'enfance et l'adolescence sont le temps où la mémoire a le plus d'activité et d'énergie. On peut dire, ce me semble, avec vérité, qu'il est déjà entré plus d'idées réellement neuves et importantes dans l'entendement d'un enfant de sept à huit ans, qu'il n'y en entrera tout le reste de sa vie, quelque longue qu'elle soit, fût-il destiné à être un Voltaire ou un Newton. C'est pour cela que la première période jusqu'à quinze ou trente ans est celle où nos facultés s'étant développées et fortifiées, peuvent s'agrandir et s'enrichir d'une foule d'acquisitions précieuses.

Cette vérité, bien commune sans doute, mais qu'on ne saurait trop souvent remettre sous les yeux des jeunes gens à cause de son extrême importance, est confirmée par plusieurs faits d'une observation journalière. Ainsi il est rare que des hommes qui ont consacré à des futilités ou perdu, comme on dit, le temps de leurs premières années, arrivent jamais à un degré de talent remarquable, dans quelque genre d'étude que ce soit. Ainsi, les choses qu'on a confiées à la mémoire dès l'enfance ou dès la plus tendre jeunesse, ne s'en effacent guère, tandis que des acquisitions plus récentes s'oublient promptement, pour peu qu'on néglige d'en entretenir ou d'en renouveler le souvenir.

Enfin, on a remarqué que chez des vieillards à qui une attaque de paralysie a fait perdre la mémoire de tous les évènements les plus récents de leur vie, les souvenirs de l'enfance et de la jeunesse subsistent seuls et semblent avoir pris une vivacité nouvelle; tant les impressions du premier âge ont en quelque sorte de ténacité. Dans les périodes suivantes, jusqu'à la fin de la maturité de l'âge, nous sommes presque de moins en moins capables d'acquérir de nouvelles connaissances, mais nous le sommes plus d'approfondir et d'étendre celles que nous avons acquises. Passé ce terme, c'est-à-dire à l'époque de la vieillesse, nos facultés, et particulièrement la mémoire, subissent un notable déclin. Au moins n'y a-t-il que bien peu d'exceptions à cette loi générale de notre nature, et même elles sont plus apparentes que réelles, parce que ce n'est pas aux hommes ordinaires, mais à eux-mêmes qu'il faut comparer ceux qui se sont signalés par des talents ou par un génie extraordinaire.

J. F. Thurot. (*Introduction à l'Histoire.*)

Les jeunes gens

CORROMPUS DE BONNE HEURE SONT INHUMAINS ET CRUELS ;
LE JEUNE HOMME SAGE JUSQU'A VINGT ANS EST LE
MEILLEUR ET LE PLUS AIMABLE DES HOMMES.

J'ai toujours vu que les jeunes gens corrompus de bonne heure étaient inhumains et cruels ; leur imagination, pleine d'un seul objet, se refusait à tout le reste ; ils ne connaissaient ni pitié, ni miséricorde ; ils auraient sacrifié père et mère, et l'univers entier, au moindre de leurs plaisirs.

Au contraire, un jeune homme, élevé dans une heureuse simplicité, est porté par les premiers mouvements de la nature vers les passions tendres et affectueuses : son cœur compatissant s'émeut sur les peines de ses semblables ; il tressaille d'aise quand il revoit son camarade ; ses bras savent trouver des étreintes caressantes, ses yeux savent verser des larmes d'attendrissement; il est sensible à la honte de déplaire, au regret d'avoir offensé. Si l'ardeur d'un sang qui s'enflamme le rend vif, emporté, colère, on voit, le moment d'après, toute la bonté de son cœur dans l'effusion de son repentir; il pleure, il gémit sur la blessure qu'il a faite; il voudrait, au prix de son sang, racheter celui qu'il a versé, tout son emportement s'éteint, toute sa fierté s'humilie devant le sentiment de sa faute. Est-il offensé lui-même? au fort de sa fureur, une excuse, un mot le désarme; il pardonne les torts d'autrui d'aussi bon cœur qu'il répare les siens. L'adolescence n'est l'âge ni de la vengeance, ni de la haine; elle est celui de la commisération, de la clémence, de la générosité. Oui, je le soutiens, et je ne crains point d'être démenti par l'expérience, un enfant qui n'est pas mal né, et qui a conservé jusqu'à vingt ans son innocence, est, à cet âge, le plus généreux, le meilleur, le plus aimant et le plus aimable de tous les hommes.

J.-J. Rousseau. (*Émile.*)

Du remords et de la conscience.

La conscience fournit une seconde preuve de l'immortalité de notre âme. Chaque homme a au milieu du cœur un tribunal où il commence par se juger soi-même, en attendant que l'arbitre souverain confirme la sentence. Si le vice n'est qu'une conséquence physique de notre organisation, d'où vient cette frayeur qui trouble les jours d'une prospérité coupable? Pourquoi le remords est-il si terrible, qu'on préfère souvent de se soumettre à la pauvreté et à toute la rigueur de la vertu, plutôt que d'acquérir des biens illégitimes? Pourquoi y a-t-il une voix dans le sang, une parole dans la pierre? Le tigre déchire sa proie, et dort; l'homme devient homicide, et veille. Il cherche les lieux déserts, et cependant la solitude l'effraie; il se traîne autour des tombeaux, et cependant il a peur des tombeaux. Son regard est inquiet et mobile; il n'ose fixer le mur de la salle du festin, dans la crainte d'y voir des caractères funestes. Tous ses sens semblent devenir meilleurs pour le tourmenter : il voit au milieu de la nuit des lueurs menaçantes; il est toujours environné de l'odeur du carnage; il découvre le goût du poison jusque dans les mets qu'il a lui-même apprêtés; son oreille, d'une étrange subtilité, trouve le bruit où tout le monde trouve le silence; et, en embrassant son ami, il croit sentir sous ses vêtements un poignard caché.

De Chateaubriand. (*Génie du christianisme.*)

Rapidité de la vie.

La vie humaine est semblable à un chemin, dont l'issue est un précipice affreux : on nous en avertit dès le premier pas, mais la loi est prononcée, il faut avancer toujours. Je voudrais retourner sur mes pas;

marche, marche. Un poids invincible, une force invincible nous entraîne; il faut sans cesse avancer vers le précipice. Mille traverses, mille peines nous fatiguent et nous inquiètent dans la route; encore si je pouvais éviter ce précipice affreux. Non, non, il faut marcher, il faut courir, telle est la rapidité des années. On se console pourtant, parce que de temps en temps on rencontre des objets qui nous divertissent, des eaux courantes, des fleurs qui passent. On voudrait arrêter; marche, marche. Et cependant on voit tomber derrière soi tout ce qu'on avait passé; fracas effroyable, inévitable ruine! On se console parce qu'on emporte quelques fleurs cueillies en passant, qu'on voit se faner entre ses mains du matin au soir, quelques fruits qu'on perd en les goûtant. Enchantement! toujours entraîné, tu approches du gouffre. Déjà tout commence à s'effacer; les jardins moins fleuris, les fleurs moins brillantes, leurs couleurs moins vives, les prairies moins riantes, les eaux moins claires, tout se ternit, tout s'efface: l'ombre de la mort se présente; on commence à sentir l'approche du gouffre fatal. Mais il faut aller sur le bord, encore un pas. Déjà l'horreur trouble les sens, la tête tourne, les yeux s'égarent, il faut marcher. On voudrait retourner en arrière, plus de moyen; tout est tombé, tout est évanoui, tout est échappé.

BOSSUET.

Tout ne meurt pas avec nous.

Si tout meurt avec le corps, il faut que l'univers prenne d'autres lois, d'autres mœurs, d'autres usages, et que tout change de face sur la terre. Si tout meurt avec le corps, les maximes de l'équité, de l'amitié, de l'honneur, de la bonne foi, de la reconnaissance, ne sont donc plus que des erreurs populaires, puisque nous ne devons rien à des hommes qui ne nous sont rien, auxquels aucun nœud commun de culte et d'espérance ne nous lie, qui vont demain retomber dans le néant, et qui ne sont déjà plus. Si tout meurt avec nous, les doux noms d'enfant, de père, d'ami, d'époux, sont donc des noms de théâtre, et de vains titres qui nous abusent, puisque l'amitié, celle même qui vient de la vertu, n'est plus un lien durable; que nos pères qui nous ont précédés ne sont plus; que nos enfants ne seront point nos successeurs; car le néant, tels que nous devons être un jour, n'a point de suite; que la société sacrée des noces n'est plus qu'une union brutale, d'où, par un assemblage bizarre et fortuit, sortent des êtres qui nous ressemblent, mais qui n'ont de commun avec nous que le néant.

Que dirai-je encore? Si tout meurt avec nous, les annales domestiques, et la suite de nos ancêtres n'est donc plus qu'une suite de chimères, puisque nous n'avons point d'aïeux, et que nous n'aurons point de neveux. Les soins du nom et de la postérité sont donc frivoles ; l'honneur qu'on rend à la mémoire des hommes illustres, une erreur puérile, puisqu'il est ridicule d'honorer ce qui n'est plus ; la religion des tombeaux, une illusion vulgaire ; les cendres de nos pères et de nos amis, une vile poussière qu'il faut jeter au vent, et qui n'appartient à personne ; les dernières intentions des mourants, si sacrées parmi les peuples les plus barbares, le dernier son d'une machine qui se dissout ; et, pour tout dire en un mot, si tout meurt avec nous, les lois sont donc une servitude insensée ; les Rois et les Souverains, des fantômes que la faiblesse des peuples a élevés ; la justice, une usurpation sur la liberté des hommes ; la loi des mariages, un vain scrupule ; la pudeur, un préjugé ; l'honneur et la probité, des chimères, les incestes, les parricides, les perfidies noires, des jeux de la nature, et des noms que la politique des législateurs a inventés.

Voilà où se réduit la philosophie sublime des impies ; voilà cette force, cette raison, cette sagesse, qu'ils nous vantent éternellement. Convenez de leurs maximes, et l'univers entier retombe dans un affreux chaos ; et tout est confondu sur la terre ; et toutes les idées du vice et de la vertu sont renversées ; et les lois les plus inviolables de la société s'évanouissent ; et la discipline des mœurs périt ; et le gouvernement des États et des Empires n'a plus de règle ; et toute l'harmonie du corps politique s'écroule ; et le genre humain n'est plus qu'un assemblage d'insensés, de barbares, d'impudiques, de furieux, de fourbes, de dénaturés, qui n'ont plus d'autre loi que la force, plus d'autre frein que leurs passions et la crainte de l'autorité, plus d'autre lien que l'irréligion et l'indépendance, plus d'autre Dieu qu'eux-mêmes. Voilà le monde des impies; et, si ce plan affreux de république vous plait, formez, si vous le pouvez, une société de ces hommes monstrueux. Tout ce qu'il nous reste à vous dire, c'est que vous êtes dignes d'y occuper une place.

MASSILLON. (*Vérité d'un avenir.*)

La perte d'un ami.

J'avais un ami, la mort me l'a ôté : elle l'a saisi au commencement de sa carrière; sa mémoire ne vit plus que dans mon cœur; elle n'existe plus parmi ceux qui l'environnaient et qui l'ont remplacé; cette idée me rend plus pénible le sentiment de sa perte. La nature, indifférente de même au sort des individus, se pare de toute sa beauté autour du cimetière où il repose. Les arbres se couvrent de feuilles et entrelacent leurs branches; les oiseaux chantent sous le feuillage; tout respire la joie et la vie dans le séjour de la mort; et le soir, tandis que la lune brille dans le ciel, et que je médite près de ce triste lieu, j'entends le grillon poursuivre gaiment son chant infatigable, caché sous l'herbe qui couvre la tombe silencieuse de mon ami. La destruction insensible des êtres et tous les malheurs de l'humanité sont comptés pour rien dans le grand Tout. La mort d'un homme sensible qui expire au milieu de ses amis désolés, et celle d'un papillon que l'air froid du matin fait périr dans le calice d'une fleur, sont deux époques semblables dans le cours de la nature : l'homme n'est rien qu'un fantôme, une ombre, une vapeur qui se dissipe dans les airs.....

Mais l'aube matinale commence à blanchir le ciel ; les noires idées qui m'agitaient s'évanouissent avec la nuit, et l'espérance renaît dans mon cœur. Non, celui qui inonde ainsi l'orient de lumière ne l'a point fait briller à mes regards pour me plonger bientôt dans la nuit du néant ! Celui qui étendit cet horizon incommensurable, celui qui éleva ces masses énormes dont le soleil dore les sommets glacés, est aussi celui qui a ordonné à mon cœur de battre et à mon esprit de penser.

Non, mon ami n'est point entré dans le néant ! Quelle que soit la barrière qui nous sépare, je le reverrai. Ce n'est point sur un syllogisme que je fonde mon espérance. Le vol d'un insecte qui traverse les airs suffit pour me persuader ; et souvent l'aspect de la campagne, le parfum des airs, et je ne sais quel charme répandu autour de moi, élèvent tellement mes pensées, qu'une preuve invincible de l'immortalité entre dans mon âme et l'occupe tout entière.

XAV. DE MAISTRE. (*Voyage autour de ma chambre.*)

Du désir d'une autre vie.

Si tout doit finir avec nous, si l'homme ne doit rien attendre après cette vie, et que ce soit ici notre patrie, notre origine, et la seule félicité que nous puissions nous promettre, pourquoi n'y sommes-nous pas heureux? Si nous ne naissons que pour les plaisirs des sens, pourquoi ne peuvent-ils nous satisfaire et laissent-ils toujours un fonds d'ennui et de tristesse dans notre cœur? Si l'homme n'a rien au-dessus de la bête, que ne coule-t-il ses jours comme elle, sans souci, sans inquiétude, sans dégoût, sans tristesse, dans la félicité des sens? Si l'homme n'a point d'autre bonheur à espérer qu'un bonheur temporel, pourquoi ne le trouve-t-il nulle part sur la terre? d'où vient que les richesses l'inquiètent, que les honneurs le fatiguent, que les plaisirs le lassent, que les sciences le confondent, et irritent sa curiosité loin de la satisfaire; que la réputation le gêne et l'embarrasse, que tout cela ensemble ne peut remplir l'immensité de son cœur et lui laisse encore quelque chose à désirer? Tous les autres êtres, contents de leur destinée, paraissent heureux à leur manière, dans la situation où l'Auteur de la nature les a placés : les animaux rampent dans les campagnes, sans envier la destinée de l'homme qui habite les villes et les palais somptueux; les oiseaux se réjouissent dans les airs, sans penser s'il y a des créatures plus heureuses qu'eux sur la terre; tout est heureux, pour ainsi dire, tout est à sa place dans la nature; l'homme seul est inquiet et mécontent, l'homme seul, en proie à ses désirs, se laisse déchirer par des craintes, trouve son supplice dans ses espérances, devient triste et malheureux au milieu de ses plaisirs; l'homme seul ne rencontre rien ici-bas où son cœur puisse se fixer.

D'où vient cela, ô homme? Ne serait-ce pas parce

que vous êtes ici-bas déplacé, que vous êtes fait pour le ciel, que votre cœur est plus grand que le monde, que la terre n'est pas votre patrie, et que tout ce qui n'est pas Dieu n'est rien pour vous?

MASSILLON.

Le petit nombre des élus.

Je suppose que c'est ici votre dernière heure et la fin de l'univers, que les cieux vont s'ouvrir sur vos têtes, que Jésus-Christ va paraître dans sa gloire au milieu de ce temple, et que vous n'y êtes assemblés que pour l'attendre comme des criminels tremblants, à qui l'on va prononcer une sentence de grâce ou un arrêt de mort éternelle; car, vous avez beau vous flatter, vous mourrez tels que vous êtes aujourd'hui. Tous ces désirs de changement qui vous amusent, vous amuseront jusqu'au lit de la mort : c'est l'expérience de tous les siècles. Tout ce que vous trouverez alors en vous de nouveau, sera peut-être un compte un peu plus grand que celui que vous auriez aujourd'hui à rendre ; et sur ce que vous seriez si l'on venait vous juger en ce moment, vous pouvez presque décider ce qui vous arrivera au sortir de la vie.

Or, je vous demande, et je vous le demande frappé de terreur, ne séparant pas en ce point mon sort du vôtre et me mettant dans la même disposition où je souhaite que vous entriez; je vous demande donc: Si Jésus-Christ paraissait dans ce temple au milieu de cette assemblée, la plus auguste de l'univers, pour vous juger, pour faire le terrible discernement des boucs et des brebis, croyez-vous que le plus grand nombre de nous tous qui sommes ici fût placé à la droite? croyez-vous, du moins, que les choses fussent égales? croyez-vous qu'il s'y trouvât seulement dix justes, que le Seigneur ne put trouver autrefois en cinq villes tout entières? Je vous le demande, vous l'ignorez, et je l'ignore moi-même: vous seul, ô mon Dieu, connaissez ceux qui vous appartiennent. Mais, si nous ne connaissons pas ceux qui lui appartiennent, nous connaissons, du moins, que les pécheurs ne lui appartiennent pas. Or, qui sont les fidèles ici assemblés? Les titres et les dignités ne doivent compter pour rien; vous en serez dépouillés devant Jésus-Christ. Qui sont-ils? beaucoup de pécheurs qui ne veulent pas se convertir; encore plus qui le voudraient, mais qui diffèrent leur conversion; plusieurs autres qui ne se convertissent jamais que pour retomber; enfin, un grand nombre qui croient n'avoir pas besoin de conversion: voilà le parti des réprouvés. Retranchez ces quatre sortes de pécheurs de cette assemblée sainte, car ils en seront retranchés au grand jour; paraissez maintenant, justes; où êtes-vous? Restes d'Israël, passez à la droite; froment de Jésus-Christ, démêlez-vous de cette paille destinée au feu. O Dieu! où sont vos élus, et que reste-il pour votre partage?

MASSILLON.

L'établissement du christianisme.

Armé d'une croix de bois, on le voit tout-à-coup s'avancer au milieu des joies enivrantes et des religions dissolues d'un monde vieilli dans la corruption. Aux fêtes brillantes du paganisme, aux gracieuses images d'une mythologie enchanteresse, à la commode licence de la morale philosophique, à toutes les séductions des arts et des plaisirs, il oppose les pompes de la douleur, de graves et lugubres cérémonies, les pleurs de la pénitence, des menaces terribles, de redoutables mystères, le faste effrayant de la pauvreté, le sac, la cendre et tous les symboles d'un dépouillement absolu et d'une consternation profonde; car c'est là tout ce que l'univers païen aperçut d'abord dans le christianisme. Aussitôt les passions s'élancent avec fureur contre l'ennemi qui se présente pour disputer l'empire. Les peuples, à grands flots, se précipitent sous leurs bannières, l'avarice y conduit les prêtres des idoles; l'orgueil y amène les sages, et la politique les empereurs. Alors commence une guerre effroyable : ni l'âge ni le sexe ne sont épargnés; les places publiques, les routes, les champs même, et jusqu'aux lieux les plus déserts se couvrent d'instruments de torture, de chevalets, de bûchers, d'échafauds; les jeux se mêlent au carnage; de toutes parts on s'empresse pour jouir de l'agonie et de la mort des innocents qu'on égorge; et ce cri barbare : *Les chrétiens aux lions!* fait tressaillir de joie une multitude ivre de sang. Mais dans ces épouvantables holocaustes, que l'on se hâte d'offrir à des divinités expirantes, il faut que chacune ait ses victimes choisies ; et une cruauté ingénieuse invente de nouveaux supplices pour la pudeur. Enfin, les bourreaux fatigués s'arrêtent, la hache échappe de leurs mains. Je ne sais quelle vertu céleste, émanée de la croix, commence à les toucher eux-mêmes. A l'exemple de nations entières subjuguées avant eux, ils tombent aux pieds du christianisme, qui en échange du repentir leur promet l'immortalité, et déjà leur prodigue l'espérance. Signe sacré de paix et de salut, son radieux étendard flotte au loin sur les débris du fanatisme écroulé. Les Césars jaloux avaient conjuré sa ruine, et le voilà assis sur le trône des Césars. Comment a-t-il vaincu tant de puissance ? en présentant son sein au glaive, et aux chaînes ses mains désarmées. Comment a-t-il triomphé de tant de rage ? en se livrant sans résistance à ses persécuteurs.

LAMENNAIS. (*Introduction à l'Indifférence en matière de religion.*)

Les Rogations.

Les cloches du hameau se font entendre, les villageois quittent leurs travaux : le vigneron descend de la colline, le laboureur accourt de la plaine, le bûcheron sort de la forêt ; les mères, fermant leurs cabanes, arrivent avec leurs enfants, et les jeunes filles laissent leurs fuseaux, leurs brebis et les fontaines pour assister à la fête.

On s'assemble dans le cimetière de la paroisse, sur les tombes verdoyantes des aïeux. Bientôt on voit paraître tout le clergé destiné à la cérémonie : c'est un vieux pasteur qui n'est connu que sous le nom de *curé*, et ce nom vénérable dans lequel est venu se perdre le sien, indique moins le ministre du temple, que le père laborieux du troupeau. Il sort de sa retraite, bâtie auprès de la demeure des morts, dont il surveille la cendre. Il est établi dans son presbytère comme une garde avancée aux frontières de la vie, pour recevoir ceux qui entrent et ceux qui sortent de ce royaume des douleurs. Un puits, des peupliers, une vigne autour de sa fenêtre, quelques colombes composent l'héritage de ce roi des sacrifices.

Cependant l'apôtre de l'évangile, revêtu d'un simple surplis, assemble ses ouailles devant la grande porte de l'église; il leur fait un discours, fort beau sans doute, à en juger par les larmes de l'assistance. On lui entend souvent répéter : *Mes enfants, mes chers enfants*, et c'est là tout le secret de l'éloquence du Chrysostôme champêtre.

Après l'exhortation, l'assemblée commence à marcher en chantant : « Vous sortirez avec plaisir, et vous serez reçu avec joie; les collines bondiront et vous entendront avec joie. » L'étendard des saints, antique bannière des temps chevaleresques, ouvre la carrière au troupeau, qui suit pêle-mêle avec son pasteur. On entre dans des chemins ombragés et coupés profondément par la roue des chars rustiques; on franchit de hautes barrières, formées d'un seul tronc de chêne; on voyage le long d'une haie d'aubépine où bourdonne l'abeille, et où sifflent les bouvreuils et les merles. Les arbres sont couverts de leurs fleurs, ou parés d'un naissant feuillage. Les bois, les vallons, les rivières, les rochers entendent tour à tour les hymnes des laboureurs. Étonnés de ces cantiques, les hôtes des champs sortent des blés nouveaux, et s'arrêtent à quelque distance, pour voir passer la pompe villageoise.

La procession rentre enfin au hameau. Chacun retourne à son ouvrage : la religion n'a pas voulu que le jour où l'on demande à Dieu les biens de la terre fût un jour d'oisiveté. Avec quelle espérance on enfonce le soc dans le sillon, après avoir imploré celui qui dirige le soleil, et qui garde dans ses trésors les vents du midi et les tièdes ondées! Pour bien achever un jour si saintement commencé, les anciens du village viennent, à l'entrée de la nuit, converser avec le curé, qui prend son repas du soir sous les peupliers de sa cour. La lune répand alors les dernières harmonies sur cette fête que ramènent chaque année le mois le plus doux, et le cours de l'astre le plus mystérieux. On croit entendre de toutes parts les blés germer dans la terre, et les plantes croître et se développer: des voix inconnues s'élèvent dans le silence des bois, comme le chœur des anges champêtres dont on a imploré le secours : et les soupirs du rossignol parviennent à l'oreille des vieillards, assis non loin des tombeaux.

DE CHATEAUBRIAND. (*Génie du christianisme.*)

L'Évangile.

La majesté des écritures m'étonne; la sainteté de l'Évangile parle à mon cœur. Voyez les livres des philosophes avec toute leur pompe; qu'ils sont petits près de celui-là! Se peut-il qu'un livre, à la fois si sublime et si sage, soit l'ouvrage des hommes! Se peut-il que celui dont il fait l'histoire ne soit qu'un homme lui-même? Est-ce là le ton d'un enthousiaste ou d'un ambitieux sectaire? Quelle douceur! quelle pureté dans ses mœurs! quelle grâce touchante dans ses instructions! quelle élévation dans ses maximes! quelle profonde sagesse dans ses discours! quelle présence d'esprit, quelle finesse et quelle justesse dans ses réponses! quel empire sur ses passions! Où est l'homme, où est le sage qui sait agir, souffrir et mourir, sans faiblesse et sans ostentation? Quand Platon peint son juste imaginaire couvert de tout l'opprobre du crime, et digne de tous les prix de la vertu, il peint trait pour trait Jésus-Christ; la ressemblance est si frappante, que tous les pères l'ont sentie, et qu'il n'est pas possible de s'y tromper.

Quels préjugés, quel aveuglement ne faut-il point avoir pour oser comparer le fils de Sophronisque au fils de Marie! Quelle distance de l'un à l'autre! Socrate mourant sans douleur, sans ignominie, soutint aisément jusqu'au bout son personnage; et si cette facile mort n'eût honoré sa vie, on douterait si Socrate, avec tout son esprit, fut autre chose qu'un sophiste. Il inventa, dit-on, la morale ; d'autres, avant lui, l'avaient mise en pratique ; il ne fit que dire ce qu'ils avaient fait ; il ne fit que mettre en leçons leurs exemples. Aristide avait été juste avant que Socrate eût dit ce que c'était que la justice. Léonidas était mort pour son pays avant que Socrate eût fait un devoir d'aimer la patrie. Sparte était sobre avant que Socrate eût loué la sobriété ; avant qu'il eût loué la vertu, la Grèce abondait en hommes vertueux. Mais où Jésus avait-il pris chez les siens cette morale élevée et pure, dont lui seul a donné les leçons et l'exemple ? Du sein du plus furieux fanatisme, la plus haute sagesse se fit entendre, et la simplicité des plus héroïques vertus honora le plus vil de tous les peuples. La mort de Socrate, philosophant tranquillement avec ses amis, est la plus douce qu'on puisse désirer ; celle de Jésus expirant dans les tourments, injurié, raillé, maudit de tout un peuple, est la plus horrible qu'on puisse craindre. Socrate, prenant la coupe empoisonnée, bénit celui qui la lui présente et qui pleure. Jésus, au milieu d'un affreux supplice, prie pour ses bourreaux acharnés. Oui, si la vie et la mort de Socrate sont d'un sage, la vie et la mort de Jésus sont d'un Dieu.

J.-J. Rousseau. (*Émile.*)

Révolutions du globe.

Lorsque le voyageur parcourt ces plaines fécondes où des eaux tranquilles entretiennent, par leurs cours régulier, une végétation abondante, et dont le sol, foulé par un peuple nombreux, orné de villages florissants, de riches cités, de monuments superbes, n'est jamais troublé que par les ravages de la guerre ou par l'oppression des hommes en pouvoir, il n'est pas tenté de croire que la nature ait eu aussi ses guerres intestines, et que la surface du globe ait été bouleversée par des révolutions et des catastrophes; mais ses idées changent dès qu'il cherche à creuser ce sol si paisible, ou qu'il s'élève aux collines qui bordent la plaine; elles se développent pour ainsi dire avec sa vue; elles commencent à embrasser l'étendue et la grandeur de ces évènements antiques, dès qu'il gravit les chaînes plus élevées dont ces collines couvrent le pied, ou qu'en suivant les lits des torrents qui descendent de ces chaînes, il pénètre dans leur intérieur.

Les terrains les plus bas, les plus unis, ne nous montrent, même lorsque nous y creusons à de très-grandes profondeurs, que des couches horizontales de matières plus ou moins variées, qui enveloppent presque toutes d'innombrables produits de la mer. Des couches pareilles, des produits semblables, composent les collines jusqu'à d'assez grandes hauteurs. Quelquefois les coquilles sont si nombreuses, qu'elles forment à elles seules toute la masse du sol : elles s'élèvent à des hauteurs supérieures au niveau de toutes les mers, et où nulle mer ne pourrait être portée aujourd'hui par des causes existantes : elles ne sont pas seulement enveloppées dans des sables mobiles, mais les pierres les plus dures les incrustent souvent et en sont pénétrées de toutes parts. Toutes les parties du monde, tous les hémisphères, tous les continents, toutes les îles un peu considérables présentent le même phénomène.

Ces coquilles fossiles ont été déposées par la mer; c'est la mer qui les a laissées dans les lieux où on les trouve : cette mer a séjourné dans ces lieux ; elle y a séjourné assez longtemps et assez paisiblement pour y former les dépôts si réguliers, si épais, si vastes, et en partie si solides, que remplissent ces dépouilles d'animaux aquatiques. Le bassin des mers a donc éprouvé au moins un changement, soit en étendue, soit en situation. Voilà ce qui résulte déjà des premières fouilles et de l'observation la plus superficielle.

Les traces de révolutions deviennent plus imposantes, quand on se rapproche davantage du pied des grandes chaînes. La plupart de ces révolutions ont été subites ; cela est surtout facile à prouver pour la dernière de ces catastrophes, pour celle qui, par un double mouvement, a inondé et ensuite remis à sec nos continents actuels, ou du moins une grande partie du sol qui les forme aujourd'hui. Elle a laissé encore, dans les pays du Nord, des cadavres de grands quadrupèdes que la glace a saisis, et qui se sont conservés jusqu'à nos jours avec leur peau, leur poil et leur chair. S'ils n'eussent été gelés aussitôt que tués, la putréfaction les aurait décomposés. Et d'un autre côté, cette gelée éternelle n'occupait pas auparavant les lieux où ils ont été saisis, car ils n'auraient pas pu vivre sous une pareille température. C'est donc le même instant qui a fait périr les animaux et qui a rendu glacial le pays qu'ils habitaient.

La vie a donc souvent été troublée sur cette terre par des évènements effroyables. Des êtres vivants sans nombre ont été victimes de ces catastrophes ; les uns, habitants de la terre sèche, se sont vus engloutis par les déluges ; les autres, qui peuplaient le sein des eaux, ont été mis à sec avec le fonds des mers subitement relevé ; leurs races mêmes ont fini pour jamais, et ne laissent dans le monde que quelques débris à peine reconnaissables pour le naturaliste.

CUVIER. (*Recherches sur les ossements fossiles.*)

De la chute de l'empire romain.

Rome n'était, dans son origine, qu'une municipalité, une commune. Le gouvernement romain n'a été que l'ensemble des institutions qui conviennent à une population renfermée dans l'intérieur d'une ville ; ce sont des institutions municipales : c'est là leur caractère distinctif.

Cela n'était pas particulier à Rome : quand on regarde en Italie, à cette époque, autour de Rome, on ne trouve que des villes. Ce qu'on appelait alors des peuples n'étaient que des confédérations de villes... Il n'y avait point de campagnes, c'est-à-dire les campagnes ne ressemblaient nullement à ce qui existe aujourd'hui, elles étaient cultivées, il le fallait bien ; elles n'étaient pas peuplées. Les propriétaires des campagnes étaient les habitants des villes ; ils sortaient pour veiller à leurs propriétés rurales ; ils y entretenaient souvent un certain nombre d'esclaves ;

mais ce que nous appelons aujourd'hui les campagnes, cette population éparse, tantôt dans des habitations isolées, tantôt dans des villages, et qui couvrent partout le sol, était un fait presque inconnu à l'ancienne Italie.

Quand Rome s'est étendue, elle a conquis ou fondé des villes; c'est contre des villes qu'elle lutte, avec des villes qu'elle contracte, c'est dans des villes qu'elle envoie des colonies...

Sous quelque point de vue que vous considériez le monde romain, vous y trouverez cette prépondérance presque exclusive des villes, et la non existence sociale des campagnes. Ce caractère municipal du monde romain rendait évidemment l'unité, le lien social d'un grand État, extrêmement difficile à établir et à maintenir. Une municipalité comme Rome avait pu conquérir le monde; il lui était beaucoup plus malaisé de le gouverner, de le constituer. Aussi, quand l'œuvre paraît consommée, quand tout l'Occident et une grande partie de l'Orient sont tombés sous la domination romaine, vous voyez cette prodigieuse quantité de cités, de petits États, faits pour l'isolement et l'indépendance, se désunir, se détacher, s'échapper pour ainsi dire en tous sens. Ce fut là une des causes qui amenèrent la nécessité de l'empire, d'une forme de gouvernement plus concentrée, plus capable de tenir unis des éléments si peu cohérents. L'empire essaya de porter de l'unité et du lien dans cette société éparse. Il y réussit jusqu'à un certain point. Ce fut entre Auguste et Dioclétien qu'en même temps que se développait la législation civile, s'établit ce vaste système de despotisme administratif qui établit sur le monde romain un réseau de fonctionnaires hiérarchiquement distribués, bien liés, soit entre eux, soit à la cour impériale, et uniquement appliqués à faire passer dans la société la volonté du pouvoir, dans le pouvoir les tribus et les forces de la société.

Et non-seulement ce système réussit à rallier, à contenir ensemble les éléments du monde romain ; mais l'idée du despotisme, du pouvoir central, pénétra dans les esprits avec une facilité singulière. On est étonné de voir, dans cette collection mal unie de petites républiques, dans cette association de municipalités, prévaloir rapidement le respect de la majesté impériale, unique, auguste, sacrée. Il fallait que la nécessité d'établir quelque lien entre toutes ces parties du monde romain fût bien puissante, pour que les croyances, et presque les sentiments du despotisme, trouvassent dans les esprits un si facile accès.

C'est avec ces croyances, avec son organisation administrative, et le système d'organisation militaire qui y était joint, que l'empire romain a lutté contre la dissolution qui le travaillait intérieurement, et contre l'invasion des barbares. Il a lutté longtemps, dans un état continuel de décadence, mais se défendant toujours. Un moment est enfin arrivé où la dissolution a prévalu ; ni le savoir-faire du despotisme, ni le laisser-aller de la servitude, n'ont plus suffi pour maintenir ce grand corps. Au quatrième siècle, on le voyait partout se désunir, se démembrer ; les barbares entraient de tous côtés ; les provinces ne résistaient plus, ne s'inquiétaient plus de la destinée générale.

GUIZOT. (*Cours d'histoire moderne.*)

Dignité de l'homme.

L'homme a la force et la majesté; les grâces et la beauté sont l'apanage de l'autre sexe.

Tout annonce dans tous deux les maîtres de la terre; tout marque dans l'homme, même à l'extérieur, sa supériorité sur tous les êtres vivants; il se soutient droit et élevé; son attitude est celle du commandement; sa tête regarde le ciel, et présente une face auguste sur laquelle est imprimé le caractère de sa dignité; l'image de l'âme y est peinte par la physionomie; l'excellence de sa nature perce à travers les organes matériels, et anime d'un feu divin les traits de son visage; son port majestueux, sa démarche ferme et hardie, annoncent sa noblesse et son rang; il ne touche à la terre que par ses extrémités les plus éloignées, il ne la voit que de loin, et semble la dédaigner; les bras ne lui sont pas donnés pour servir de piliers, d'appui à la masse du corps; sa main ne doit pas fouler la terre, et perdre, par des frottements réitérés, la finesse du toucher dont elle est le principal organe; le bras et la main sont faits pour servir à des usages plus nobles, pour exécuter les ordres de la volonté, pour saisir les choses éloignées, pour écarter les obstacles, pour prévenir les rencontres et le choc de ce qui pourrait nuire, pour embrasser et retenir ce qui peut plaire, pour le mettre à portée des autres sens.

Lorsque l'âme est tranquille, toutes les parties du

visage sont dans un état de repos : leur proportion, leur union, leur ensemble, marquent encore assez la douce harmonie des pensées, et répondent au calme de l'intérieur; mais lorsque l'âme est agitée, la face humaine devient un tableau vivant, où les passions sont rendues avec autant de délicatesse que d'énergie, où chaque mouvement de l'âme est exprimé par un trait, chaque action par un caractère dont l'impression vive et prompte devance la volonté, nous décèle, et rend au dehors, par des signes pathétiques, les images de nos secrètes agitations.

C'est surtout dans les yeux qu'elles se peignent, et qu'on peut les reconnaître; l'œil appartient à l'âme plus qu'aucun autre organe; il semble y toucher et participer à tous ses mouvements; il en exprime les passions les plus vives et les émotions les plus tumultueuses, comme les mouvements les plus doux et les sentiments les plus délicats; il les rend dans toute leur force, dans toute leur pureté, tels qu'ils viennent de naître; il les transmet par des traits rapides qui portent dans une autre âme le feu, l'action, l'image de celle dont ils partent; l'œil reçoit et réfléchit en même temps la lumière de la pensée et la chaleur du sentiment; c'est le sens de l'esprit et la langue de l'intelligence.

Buffon. (*Histoire naturelle.*)

Le spiritualisme et l'école expérimentale.

Portalis, organe de l'école spiritualiste, a dit dans le discours préliminaire du Code civil : « Le droit est la raison universelle, la suprême raison fondée sur la nature des choses. »

Bentham, organe de l'école expérimentale, a dit : « Le droit, à proprement parler, n'est que la créature de la loi. »

L'antagonisme, on le voit, est nettement formulé.

L'école expérimentale, interrogeant les faits, se fondant sur ce qui est, étudie les vérités en elles-mêmes et pour elles-mêmes, indépendamment de toute source première et nécessaire; elle n'aperçoit, dans le droit, que l'expression des besoins de la vie, expression formulée par l'homme, directement et sans le secours d'un type original.

Pour elle, les tendances naturelles que Dieu a faites ne sont pas le droit, elles sont le principe des relations que le droit réglera, et le droit sera l'ouvrage de l'homme.

Pour elle, le droit est une conséquence; la science du juste et de l'injuste est fille de la volonté humaine. Dieu n'a créé que des impulsions instinctives et de vagues avertissements; l'œuvre de l'homme est seule réelle, saisissable et positive.

Le spiritualisme, au contraire, partant sans cesse de Dieu pour remonter sans cesse à Dieu, admet des limites du juste et de l'injuste invariablement fixées : pour lui, le droit est un principe supérieur à l'homme, condition de son être individuel et de sa nature sociale; pour lui, la raison ne se borne pas à organiser les instincts, elle les exclut ou au moins elle les précède et les domine; pour lui, enfin, le droit, dans son essence, loin d'être une élaboration humaine, est l'œuvre directe de Dieu; c'est la lumière des individus, c'est la vaste intelligence des peuples, c'est la religion morale de l'univers.

Aux esprits *positifs* qui demandent ce que signifie un droit éternel commun à tous les êtres humains, et qui, préoccupés de ce qu'il y a de contradictoire dans les établissements des législateurs et les coutumes des peuples, prétendent qu'une notion préconçue du droit est inconciliable avec des lois essentiellement changeantes, les spiritualistes répondent que la révolte des instincts n'est pas un motif pour nier la suprématie de la raison; qu'une lumière obscurcie par des passions diverses n'en a pas moins sa clarté réelle, et que si l'homme, abandonné à son libre arbitre, source de la moralité de ses actions, méconnaît la vérité naturelle, les rapports de notre être à tout ce qui l'environne n'en sont pas moins évidents et inaltérables dans leur essence.

Pour moi, je sympathise de toute la puissance de mes convictions avec le spiritualisme; j'aime à reporter directement jusqu'à Dieu cet ensemble de règles que je sais sans les avoir apprises, et auxquelles je dois obéir pour être heureux et contribuer au bonheur des autres; je suis plus fier d'avoir reçu de Dieu des préceptes nettement formulés, que d'en avoir obtenu des *impulsions instinctives* et de *vagues avertissements*, et quand je me soumets à la souveraineté primitive de l'auteur même de mon être, je sens que ma nature est plus noble et plus grande que si je subissais la souveraineté de mon semblable. Alors, je dis avec Portalis : Le droit est la raison universelle, c'est la suprême raison. »

Mais si, après avoir payé ce premier tribut, ou

plutôt après avoir rendu ce premier hommage à la divinité, l'on veut se rendre compte des faits révélés par l'histoire ou qui s'accomplissent chaque jour, s'expliquer la puissante intervention de l'homme dans l'organisation des sociétés humaines, et définir la sécularisation du droit primitif dont la source est divine, il faut dire, non pas, certes, avec Bentham, *que le droit est la créature de la loi,* mais qu'il y a un droit se composant de modifications et d'innovations introduites par l'homme dans l'œuvre première et divine.

Ainsi, j'accepte les termes de Portalis, comme donnant une idée vraie des préceptes éternels dont chacun apporte, en naissant, la science intime, puis, je range dans un ordre secondaire les préceptes formulés par l'homme et qui ne sont connus à l'homme que par une révélation extérieure ; j'ai désormais trouvé le droit naturel et le droit positif, et l'ensemble de leurs préceptes constitue la science de toutes les lois.

Fréd. Taulier. (*Théorie du Code civil.*)

Le droit naturel et le droit positif.

Le droit naturel est primitif, car il est inhérent à l'existence des choses.

Il est immédiat, c'est-à-dire qu'il se révèle de lui-même et qu'il est de lui-même obligatoire pour chaque homme. *Est non scripta, sed nata lex, quam non didicimus, accepimus, legimus : verum ex natura ipsa arri-*

puimus, hausimus, expressimus; ad quam non docti, sed facti, non instituti, sed imbuti sumus. (Cic. pro Milone).

Il est un et universel, c'est-à-dire commun à tous les temps et à tous les lieux, parce qu'il repose sur l'essence même des choses, qui est partout la même.

Il est uniforme et invariable, car l'essence des choses sera toujours ce qu'elle est.

Il est évident et palpable, parce qu'il consiste tout entier en faits sans cesse présents à l'entendement humain et d'une démonstration facile pour chacun.

Enfin, il est bienfaisant pour tous les hommes, en leur enseignant à tous les véritables moyens d'être meilleurs et plus heureux.

Le droit positif est secondaire; c'est une œuvre humaine.

Il n'est pas immédiat, car la volonté du législateur humain ne peut se révéler que par des moyens humains et être obligatoire que du jour où s'opère cette révélation extérieure.

Il n'est pas un, il n'est pas universel, mais local et accidentel. Fait par les hommes et pour les hommes, il doit convenir aux temps, aux lieux, aux mœurs, aux circonstances.

Il est changeant et variable. Il varie comme la société.

Le droit positif n'est ni évident, ni palpable, car il est établi par les hommes d'après des faits passés ou des prévisions de l'avenir, témoignages équivoques et suspects.

Enfin, s'il est bienfaisant dans son but, puisqu'il tend à l'intérêt général, il n'est pas bienfaisant dans son essence, car il peut se tromper dans ses moyens.

Cette diversité de caractères entre les deux droits, révèle mieux encore la suprématie de l'un et la dépendance de l'autre, et dans leurs différences mêmes, on voit le lien mystérieux qui unit le second avec le premier, comme une conséquence avec son principe, un rayon avec son foyer, la voix avec la pensée, l'œil avec l'âme.

Leur intimité est une source de salut.

Le droit pur qui aurait pu suffire même à l'homme social, sans ses passions et les infirmités de sa nature, ne lui suffit pas; or, la loi positive lui prête l'appui d'une organisation étudiée et didactique; elle le protège par la force de ses sanctions matérielles et complète ainsi son efficacité.

De même, la loi positive ne pouvait embrasser toutes les actions des hommes; les unes par leur nature, les autres parce qu'elles restent secrètes, échappaient à son influence : et, d'ailleurs, nos pensées, pouvait-elle les atteindre? Or, le droit pur domine l'individu, il domine l'homme social; il lui apprend que tout ce qui est toléré par le droit positif n'est pas honnête : *non omne quod licet honestum est* (l. 194, ff. *de reg. jur.*), et qu'il ne suffit pas d'observer les préceptes de celui-ci pour être sans reproche. Alors, apparaissant avec ses propres préceptes primitifs et immédiats, il s'identifie avec la morale et la religion. Droit naturel, morale, religion, trilogie conservatrice, qui attire doucement l'homme vers le bien par la paix de sa conscience, par l'estime de ses semblables et par l'espoir si profondément consolateur d'une autre vie. Que serait l'homme, que seraient les sociétés, avec les seules influences de la loi positive? Matière organisée, se mouvant comme par une convulsion galvanique, ne voyant dans le droit que l'empire de la force, et dans le devoir qu'une violence brutale, les individus et les sociétés incapables de résignation, de passions généreuses, esclaves nécessaires d'un égoïsme sans noblesse et sans moralité, tendraient sans cesse à troubler l'harmonie privée et l'harmonie générale : mais que la loi positive se dise fille de Dieu; que les vérités éternelles dont elle émane soient comprises et respectées; qu'au lieu de les étouffer par un fatal dédain, les dépositaires des pouvoirs humains proclament leur règne et s'appliquent à familiariser avec elles les esprits grossiers et les instincts en révolte, quelle conquête pour l'ordre! quelle puissance de protection pour toutes les harmonies terrestres! quels gages précieux pour le paisible développement du progrès de l'humanité, vaisseau déjà loin du rivage, tantôt battu par les tempêtes, tantôt éclairé par des jours sereins, qui vogue sans pouvoir jeter l'ancre, et attend que Dieu lui donne un port!

Le Même.

La Justice.

La justice, considérée dans son acception la plus vaste, est la conformité de nos *actions* et de nos *intentions* à la loi naturelle et à la loi positive. « *Constans ac perpetua voluntas jus suum cuique tribuendi.* » (*Instit.* de Justinien, liv. 1, tit. 1.)

La justice est intérieure ou extérieure, selon que nos intentions ou nos actions sont conformes à l'une et à l'autre loi.

Les deux conditions réunies et permanentes constituent la justice parfaite qui est alors la vertu, l'indéfini, le beau idéal de la nature humaine.

La justice intérieure n'est pas du ressort de l'autorité séculière : la conscience réduite à des inspirations, à des mouvements intimes ne relève que de Dieu.

Ainsi, peu importe que des intentions soient en révolte contre une loi ; si elles ne revêtent jamais une forme saisissable, elles échappent à toute inquisition humaine.

La justice extérieure rentre, au contraire, dans le domaine de l'homme.

Si donc un fait extérieur se produit, il est appréciable.

Ce fait est juste, indépendamment de l'intention, quand il est conforme à la loi, règle morale, comme une ligne est droite quand elle est conforme à la règle, instrument de mathématiques.

Le fait heurte-t-il seulement la loi naturelle, il est injuste, dans le sens absolu ; mais, dans un sens relatif, on dit qu'il est inique, immoral ; l'homme ne peut pas encore intervenir.

Heurte-t-il la loi positive, il est réellement injuste, et immédiatement le pouvoir de l'homme sur l'homme commence.

Alors, chose remarquable ! l'homme devient, par

une irrésistible nécessité, le juge des intentions elles-mêmes.

C'est l'intention qui fait la moralité des actions ; comment apprécier leur caractère, leur degré d'injustice, sans scruter la conscience ?

Voilà donc l'homme qui se fait Dieu ! Quelle mission sublime et terrible quand on songe qu'elle s'accomplit d'égal à égal ! Et que serait-ce qu'un tel pouvoir, s'il n'y avait pas un vrai Dieu pour juger ceux qui l'exercent ?

Le Même.

L'oubli et l'abandon des pauvres.

Combien de pauvres sont oubliés ! combien demeurent sans secours et sans assistance ! Oubli d'autant plus déplorable, que, de la part des riches, il est volontaire, et par conséquent criminel. Je m'explique : combien de malheureux réduits aux dernières rigueurs de la pauvreté et que l'on ne soulage pas, parce qu'on ne les connaît pas, et qu'on ne veut pas les connaître ! Si l'on savait l'extrémité de leurs besoins, on aurait pour eux, malgré soi, sinon de la charité, au moins de l'humanité. A la vue de leur misère, on rougirait de ses excès, on aurait honte de ses délicatesses, on se reprocherait ses folles dépenses, et l'on s'en ferait avec raison des crimes. Mais parce qu'on ignore ce qu'ils souffrent, parce qu'on ne veut pas s'en instruire, parce qu'on craint d'en entendre parler, parce qu'on les éloigne de sa présence, on croit en être quitte en les oubliant; et quelque extrêmes que soient leurs maux, on y devient insensible.

Combien de véritables pauvres, que l'on rebute comme s'ils ne l'étaient pas, sans qu'on se donne et qu'on veuille se donner la peine de discerner s'ils le sont en effet! Combien de pauvres dont les gémissements sont trop faibles pour venir jusqu'à nous, et dont on ne veut pas s'approcher pour se mettre en devoir de les écouter! Combien de pauvres abandonnés! Combien de désolés dans les prisons! Combien de languissants dans les hôpitaux! Combien de honteux dans les familles particulières! Parmi ceux qu'on connaît pour pauvres, et dont on ne peut ni ignorer ni même oublier le douloureux état, combien sont négligés! combien sont durement traités! combien manquent de tout, pendant que le riche est dans l'abondance, dans le luxe, dans les délices! S'il n'y avait point de jugement dernier, voilà ce que l'on pourrait appeler le scandale de la Providence, la patience des pauvres outragés par la dureté et par l'insensibilité des riches.

Bourdaloue.

La Dureté envers les indigents.

On accompagne souvent la miséricorde de tant de dureté envers les malheureux; en leur tendant une main secourable, on leur montre un visage si dur et si sévère, qu'un simple refus eût été moins accablant pour eux qu'une charité si sèche et si farouche ; car la pitié, qui paraît touchée de leurs maux, les console presque autant que la libéralité qui les soulage. On leur reproche leur force, leur paresse, leurs mœurs errantes et vagabondes ; on s'en prend à eux de leur indigence et de leur misère ; et en les secourant, on achète le droit de les insulter.

Mais s'il était permis à ce malheureux que vous outragez de vous répondre ; si l'abjection de son état n'avait pas mis le frein de la honte et du respect sur sa langue : « Que me reprochez-vous ? vous dirait-il ; une vie oiseuse et des mœurs inutiles et errantes ? Mais quels sont les soins qui vous occupent dans votre opulence ? les soucis de l'ambition, les inquiétudes de la fortune, les mouvements de la volupté. Je puis être un serviteur inutile : n'êtes-vous pas vous-même un serviteur infidèle ? Ah ! si les plus coupables étaient les plus pauvres et les plus malheureux ici-bas, votre destinée aurait-elle quelque chose au-dessus de la mienne ? Vous me reprochez des forces dont je ne me sers pas : mais quel usage faites-vous des vôtres ? Je ne devrais pas manger parce que je ne travaille point : mais êtes-vous dispensé vous-même de cette loi ? N'êtes-vous riche que pour vivre dans une indigne mollesse ? Ah ! Dieu jugera entre vous et moi ; et, devant son tribunal redoutable, on verra si vos voluptés et vos profusions vous étaient plus permises que l'innocent artifice dont je me sers pour trouver du soulagement à mes peines. »

Offrons du moins aux malheureux des cœurs sensibles à leurs misères ; adoucissons du moins, par notre humanité, le joug de l'indigence, si la médiocrité de notre fortune ne nous permet pas d'en soulager tout-à-fait nos frères. Hélas! on donne dans un spectacle des larmes aux aventures chimériques d'un personnage de théâtre; on honore des malheurs feints d'une véritable sensibilité; on sort d'une représentation, le cœur encore tout ému du récit de l'infortune d'un héros fabuleux; et votre frère que vous rencontrez au sortir de là, couvert de plaies, et qui veut vous entretenir de l'excès de ses peines, vous trouve insensible, et vous détournez vos yeux de ce spectacle de religion! et vous ne daignez pas l'entendre, et vous l'éloignez même rudement et achevez de lui serrer le cœur de tristesse! Ame inhumaine! avez-vous donc laissé toute votre sensibilité sur un théâtre? Le spectacle d'un homme souffrant n'offre-t-il rien qui soit digne de votre pitié?

MASSILLON.

Même sujet.

Dans le monde, dans ce séjour où l'intérêt est si vif, l'ambition si active, les plaisirs si variés, la mollesse si raffinée, sait-on s'il y a des misérables sur la terre? veut-on même le savoir? Cette idée laisserait dans l'esprit un souvenir inquiétant et douloureux, répandrait dans l'âme une tristesse importune, empoisonnerait les douceurs des plaisirs. On y écarte avec soin ce qui porte l'image de l'infortune; on n'y veut voir que les heureux. Et que deviendront les pauvres? les sources les plus abondantes leur sont fermées. Où iront-ils puiser? ils ne trouveront partout que des yeux qui se détournent, des barrières qui les arrêtent, des mains qui les repoussent.

L'indigence est-elle donc un anathème qui efface en eux le caractère d'homme, le titre de chrétien, l'empreinte de la Divinité même? Et pourquoi les exclure de la société, pourquoi les bannir de leur propre patrie? qu'ont-ils fait? Hélas! sont-ce des scélérats infâmes? Hélas! peut-être ne sont-ils pauvres que parce qu'ils sont vertueux. Sont-ce des ennemis furieux qui en veulent à vos jours? ils n'ont contre vous d'autres armes que les pleurs; ils songent plus à vous toucher qu'à vous nuire. Sont-ce des exacteurs odieux qui viennent vous dépouiller de vos richesses? quelque avidité qu'ils montrent, la plus légère aumône les satisfera. Riches voluptueux, assis à des tables chargées des mets les plus délicats, ces Lazares qui vous importunent de loin par leurs cris ne vous demandent que les miettes qui tombent de vos tables. Sont-ce enfin des monstres exécrables qui fassent horreur à la nature? ils sont tout ce qu'il faut pour intéresser des âmes généreuses; ils sont hommes, ils vous doivent être chers; ils sont malheureux, ils doivent être respectables. Ce serait à des malheureux comme eux à les fuir; mais vous, vous pouvez les secourir, et vous craignez de les voir! Il sera donc vrai que, tandis que vous ne refusez rien à votre vanité, à votre mollesse, il y aura des hommes, vos semblables, qui périront faute de subsistance!

Vantez-nous après cela la bonté de votre caractère, la délicatesse de vos sentiments. Quelle bonté, qui ne consiste qu'à éloigner les pauvres, qui craint d'être obligée de les soulager! Quelle délicatesse, qui serait blessée de la vue des misérables, et qui consent de sang-froid à leur destruction! Et ne savez-vous pas que la libéralité est l'humanité des grands et des riches? qu'il n'est point de milieu pour eux; que, s'ils ne sont généreux, ils sont nécessairement barbares, et qu'en certaines extrémités pressantes, ne pas assister ses frères, quand on le peut, c'est les égorger? Pardonnez nous ces expressions, elles sont vraies, quoique dures. Nous ne les employons que pour vous rappeler à vous-mêmes et à la générosité de votre caractère, sûrs que par là nous vous rappellerons bientôt aux pauvres.

En effet, réparer les misères, répandre en tous lieux les consolations et les secours, est-il une satisfaction plus noble, un plaisir plus digne d'une âme élevée, un usage plus délicieux des richesses et de l'autorité? Retranchez de cette grandeur qui nous frappe, retranchez-en la douceur de soulager les misérables, et nous ne devons plus rien trouver en elle qui mérite de nous tenter; ni cet éclat qui l'environne, il ne sert souvent qu'à mieux éclairer les défauts; ni cette pompe qui l'entoure, décoration empruntée, qui ne rend ni plus grand en effet, ni plus estimable dans le fond; ni ces flatteurs prodigues d'encens, ils vous empêchent de vous connaître vous-mêmes; ni ces respects assidus, sont-ils toujours sincères? et, quand ils le seraient, les hommages des hommes valent-ils leur amitié? ni ces distinctions honorables, un chrétien doit les mépriser; ni la puissance de perdre ses ennemis et ses rivaux, c'est le plaisir d'un tyran. De tous les avantages de la grandeur (permettez-nous cet aveu), nous n'envions que le pouvoir de faire des heureux, et nous ne souhaitons aux puissants du siècle que la volonté d'en faire. Négligeriez-vous un privilége si rare, et qui vous rendrait, pour ainsi dire, les dieux des autres hommes?

L'abbé POULLE. (*Exhortations sur l'aumône.*)

De la bonté envers les serviteurs.

Lorsque les maîtres traitent leurs serviteurs avec bonté, qu'ils adoucissent pour eux l'amertume de leur dépendance et la rigueur de leur condition par des égards, des attentions affectueuses, ils se les attachent pour la vie et en font d'autres membres de la famille. Les serviteurs de tels maîtres, à qui le joug est ainsi rendu plus léger, en deviennent plus disposés à l'obéissance d'abord, ensuite à cet amour qui naît d'un sentiment, d'une bonté journellement exercée envers eux. Ces bons serviteurs vieillissent avec les maîtres dont ils sont les confidents, dont ils possèdent et gardent religieusement les secrets comme tous ceux de la famille elle-même, en un mot, dont ils sont les véritables amis ; ils s'en regardent comme inséparables autrement que par la mort. L'adversité de ceux avec lesquels ils ont longtemps vécu les retiendrait plutôt près d'eux qu'elle n'aurait la puissance de les en éloigner.

L'habitude de la douceur, de la bonté chez les maîtres, de la régularité, de la probité chez les serviteurs, forme à la longue ce lien d'affection réciproque qui finit par devenir assez fort pour ne pouvoir plus être rompu. Ce n'est pas tout : si le sentiment des égards que les maîtres ont pour ceux qui se consacrent à leur service se transmet héréditairement en quelque sorte aux enfants des premiers, les seconds aussi continuent à ne voir dans les enfants que les parents eux-mêmes. Ils les aiment, ils les soignent, plus encore par inclination que par devoir; ils se réjouissent de leurs progrès, de leurs succès; quelquefois même ils s'en montrent fiers, comme si ces succès étaient leur propre ouvrage. D'un autre côté, de tels enfants ne sont point ingrats; accoutumés dès leurs plus tendres années au dévoûment des serviteurs de leurs parents, ils contractent naturellement de l'affection pour eux, et, parvenus à l'âge de la reconnaissance efficace, ils paient aux derniers ans de ces vieux amis, avec usure et sans effort, les soins que leur jeune âge en a reçus.

BILLECOCQ. (*De la Religion chrétienne.*)

Des anciennes réunions de famille.

Ceux qui n'ont jamais reporté leurs cœurs vers ces temps de foi où un acte de religion était une fête de famille, et qui méprisent des plaisirs qui n'ont pour eux que leur innocence, ceux-là, sans mentir, sont bien à plaindre. On ne se rappelle point sans attendrissement ces heures d'épanchement où les familles se rassemblaient autour des gâteaux qui retraçaient les présents des mages. L'aïeul, retiré pendant le reste de l'année au fond de son appartement, reparaissait dans ce jour comme la divinité du foyer paternel. Ses petits-enfants, qui depuis longtemps ne rêvaient que la fête attendue, entouraient ses genoux et le rajeunissaient de leur jeunesse. Les fronts respiraient la gaîté, les cœurs étaient épanouis : la salle du festin était merveilleusement décorée, et chacun prenait un vêtement nouveau. Au choc des verres, aux éclats de la joie, on tirait au sort ces royautés, qui ne coûtaient ni soupirs ni larmes : on se passait ces sceptres, qui ne pesaient point dans la main de celui qui les portait. Souvent une fraude, qui redoublait l'allégresse des sujets, et n'excitait que les plaintes de la souveraine, faisait tomber la fortune à la fille du lieu et au fils du voisin, dernièrement arrivé de l'armée. Les jeunes gens rougissaient, embarrassés qu'ils étaient de leur couronne ; les mères souriaient, et l'aïeul vidait sa coupe à la nouvelle reine.

Or, le curé, présent à la fête, recevait, pour la distribuer avec d'autres secours, *la part des pauvres*. Des jeux de l'ancien temps, un bal dont quelque vieux serviteur était le premier musicien, prolongeaient les plaisirs, et la maison entière, nourrices, enfants, fermiers, domestiques et maîtres, dansaient ensemble la ronde antique.

Ces scènes se répandaient dans toute la chrétienté, depuis le palais jusqu'à la chaumière ; il n'y avait point de laboureur qui ne trouvât moyen d'accomplir, ce jour-là, le souhait du Béarnais. Et quelle succession de jours heureux ! Noël, le premier jour de l'an, la fête des mages, les plaisirs qui précèdent la pénitence. En ce temps-là, les fermiers renouvelaient leur bail, les ouvriers recevaient leur paiement : c'était le moment des mariages, des présents, des charités, des visites ; le client voyait le juge, le juge le client ; les corps de métiers, les confréries, les prévôtés, les cours de justice, les universités, les mairies, s'assemblaient suivant des usages gaulois et de vieilles cérémonies. L'infirme et le pauvre étaient soulagés. L'obligation où l'on était de recevoir son voisin à cette époque, faisait qu'on vivait bien avec lui le reste de l'année, et par ce moyen la paix et l'union régnaient dans la société.

On ne peut douter que ces institutions ne servissent puissamment au maintien des mœurs, en entraînant la cordialité et l'amour entre les parents. Nous sommes déjà bien loin de ces temps où une femme, à la mort de son mari, venait trouver son fils aîné, lui remettait les clés, et lui rendait les comptes de la maison comme au chef de la famille. Nous n'avons plus cette haute idée de la dignité de l'homme que nous inspirait le christianisme. Les mères et les enfants aiment mieux tout devoir aux articles d'un contrat, que se fier aux sentiments de la nature, et la loi est mise partout à la place des mœurs.

Ces fêtes avaient d'autant plus de charmes qu'elles existaient de toute antiquité, et l'on trouvait avec plaisir, en remontant dans le passé, que nos aïeux s'étaient réjouis à la même époque que nous. Ces fêtes étant d'ailleurs très-multipliées, il en résultait encore que, malgré les chagrins de la vie, la religion avait trouvé moyen de donner, de race en race, à des millions d'infortunés quelques moments de bonheur.

DE CHATEAUBRIAND. (*Génie du christianisme.*)

De l'amour de la terre natale.

Le sentiment de l'innocence est la source de l'amour de la patrie, parce qu'il nous y rappelle les affections douces et pures du premier âge. Il s'accroît avec l'étendue et augmente avec les années, comme un sentiment d'une nature céleste et immortelle. Il y a en Suisse un air antique et fort simple appelé le *ranz des vaches*. Cet air est d'un tel effet qu'on fut obligé de défendre de le jouer en Hollande et en France devant les soldats de cette nation. Je m'imagine que ce *ranz des vaches* imite le mugissement des bestiaux, le retentissement des échos, et d'autres convenances locales qui rappelaient à ces pauvres soldats les vallons, les lacs, les montagnes de leur patrie, et en même temps les compagnons du premier âge, les premières amours, et les souvenirs des bons aïeux.

Les peuples sauvages aiment plus leur patrie que les peuples policés; et ceux qui habitent des contrées âpres et rudes, comme les habitants des montagnes, que ceux qui vivent dans des contrées fertiles et dans de beaux climats. Jamais la cour de Russie n'a pu engager aucun Samoïède à quitter les bords de la mer Glaciale pour s'établir à Pétersbourg. On amena, le siècle passé, quelques Groenlandais à la cour de Copenhague, on les y combla de bienfaits, et ils moururent de chagrin en peu de temps. Plusieurs d'entre eux se noyèrent en voulant retourner en chaloupe dans leur pays. Ils virent avec le plus grand sang-froid toutes les magnificences de la cour de Danemarck, mais il y en avait un qui pleurait toutes les fois qu'il apercevait une femme portant un enfant dans ses bras. On conjectura que cet infortuné était père. Sans doute l'éducation domestique attache ainsi fortement ces peuples aux lieux qui les ont vu naître. Ce fut elle qui inspira aux Grecs et aux Romains tant de courage pour défendre leur patrie... Mais chez les peuples où l'enfance est malheureuse, et corrompue par des éducations ennuyeuses, féroces et étrangères, il n'y a pas plus d'amour de la patrie que d'innocence.

BERNARDIN DE SAINT-PIERRE. (*Études de la nature.*)

Amour de la maison paternelle.

Ceux qui ont parcouru les montagnes de la haute Écosse savent combien les parents y sont tendrement chéris et respectés. Quand le peu de ressources contraint les enfants à se mettre en service dans des maisons opulentes, ils mettent toujours une partie de leurs gages en réserve, et le but de cette économie est de secourir un père ou une mère. Sont-ils à la guerre, c'est toujours la même habitude. L'amour filial influe même sur leur conduite morale. Un militaire qui a commis un acte de bassesse ou de lâcheté n'ose plus revoir les auteurs de ses jours ; il n'a d'autre ressource que de s'éloigner.

Ce que nous disons de l'Écosse peut s'appliquer à bien d'autres pays. Rien n'est plus touchant que l'aventure d'un petit matelot racontée par M. le comte de Las Cazes. Ce jeune garçon était Anglais : le mal du pays s'empara de lui ; mais surtout il brûlait de revoir une tendre mère dont il était séparé depuis longtemps. Que fait-il? Il quitte le dépôt où on l'a placé. A peu de distance de Boulogne-sur-Mer se trouve une forêt, où il se réfugie pour y vivre à l'abri de toute surveillance. C'est là que le désir dont il est tourmenté lui suggère le projet de se construire une petite nacelle pour voguer sur la mer à la manière des sauvages, et se rendre par ce moyen près de celle qu'il lui tardait de pouvoir embrasser. Impatient, il grimpait à tout instant à la cime des arbres les plus élevés : il voulait s'assurer s'il n'y avait pas quelque vaisseau qu'il pût aller rejoindre à l'aide de son petit canot. Il fut découvert ; et comme personne ne pouvait se douter de ce qui se passait dans son âme, on le soupçonna de tramer quelque mauvais dessein. Toutefois la hardiesse de ce jeune homme fit un grand bruit à Boulogne. Napoléon se trouvait alors dans cette ville ; il se fit amener le déserteur, qui parut devant lui avec le frêle esquif qu'il avait fabriqué pour arriver plus vite à sa destination. Il voulut savoir quel était le motif qui l'avait porté à se soustraire à tous les regards, et pourquoi il était si pressé de revenir à Londres. Celui-ci répondit que sa mère était malade, et que son vœu le plus ardent était de la rejoindre. Napoléon, touché par les larmes de ce garçon, et admirant sa piété filiale, lui accorda de l'argent et des vêtements : il donna en même temps des ordres pour qu'on le ramenât dans son pays natal. Ce jeune homme fut alors l'objet de toutes les conversations ;

on n'en parlait guère sans éprouver le plus vif attendrissement.

ALIBERT. (*Physiologie des passions.*)

La retraite essentielle au travail.

Eh! quel homme de talent n'en a pas fait l'expérience? C'est dans les antres solitaires qu'Apollon rendait autrefois ses oracles. Ses prêtres criaient qu'on écartât les profanes au moment où ils allaient recevoir le Dieu. Ainsi l'orateur, le poète, le grand écrivain, s'il attend et sollicite l'inspiration, fuit loin du séjour des villes, vers les demeures retirées et champêtres. A mesure qu'il s'en approche, les vaines rumeurs, les bruyantes frivolités, les tumultueuses distractions, les clameurs orageuses se perdent dans le lointain. Il semble que tout se taise autour de lui, et dans ce silence universel s'élève la voix du génie qui va se faire entendre au monde. Auparavant, il était gêné dans la foule; sa marche était contrainte, son langage timide; à présent ses liens sont brisés, il relève la vue, son regard est fixe et assuré. Il est venu se placer à sa hauteur; il est seul, et la pensée alors sort indépendante et fière de l'âme qui l'a conçue. L'âme est rappelée à sa liberté originelle par le grand spectacle de la nature. L'immensité des campagnes, la sombre solitude des forêts et des rochers, la tempête de la nuit, le silence du matin, voilà les aliments de l'enthousiasme et les témoins du génie dans ses moments de création.

LA HARPE. (*Disc. de récept. à l'Académie française.*)

La solitude pour l'homme de génie, pour le sage.

Hommes du monde si fiers de votre politesse et de vos avantages, souffrez que je vous dise la vérité : ce n'est jamais parmi vous que l'on fera ni que l'on pensera de grandes choses. Vous polissez l'esprit, mais vous énervez le génie : qu'a-t-il besoin de vos vains ornements? sa grandeur fait sa beauté. C'est dans la solitude que l'homme de génie est ce qu'il doit être; c'est là qu'il rassemble toutes les forces de son âme. Aurait-il besoin des hommes? n'a-t-il pas avec lui la nature? et il ne la voit point à travers les petites formes de la société, mais dans sa grandeur primitive, dans sa beauté originelle et pure. C'est dans la solitude que toutes les heures laissent une trace, que tous les instants sont représentés par une pensée, que le temps est au sage, et le sage à lui-même. C'est dans la solitude surtout que l'âme a toute la vigueur de l'indépendance. Là elle n'entend point le bruit des chaînes que le despotisme et la superstition secouent sur leurs esclaves : elle est libre comme la pensée de l'homme qui existerait seul.

THOMAS. (*Éloge de Descartes.*)

Bonheur de l'obscurité.

Heureux aujourd'hui celui qui, au lieu de parcourir le monde, vit loin des hommes ! Heureux celui qui ne connaît rien au-delà de son horizon, et pour qui le village voisin même est une terre étrangère! il n'a point laissé son cœur à des objets aimés qu'il ne reverra plus, ni sa réputation à la discrétion des méchants. Il croit que l'innocence habite dans les hameaux, l'honneur dans les palais, et la vertu dans les temples. Il met sa gloire et sa religion à rendre heureux ce qui l'environne. S'il ne voit dans ses jardins ni les fruits de l'Asie ni les ombrages de l'Amérique, il cultive des plantes qui font la joie de sa femme et de ses enfants. Il n'a pas besoin des monuments de l'architecture pour ennoblir son paysage. Un arbre à l'ombre duquel un homme vertueux s'est reposé, lui donne de sublimes ressouvenirs : le peuplier dans les forêts lui rappelle les combats d'Hercule, et le feuillage des chênes, les couronnes du Capitole.

La culture des blés lui présente bien d'autres concerts agréables avec la vie humaine : il connaît à leurs ombres les heures du jour, à leurs accroissements les rapides saisons, et il ne compte ses années fugitives que par leurs récoltes innocentes. Il ne craint point, comme dans les villes, un hymen infidèle ou une postérité trop nombreuse. Ses travaux sont toujours surpassés par les bienfaits de la nature. Dès que le soleil est au signe de la Vierge, il rassemble ses parents, il invite ses voisins, et dès l'aurore il entre avec eux, la faucille à la main, dans ses blés mûrs. Son cœur palpite de joie en voyant ses gerbes s'accumuler, et ses enfants danser autour d'elles, couronnés de bluets et de coquelicots; leurs jeux lui rappellent ceux de son premier âge, et la mémoire des vertueux ancêtres qu'il espère revoir un jour dans un monde plus heureux. Il ne doute pas qu'il y ait un Dieu, à la vue de ses moissons ; et aux douces époques qu'elles ramènent à son souvenir, il le remercie d'avoir lié la société passagère des hommes par une chaîne éternelle de bienfaits.

Prés fleuris, majestueuses et murmurantes forêts, fontaines mousseuses, sauvages rochers fréquentés de la seule colombe, aimables solitudes qui nous ravissez par d'ineffables concerts ! heureux qui pourra lever le voile qui couvre vos charmes secrets, mais plus heureux encore celui qui peut les goûter en paix dans le patrimoine de ses pères.

BERNARDIN DE SAINT-PIERRE. (*Études de la nature.*)

La vie champêtre.

Nous avons tous un goût naturel pour la vie champêtre. Loin du fracas des villes et des jouissances factices que leur vaine et tumultueuse société peut offrir, avec quel plaisir vivement ressenti nous allons y respirer l'air de la santé, de la liberté, de la paix !

Une scène se prépare plus intéressante mille fois que toutes celles que l'art invente à grands frais pour vous amuser ou vous distraire. Du sommet de la montagne qui borne l'horizon, l'astre du jour s'élance brillant de tous ses feux. Le silence de la nuit n'est encore interrompu que par le chant plaintif et tendre du rossignol, ou le zéphyr léger qui murmure dans le feuillage, ou le bruit confus du ruisseau qui roule dans la prairie ses eaux étincelantes. Voyez-vous ces collines se dépouiller par degrés du voile de pourpre qui les recèle, ces moissons mollement agitées se balancer au loin sous des nuances incertaines, ces châteaux, ces bois, ces chaumières, bizarrement groupés, s'élever du sein des vapeurs, ou se dessiner en traits ondoyants dans le vague azuré des airs ? L'homme des champs s'éveille. Tandis que sa robuste compagne fait couler dans une urne grossière le lait de vos troupeaux, le voyez-vous ouvrir gaiement un pénible sillon, ou, la serpe à la main, émonder en chantant l'arbuste qui ne produit que pour vous ses fruits savoureux ? Cependant le soleil s'avance dans sa carrière enflammée; l'ombre, comme une vague immense, roule et se précipite vers la gorge solitaire d'où s'échappent les eaux du torrent; le vent fraîchit, l'air s'épure; une abondante rosée tombe en perles d'argent sur le velours des fleurs, ou se résout en étincelles de feu sur la naissante verdure. O combien votre âme est émue ! quelle fraîcheur délicieuse pénètre alors vos sens ! comme elles sont consolantes et pures les pensées du matin ! comme elles égaient le rêve mélancolique de la vie ! en s'abandonnant à leurs douces erreurs, combien aisément on oublie, et les tristes projets de la grandeur et les jouissances de la gloire, et le mépris du monde et *sa froide injustice !*

Nous ne remarquons pas assez l'influence prodigieuse que la nature conserve encore sur nos âmes, malgré l'étonnante variété de nos goûts, et la profonde dépravation de nos penchants. Je ne sais, mais il me semble qu'à la campagne notre sensibilité devient et moins orgueilleuse et plus vive; que nous y aimons nos amis avec plus de franchise, nos femmes avec plus de tendresse; que les jeux de nos enfants nous y intéressent davantage; que nous y parlons de nos ennemis avec moins d'aigreur, de la fortune avec plus d'indifférence. Est-ce en respirant la vapeur embaumée du soir, en se promenant à la lueur tranquille et douce de l'astre des nuits, qu'on peut ourdir une trame perfide, ou méditer de tristes vengeances ? Ce berceau que vos mains ont planté, où le chèvrefeuille, le jasmin et la rose entrelacent leurs tiges odorantes, ne l'avez-vous orné avec tant de soin que pour vous y livrer aux rêves pénibles de l'ambition ? Dans cette solitude champêtre qu'ont habitée vos pères, dans cet asile des mœurs, de la confiance et de la paix, que vous importent les vains discours des hommes, et leurs lâches intrigues, et leur haine impuissante, et leurs promesses trompeuses ? Quelle impression peut encore faire sur votre âme le récit importun de leurs erreurs ou de leurs crimes ? Au déclin d'un jour orageux, ainsi gronde la foudre dans le nuage flottant sur les bords enflammés de l'horizon, ainsi retentit le torrent qui ravage au loin une terre agreste et sauvage.

Bergasse. (Fragments.)

Avis d'un père proscrit à sa fille.

DERNIER ÉCRIT DE CONDORCET.

Mon cher enfant, si mes caresses, si mes soins ont pu, dans ta première enfance, te consoler quelquefois, si ton cœur en a gardé le souvenir, puissent ces conseils, dictés par ma tendresse, être reçus de la tienne avec une douce confiance et contribuer à ton bonheur !

Dans quelque situation que tu sois, quand tu liras ces lignes, que je trace loin de toi, indifférent à ma destinée, mais occupé de la tienne et de celle de ta mère, songe que rien ne t'en garantit la durée.

Prends l'habitude du travail, non-seulement pour te suffire à toi-même sans un service étranger, mais pour que ce travail puisse suffire à tes besoins, et que tu puisses être réduite à la pauvreté sans l'être à la dépendance.

Quand cette même ressource ne te deviendrait jamais nécessaire, elle te servira du moins à te préserver de la crainte, à soutenir ton courage, à te faire envisager d'un œil plus ferme les revers de fortune qui pourront te menacer.

Tu sentiras que tu peux absolument te passer de richesses; tu les estimeras moins; tu seras à l'abri du malheur auquel on s'expose pour les acquérir, ou par la peur de les perdre.

Choisis un genre de travail où la main ne soit pas occupée seule, où l'esprit s'exerce sans trop se fatiguer, un travail qui dédommage de ce qu'il coûte par le plaisir qu'il procure : sans cela le dégoût qu'il te causerait, si jamais il devenait nécessaire, te le rendrait presque aussi insupportable que la dépendance....

Pour les personnes dont un travail nécessaire ne remplit pas tous les moments, dont l'esprit a quelque activité, le besoin d'être réveillées par des sensations ou des idées nouvelles devient un des plus impérieux. Si tu ne peux exister seule, si tu as besoin des autres pour résister à l'ennui, tu te trouveras nécessairement soumise à leurs goûts, à leur volonté, au hasard, qui peut éloigner de toi ces moyens de remplir le vide de ton temps, puisqu'ils ne dépendent pas de toi-même.

Rien n'est donc plus nécessaire à ton bonheur que de t'assurer des moyens dépendants de toi seule, pour remplir le vide du temps, écarter l'ennui, calmer les inquiétudes, te distraire d'un sentiment pénible.

Ces moyens, l'exercice des arts, le travail de l'esprit peuvent seuls te les donner. Songe de bonne heure à en acquérir l'habitude.

Si tu n'as point porté les arts à un certain degré de perfection, si ton esprit ne s'est point formé, étendu, fortifié par des études méthodiques, tu compterais en vain sur ces ressources; la fatigue, le dégoût de ta propre médiocrité l'emporteraient bientôt sur le plaisir.

Emploie donc une partie de ta jeunesse à t'assurer pour ta vie entière ce trésor précieux. La tendresse de ta mère, sa raison supérieure sauront t'en rendre l'acquisition plus facile. Aie le courage de surmonter les difficultés, les dégoûts momentanés, les petites répugnances qu'elle ne pourra t'éviter.

Ne crois pas que le talent, que la facilité, ces dons de la nature, qui tiennent plus peut-être à notre organisation première qu'à notre éducation et aux efforts de notre volonté, soient nécessaires pour arriver à ce moyen de bonheur.

Si ces dons brillants te sont refusés, cherche dans des occupations moins brillantes un but d'utilité qui les relève à tes yeux, dont le charme t'en dérobe l'insipidité.

Si ta main ne peut reproduire sur la toile ni la beauté ni les passions, tu pourras du moins rendre des insectes ou des fleurs avec l'exactitude rigoureuse d'un naturaliste.

Vers quelque objet que ton goût t'ait porté, s'il t'a trompée sur ton talent, tu trouveras une semblable ressource.

Mais que la nature t'ait maltraitée ou qu'elle t'ait favorisée, n'oublie point que tu dois avoir pour but ce plaisir de l'occupation qui se renouvelle tous les jours, dont l'indépendance est le fruit, qui préserve de l'ennui, qui prévient ce dégoût vague de l'existence, cette humeur sans objet, ces malheurs d'une vie paisible et fortunée. Je ne te dirai point d'éviter que l'amour-propre y vienne mêler ses plaisirs et ses chagrins : mais qu'il n'y domine point, que ses jouissances ne soient pas à tes yeux le prix de tes efforts, que ses peines ne te dégoûtent point de les répéter ; que les unes et les autres soient à tes yeux un tribu inévitable que la sagesse même doit payer à la faiblesse humaine.

L'habitude des actions de bonté, celle des affections tendres, est la source de bonheur la plus pure et la plus inépuisable. Elle produit un sentiment de paix, une sorte de volupté douce qui répand du charme sur toutes les occupations, et même sur la simple existence.

Prends de bonne heure l'habitude de la bienfaisance, mais d'une bienfaisance éclairée par la raison, dirigée par la justice. Ne te borne pas à donner de l'argent; sache aussi donner tes soins, ton temps, tes lumières, et ces affections consolatrices sont souvent plus précieuses que des secours. Apprends surtout à l'exercer avec cette délicatesse, avec le respect pour le malheur qui double le bienfait et ennoblit le bienfaiteur à ses propres yeux.

Jouis des sentiments des personnes que tu aimeras, mais surtout jouis des tiens : occupe-toi de leur bonheur, et le tien en sera la récompense. Cette espèce d'oubli de soi-même dans toutes les affections tendres en augmente la douceur et diminue les peines de la sensibilité. Si l'on y mêle de la personnalité, on est trop souvent mécontent des autres.

Ne te borne point à ces sentiments profonds qui peuvent t'attacher à un petit nombre d'individus; laisse germer dans ton cœur de douces affections pour les personnes que les événements, les habitudes de la vie, les goûts, les occupations rapprocheront de toi.

Que celles qui t'auront engagé leurs services ou que tu emploieras, aient part à ces sentiments de préférence, qui tiennent le milieu entre l'amitié et cette simple bienveillance par laquelle la nature nous a liés à tous les êtres de notre espèce.

Ces sentiments délassent et calment l'âme que des affections trop vives fatiguent et troublent quelquefois. En se défendant d'affections trop exclusives, ils préservent des fautes ou des maux auxquels leur excès pourrait exposer. Le sort peut nous ravir nos amis, nos parents, ce que nous avons de plus cher;

nous pourrons être condamnés à leur survivre, à gémir de leur indifférence ou de leur injustice; mais nous ne pouvons les remplacer par d'autres objets; notre âme même s'y refuse : alors ces sentiments, en quelque sorte secondaires, n'en remplissent pas le vide, mais empêchent d'en sentir toute l'horreur; ils ne consolent pas, mais ils adoucissent les regrets.

Cette douce sensibilité, qui peut être une source de bonheur, a pour origine première ce sentiment naturel qui nous fait partager la douleur de tout être sensible. Conserve donc ce sentiment dans toute sa pureté; qu'il ne se borne point aux souffrances des hommes, que ton humanité s'étende même sur les animaux. Ne rends point malheureux ceux qui t'appartiendront; ne dédaigne point de t'occuper de leur bien-être; ne sois pas insensible à leur naïve et sincère reconnaissance; ne cause à aucun des douleurs inutiles : c'est une véritable injustice, c'est un outrage à la nature, dont elle nous punit par la dureté de cœur que l'habitude de cette cruauté ne peut manquer de produire....

Je ne te donnerai point l'inutile précepte d'éviter les passions, de te défier d'une sensibilité trop vive; mais je te dirai d'être sincère avec toi-même, de ne point t'exagérer la sensibilité, soit par vanité, soit pour flatter ton imagination, soit pour allumer celle d'un autre.

Crains le faux enthousiasme des passions : celui-là ne dédommage jamais ni de leurs dangers ni de leurs malheurs. On peut quelquefois n'être pas maître de ne pas écouter son cœur, mais on l'est toujours de ne pas l'exciter; et c'est le seul conseil utile et praticable que la raison puisse donner à la sensibilité.

Mon enfant, un des plus sûrs moyens de bonheur est d'avoir su conserver l'estime de soi-même, de pouvoir regarder sa vie entière sans honte et sans remords, sans y voir une action vile, ni un tort, ni un mal fait à autrui, et qu'on n'ait pas réparé.

Conserve soigneusement cette estime précieuse, sans laquelle tu ne saurais entendre raconter les mauvaises actions sans rougir, les actions vertueuses sans te sentir humiliée.

Alors un sentiment doux et pur s'étend sur toute l'existence ; il répand un charme consolateur sur ces moments où l'âme, qu'aucune impression vive ne remplit, qu'aucune idée n'occupe, s'abandonne à une molle rêverie, et laisse les souvenirs du passé errer paisiblement devant elle.

Qu'alors, au milieu de tes peines, tu les sentes s'adoucir par la mémoire d'une action généreuse.... Mais ne laisse point souiller ce sentiment par l'orgueil. Jouis de ta vie sans la comparer à celle d'autrui ; sens que tu es bonne, sans examiner si les autres le sont autant que toi.

Tu achèterais trop cher ces tristes plaisirs de la vanité : ils flétriraient ces plaisirs purs dont la nature a fait la récompense des bonnes actions. Si tu n'as point de reproches à te faire, tu pourras être sincère avec les autres comme avec toi-même. N'ayant rien à cacher, tu ne craindras point d'être forcée, tantôt d'employer la ressource humiliante du mensonge, tantôt d'affecter dans d'hypocrites discours des sentiments et des principes qui condamnent ta conduite.

Tu ne connaîtras point cette impression habituelle d'une crainte honteuse, supplice des mœurs corrompues. Tu jouiras de cette noble sécurité, de ce sentiment de sa propre dignité, partage des âmes qui peuvent avouer leurs actions.

Mais si tu n'as pas su éviter les reproches de ta conscience, ne t'abandonne pas au découragement ; songe au moyen de réparer ou d'expier tes fautes ; fais que le souvenir ne puisse s'en présenter à toi qu'avec celui des actions qui les compensent, et qui en ont obtenu le pardon au jugement sévère de ta conscience.

Condorcet.

De l'Économie.

L'économie est aussi éloignée de l'avarice que de la prodigalité. L'avarice entasse, non pour consommer, non pour reproduire, mais pour entasser ; c'est un instinct, un besoin machinal et honteux. L'économie est fille de la sagesse et d'une raison éclairée ; elle sait se refuser le superflu pour ménager le nécessaire ; tandis que l'avare se refuse le nécessaire afin de se procurer le superflu dans un avenir qui n'arrive jamais. On peut porter l'économie dans une fête somptueuse, et l'économie fournit les moyens de la rendre plus belle encore : l'avarice ne peut se montrer nulle part sans tout gâter. Une personne économe compare ses facultés avec ses besoins présents, avec ses besoins futurs, avec ce qu'exigent d'elle sa famille, ses amis, l'humanité. Un avare n'a point de famille, point d'amis, à peine a-t-il des besoins, et l'humanité n'existe pas pour lui. L'économie ne veut rien consommer en vain; l'avarice ne veut rien consommer du tout. La première est l'effet d'un calcul louable; louable, parce qu'il offre seul les moyens de s'acquitter de ses devoirs et d'être généreux sans être injuste. L'avarice est un poison vil; vil, parce qu'elle se considère seule et sacrifie tout à elle.

On a fait de l'économie une vertu, et ce n'est pas sans raison : elle suppose la force et l'empire de soi-même, comme les autres vertus, et nulle n'est plus féconde en bienfaits. C'est elle qui, dans les familles, prépare la bonne éducation physique et morale des enfants, et le soin des vieillards; c'est elle qui assure à l'âge mûr cette sérénité d'esprit nécessaire pour se bien conduire, et cette indépendance qui met un homme au-dessus des bassesses. C'est par l'économie seule qu'on peut être libéral, qu'on peut l'être longtemps, et qu'on peut l'être avec fruit. Quand on n'est libéral que par prodigalité, on donne sans discernement, à ceux qui ne méritent pas, comme à ceux qui méritent; à ceux à qui l'on ne doit rien, aux dépens de ceux à qui l'on doit. Souvent on voit le prodigue obligé d'implorer le secours des gens qu'il a comblés de profusions; il semble qu'il ne donne qu'à charge de revanche; tandis qu'une personne économe donne toujours gratuitement, parce qu'elle ne donne que ce dont elle peut disposer. Elle est riche avec une fortune médiocre, au lieu que l'avare et le prodigue sont pauvres avec une grande fortune.

Le désordre est fatal à l'économie. Il marche au hasard, un bandeau sur les yeux, au travers des richesses; tantôt il a sous la main ce qu'il désire le plus, et passe sans s'en apercevoir, tantôt il saisit et dévore ce qu'il lui importe de conserver; il est perpétuellement dominé par les évènements; ou il ne les prévoit pas, ou il n'est pas libre de s'y soustraire : jamais il ne sait où il est ni quel parti il faut prendre.

Une maison où l'ordre ne règne pas, devient la proie de tout le monde; elle se ruine même avec des agents fidèles, elle se ruine même avec de la parcimonie. Elle est exposée à une foule de petites pertes qui se renouvellent à chaque instant, sous toutes les formes, et pour les causes les plus méprisables.

J.-B. SAY. (*Traité d'économie politique.*)

De la force d'âme.

Il n'y a personne qui ne demeure d'accord que la raison nous est donnée pour nous servir de guide dans la vie, pour nous faire discerner les biens et les maux, et pour nous régler dans toutes nos actions. Mais combien y en a-t-il peu qui l'emploient à cet usage et qui vivent selon leur propre raison !... Nous flottons dans la mer de ce monde au gré de nos passions qui nous emportent comme un vaisseau sans voile et sans pilote, et ce n'est pas la raison qui se sert des passions, mais ce sont les passions qui se servent de la raison pour arriver à leur fin. C'est tout l'usage qu'on en fait ordinairement.

Souvent même la raison voit ce qu'il faudrait faire, elle est convaincue du néant des choses qui nous agitent ; mais elle ne saurait empêcher l'impression qu'elles font sur nous. Combien de gens s'allaient autrefois battre en duel en déplorant et en condamnant cette mauvaise coutume, et en se blâmant eux-mêmes de la suivre ! Mais ils n'avaient pas pour cela la force de mépriser les jugements de ceux qui les eussent traités de lâches s'ils eussent obéi à la raison. Combien de gens se ruinent, parce qu'ils ne sauraient résister à la fausse honte de ne pas faire comme les autres !

Qu'y a-t-il de plus aisé que de convaincre les hommes du peu de solidité de ce qui les séduit dans le monde ! Cependant mille choses vaines les emportent et les renversent, parce que leur âme n'a point de force ni de fermeté.

NICOLE. (*Essais de morale.*)

De l'Irrésolution.

L'homme sans résolution, sans caractère, sans énergie, sans volonté, marche de fautes en fautes, de regrets en regrets. Il est victime de sa bonté, dupe de sa complaisance, jouet des autres et de lui-même ; on ne lui sait aucun gré de ce qu'il fait de bien ; on lui attribue et on lui reproche tout le mal que laisse faire sa faiblesse. Un tel homme peut avoir de l'esprit, mais il ne s'en sert que pour voir avec effroi combien il manque d'*esprit de conduite*, et combien ses bonnes qualités même, mal employées, lui sont funestes. Quiconque a observé son faible, prend sur lui de l'ascendant et de l'influence. Il cède, et n'a pas même à opposer la force d'inertie : son habitude de se laisser aller l'entraîne comme par une pente douce et insensible, et cependant rapide. Il rougit de lui-même; son jugement et sa raison ne servent qu'à le dégrader et à le décourager à ses propres yeux. Il se trahit par sa bonté, par ses vertus, plus que le méchant par ses vices; ou plutôt les vices et les crimes du méchant sont presque toujours les instruments de sa fortune et de sa trompeuse prospérité.

L'homme faible mérite souvent l'amour et l'estime par plusieurs excellentes qualités; mais une seule qui lui manque l'expose au mépris de lui-même et des autres : la capacité de vouloir, ou la volonté qui constitue et qui fait la force morale de l'homme. Une certaine fierté intérieure qui se révolte du sentiment d'une pénible et continuelle dépendance, résultat nécessaire d'un caractère faible, la conscience d'une supériorité réelle de talent et d'un mérite distingué, qui rend plus affreux l'état d'avilissement auquel condamne la faiblesse du caractère, ajoutent au supplice de celui qui n'a pas su se créer un caractère à lui pour se diriger, pour maîtriser jusqu'à un certain point sa fortune, et se faire enfin respecter de ses inférieurs, de ses égaux, et même de ses supérieurs.

Heureux le jeune homme qu'un père prévoyant et sage a prémuni, par des observations salutaires bien inculquées dans l'esprit et dans le cœur, contre le défaut le plus dangereux, le plus ennemi de toute espèce de succès et de bonheur, l'irrésolution et l'impuissance de la volonté.

JULLIEN. (*Essai sur l'emploi du temps.*)

De l'Égoïsme.

Il semble que l'égoïsme fait le fonds de toutes les passions, de tous les vices, de tous les mouvements coupables de notre cœur.

L'égoïste voit quelque avantage dans la probité, et il en a; mais il en a tout juste ce qu'il en faut pour n'être pas réputé en manquer.

Il n'a pas dans ses manières la grossièreté que l'on devrait attendre d'un homme occupé de lui seul; il sent, au contraire, le besoin de cacher la dureté de son âme sous des dehors prévenants; mais sa politesse n'est ni l'envie de plaire ni celle de servir; elle se réduit à ces frivoles attentions qui coûtent peu et qui n'engagent à rien.

Il est habituellement froid et indifférent pour tout ce qui ne le regarde pas; il devient cruel dès que son intérêt l'exige, mais sa cruauté éclate bien plus par des refus que par des violences; il use sans pitié de ses droits. Une seule idée l'occupe, c'est l'utilité qu'il peut tirer des choses, des lieux et des hommes; elle l'occupe dans un désastre public; elle l'occupe au pied du lit de mort de son père; au moment où le vieillard expire, son imagination parricide entre en possession de l'hérédité.

L'égoïste peut prendre de l'amour, mais il ne se

marie pas; il ne voit dans le mariage que des embarras qu'il redoute. Il se mariera pourtant si vous voulez le rendre riche et puissant; alors sa femme et ses enfants devront s'occuper de son bonheur.

Voilà comment il est père, voici comment il est ami. Vous épanchez dans son sein un cœur dévoré de chagrins, s'il a éprouvé quelques-uns de ces chagrins, il se dira : j'ai été dans cette situation-là et je n'y suis plus. C'est ainsi qu'il tirera un plaisir pour lui-même de la douleur dont il est le confident; et voilà tout ce que vos peines auront remué dans son âme.

Il ne voit dans tout ce qu'on appelle belles actions que des traits de dupe qu'un homme prudent ne fait pas; dans les parents, que des gens dont on attend des successions et avec qui malheureusement on les partage; dans tous les hommes, que des êtres plus ou moins semblables à lui, et par conséquent de qui il ne faut rien attendre. Tel est l'égoïste.

LACRETELLE aîné. (*Mélanges.*)

L'amour-propre.

La nature de l'amour-propre et de ce moi humain est de n'aimer que soi, et de ne considérer que soi. Mais que fera-t-il? Il ne saurait empêcher que cet objet qu'il aime ne soit plein de défauts et de misères; il veut être grand, et il se voit petit; il veut être heureux, et il se voit misérable; il veut être parfait, et il se voit plein d'imperfections; il veut être l'objet de l'amour et de l'estime des hommes, et il voit que ses défauts ne méritent que leur aversion et leur mépris. Cet embarras où il se trouve produit en lui la plus injuste et la plus criminelle passion qu'il soit possible de s'imaginer : car il conçoit une haine mortelle contre cette vérité qui le reprend et qui le convainc de ses défauts. Il désirerait de l'anéantir ; et ne pouvant la détruire en elle-même, il la détruit, autant qu'il peut, dans sa connaissance et dans celle des autres, c'est-à-dire qu'il met toute son application à couvrir ses défauts et aux autres et à soi-même, et qu'il ne peut souffrir qu'on les lui fasse voir, ni qu'on les voie.

C'est sans doute un mal que d'être plein de défauts ; mais c'est encore un plus grand mal que d'en être plein et de ne pas vouloir les connaître, puisque c'est y ajouter encore celui d'une illusion volontaire. Nous ne voulons pas que les autres nous trompent ; nous ne trouvons pas juste qu'ils veuillent être estimés de nous plus qu'ils ne le méritent : il n'est donc pas juste aussi que nous les trompions, et que nous voulions qu'ils nous estiment plus que nous ne méritons.

Ainsi, lorsqu'ils ne nous découvrent que des imperfections et des vices que nous avons en effet, il est visible qu'ils ne nous font point de tort, puisque ce ne sont pas eux qui en sont cause ; et qu'ils nous font un bien, puisqu'ils nous aident à nous délivrer d'un mal qui est l'ignorance de ces imperfections. Nous ne devons pas être fâchés qu'ils les connaissent ; étant juste, et qu'ils nous connaissent pour ce que nous sommes, et qu'ils nous méprisent si nous sommes méprisables.

Voilà les sentiments qui naîtraient d'un cœur qui serait plein d'équité et de justice. Que devons-nous donc dire du nôtre, en y voyant une disposition toute contraire? Car n'est-il pas vrai que nous haïssons la vérité et ceux qui nous la disent, et que nous aimons qu'ils se trompent à notre avantage, et que nous voulons être estimés d'eux, autres que nous ne sommes en effet.

PASCAL. (*Pensées.*)

Même sujet.

Le nom d'amour-propre ne suffit pas pour nous faire connaître sa nature, puisqu'on se peut aimer en bien des manières. Il faut y joindre d'autres qualités pour s'en former une véritable idée. Ces qualités sont, que l'homme corrompu non-seulement s'aime soi-même, mais qu'il n'aime que soi, qu'il rapporte tout à soi. Il se désire toutes sortes de biens, d'honneurs, de plaisirs, et il n'en désire qu'à soi-même, ou par rapport à soi-même. Il se fait le centre de tout; il voudrait dominer sur tout, et que toutes les créatures ne fussent occupées qu'à le contenter, à le louer, à l'admirer. Cette disposition tyrannique étant empreinte dans le fond du cœur de tous les hommes, les rend violents, injustes, cruels, ambitieux, flatteurs, envieux, insolents, querelleurs : en un mot, elle renferme les semences de tous les crimes et de tous les dérèglements des hommes, depuis la plus légère jusqu'aux plus détestables. Voilà le monstre que nous renfermons dans notre sein. Il vit et règne absolument en nous, à moins que Dieu n'ait détruit son empire en versant un autre amour dans notre cœur. Il est le principe de toutes les actions qui n'en ont point d'autre que la nature corrompue; et, bien loin qu'il nous fasse de l'horreur, nous n'aimons et ne haïssons toutes les choses qui sont hors de nous, que selon qu'elles sont conformes ou contraires à ses inclinations.

Mais si nous l'aimons dans nous-mêmes, il s'en faut bien que nous le traitions de même, quand nous l'apercevons dans les autres. Il nous paraît alors au contraire sous sa forme naturelle, et nous le haïssons même d'autant plus que nous nous aimons, parce que l'amour-propre des autres hommes s'oppose à tous les désirs du nôtre. Nous voudrions que tous les autres nous aimassent, nous admirassent, pliassent sous nous; qu'ils ne fussent occupés que du soin de nous satifaire; et non-seulement ils n'en ont aucune envie, mais ils nous trouvent ridicules de le prétendre, et ils sont prêts à tout faire, non-seulement pour nous empêcher de réussir dans nos désirs, mais pour nous assujétir aux leurs, et pour exiger les mêmes choses de nous. Voilà donc par là tous les hommes aux mains les uns contre les autres; et si celui qui a dit qu'ils naissent dans un état de guerre, et que chaque homme est naturellement ennemi de tous les autres hommes, eût voulu seulement représenter par ces paroles la disposition du cœur des hommes les uns envers les autres, sans prétendre la faire passer pour légitime et pour juste, il aurait dit une chose aussi conforme à la vérité et à l'expérience, que celle qu'il soutient est contraire à la raison et à la justice.

Nicole. (*Essais de morale.*)

De la Volonté.

Une chose bien remarquable, c'est que chez les hommes dont la volonté paresseuse néglige la direction de certaines facultés, ces facultés semblent s'accoutumer à cette indépendance, et ne se laissent reprendre et gouverner de nouveau qu'avec une incroyable résistance. Ainsi, quand nous avons pris l'habitude de laisser flotter à son gré notre faculté de penser, ce n'est qu'à grand peine et par des efforts soutenus que nous pouvons l'appliquer et la fixer sur un objet ; à chaque instant elle nous échappe, et nous sommes obligés de la ramener et de peser, pour ainsi dire, sur elle de tout le poids de notre autorité pour la retenir. C'est cette même négligence qui fait que certaines personnes ne peuvent contenir la fougue de leurs sentiments. En général, notre autorité en nous-mêmes ne s'entretient que par un exercice continuel; c'est aussi par-là seulement qu'elle peut croître et devenir facile. La mesure de cette autorité est aussi celle de la dignité de l'homme, parce que cette autorité est l'homme même.

Il y a trois degrés principaux dans l'établissement de cette autorité, et ces trois degrés constituent trois états intérieurs différents, autour desquels viennent se grouper toutes les nuances de la dignité morale dont la conscience humaine présente le spectacle. Naturellement, les capacités sont insoumises, parce que l'autorité de la volonté leur impose une direction qui contrarie leur pente naturelle. Or, la plupart des hommes laissent leurs capacités dans cet état d'insubordination, ou tout au plus en soumettent une ou deux dont le service docile est indispensable à la profession qu'ils exercent. Il suit de là que chaque capacité se déployant à l'aventure, tout en eux est l'image de l'anarchie et du désordre ; au lieu que l'homme devrait régner sur elles, elles règnent sur lui, et il est l'esclave de toutes les sensations, de toutes les passions, de toutes les erreurs, de toutes les imaginations, de toutes les folies qu'elles enfantent. Une circonstance se présente-t-elle qui exigerait l'action prompte et vigoureuse de l'une de ces facultés, en vain la volonté essaie de l'employer : comme elle n'a pas été accoutumée à servir, elle résiste à ses ordres, et la laisse impuissante ou faible là où elle aurait dû triompher. L'expérience répétée de cette impuissance jette l'homme dans un profond découragement, et s'il se rend justice, dans un mécontentement de lui-même qui le rend très-misérable. Le plus souvent il ne trouve pas la force de sortir de cet état : effrayé des difficultés, corrompu par l'habitude de la faiblesse, il s'abandonne ; il renonce à soi-même, et continuant à déchoir, de lâcheté en lâcheté, il tombe presque au niveau des choses, finit par s'oublier, et présente le triste spectacle d'une noble nature abrutie et dégradée par sa propre faute.

Il n'y a qu'un moyen d'échapper à cette déplorable destinée ; c'est d'établir en soi, à la sueur de son front, l'empire de la volonté. La tâche est plus facile dans certaines natures que dans d'autres, et c'est un des bienfaits d'une bonne éducation d'y préparer l'homme dans l'enfance, et de lui en rendre l'accomplissement moins pénible. Mais les plus heureuses dispositions et l'éducation la mieux dirigée ne peuvent qu'adoucir la lutte et ne sauraient en dispenser. Beaucoup d'âmes, obéissant à de nobles impulsions, embrassent cette lutte généreuse dans les beaux jours de la jeunesse; mais bien peu la soutiennent avec constance. La plupart ne tardent pas à céder à la fatigue, et sans renoncer au combat, passent leur vie dans des alternatives de courage et de faiblesse qui les rendent tour-à-tour heureuses et malheureuses, fières ou mécontentes d'elles-mêmes, et qui les tiennent à égale distance de la dégradation et de la sainteté morales. Celles-là ont peut-être des grâces à rendre de la brièveté de la vie; car si leur dignité morale se sauve, c'est le plus souvent parce qu'elles n'ont pas eu le temps de la perdre En pareille affaire, flotter entre la victoire et la défaite, c'est être plus près de la défaite que de la victoire. Toutefois, la lutte, à quelque degré qu'elle existe, est noble; mais elle n'est sublime que quand elle est persévérante, et elle l'est d'autant plus qu'elle est plus pénible et plus longue. La lutte persévérante est aussi la seule qui dans la courte durée de cette vie puisse conduire l'homme à ce troisième degré de dignité personnelle, qui est le plus haut point de perfection qu'il lui soit donné d'atteindre.

Tн. Jouffroy. (*Mélanges philosophiques.*)

Le Suicide.

Tu veux cesser de vivre : mais je voudrais bien savoir si tu as commencé. Quoi! fus-tu placé sur la terre pour n'y rien faire? Le Ciel ne t'impose-t-il point avec la vie une tâche pour la remplir? Si tu as fait ta journée avant le soir, repose-toi le reste du jour, tu le peux ; mais voyons ton ouvrage. Quelle réponse tiens-tu prête au Juge suprême qui te demandera compte de ton temps? Malheureux! trouve-moi ce juste qui se vante d'avoir assez vécu : que j'apprenne de lui comment il faut avoir porté la vie pour être en droit de la quitter.

Tu comptes les maux de l'humanité, et tu dis : La vie est un mal. Mais regarde, cherche dans l'ordre des choses si tu y trouves quelques biens qui ne soient point mêlés de maux. Est-ce donc à dire qu'il n'y ait aucun bien dans l'univers, et peux-tu confondre ce qui est mal par sa nature avec ce qui ne souffre le mal que par accident? La vie passive de l'homme n'est rien, et ne regarde qu'un corps dont il sera bientôt délivré ; mais sa vie active et morale, qui doit influer sur tout son être, consiste dans l'exercice de sa volonté. La vie est un mal pour le méchant qui prospère, et un bien pour l'honnête homme infortuné; car ce n'est pas une modification passagère, mais son rapport avec son objet, qui la rend ou bonne ou mauvaise.

Tu t'ennuies de vivre, et tu dis : La vie est un mal. Tôt ou tard tu seras consolé, et tu diras : La vie est un bien. Tu diras plus vrai sans mieux raisonner; car rien n'aura changé que toi. Change donc dès aujourd'hui; et puisque c'est dans la mauvaise disposition de ton âme qu'est le mal, corrige tes affections déréglées, et ne brûle pas ta maison pour n'avoir pas la peine de la ranger.

Que sont dix, vingt, trente ans pour un être immortel? La peine et le plaisir passent comme une ombre : la vie s'écoule en un instant; elle n'est rien par elle-même; son prix dépend de son emploi. Le bien seul qu'on a fait demeure, et c'est par lui qu'elle est quelque chose. Ne dis donc plus que c'est un mal pour toi de vivre, puisqu'il dépend de toi seul que ce soit un bien; et si c'est un mal d'avoir vécu, ne dis pas non plus qu'il t'est permis de mourir : car autant vaudrait dire qu'il t'est permis de n'être pas homme, qu'il t'est permis de te révolter contre l'auteur de ton être, et de tromper ta destination.

Le suicide est une mort furtive et honteuse, c'est un vol fait au genre humain. Avant de le quitter, rends-lui ce qu'il a fait pour toi. Mais je ne tiens à rien, je suis inutile au monde. Philosophe d'un jour! ignores-tu que tu ne saurais faire un pas sur la terre sans trouver quelque devoir à remplir, et que tout homme est utile à l'humanité, par cela seul qu'il existe?

Jeune insensé! s'il te reste au fond du cœur le moindre sentiment de vertu, viens, que je t'apprenne à aimer la vie. Chaque fois que tu seras tenté d'en sortir, dis en toi-même : *Que je fasse encore une bonne action avant que de mourir;* puis, va chercher quelque indigent à secourir, quelque infortuné à consoler, quelque opprimé à défendre. Si cette considération te retient aujourd'hui, elle te retiendra demain, après-demain, toute la vie. Si elle ne te retient pas, meurs, tu n'est qu'un méchant.

J.-J. Rousseau.

Le Duel.

Gardez-vous de confondre le nom sacré de l'honneur avec ce préjugé féroce qui met toutes les vertus à la pointe d'une épée, et n'est propre qu'à faire de braves scélérats.

En quoi consiste ce préjugé? Dans l'opinion la plus extravagante et la plus barbare qui entra jamais dans l'esprit humain, savoir, que tous les devoirs de la société sont suppléés par la bravoure; qu'un homme n'est plus fourbe, fripon, calomniateur; qu'il est civil, humain, poli, quand il sait se battre; que le mensonge se change en vérité, que le vol devient légitime; la perfidie honnête, l'infidélité louable, sitôt qu'on soutient tout cela le fer à la main; qu'un affront est toujours bien réparé par un coup d'épée, et qu'on n'a jamais tort avec un homme, pourvu qu'on le tue. Il y a, je l'avoue, une autre sorte d'affaire où la gentillesse se mêle à la cruauté, et où l'on ne tue les gens que par hasard; c'est celle où l'on se bat au premier sang! Au premier sang! grand Dieu! Et qu'en veux-tu faire de ce sang, bête féroce? le veux-tu boire?

Les plus vaillants hommes de l'antiquité songèrent-ils jamais à venger leurs injures personnelles par les combats particuliers? César envoya-t-il un cartel à Caton, ou Pompée à César, pour tant d'affronts réciproques? Et le plus grand capitaine de la Grèce fut-il déshonoré pour s'être laissé menacer d'un bâton? D'autres temps, d'autres mœurs, je le sais; mais n'y en a-t-il que de bonnes, et n'oserait-on s'enquérir si les mœurs d'un temps sont celles qu'exige le solide honneur? Non, cet honneur n'est point variable, il ne dépend ni des temps, ni des lieux, ni des préjugés; il ne peut ni passer ni renaître; il a sa source éternelle dans le cœur de l'homme juste et dans la règle inaltérable de ses devoirs. Si les peuples les plus éclairés, les plus braves, les plus vertueux de la terre, n'ont point connu le duel, je dis qu'il n'est point une institution de l'honneur, mais une mode affreuse et barbare, digne de sa féroce origine. Reste à savoir si, quand il s'agit de sa vie ou de celle d'autrui, l'honnête homme se règle sur la mode, et s'il n'y a pas alors plus de vrai courage à la braver qu'à la suivre. Que ferait celui qui s'y veut asservir, dans des lieux où règne un usage contraire? A Messine ou à Naples, il irait attendre son homme au coin d'une rue, et le poignarder par derrière. Cela s'appelle être brave en ce pays-là, et l'honneur ne consiste pas à se faire tuer par son ennemi, mais à le tuer lui-même.

L'homme droit, dont toute la vie est sans tache, et qui ne donna jamais aucun signe de lâcheté, refusera de souiller sa main d'un homicide, et n'en sera que plus honoré. Toujours prêt à servir la patrie, à protéger le faible, à remplir les devoirs les plus dangereux, et à défendre en toute rencontre juste et honnête ce qui lui est cher, au prix de son sang, il met dans ses démarches cette inébranlable fermeté qu'on n'a point sans le vrai courage. Dans la sécurité de sa conscience, il marche la tête levée, il ne fuit ni ne cherche son ennemi. On voit aisément qu'il craint moins de mourir que de mal faire, et qu'il redoute le crime et non le péril. Si les vils préjugés s'élèvent un instant contre lui, tous les jours de son honorable vie sont autant de témoins qui les récusent ; et, dans une conduite si bien liée, on juge d'une action sur toutes les autres.

Les hommes si ombrageux et si prompts à provoquer les autres, sont pour la plupart de malhonnêtes gens, qui, de peur qu'on ose leur montrer ouvertement le mépris qu'on a pour eux, s'efforcent de couvrir de quelques affaires d'honneur l'infamie de leur vie entière.

Tel fait un effort et se présente une fois, pour avoir le droit de se cacher le reste de sa vie. Le vrai courage a plus de constance et moins d'empressement; il est toujours ce qu'il doit être, il ne faut ni l'exciter ni le retenir : l'homme de bien le porte partout avec lui ; au combat, contre l'ennemi ; dans un cercle, en faveur des absents et de la vérité; dans son lit, contre les attaques de la douleur et de la mort. La force de l'âme qui l'inspire est d'usage dans tous les temps : elle met toujours la vertu au-dessus des évènements, et ne consiste pas à se battre, mais à ne rien craindre.

Le Même.

MORCEAUX LYRIQUES (1).

La Piété.

Il se rencontre des hommes qui n'aiment point Dieu, et qui ne le craignent point : fuyez-les, car il sort d'eux une vapeur de malédiction.

Fuyez l'impie, car son haleine tue ; mais ne le haïssez pas, car qui sait si déjà Dieu n'a pas changé son cœur ?

L'homme qui, même de bonne foi, dit : je ne crois point, se trompe souvent. Il y a bien avant dans l'âme, jusqu'au fond, une racine de foi qui ne sèche point.

La parole qui nie Dieu brule les lèvres sur lesquelles elle passe, et la bouche qui s'ouvre pour blasphémer est un soupirail de l'enfer.

L'impie est seul dans l'univers. Toutes les créatures louent Dieu, tout ce qui sent le bénit, tout ce qui

---

(1) Voir, pour les préceptes du genre, le tome 1er, page 77.

pense l'adore : l'astre du jour et ceux de la nuit le chantent dans leur langue mystérieuse.

Il a écrit au firmament son nom trois fois saint.

Gloire à Dieu dans les hauteurs des cieux !

Il l'a écrit aussi dans le cœur de l'homme, et l'homme bon l'y conserve avec amour ; mais d'autres tâchent de l'effacer.

Paix sur la terre aux hommes dont la volonté est bonne !

Leur sommeil est doux, et leur mort est encore plus douce, car ils savent qu'ils retournent vers leur père.

Comme le pauvre laboureur au déclin du jour, quitte les champs, regagne sa chaumière et assis devant la porte, oublie ses fatigues en regardant le Ciel ; ainsi quand le soir se fait, l'homme d'espérance regagne avec joie la maison paternelle, et, assis sur le seuil, oublie les travaux de l'exil dans les visions de l'éternité.

DE LAMENNAIS.

Nécessité de la prière.

Quand vous avez prié, ne sentez-vous pas votre cœur plus léger et votre âme plus contente ?

La prière rend l'affliction moins douloureuse, et la joie plus pure : elle mêle à l'une je ne sais quoi de fortifiant et de doux, et à l'autre un parfum céleste.

Que faites-vous sur la terre, et n'avez-vous rien à demander à celui qui vous y a mis ?

Vous êtes un voyageur qui cherche la patrie. Ne marchez point la tête baissée : il faut lever les yeux pour reconnaître sa route.

Votre patrie, c'est le ciel, et quand vous regardez le ciel, est-ce que en vous il ne se remue rien? est-ce que nul désir ne vous presse? ou ce désir est-il muet?

Il en est qui disent : « A quoi bon prier? Dieu est trop au-dessus de nous pour écouter de si chétives créatures? »

Et qui donc a fait ces créatures chétives, qui leur a donné le sentiment, et la pensée, et la parole, si ce n'est Dieu?

Et s'il a été si bon envers elles, était-ce pour les délaisser ensuite et pour les repousser loin de lui?

En vérité, je vous le dis, quiconque dit dans son cœur que Dieu méprise ses œuvres, blasphème Dieu.

Il en est d'autres qui disent : « A quoi bon prier? Dieu ne sait-il pas mieux que nous ce dont nous avons besoin? »

Dieu sait mieux que vous ce dont vous avez besoin, et c'est pour cela qu'il veut que vous le lui demandiez; car Dieu est lui-même votre premier besoin, et prier Dieu, c'est commencer à posséder Dieu.

Le père connaît les besoins de son fils; faut-il à cause de cela que le fils n'ait jamais une parole de demande et d'actions de grâces pour son père?

Quand les animaux souffrent, quand ils craignent, ou quand ils ont faim, ils poussent des cris plaintifs. Ces cris sont la prière qu'ils adressent à Dieu, et Dieu l'écoute. L'homme serait donc dans la création le seul être dont la voix ne dût jamais monter à l'oreille du Créateur?

Il passe quelquefois sur les campagnes un vent qui dessèche les plantes, et alors on voit leurs tiges flétries pencher vers la terre ; mais, humectées par la rosée, elles reprennent leur fraîcheur, et relèvent leur tête languissante.

Il y a toujours des vents brûlants qui passent sur l'âme de l'homme, et la dessèchent. La prière est la rosée qui la rafraîchit.

Le Même.

L'Exilé.

Il s'en allait errant sur la terre. Que Dieu guide le pauvre exilé !

J'ai passé à travers les peuples, et ils m'ont regardé, et je les ai regardés et nous ne nous sommes point reconnus. L'exilé partout est seul.

Lorsque je voyais au déclin du jour s'élever du creux d'un vallon la fumée de quelque chaumière, je me disais : Heureux celui qui retrouve le soir le foyer domestique, et s'y assied au milieu des siens ! L'exilé partout est seul.

Où vont ces nuages que chasse la tempête ? Elle me chasse comme eux, et qu'importe où ? L'exilé partout est seul.

Ces arbres sont beaux, ces fleurs sont belles ; mais ce ne sont point les fleurs ni les arbres de mon pays : ils ne me disent rien. L'exilé partout est seul.

Ce ruisseau coule mollement dans la plaine ; mais son murmure n'est pas celui qu'entendit mon enfance :

il ne rappelle à mon âme aucun souvenir. L'exilé partout est seul.

Ces chants sont doux, mais les tristesses et les joies qu'ils réveillent ne sont ni mes tristesses ni mes joies. L'exilé partout est seul.

On m'a demandé : Pourquoi pleurez-vous ? Et quand je l'ai dit, nul n'a pleuré, parce qu'on ne me comprenait point. L'exilé partout est seul.

J'ai vu des vieillards entourés d'enfants, comme l'olivier de ses rejetons; mais aucun de ces vieillards ne m'appelait son fils, aucun de ces enfants ne m'appelait son frère. L'exilé partout est seul.

J'ai vu des jeunes filles sourire, d'un sourire aussi pur que la brise du matin, à celui que leur amour s'était choisi pour époux, mais pas une ne m'a souri. L'exilé partout est seul.

J'ai vu des jeunes hommes, poitrine contre poitrine, s'étreindre comme s'ils avaient voulu de deux vies ne faire qu'une vie; mais pas un ne m'a serré la main. L'exilé partout est seul.

Il n'y a d'amis, d'épouses, de pères et de frères que dans la patrie. L'exilé partout est seul.

Pauvre exilé ! cesse de gémir ; tous sont bannis comme toi : tous voient passer et s'évanouir pères, frères, épouses, amis.

La patrie n'est point ici-bas; l'homme vainement l'y cherche ; ce qu'il prend pour elle n'est qu'un gîte d'une nuit.

Il s'en va errant sur la terre. Que Dieu guide le pauvre exilé !

Le Même.

Le Nègre.

« Travaille donc, esclave. — Je me repose un moment. — Travaille. — La chaleur du jour m'accablait; j'ai cru... » Aussitôt le bâton est levé; le nègre malheureux tombe; les coups redoublent et le sang coule.

Sa compagne était auprès de lui, et elle tenait son enfant entre ses bras. L'enfant pleura quand il vit frapper son père : la femme ne disait rien; elle y était habituée.

Le colon s'éloigne; Pierre tourna ses regards vers le rivage, le contempla quelque temps, et attendit le soir.

Le soir vint. Il ne rentra point à la case; il s'échappa furtivement et monta sur un rocher élevé qui dominait la mer. Il s'assit en silence. Il n'était pas encore nuit; le beau ciel de la Martinique se parsemait d'étoiles, le bruit des flots qui battaient le rivage troublait seul le repos de l'île : on entrevoyait dans l'éloignement la voile d'un navire, et l'on entendait même la proue rapide qui fendait le sein des ondes. Pierre commença sa dernière chanson :

« Bientôt je jetterai les fers qui chargent mes mains, et je chercherai la liberté au fond de la mer.

« Continue ta route, navire que j'aperçois de loin : sillonne le vaste Océan. Tu vogues favorisé par un vent protecteur; mais le vent peut changer, l'orage peut se former et te menacer du naufrage. Ah ! si tu portes des Européens, puisses-tu rencontrer un écueil, que tu t'y brises, et que les matelots s'engloutissent avec toi! Moi et eux, nous nous retrouverons alors;

« Car bientôt je jetterai les fers qui chargent mes mains, et je chercherai la liberté au fond de la mer.

« Idée riante et douloureuse qui se présente rapidement à mon imagination! Aurais-tu par hasard quelques-uns de mes frères à ton bord? Des nègres gémiraient-ils, resserrés dans ta cale fétide, attachés, comme je l'ai été moi-même, par un lourd collier de fer? Oh! que je voudrais les distinguer du haut du rocher où je suis assis! Que je voudrais les saluer de la main et du regard! Ceux-là sont mes amis, mes compatriotes; que les vagues les épargnent et qu'ils regagnent sur une planche bienfaitrice le doux pays dont ils sont exilés! Qu'ils vivent!

« Moi, je jetterai bientôt les fers qui chargent mes mains, et je chercherai la liberté au fond de la mer.

« Je fus enlevé jeune à ce doux pays, objet sacré de mon amour. Je me rappelle que mon père, ma mère, mes sœurs furent massacrés à mes côtés, que leur sang ruissela sur moi. Je me rappelle encore que la main étendue sur leurs cadavres palpitants, je jurai haine éternelle aux Européens; je jurai une guerre d'extermination aux assassins de ma famille. Je ne croyais pas mourir sans avoir tenu mon serment; cependant l'heure est arrivée.

« Je jetterai bientôt les fers qui chargent mes mains, et je chercherai la liberté au fond de la mer.

« Adieu donc tout ce que j'ai de plus cher au monde; adieu, toi qui fus la compagne fidèle de mes maux; adieu, mon enfant, toi qu'un bourreau me défendait de caresser, toi qui ne grandiras sans doute que pour venir, comme ton père, t'asseoir sur ce rocher funeste et te précipiter dans les flots! Pauvre orphelin, s'il est écrit dans le ciel que tel sera ton sort, dis aussi en mourant :

« Je jetterai bientôt les fers qui chargent mes mains, et je chercherai la liberté au fond de la mer. »

M.-L.-M. Fontan.

La jeune Fille et sa Mère.

C'était une nuit d'hiver. Le vent soufflait au dehors, et la neige blanchissait les toits.

Sous un de ces toits, dans une chambre étroite, étaient assises, travaillant de leurs mains, une femme à cheveux blancs et une jeune fille.

Et, de temps en temps, la vieille femme réchauffait à un petit brasier ses mains pâles. Une lampe d'argile éclairait cette pauvre demeure, et un rayon de la lampe venait expirer sur une image de la Vierge, suspendue au mur.

Et la jeune fille levant les yeux regarda en silence, pendant quelques moments, la femme à cheveux blancs; puis elle lui dit : ma mère, vous n'avez pas toujours été dans ce dénûment.

Et il y avait dans sa voix une douceur et une tendresse inexprimables.

Et la femme à cheveux blancs répondit : ma fille, Dieu est le maître; ce qu'il fait est bien fait.

Ayant dit ces mots, elle se tut un peu de temps, ensuite elle reprit :

Quand je perdis votre père, ce fut une douleur que je crus sans consolation : cependant vous me restiez; mais je ne sentais qu'une chose alors.

Depuis, j'ai pensé que s'il vivait et qu'il nous vît en cette détresse, son âme se briserait; et j'ai reconnu que Dieu avait été bon envers lui.

La jeune fille ne répondit rien ; mais elle baissa la tête, et quelques larmes qu'elle s'efforçait de cacher, tombèrent sur la toile qu'elle tenait entre ses mains.

La mère ajouta : Dieu, qui a été bon envers lui, a été bon aussi envers nous. De quoi avons-nous manqué, tandis que d'autres manquaient de tout.

Il est vrai qu'il a fallu nous habituer à peu, et ce peu, le gagner par notre travail ; mais ce peu ne suffit-il pas ? Et tous n'ont-ils pas été, dès le commencement, condamnés à vivre de leur travail ?

Dieu, dans sa bonté, nous a donné le pain de chaque jour, et combien ne l'ont pas, combien ne savent où se retirer ?

Il vous a, ma fille, donnée à moi; de quoi me plaindrais-je ?

A ces dernières paroles, la jeune fille toute émue tomba aux genoux de sa mère, prit ses mains, les baisa, et se pencha sur son sein en pleurant.

Et la mère faisant un effort pour élever la voix : ma fille, dit-elle, le bonheur n'est pas de posséder beaucoup, mais d'espérer et d'aimer beaucoup.

Notre espérance n'est pas ici-bas, ni notre amour non plus, ou s'il y est, ce n'est qu'en passant.

Après Dieu, vous m'êtes tout en ce monde; mais ce monde s'évanouit comme un songe, et c'est pourquoi mon amour s'élève avec vous vers un autre monde.

Lorsque je vous portais dans mon sein, un jour je priai avec plus d'ardeur la Vierge Marie, et elle m'apparut pendant mon sommeil, et il me semblait qu'avec un sourire céleste, elle me présentait un petit enfant.

Et je pris l'enfant qu'elle me présentait, et lorsque je le tins dans mes bras, la Vierge Marie posa sur sa tête une couronne de roses blanches.

Peu de mois après vous naquîtes, et la douce vision était toujours devant mes yeux.

Ce disant, la femme aux cheveux blancs tressaillit, et serra sur son cœur la jeune fille.

A quelque temps de là, une âme sainte vit deux formes lumineuses monter vers le Ciel, et une troupe d'anges les accompagnait, et l'air retentissait de leurs chants d'allégresse.

DE LAMENNAIS.

Chants funèbres sur la mort d'une jeune Fille.

LES JEUNES FILLES.

Notre jeune compagne a détourné ses regards de la terre pour les lever aux cieux; et, voyant que les cieux étaient beaux, elle s'y est envolée. Fermons sa chaste paupière, et mouillons sa tombe de nos larmes.

Fleurs de Saaron qui vous épanouissiez près d'elle,

palmiers qui l'abritiez sous votre ombre silencieuse, champs aimés qu'elle parcourait au matin, pleurez, pleurez, vous ne serez plus caressés par son regard : Marie n'est plus !

LE CHOEUR.

Le seigneur Dieu a frappé ses serviteurs de crainte. Qui peut dire : le jour qui va se lever est à moi, quand la jeunesse est moissonnée comme une herbe flétrie que le vent balaie? Qui peut dire : réjouissons-nous, la mort est loin? La mort, comme un lion rugissant, tourne autour de nous et choisit la proie qu'elle va dévorer. O mon âme! qu'attends-tu pour faire pénitence? L'heure qui s'écoule peut t'appeler devant ton juge. Seigneur, Seigneur, ayez pitié des morts, faites-leur miséricorde.

LES JEUNES FILLES.

Notre jeune compagne a détourné ses regards de la terre pour les lever aux cieux ; et voyant que les cieux étaient beaux, elle s'y est envolée. Fermons sa chaste paupière, et mouillons sa tombe de nos larmes.

Déjà nous avions cueilli la fleur nouvelle de l'églantier blanc, et nous allions tresser ta couronne d'épouse ; déjà le thaled brodé d'or se déployait pour ombrager ta tête, et le thaled n'est plus qu'un linceul, et la fleur nouvelle de l'églantier blanc va s'effeuiller sur un tombeau.

Fleurs de Saaron qui vous épanouissiez près d'elle, palmiers qui l'abritiez sous votre ombre silencieuse, champs aimés qu'elle parcourait au matin, pleurez, pleurez, vous ne serez plus caressés par son regard : Marie n'est plus !

LE CHOEUR.

L'homme vit peu de temps sur la terre, et les jours de son passage sont courts et mauvais. Le temps incessamment l'entraîne sans lui laisser jeter ses regards en arrière.

Comme un fleuve impétueux ne revoit pas deux fois les gazons verdoyants de sa source, ainsi l'homme égaré dans sa course haletante ne retrouve plus les routes fleuries où son enfance imprima ses pas. O mon âme! comment trouver le repos?

Celui dont l'âme est remplie de misère élèvera ses yeux vers le Seigneur : Les cieux racontent à la terre sa gloire et sa puissance, et l'homme déchu, mais racheté, publie sa justice et sa miséricorde.

LES JEUNES FILLES.

Notre jeune compagne a détourné ses regards de la terre pour les lever aux cieux; et voyant que les cieux étaient beaux, elle s'y est envolée. Fermons sa chaste paupière, et mouillons sa tombe de nos larmes.

Comment sécherons-nous les pleurs de ta mère? Elle ne voudra pas être consolée, parce que tu n'es plus. Que dirons-nous à ton jeune fiancé quand, à son retour, il viendra te chercher parmi nous? Ah! que de pleurs couleront sur toi!

Fleurs de Saaron qui vous épanouissiez près d'elle, palmiers qui l'abritiez sous votre ombre silencieuse, champs aimés qu'elle parcourait au matin, pleurez, pleurez, vous ne serez plus caressés par son regard : Marie n'est plus!

LE CHOEUR.

Le Seigneur l'a juré, et son serment est immuable; ceux qui espèrent en lui vivent dans l'éternité.

Encore un peu de temps, et notre âme épuisée laissera sa dépouille à la terre; un peu de temps encore, et l'ange des derniers jours frappera les tombeaux de son aile de flamme, les morts soulèveront la terre qui les couvre, ils s'élèveront comme une moisson nouvelle que le Rédempteur viendra recueillir et vanner dans son aire divine : que les justes espèrent au Seigneur, ils vivront pour ne plus mourir.

LE CHOEUR ET LES JEUNES FILLES.

Le Seigneur l'a juré, et son serment est immuable; ceux qui espèrent en lui vivront dans l'éternité.

Encore un peu de temps, et notre âme épuisée laissera sa dépouille à la terre ; un peu de temps encore, et l'ange des derniers jours frappera les tombeaux de son aile de flamme, les morts soulèveront la terre qui les couvre, ils s'élèveront comme une moisson nouvelle que le Rédempteur viendra recueillir et vanner dans son aire divine : que les justes espèrent au Seigneur, ils vivront pour ne plus mourir.

DE JEUNES ENFANTS.

Son âme a quitté la terre comme un oiseau qui s'enfuit des filets du chasseur.

LES PETITS ENFANTS.

Marie, Marie, pourquoi nous as-tu quittés ?

ANNA-MARIE. (*L'Ame exilée.*)

Dernier chant de Cymodocée.

Légers vaisseaux de l'Ausonie, fendez la mer calme et brillante ! Esclaves de Neptune, abandonnez la voile au souffle amoureux des vents ! Courbez-vous sous la rame agile. Reportez-moi sous la garde de mon époux et de mon père, aux rives fortunées du Pamisus. Volez, oiseaux de Libye, dont le cou flexible se courbe avec grâce, volez au sommet de l'Ithome, et dites que la fille d'Homère va revoir les lauriers de la Messénie !

Quand retrouverai-je mon lit d'ivoire, la lumière si chère aux mortels, les prairies émaillées de fleurs qu'une eau pure arrose, que la pudeur embellit de son souffle ? J'étais semblable à la tendre génisse sortie du fond d'une grotte, errante sur les montagnes, et nourrie au son des instruments champêtres : aujourd'hui, dans une prison solitaire, sur la couche indigente de Cérès !.....

Mais d'où vient qu'en voulant chanter comme la fauvette, je soupire comme la flûte consacrée aux morts ? Je suis pourtant revêtue de la robe nuptiale ; mon cœur sentira les joies et les inquiétudes maternelles ; je verrai mon fils s'attacher à ma robe, comme l'oiseau timide qui se réfugie sous l'aile de sa mère. Eh ! ne suis-je pas moi-même un jeune oiseau ravi au sein paternel !

Que mon père et mon époux tardent à paraître ! Ah ! s'il m'était permis d'implorer encore les grâces et les muses ! Si je pouvais interroger le Ciel dans les entrailles de la victime ! Mais j'offense un Dieu que je connais à peine : reposons nous sur la croix.

CHATEAUBRIAND.

Dernier chant de Corinne.

Recevez mon adieu solennel, ô mes concitoyens ! déjà la nuit s'avance à mes regards; mais le Ciel n'est-il pas plus beau pendant la nuit ! Des milliers d'étoiles le décorent. Il n'est de jour qu'un désert. Ainsi les ombres éternelles révèlent d'innombrables pensées que l'éclat de la prospérité faisait oublier. Mais la voix qui pourrait en instruire s'affaiblit par degrès ; l'âme se retire en elle-même, et cherche à rassembler sa dernière chaleur.

Dès les premiers jours de ma jeunesse, je promis d'honorer ce beau nom de Romaine qui fait encore tressaillir le cœur. Vous m'avez permis la gloire, oh ! vous, nation libérale, qui ne bannissez point les femmes de son temple; vous qui ne sacrifiez point des talents immortels à des jalousies passagères, vous qui toujours applaudissez à l'essor du génie, ce vainqueur sans vaincus, ce conquérant sans dépouilles, qui puise dans l'éternité pour enrichir le temps.

Quelle confiance m'inspirait jadis la nature et la vie ! je croyais que tous les malheurs venaient de ne pas assez penser, de ne pas assez sentir; et que, déjà sur la terre, on pouvait goûter d'avance la félicité céleste, qui n'est que la durée dans l'enthousiasme et la constance dans l'amour.

Non, je ne me repens point de cette exaltation généreuse; non, ce n'est point elle qui m'a fait verser les pleurs dont la poussière qui m'attend est arrosée. J'aurais rempli ma destinée, j'aurais été digne des bienfaits du Ciel, si j'avais consacré ma lyre retentissante à célébrer la bonté divine manifestée par l'univers.

Vous ne rejetez point, ô mon Dieu! le tribut des talents. L'hommage de la poésie est religieux, et les ailes de la pensée servent à se rapprocher de vous.

Il n'y a rien d'étroit, rien d'asservi, rien de limité dans la religion. Elle est l'immense, l'infini, l'éternel; et loin que le génie puisse détourner d'elle, l'imagination, dès son premier élan, dépasse les bornes de la vie et le sublime en tout genre est un reflet de la divinité.

Ah! si je n'avais aimé qu'elle, si j'avais placé ma tête dans le Ciel, à l'abri des affections orageuses, je ne serais pas brisée avant le temps; des fantômes n'auraient pas pris la place de mes brillantes chimères. Malheureuse! mon génie, s'il subsiste encore, se fait sentir seulement par la force de ma douleur.

Adieu donc, mon pays, adieu donc la contrée où j'ai reçu le jour! souvenirs de l'enfance, adieu! qu'avez-vous à faire avec la mort? Vous qui dans mes écrits avez trouvé des sentiments qui répondaient à votre âme, ô mes amis, dans quelque lieu que vous soyez, adieu! ce n'est point par une indigne cause que Corinne a tant souffert!

Belle Italie! c'est en vain que vous me promettiez tous

vos charmes, que pourriez-vous pour un cœur délaissé? Ranimeriez-vous mes souhaits pour accroître mes peines? me rappelleriez-vous le bonheur pour me révolter contre mon sort?

C'est avec douceur que je m'y soumets. O vous qui me survivrez! Quand le printemps reviendra, souvenez-vous combien j'aimais sa beauté, que de fois j'ai vanté son air et ses parfums? Rappelez-vous quelquefois mes vers, mon âme y est empreinte, mais des muses fatales, l'amour et le malheur, ont inspiré mes derniers chants.

Quand les desseins de la providence sont accomplis sur nous, une musique intérieure nous prépare à l'arrivée de l'ange de la mort. Il n'a rien d'effrayant, rien de terrible : il porte des ailes blanches, bien qu'il marche entouré de la nuit ; mais avant sa venue, mille présages l'annoncent.

Si le vent murmure, on croit entendre sa voix. Quand le jour tombe, il y a de grandes ombres dans la campagne qui semblent les replis de sa robe traînante. A midi, quand les possesseurs de la vie ne voient qu'un ciel serein, ne sentent qu'un beau soleil, celui que l'ange de la mort réclame aperçoit dans le lointain un nuage qui va bientôt couvrir la nature entière à ses yeux.

Espérance, jeunesse, émotions du cœur, c'en est donc fait! Loin de moi des regrets trompeurs : si j'obtiens encore quelques larmes, si je me crois encore aimée, c'est parce que je vais disparaître; mais si je ressaisissais la vie, elle retournerait bientôt contre moi tous ses poignards.

Et vous, Rome, où mes cendres seront transportées, pardonnez, vous qui avez tant vu mourir, si je rejoins d'un pas tremblant vos ombres illustres, pardonnez-moi de me plaindre. Des sentiments, des pensées peut-être nobles, peut-être fécondes s'éteignent avec moi, et, de toutes les facultés de l'âme que je tiens de la nature, celle de souffrir est la seule que j'aie exercée toute entière.

N'importe, obéissons. Le grand mystère de la mort, quel qu'il soit, doit donner du calme. Vous m'en répondez, tombeaux silencieux; vous m'en répondez, divinité bienfaisante! j'avais choisi sur la terre et mon cœur n'a plus d'asile. Vous décidez pour moi; mon sort en vaudra mieux.

Mme DE STAEL.

DISCOURS
ET
MORCEAUX ORATOIRES.

PRÉCEPTES DU GENRE.

On a défini l'*éloquence* la faculté d'agir puissamment sur les esprits et sur les âmes par le moyen de la parole.

L'éloquence est presque aussi ancienne que l'homme. En effet, dès que les hommes ont commencé à se réunir, à se former en société, le talent de la parole a commencé à devenir utile et même nécessaire.

L'éloquence naturelle est celle qui existe chez tous les hommes ; pour en être doué, il suffit de sentir vivement et d'avoir une imagination ardente pour pouvoir bien exprimer ce que l'on sent : elle se trouve souvent dans une phrase, dans un mot, dans une pensée, plutôt que dans un discours médité.

Ainsi les paroles que Marius, dans la prison de Minturne, adressa au soldat cimbre qui était envoyé pour lui trancher la tête; celles qu'il prononça sur les ruines de Carthage quand un envoyé du préteur vint lui ordonner de se retirer; celles du grand Scipion, accusé de concussion par deux tribuns; celles de Henri IV à ses soldats au moment de la bataille d'Ivry; celles de Bonaparte à ses troupes à la vue des pyramides, etc., etc., sont autant d'exemples de ce que peut inspirer l'éloquence naturelle.

A mesure que la civilisation et les belles-lettres firent des progrès, l'éloquence se perfectionna, et l'éloquence acquise remplaça l'éloquence naturelle; car alors les grands orateurs, aux dons de la nature, à une imagination vive et hardie, à une élocution facile et agréable durent joindre une étude approfondie de la logique et de la rhétorique. De même que l'éloquence naturelle était le produit de la nature, de même l'éloquence acquise fut celui de l'art.

L'éloquence acquise consiste surtout maintenant dans un discours suivi, marchant toujours vers son but et tout-à-fait conforme aux règles de la rhétorique. Elle exige de grandes études, de grandes méditations, des talents supérieurs, tandis que l'éloquence naturelle consiste le plus souvent dans un mot, dans une courte phrase, et n'exige que de la sensibilité, de la noblesse dans les sentiments, de la grandeur dans l'âme.

Les circonstances qui favorisent le développement de l'éloquence sont des institutions libres, il faut que l'orateur puisse parler sans crainte et sans avoir à redouter des dangers ou des entraves. Il faut des temps de troubles et de révolutions qui remuent vivement les imaginations et les exaltent facilement ; il faut aussi que la nation soit arrivée à un certain degré de civilisation. Ainsi, quand Démosthènes parut, les Grecs étaient parvenus à un haut degré de civilisation, Athènes était une république, forme de gouvernement la plus favorable à l'éloquence ; enfin, la Grèce était remplie de troubles occasionnés par l'ambition de Philippe. Cicéron, chez les Romains, rencontra les mêmes circonstances ; les guerres civiles, Sylla, Marius, le triumvirat, remplissaient l'Italie et Rome de troubles et de dissensions. En France, l'éloquence, qui ne s'était pas montrée dans le grand siècle de Louis XIV, semblait attendre, pour se produire au grand jour, les troubles de la révolution. Mais il a fallu toujours qu'une civilisation avancée se joignît à des institutions libres, car là où l'une de ces deux conditions a manqué, l'éloquence est restée muette.

Les anciens avaient divisé en trois classes tous les sujets dont s'occupe la rhétorique, c'est-à-dire qu'ils distinguaient trois principaux objets que l'orateur se propose quand il prend la parole. Ces objets sont : 1° de louer ou de blâmer ; 2° d'accuser ou de défendre ; 3° de déterminer une assemblée délibérante à prendre le parti qu'on lui démontre le plus convenable et le plus avantageux.

C'est donc sur la nature même du discours qu'on a fondé la division de l'éloquence en trois genres : le *démonstratif*, le *délibératif* et le *judiciaire*.

On appelle *démonstratif* le genre qui a pour objet la louange ou le blâme, parce qu'il faut *démontrer* jusqu'à quel point l'un ou l'autre est fondé. Les principaux discours de cette espèce sont : le *discours satyrique*, le *panégyrique*, le *discours académique* et l'*oraison funèbre*.

Le genre *judiciaire* est celui qui, d'après l'exposé des faits et le résultat des preuves, met les juges (*judices*) en état de prononcer sur le fond de la question et de faire une juste application de la loi. De ce genre sont tous les plaidoyers prononcés devant les tribunaux, tous les discours consacrés à l'accusation et à la défense en présence de personnes qui peuvent condamner ou absoudre.

Le genre *délibératif*, enfin, est celui dans lequel l'orateur se propose d'amener l'assemblée devant laquelle il parle à prendre la délibération qui entre le plus dans ses intérêts et qui convient le mieux aux circonstances. De ce genre sont les discours politiques, les harangues militaires, les discours de la chaire.

Mais ces trois genres ne sont pas tellement séparés qu'ils ne puissent jamais se trouver réunis. Le contaire a presque toujours lieu, mais on donne au discours le nom du genre qui y domine.

Quelque matière que traite l'orateur, il faut d'abord qu'il conçoive son sujet et qu'il trouve les idées qu'il doit développer. C'est ce qu'on appelle *invention*. Comme ces idées se présentent le plus souvent sans ordre, il faut les disposer dans un ordre naturel et judicieux, de manière qu'elles semblent naître les unes des autres sans peine et sans effort ; c'est la *disposition*. Il faut ensuite les revêtir de tous les ornements du langage qui peuvent convenir au sujet ; c'est l'*élocution*. Enfin, l'orateur doit régler les mouvements de son corps sur les affections de son âme, fixer dans sa mémoire au moins les principales divisions, quelquefois les idées les plus saillantes, les phrases les plus propres à l'effet qu'il attend ; accompagner son débit des gestes et des inflexions de voix que comportent les pensées et les sentiments qu'il exprime ; c'est de cet objet que s'occupe la quatrième partie de la rhétorique qu'on appelle action.

« Mais il ne suffit donc pas de montrer à l'esprit beaucoup de choses, dit Montesquieu ; il faut les lui montrer avec ordre, alors nous nous ressouvenons de ce que nous avons vu, et nous commençons à examiner ce que nous verrons ; autrement tout est confusion dans notre esprit, et nous ne saurons approuver ce qu'on nous propose. Aussi, toutes les fois qu'on veut écrire, faut-il se former un plan clair et net de toutes ses idées, rassembler et mettre en ordre toutes les pensées essentielles à son sujet ; alors on sentira aisément le point de maturité de la production de l'esprit, et, se comprenant bien soi-même, on se fera bien comprendre aux autres. »

Considéré dans sa division, tout discours a généralement quatre parties : l'exorde qui prépare les esprits, la proposition qui expose le sujet, la confirmation qui le prouve en faisant valoir les raisons convenables, enfin la péroraison qui termine le discours.

Quelques espèces de discours, tels que ceux du barreau, ont souvent deux parties de plus : la *narration* qu'on place ordinairement après la proposition, et la *réfutation* qu'on place avant ou après la confirmation, selon les besoins de la cause.

Dans la plupart des causes, les orateurs se contentent de bien narrer les faits, d'établir solidement leurs preuves, et de répondre à celles de l'adversaire. Les exordes, les péroraisons sont simples, ou même il n'y en a pas. Dans les discours du genre démonstratif, la narration est la partie principale; la meilleure manière, en effet, de louer les grands hommes, c'est de raconter leurs actions.

Enfin, il est une seconde espèce d'ordonnance non plus indiquée par la nature elle-même, comme la première, mais qui dépend de la prudence et de la sagacité de l'orateur. Elle consiste dans l'arrangement qu'ont entre elles les principales idées du discours, et particulièrement celles qui font l'objet de la confirmation. On lui a donné le nom de plan du discours.

Ses principales qualités sont la *netteté*, la *justesse*, la *simplicité*, la *fécondité*, l'*unité* et la *proportion*. Un plan bien conçu doit offrir à l'esprit une image abrégée et distincte de tout le sujet, séparer les parties sans les isoler, les assembler sans les confondre; il doit embrasser le sujet dans toute son étendue; le réduire, quelque compliqué qu'il puisse être, à un petit nombre de propositions générales qui le dominent tout entier; montrer quelques pensées principales qui renferment dans leur sein une foule d'autres pensées; enfin former un tout de parties entre lesquelles règne un accord parfait, et qui, avec un développement d'une longueur convenable au sujet traité, vont directement et sensiblement à une fin commune. (*Principes de littérature.*)

Union de la philosophie et de l'éloquence.

C'est en vain que l'orateur se flatte d'avoir le talent de persuader les hommes, s'il n'a acquis celui de les connaître.

L'étude de la morale et celle de l'éloquence sont nées en même temps, et leur union est aussi ancienne dans le monde que celle de la pensée et de la parole.

On ne séparait point autrefois deux sciences qui, par leur nature, sont inséparables : le philosophe et l'orateur possédaient en commun l'empire de la sagesse ; ils entretenaient un heureux commerce, une parfaite intelligence entre l'art de bien penser et celui de bien parler ; et l'on n'avait pas encore imaginé cette distinction injurieuse aux orateurs, ce divorce funeste à l'éloquence, de l'esprit et de la raison, des expressions et des sentiments, de l'orateur et du philosophe.

S'il y avait quelque différence entre eux, elle était tout à l'avantage de l'éloquence : le philosophe se contentait de convaincre, l'orateur s'appliquait à persuader.

L'un supposait ses auditeurs attentifs, dociles, favorables ; l'autre savait leur inspirer l'attention, la docilité, la bienveillance.

L'autorité des mœurs, la sévérité du discours, l'exacte rigueur du raisonnement, faisaient admirer la philosophie : la douceur d'esprit, ou naturelle, ou étudiée, les charmes de la parole, le talent de l'imagination, faisaient aimer l orateur.

L'esprit était pour l'un, et le cœur était pour l'autre. Mais le cœur se révoltait souvent contre les vérités dont l'esprit était convaincu ; l'esprit, au contraire, ne refusait jamais de se soumettre aux sentiments du cœur; et le philosophe, roi légitime, se faisait souvent craindre comme un tyran ; au lieu que l'orateur exerçait une tyrannie si douce et si agréable, qu'on la prenait pour la domination légitime.

Ce fut dans ce premier âge de l'éloquence, que la Grèce vit autrefois le plus grand de ses orateurs jeter les fondements de l'empire de la parole sur la connaissance de l'homme et sur les principes de la morale.

En vain la nature, jalouse de sa gloire, lui refuse ces talents extérieurs, cette éloquence muette, cette autorité visible qui surprend l'âme des auditeurs, et qui attire leurs vœux avant que l'orateur ait mérité leurs suffrages. La sublimité de son discours ne laissera pas à l'auditeur, transporté hors de lui-même, le temps et la liberté de remarquer ces défauts; ils seront cachés dans l'éclat de ses vertus : on sentira son impétuosité; mais on ne verra point ses démarches; on le suivra comme un aigle dans les airs, sans savoir comment il a quitté la terre.

Censeur sévère de la conduite de son peuple, il paraîtra plus populaire que ceux qui le flattent; il osera présenter à ses yeux la triste image de la vertu pénible et laborieuse; et il le portera à préférer l'honnête difficile, et souvent même malheureux, à l'utile agréable et aux douceurs d'une indigne prospérité.

La puissance du roi de Macédoine redoutera l'éloquence de l'orateur athénien ; le destin de la Grèce demeurera suspendu entre Philippe et Démosthène; et, comme il ne peut survivre à la liberté de sa patrie, elle ne pourra respirer qu'avec lui.

D'où sont sortis ces effets surprenants d'une éloquence plus qu'humaine ? Quelle est la source de tant de prodiges, dont le simple récit fait encore, après tant de siècles, l'objet de notre admiration ?

Ce ne sont point des armes préparées dans l'école d'un déclamateur ; ces foudres, ces éclairs qui font trembler les rois sur leur trône, sont formés dans une région supérieure. C'est dans le sein de la sagesse qu'il avait puisé cette politique hardie et généreuse, cette liberté constante et intrépide, cet amour invincible de la patrie; c'est dans l'étude de la morale qu'il avait reçu des mains de la raison même cet empire absolu, cette puissance souveraine sur l'âme de ses auditeurs. Il a fallu un Platon pour former un Démosthène, afin que le plus grand des orateurs fît hommage de toute sa réputation au plus grand des philosophes.

D'Aguesseau.

Exorde de l'oraison funèbre de la reine d'Angleterre.

Celui qui règne dans les cieux, et de qui relèvent tous les empires, à qui seul appartiennent la gloire, la majesté et l'indépendance, est aussi le seul qui se glorifie de faire la loi aux rois, et de leur donner, quand il lui plaît, de grandes et de terribles leçons. Soit qu'il élève les trônes, soit qu'il les abaisse, soit qu'il communique sa puissance aux princes, soit qu'il la retire à lui-même et ne leur laisse que leur propre faiblesse, il leur apprend leurs devoirs d'une manière souveraine et digne de lui : car, en leur donnant la puissance, il leur commande d'en user comme il fait lui-même pour le bien du monde ; et il leur fait voir, en la retirant, que toute leur majesté est empruntée, et que, pour être assis sur le trône, ils n'en sont pas moins sous sa main et sous son autorité suprême. C'est ainsi qu'il instruit les princes, non-seulement par des discours et par des paroles, mais encore par des effets et des exemples : *Et nunc, reges, intelligite; erudimini, qui judicatis terram.*

Chrétiens, que la mémoire d'une grande reine, fille, femme, mère de rois si puissants, et souveraine de trois royaumes, appelle de tous côtés à cette triste cérémonie, ce discours vous fera paraître un de ces exemples redoutables qui étalent aux yeux du monde sa vanité tout entière. Vous verrez dans une seule vie toutes les extrémités des choses humaines, la félicité sans bornes aussi bien que les misères ; une longue et paisible jouissance d'une des plus nobles couronnes de l'univers ; tout ce que peuvent donner de plus glorieux la naissance et la grandeur accumulées sur une seule tête qui ensuite est exposée à tous les outrages de la fortune ; la bonne cause d'abord suivie de bons succès, et depuis de retours soudains, de changements inouïs : la rebellion longtemps retenue, à la fin tout-à-fait maîtresse ; nul frein à la licence ; les lois abolies ; la majesté violée par des attentats jusqu'alors inconnus ; l'usurpation et la tyrannie sous le nom de liberté ; une reine fugitive, qui ne trouve aucune retraite dans trois royaumes, et à qui sa propre patrie n'est plus qu'un triste lieu d'exil ; neuf voyages sur mer, entrepris par une princesse, malgré les tempêtes ; l'Océan étonné de se voir traversé tant de fois en des appareils si divers, et pour des causes si différentes ; un trône indignement renversé et miraculeusement rétabli : voilà les enseignements que Dieu donne aux rois. Ainsi fait-il voir au monde le néant de ses pompes et de ses grandeurs.

Si les paroles nous manquent, si les expressions ne répondent pas à un sujet si vaste et si relevé, les choses parleront assez d'elles-mêmes. Le cœur d'une grande reine, autrefois élevé par une si longue suite de prospérités, et puis plongé tout-à-coup dans un abîme d'amertumes, parlera assez haut ; et, s'il n'est pas permis aux particuliers de faire des leçons aux princes sur des évènements si étranges, un roi me prête ses paroles pour leur dire : Entendez, ô grands de la terre, instruisez-vous, arbitres du monde !

Bossuet.

Exorde de l'oraison funèbre de Turenne.

Je ne puis, Messieurs, vous donner d'abord une plus haute idée du triste sujet dont je viens vous entretenir, qu'en recueillant ces termes nobles et expressifs dont l'Écriture sainte se sert pour louer la vie et pour déplorer la mort du sage et vaillant Machabée. Cet homme qui portait la gloire de sa nation jusqu'aux extrémités de la terre, qui couvrait son camp du bouclier, et forçait celui des ennemis avec l'épée ; qui donnait à des rois ligués contre lui des déplaisirs mortels, et réjouissait Jacob par ses vertus et par ses exploits, dont la mémoire doit être éternelle ; cet homme qui défendait les villes de Juda, qui domptait l'orgueil des enfants d'Ammon et d'Ésaü, qui revenait chargé des dépouilles de Samarie après avoir brûlé sur leurs propres autels les dieux des nations étrangères ; cet homme que Dieu avait mis autour d'Israël, comme un mur d'airain où se brisèrent tant de fois toutes les forces de l'Asie, et qui, après avoir défait de nombreuses armées, déconcerté les plus fiers et les plus habiles généraux des rois de Syrie, venait, tous les ans, comme le moindre des Israélites, réparer avec ses mains triomphantes les ruines du sanctuaire, et ne voulait d'autre récompense des services qu'il rendait à sa patrie que l'honneur de l'avoir servie ; ce vaillant homme poussant enfin, avec un courage invincible, les ennemis qu'il avait réduits à une fuite honteuse, reçut le coup mortel, et demeura comme enseveli dans son triomphe. Au premier bruit de ce funeste accident, toutes les villes de Judée furent émues ; des ruisseaux de larmes coulèrent des yeux de tous leurs habitants. Ils furent quelque temps saisis, muets, immobiles. Un effort de douleur rompant enfin ce long et morne silence, d'une voix entrecoupée de sanglots, que formaient dans leur cœur la tristesse, la piété, la crainte, ils s'écrièrent : *Comment est mort cet homme puissant qui sauvait le peuple d'Israël?* A ces cris, Jérusalem redoubla ses pleurs, les voûtes du temples s'ébranlèrent, le Jourdain se troubla, et tous ses rivages retentirent du son de ces lugubres paroles : *Comment est mort cet homme puissant qui sauvait le peuple d'Israël?*

Chrétiens, qu'une triste cérémonie assemble en ce lieu, ne rappelez-vous pas en votre mémoire ce que vous avez vu, ce que vous avez senti, il y a cinq mois? ne vous reconnaissez-vous pas dans l'affliction que j'ai décrite? et ne mettez-vous pas dans votre esprit, à la place du héros dont parle l'Écriture sainte, celui dont je viens vous parler? La vertu et le malheur de l'un et de l'autre sont semblables, et il ne manque aujourd'hui à ce dernier qu'un éloge digne de lui. Oh! si l'Esprit divin, l'Esprit de force et de vérité, avait enrichi mon discours de ces images vives et naturelles qui représentent la vertu, et qui la persuadent tout ensemble, de combien de nobles idées remplirais-je vos esprits, et quelle impression ferait sur vos cœurs le récit de tant d'actions édifiantes et glorieuses!

Quelle matière fut jamais plus disposée à recevoir tous les ornements d'une grave et solide éloquence, que la vie et la mort de très-puissant prince Henri de la Tour d'Auvergne, vicomte de Turenne? où brillent avec plus d'éclat les effets glorieux de la vertu militaire : conduites d'armées, siéges de places, prises de villes, passages de rivières, attaques hardies, retraites honorables, campements bien ordonnés, combats soutenus, batailles gagnées, ennemis vaincus par la force, dissipés par l'adresse, lassés et consumés par une sage et noble patience ? Où peut-on trouver tant et de si puissants exemples, que dans les actions d'un homme sage, modeste, libéral, désintéressé, dévoué au service du prince et de la patrie : grand dans l'adversité par son courage, dans la prospérité par sa modestie, dans les difficultés par sa prudence, dans les périls par sa valeur, dans la religion par sa piété?

Quel sujet peut inspirer des sentiments plus justes et plus touchants, qu'une mort soudaine et surprenante, qui a suspendu le cours de nos victoires et rompu les plus douces espérances de la paix ? Puissances ennemies de la France, vous vivez, et l'esprit de la charité chrétienne m'interdit de faire aucun souhait pour votre mort. Puissiez-vous seulement reconnaître la justice de nos armes, recevoir la paix que, malgré vos pertes, vous avez tant de fois refusée; et, dans l'abondance de vos larmes, éteindre les feux d'une guerre que vous avez malheureusement allumée! A Dieu ne plaise que je porte mes souhaits plus loin! Les jugements de Dieu sont impénétrables : mais vous vivez, et je plains en cette chaire un sage et vertueux capitaine dont les intentions étaient pures, et dont la vertu semblait mériter une vie plus longue et plus étendue.

Retenons nos plaintes, Messieurs; il est temps de commencer son éloge, et de vous faire voir comment cet homme puissant triompha des ennemis de l'État par sa valeur, des passions de l'âme par sa sagesse, des erreurs et des vanités du siècle par sa piété. Si j'interromps cet ordre de mon discours, pardonnez un peu de confusion dans un sujet qui nous a causé tant de trouble. Je confondrai quelquefois peut-être le général d'armée, le sage, le chrétien. Je louerai tantôt les victoires, tantôt les vertus qui les ont obtenues. Si je ne puis raconter tant d'actions, je les découvrirai dans leurs principes ; j'adorerai le Dieu des armées, j'invoquerai le Dieu de la paix, je bénirai le Dieu des miséricordes, et j'attirerai partout votre attention, non par la force de l'éloquence, mais par la vérité et par la grandeur des vertus dont je suis engagé de vous parler.

Fléchier.

Exorde

D'UN SERMON PRONONCÉ PAR LE MISSIONNAIRE BRIDAINE DANS L'ÉGLISE DE SAINT-SULPICE.

A la vue d'un auditoire si nouveau pour moi, il semble, mes frères, que je ne devrais ouvrir la bouche que pour vous demander grâce en faveur d'un pauvre missionnaire dépourvu de tous les talents que vous exigez quand on vient vous parler de votre salut. J'éprouve cependant aujourd'hui un sentiment différent ; et, si je suis humilié, gardez-vous de croire que je m'abaisse aux misérables inquiétudes de la vanité. A Dieu ne plaise qu'un ministre du ciel pense jamais avoir besoin d'excuse auprès de vous ! car, qui que vous soyez, vous n'êtes, comme moi, que des pécheurs. C'est devant votre Dieu et le mien que je me sens pressé dans ce moment de frapper ma poitrine.

Jusqu'à présent j'ai publié les justices du Très-Haut dans des temples couverts de chaume; j'ai prêché les rigueurs de la pénitence à des infortunés qui manquaient de pain; j'ai annoncé aux bons habitants des campagnes les vérités les plus effrayantes de ma religion. Qu'ai-je fait? malheureux! j'ai contristé les pauvres, les meilleurs amis de mon Dieu; j'ai porté l'épouvante et la douleur dans ces âmes simples et fidèles que j'aurais dû plaindre et consoler.

C'est ici, où mes regards ne tombent que sur des grands, sur des riches, sur des oppresseurs de l'humanité souffrante ou des pécheurs audacieux et endurcis : ah! c'est ici seulement qu'il fallait faire retentir la parole sainte dans toute la force de son tonnerre, et placer avec moi dans cette chaire, d'un côté la mort qui nous menace, et de l'autre, mon grand Dieu qui vient vous juger. Je tiens aujourd'hui votre sentence à la main : tremblez donc devant moi, hommes superbes et dédaigneux qui m'écoutez! La nécessité du salut, la certitude de la mort, l'incertitude de cette heure si effroyable pour vous, l'impénitence finale, le jugement dernier, le petit nombre des élus, l'enfer, et par-dessus tout l'éternité, l'éternité! voilà les sujets dont je viens vous entretenir, et que j'aurais dû sans doute réserver pour vous seuls.

Et qu'ai-je besoin de vos suffrages, qui me damneraient peut-être sans vous sauver? Dieu va vous émouvoir, tandis que son indigne ministre vous parlera; car j'ai acquis une expérience de ses miséricordes. Alors, pénétrés d'horreur pour vos iniquités passées, vous viendrez vous jeter entre mes bras en versant des larmes de componction et de repentir, et, à force de remords, vous me trouverez assez éloquent.

BRIDAINE.

Péroraison

DE L'ÉLOGE FUNÈBRE DE CONDÉ.

Jetez les yeux de toutes parts; voilà tout ce qu'a pu la magnificence et la piété pour honorer un héros: des titres, des inscriptions, vaines marques de ce qui n'est plus; des figures qui semblent pleurer autour d'un tombeau, et de fragiles images d'une douleur que le temps emporte avec tout le reste; des colonnes qui semblent vouloir porter jusqu'au Ciel le magnifique témoignage de notre néant; et rien enfin ne manque dans tous ces honneurs que celui à qui on les rend.

Pleurez donc sur ces faibles restes de la vie humaine, pleurez sur cette triste immortalité que nous donnons aux héros; mais approchez en particulier, ô vous qui courez avec tant d'ardeur dans la carrière de la gloire, âmes guerrières et intrépides! quel autre fut plus digne de vous commander? Mais dans quel autre avez vous trouvé le commandement plus honnête? Pleurez donc ce grand capitaine, et dites en gémissant : « voilà celui qui nous menait dans les hasards! Sous lui se sont formés tant de renommés capitaines que ses exemples ont élevés aux premiers honneurs de la guerre! Son ombre eût pu encore gagner des batailles : et voilà que dans son silence son nom même nous anime; et ensemble il nous avertit que, pour trouver à la mort quelque reste de nos travaux, et n'arriver pas sans ressources à notre dernière demeure, avec le roi de la terre, il faut encore servir le roi du Ciel. » Servez donc ce roi immortel et si plein de miséricorde, qui vous comptera un soupir et un verre d'eau donné en son nom, plus que tous les autres ne feront jamais tout votre sang répandu ; et commencez à compter le temps de vos utiles services du jour que vous vous serez donnés à un maître si bienfaisant.

Et vous, ne viendrez-vous pas à ce triste monument, vous, dis-je, qu'il a bien voulu mettre au rang de ses amis ? Tous ensemble, en quelque degré de sa confiance qu'il vous ait reçus, environnez ce tombeau, versez des larmes avec des prières ; et, admirant dans un si grand prince une amitié si commode et un commerce si doux, conservez le souvenir d'un héros dont la bonté avait égalé le courage. Ainsi, puisse-t-il vous être toujours un cher entretien ! Ainsi, puissiez-vous profiter de ses vertus, et que sa mort, que vous déplorez, vous serve à la fois de consolation et d'exemple !

Pour moi, s'il m'est permis, après tous les autres, de vous rendre les derniers devoirs à ce tombeau, ô prince, le digne sujet de nos louanges et de nos regrets, vous vivrez éternellement dans ma mémoire ; votre image y sera tracée, non point avec cette audace qui promettait la victoire; non, je ne veux rien voir en vous de ce que la mort y efface ; vous aurez dans cette image des traits immortels ; je vous y verrai tel que vous étiez à ce dernier jour, sous la main de Dieu, lorsque la gloire sembla commencer à vous apparaître. C'est là que je vous verrai plus triomphant qu'à Fribourg et à Rocroi; et, ravi d'un si beau triomphe, je dirai en actions de grâces ces belles paroles du bien-aimé disciple ! « La véritable victoire, celle qui met sous nos pieds le monde entier, c'est notre foi. »

Jouissez, prince, de cette victoire ; jouissez-en éternellement par l'immortelle vertu de ce sacrifice. Agréez ces derniers efforts d'une voix qui vous fut connue, vous mettrez fin à tous ces discours. Au lieu de déplorer la mort des autres, grand prince, dorénavant je veux apprendre de vous à rendre la mienne sainte ! heureux si, averti par ces cheveux blancs du compte que je dois rendre de mon administration, je réserve au troupeau que je dois nourrir de la parole de vie, les restes d'une voix qui tombe et d'une ardeur qui s'éteint.

Bossuet.

Péroraison

DE L'ÉLOGE DE MARC-AURÈLE.

Quand le dernier terme approcha, il ne fut point étonné. Je me sentais élevé par ses discours. Romains, le grand homme mourant a je ne sais quoi d'imposant et d'auguste. Il semble qu'à mesure qu'il se détache de la terre, il prend quelque chose de cette nature divine et inconnue qu'il va rejoindre. Je ne touchais ses mains défaillantes qu'avec respect; et le lit funèbre où il attendait la mort me semblait une espèce de sanctuaire.

Cependant l'armée était consternée, le soldat gémissait sous ses tentes; la nature elle-même semblait en deuil; le ciel de la Germanie était plus obscur; des tempêtes agitaient la cime des forêts qui environnaient le camp : et ces objets lugubres semblaient ajouter encore à notre désolation.

Il voulut quelque temps être seul, soit pour repasser sa vie en présence de l'Être-Suprême, soit pour méditer encore une fois avant que de mourir. Enfin, il nous fit appeler. Tous les amis de ce grand homme et les principaux de l'armée vinrent se ranger autour de lui; il était pâle, les yeux presque éteints, et les lèvres à demi glacées. Cependant nous remarquâmes tous une tendre inquiétude sur son visage. Prince, il parut se ranimer un moment pour toi. Sa main mourante te présenta à tous ces vieillards qui avaient servi sous lui. Il leur recommanda ta jeunesse. « Servez-lui de père, leur dit-il, ah! servez-lui de père! » Alors il te donna des conseils tels que Marc-Aurèle mourant devait les donner; et bientôt après, Rome et l'univers le perdirent.

A ces mots, tout le peuple romain demeura morne et immobile. Apollonius se tut, ses larmes coulèrent. Il se laissa tomber sur le corps de Marc-Aurèle, il le serra longtemps entre ses bras; et se relevant tout à coup : « Mais toi qui vas succéder à ce grand homme, ô fils de Marc-Aurèle! ô mon fils, permets ce nom à un vieillard qui t'a vu naître, et qui t'a tenu enfant dans ses bras, songe au fardeau que t'ont imposé les Dieux ; songe au devoir de celui qui commande, aux droits de ceux qui obéissent. Destiné à régner, il faut que tu sois ou le plus juste ou le plus coupable des hommes. Le fils de Marc-Aurèle aurait-il à choisir ? »

« On te dira bientôt que tu es tout-puissant ; on te trompera : les bornes de ton autorité sont dans la loi. On te dira encore que tu es grand, que tu es adoré de tes peuples. Écoute : quand Néron eut empoisonné son frère, on lui dit qu'il avait sauvé Rome ; quand il eut fait égorger sa femme, on loua devant lui sa justice ; quand il eut assassiné sa mère, on baisa sa main parricide, et l'on courut aux temples remercier les Dieux. Ne te laisse pas éblouir par des respects. Si tu n'as des vertus, on te rendra des hommages, et l'on te haïra. Crois-moi, on n'abuse point les peuples. La justice outragée veille dans les cœurs. Maître du monde, tu peux m'ordonner de mourir, mais non de t'estimer. O fils de Marc-Aurèle ! pardonne : je te parle au nom des Dieux, au nom de l'univers qui t'est confié ; je te parle pour le bonheur des hommes et pour le tien. Non, tu ne seras point insensible à une gloire si pure. Je touche au terme de ma vie ; bientôt j'irai rejoindre ton père. Si tu dois être juste, puissé-je vivre encore assez pour contempler tes vertus ! Si tu devais un jour........ »

Tout-à-coup Commode, qui était en habit de guerrier, agita sa lance d'une manière terrible. Tous les Romains pâlirent. Apollonius fut frappé des malheurs qui menaçaient Rome. Il ne put achever. Ce vénérable vieillard se voila le visage. La pompe funèbre, qui avait été suspendue, reprit sa marche. Le peuple suivit, consterné et dans un profond silence : il venait d'apprendre que Marc-Aurèle était tout entier dans le tombeau.

Thomas.

Le maréchal de Biron à ses juges.

Je vous ai rétablis, Messieurs, sur les fleurs de lis d'où les saturnales de la Ligue vous avaient chassés. Ce corps, qui dépend de vous aujourd'hui, n'a veine qui n'ait saigné pour vous. Cette main, qui a écrit ces lettres produites contre moi, a fait tout le contraire de ce qu'elle écrivait........

Il est vrai, j'ai écrit, j'ai pensé, j'ai dit, j'ai parlé plus que je ne devais faire. Mais où est la loi qui punit de mort la légèreté de la langue et le mouvement de la pensée? Ne pouvais-je pas desservir le Roi en Angleterre et en Suisse? Cependant j'ai été irréprochable dans ces deux ambassades; et, si vous considérez avec quel cortége je suis venu, dans quel état j'ai laissé les places de Bourgogne, vous reconnaîtrez la confiance d'un homme qui compte sur la parole de son Roi, et la fidélité d'un sujet, bien éloigné de se rendre Souverain dans son gouvernement......

J'ai voulu mal faire; mais ma volonté n'a point passé les bornes d'une première pensée, enveloppée dans les nuages de la colère et du dépit; et ce serait chose bien dure, que l'on commençât par moi à punir les pensées. La Reine d'Angleterre m'a dit que, si le Comte d'Essex eût demandé pardon, il l'aurait obtenu ; je le demande aujourd'hui : le Comte d'Essex était coupable, et moi je suis innocent.

Est-il possible que le Roi ait oublié mes services ? Ne se souvient-il plus du siège d'Amiens, où il m'a vu tant de fois, couvert de feu et de plomb, courir tant de hasards, pour donner ou pour recevoir la mort ? Le cruel ! il ne m'a jamais aimé que tant qu'il a cru que je lui étais nécessaire. Il éteint le flambeau en mon sang, après qu'il s'en est servi. Mon père a souffert la mort pour lui mettre la couronne sur la tête, j'ai reçu quarante blessures pour le maintenir, et, pour récompense, il m'abat la tête des épaules. C'est à vous, Messieurs, d'empêcher une injustice qui déshonorerait son règne, et de lui conserver un serviteur, à l'État un bon guerrier, et au Roi d'Espagne un grand ennemi.

Mézeray.

Le maréchal de Biron (1) à Henri IV.

Quoi ! Sire, on vous conseille de monter sur mer, comme s'il n'y avait pas d'autre moyen de conserver votre royaume que de le quitter ! Si vous n'étiez pas en France, il faudrait percer au travers de tous les hasards et de tous les obstacles pour y venir ; et maintenant que vous y êtes, on voudrait que vous en sortissiez, et vos amis seraient d'avis que vous fissiez de votre bon gré ce que les plus grands efforts de vos

---

(1) Père du précédent.

ennemis ne sauraient vous contraindre de faire. En l'état où vous êtes, sortir seulement de la France pour vingt-quatre heures, c'est s'en bannir pour jamais.

Le péril, au reste, n'est pas si grand qu'on vous le dépeint : ceux qui nous pensent envelopper sont, ou ceux mêmes que nous avons tenus enfermés si lâchement à Paris, ou gens qui ne valent pas mieux, et qui auront plus d'affaires entre eux-mêmes que contre nous. Enfin, Sire, nous sommes en France, il nous y faut enterrer : il s'agit d'un royaume, il faut l'emporter ou y perdre la vie ; et quand même il n'y aurait point d'autre sûreté pour votre personne sacrée que la fuite, je sais bien que vous aimeriez mieux mille fois mourir de pied ferme, que de vous sauver par ce moyen. Votre Majesté ne souffrirait jamais qu'on dise qu'un cadet de la maison de Lorraine lui aurait fait perdre terre, encore moins qu'on la vît mendier à la porte d'un prince étranger.

Non, Sire, il n'y a ni couronne ni honneur pour vous au-delà de la mer. Si vous allez au-devant du secours de l'Angleterre, il reculera ; si vous vous présentez au port de la Rochelle en homme qui se sauve, vous n'y trouverez que des reproches et du mépris. Je ne puis croire que vous deviez plutôt fier votre personne à l'inconstance des flots et à la merci de l'étranger, qu'à tant de braves gentilshommes et de vieux soldats qui sont prêts à lui servir de rempart et de bouclier ; et je suis trop serviteur de Votre Majesté, pour lui dissimuler que, si elle cherchait sa sûreté ailleurs que dans leur vertu, ils seraient obligés de chercher la leur dans un autre parti que dans le sien.

Le Même.

Jacques Molay à ses juges.

N'attendez pas, Messieurs, que, gentilhomme et chevalier, j'aille noircir, par une atroce calomnie, la réputation de tant de gens de bien, à qui j'ai si souvent vu faire des actions d'honneur. Ils ne sont coupables ni de lâcheté ni de trahison ; et, si vous en voyez ici deux qui perdent leur honneur et leur âme, pour sauver une misérable vie, vous en avez vu mille périr constamment dans les gênes, et confirmer par leur mort l'innocence de leur vie. Je vous demande donc pardon, victimes illustres et généreuses, si, par une lâche complaisance, je vous ai faussement accusées de quelques crimes devant le roi à Poitiers ; j'ai été un calomniateur, tout ce que j'ai dit est faux et controuvé : j'ai été un sacrilége moi-même et un impie, de proférer de si exécrables mensonges contre un Ordre si saint, si pieux et si catholique. Je le reconnais pour tel, et innocent de tous les crimes dont la malice des hommes a osé le charger ; et parce que je ne saurais jamais assez réparer de parole le crime que j'ai commis en le calomniant, il est juste que je meure ; et je m'offre de bon cœur à tous les tourments qu'on me voudra faire souffrir. Sus donc, inventez-en de nouveaux pour moi, qui suis le seul coupable : achevez sur ce misérable corps, achevez les cruautés que vous avez exercées sur tant d'innocents. Allumez vos bûchers, faites-y conduire le dernier des Templiers, et rassasiez enfin votre cupidité des richesses qui font tout leur crime, et qui ne sont que le prix glorieux de leurs travaux pour la protection de la foi et la défense des saints lieux.

Le Même.

La Récluse

AUX ARCHERS QUI VEULENT LUI ENLEVER SA FILLE.

Messeigneurs! Messieurs les sergents, un mot! c'est une chose qu'il faut que je vous dise! c'est ma fille, voyez-vous? ma chère petite fille que j'avais perdue! Écoutez. C'est une histoire. Figurez-vous que je connais très-bien Messieurs les Sergents. Ils ont toujours été bons pour moi dans le temps que les petits garçons me jetaient des pierres, parce que j'étais folle. Voyez-vous? vous me laisserez mon enfant, quand vous saurez! Je suis une pauvre fille; ce sont les bohémiennes qui me l'ont volée. Même que j'ai gardé son soulier quinze ans. Tenez, le voilà. Elle avait ce pied là. A Reims! la Chantefleurie! rue Folle-Peine! Vous avez connu cela peut-être. C'était moi. Dans votre jeunesse, alors, c'était un beau temps, on passait de bons quarts d'heure. Vous aurez pitié de moi, n'est-ce pas, Messeigneurs? Les égyptiennes me l'ont volée; elles me l'ont cachée quinze ans. Je la croyais morte. Figurez-vous, mes bons amis, que je la croyais morte. J'ai passé quinze ans ici, dans cette cave, sans feu l'hiver. C'est dur, cela. Le pauvre cher petit soulier! J'ai tant crié que le bon Dieu m'a entendue. Cette nuit, il m'a rendue ma fille. C'est un miracle du bon Dieu. Elle n'était pas morte. Vous ne me la prendrez pas, j'en suis sûre. Encore, si c'était moi, je ne dirais pas, mais elle, une enfant de seize ans! Laissez-lui le temps de voir le soleil! Qu'est-ce qu'elle vous a fait? rien du tout; moi non plus. Si vous saviez que je n'ai qu'elle, que je suis vieille, que c'est une bénédiction que la sainte Vierge m'envoie. Et puis, vous êtes si bons tous! Vous ne saviez pas que c'était ma fille; à présent vous le savez. Oh! je l'aime! Monsieur le grand prévôt, j'aimerais mieux un trou à mes entrailles qu'une égratignure à son doigt? C'est vous qui avez l'air d'un bon seigneur! Ce que je vous dis là vous explique la chose, n'est-il pas vrai? Oh! si vous avez eu une mère, monseigneur! vous êtes le capitaine, laissez-moi mon enfant! considérez que je vous prie à genoux, comme on prie Jésus-Christ! Je ne demande rien à personne; je suis de Reims, Messeigneurs; j'ai un petit champ de mon oncle Mahiet Pradon. Je ne suis pas une mendiante. Je ne veux rien, mais je veux mon enfant! Oh! je veux garder mon enfant! Le bon Dieu, qui est le maître, ne me l'a pas rendue pour rien! Le roi! vous dites le roi! Cela ne lui fera déjà pas beaucoup de plaisir qu'on tue ma petite fille! Et puis le roi est bon! c'est ma fille! c'est ma fille à moi! elle n'est pas au roi! elle n'est pas à vous! Je veux m'en aller! nous voulons nous en aller! enfin, deux femmes qui passent, dont l'une est la mère et l'autre la fille, on les laisse passer! Laissez-nous passer! nous sommes de Reims. Oh! vous êtes bien bons, Messieurs les sergents; je vous aime tous, vous ne me prendrez pas ma chère petite, c'est impossible!

N'est-ce pas, que c'est tout-à-fait impossible? Mon enfant! mon enfant!

Victor Hugo. (*Notre-Dame de Paris.*)

Renault aux principaux conjurés.

Il commença par une narration simple et étendue de l'état présent des affaires, des forces de la république et des leurs, de la disposition de la ville et de la flotte, des préparatifs de don Pèdre et du duc d'Ossone, des armes et des provisions de guerre qui étaient chez l'ambassadeur d'Espagne, des intelligences qu'il avait dans le Sénat et parmi les nobles, enfin, de la connaissance exacte qu'on avait prise de tout ce qu'il pouvait être nécessaire de savoir. Après s'être attiré l'approbation de ses auditeurs, par le récit de ces choses dont ils savaient la vérité comme lui, et qui étaient presque toutes les effets de leurs soins aussi bien que des siens :

« Voilà, mes compagnons, continua-t-il, quels sont les moyens destinés pour vous conduire à la gloire que vous cherchez. Chacun de vous peut juger s'ils sont suffisants et assurés. Nous avons des voies infaillibles pour introduire dix mille hommes de guerre dans une ville qui n'en a pas deux cents à nous opposer, dont le pillage joindra avec nous tous les étrangers que la curiosité ou le commerce y a attirés, et dont le peuple même nous aidera à dépouiller les grands, qui l'ont dépouillé tant de fois, aussitôt qu'il verra sûreté à le faire. Les meilleurs vaisseaux de la flotte sont à nous, et les autres portent dès à présent avec eux ce qui doit les réduire en cendres. L'arsenal, la merveille de l'Europe et la terreur de l'Asie, est presque déjà en notre pouvoir. Les neuf vaillants hommes qui sont ici présents, qui sont en état de s'en emparer depuis près de six mois, ont si bien pris leurs mesures pendant ce retardement, qu'ils ne croient rien hasarder en répondant sur leur tête de s'en rendre maîtres. Quand nous n'aurions ni les troupes du Lazaret, ni celles de Terre-Ferme, ni la petite flotte de Haillot pour nous soutenir, ni les cinq cents hommes de don Pèdre, ni les vingt vaisseaux vénitiens de notre camarade, ni les grands navires du duc d'Ossone, ni l'armée espagnole de Lombardie, nous serions assez forts avec les intelligences et les mille soldats que nous avons. Néanmoins, tous ces différents secours que je viens de nommer sont disposés de telle sorte, que chacun d'eux pourrait manquer sans porter le moindre préjudice aux autres : ils peuvent bien s'entre aider, mais ils ne sauraient s'entre nuire : il est presque impossible qu'ils ne réussissent pas tous, et un seul nous suffit.

« Que si, après avoir pris toutes les précautions que la prudence humaine peut suggérer, on peut juger du succès que la fortune nous destine, quelle marque peut-on avoir de sa faveur qui ne soit au-dessous de celles que nous avons ? Oui, mes amis, elles tiennent manifestement du prodige. Il est inouï, dans toutes les histoires, qu'une entreprise de cette nature ait été découverte en partie, sans être entièrement ruinée ; et la nôtre a essuyé cinq accidents dont le moindre, selon toutes les apparences humaines, devait la renverser. Qui n'eût cru que la perte de Spinosa, qui tramait la même chose que nous, serait l'occasion de la nôtre? que le licenciement des troupes de Liévestein, qui nous étaient toutes dévouées, divulguerait ce que nous tenions caché? que la dispersion de la petite flotte romprait toutes nos mesures, et serait une source féconde de nouveaux inconvénients? que la découverte de Crême, que celle de Maran attireraient nécessairement après elles la découverte de tout le parti?

« Cependant toutes ces choses n'ont point eu de suite; on n'en a point suivi la trace, qui aurait mené jusqu'à nous : on n'a point profité des lumières qu'elles donnaient. Jamais repos si profond ne précéda un trouble si grand. Le sénat, nous en sommes fidèlement instruits, le sénat est dans une sécurité parfaite. Notre bonne destinée a aveuglé les plus clairvoyants de tous les hommes, rassuré les plus timides, endormi les plus soupçonneux, confondu les plus subtils. Nous vivons encore, mes chers amis ; nous sommes plus puissants que nous n'étions avant tous ces désastres; ils n'ont servi qu'à éprouver notre constance. Nous vivons, et notre vie sera bientôt mortelle aux tyrans de ces lieux. Un bonheur si extraordinaire, si obstiné, peut-il être naturel? Et n'avons-nous pas sujet de présumer qu'il est l'ouvrage de quelque puissance au-dessus des choses humaines?

« Et en vérité, mes compagnons, qu'est-ce qu'il y a sur la terre qui soit digne de la protection du ciel, si ce que nous faisons ne l'est pas? Nous détruisons le plus horrible de tous les gouvernements; nous rendons le bien à tous les pauvres sujets de cet État, à qui l'avarice des nobles le ravirait éternellement sans nous ; nous sauvons l'honneur de toutes les femmes qui naîtraient quelque jour sous leur domination avec assez d'agrément pour leur plaire ; nous rappelons à la vie un nombre infini de malheureux que leur cruauté est en possession de sacrifier à leurs moindres ressentiments pour les sujets les plus légers ; en un mot, nous punissons les plus punissables de tous les hommes, également noircis des vices que la nature abhorre, et de ceux qu'elle ne souffre qu'avec pudeur.

« Ne craignons donc point de prendre l'épée d'une main et le flambeau de l'autre, pour exterminer ces misérables ; et, quand nous verrons ces palais où l'impiété est sur le trône, brûlants d'un feu, plutôt feu du ciel que le nôtre ; ces tribunaux, souillés tant de fois des larmes et de la substance des innocents, consumés par les flammes dévorantes ; le soldat furieux, retirant ses mains fumantes du sang des méchants ; la mort errante de toutes parts, et tout ce que la nuit et la licence militaire pourront produire de spectacles plus affreux, souvenons-nous alors, mes chers amis, qu'il n'y a rien de pur parmi les hommes ; que les plus louables actions sont sujettes aux plus grands inconvénients ; et qu'enfin, au lieu des diverses fureurs qui désolaient cette malheureuse terre, les désordres de la nuit prochaine sont les seuls moyens d'y faire régner à jamais la paix, l'innocence et la liberté. »

SAINT-RÉAL. (*Conjuration contre Venise.*)

L'Ombre de Fabricius aux Romains.

O Fabricius ! qu'eût pensé votre grande âme, si, pour votre malheur, rappelé à la vie, vous eussiez vu la face pompeuse de cette Rome sauvée par votre bras, et que votre nom respectable avait plus illustrée que toutes ses conquêtes? « Dieux! eussiez-vous dit, que sont devenus ces toits de chaume et ces foyers rustiques qu'habitaient jadis la modération et la vertu? Quelle splendeur funeste a succédé à la simplicité romaine! quel est ce langage étranger? quelles sont ces mœurs efféminées? que signifient ces statues, ces tableaux, ces édifices? Insensés! qu'avez-vous fait? vous, les maîtres des nations, vous vous êtes rendus les esclaves des hommes frivoles que vous avez vaincus : ce sont des rhéteurs qui vous gouvernent ; c'est pour enrichir des architectes, des peintres, des statuaires et des histrions que vous avez arrosé de votre sang la Grèce et l'Asie. Les dépouilles de Carthage sont la proie d'un joueur de flûte.

« Romains, hâtez-vous de renverser ces amphithéâtres, brisez ces marbres, brûlez ces tableaux, chassez ces esclaves qui vous subjuguent, et dont les funestes arts vous corrompent. Que d'autres mains s'illustrent par de vains talents : le seul talent digne de Rome est celui de conquérir le monde et d'y faire régner la vertu. Quand Cynéas prit notre sénat pour une assemblée de rois, il ne fut ébloui ni par une pompe vaine, ni par une élégance recherchée; il n'y entendit point cette éloquence frivole, l'étude et le charme des hommes futiles. Que vit donc Cynéas de majestueux? ô citoyens! il vit un spectacle que ne donneront jamais ni vos richesses ni tous vos arts, le plus beau spectacle qui ait jamais paru sous le ciel, l'assemblée de deux cents hommes vertueux, dignes de commander à Rome et de gouverner la terre.

J.-J. Rousseau.

Éloge de Cuvier.

La mort nous ravit un homme puissant par la pensée, puissant par la parole, un homme dont le génie avait rendu tributaires toutes les nations éclairées du globe. L'illustre Cuvier n'est plus; la France, l'Europe, déplorent avec nous la perte immense que vient de faire le monde savant.

Elle est éteinte cette sublime intelligence qui semble franchir les bornes de la nature pour lui dérober ses plus intimes secrets. Elle est glacée pour jamais cette voix éloquente qui retentit encore à notre oreille. A pareil jour, nous assistions à ses doctes leçons; au pied de cette tribune, où se pressait la foule de ses élèves et de ses admirateurs, nous l'entendions converser avec les siècles passés, et, remontant avec lui jusqu'au berceau de la science, nous la précédions dans sa marche, nous la devancions dans ses progrès. A pareil jour, la semaine dernière, il nous assemblait autour de sa chaire ; où nous rassemble-t-il aujourd'hui ? autour de sa tombe.

Ce n'est pas à nous qu'il appartient d'assigner à Cuvier le rang qu'il doit occuper parmi ce petit nombre d'hommes de génie dont les travaux scientifiques ont agrandi le domaine de l'esprit humain : contentons-nous de dire que cet émule des Fontenelle, des d'Alembert, des Buffon, fut à la fois un savant du premier ordre, un littérateur distingué : c'est à ce dernier titre que l'Académie française s'honora de le compter parmi ses membres, et qu'elle exprime en ce moment, par ma voix, les profonds regrets qu'elle éprouve en voyant disparaître la plus éclatante lumière du siècle. Aussi remarquable par la multiplicité de ses connaissances que par leur étendue, cette haute intelligence n'avait pu rester étrangère à la science de l'homme d'état : M. Cuvier fut appelé successivement aux fonctions les plus importantes du gouvernement ; dans toutes, il porta cette force de conception, cette profondeur de vues, ces recherches lumineuses qui lui avaient révélé quelques-uns des mystères de la nature ; mais quels que soient les services qu'il ait pu rendre à l'état dans la carrière politique qu'il a parcourue, c'est le réformateur de la zoologie, c'est le fondateur du Cabinet d'Anatomie comparée, c'est l'auteur d'une création nouvelle, qui exhuma, qui ressuscita des classes d'animaux disparus de la terre; c'est l'homme de la science, en un mot, qu'attend la postérité.

Celui dont les travaux avaient immortalisé l'existence vit arriver la mort avec une courageuse résignation. « Je suis anatomiste, disait-il aux doctes

« amis qui lui prodiguaient leurs soins : la paralysie
« a gagné la moelle épinière; vous n'y pouvez plus
« rien, et moi je n'ai plus qu'à mourir. »

Hier, M. Cuvier était baron, pair de France, conseiller d'état, membre du Conseil de l'Instruction publique, grand-officier de la Légion-d'Honneur, secrétaire perpétuel de l'Académie des sciences, membre de l'Académie française, de l'Académie des inscriptions et belles-lettres, et de presque toutes les sociétés savantes et littéraires du monde.

Aujourd'hui, Georges Cuvier perd tous ces titres pompeux, mais il reste en possession de cette vie intellectuelle qui n'a point de terme dans l'avenir, et son nom seul inscrit sur sa tombe proclame son immortalité.

De Jouy.

Exhortation

A L'ÉTUDE DES SCIENCES NATURELLES.

Comment ne conserveriez-vous pas à jamais votre ardeur pour les sciences naturelles ? Quelque destinée qui vous attende, dans quelque contrée du globe que vos jours doivent couler, la nature vous environnera sans cesse de ses productions, de ses phénomènes, de ses merveilles. Dans les vastes plaines et au milieu des bois touffus, sur le haut des monts et dans le fond de la vallée solitaire, vers le bord des ruisseaux paisibles et sur l'immense surface de l'Océan agité, vous serez sans cesse entourés des objets de votre étude.

Elle vous suivra partout, cette collection que la nature déploie avec tant de magnificence devant les yeux dignes de la contempler, et qui est si supérieure à toutes celles que le temps, l'art et la puissance réunissent dans les temples consacrés à l'instruction. Et quel est le point de la terre où la science aux progrès de laquelle nous nous sommes voués ne nous montre pas un nouvel être à décrire, une nouvelle propriété à reconnaître, un nouveau phénomène à dévoiler? Quel est le climat où, transportant, multipliant, perfectionnant les espèces ou les races, et donnant à l'agriculture des secours plus puissants, au commerce des productions plus nombreuses, ou plus belles, aux nations populeuses des moyens de subsistance plus agréables, plus salubres, plus abondants, vous ne puissiez bien mériter de vos semblables?

Ah! ne renoncez jamais à la source la plus pure du bonheur qui peut être réservé à l'espèce humaine. Tout ce que la philosophie a dit de l'étude en général, combien nous devons nous le dire, avec plus de raison, de cette passion constante et douce qui s'anime par le temps, échauffe sans consumer, entraîne avec tant de charme; imprime à l'âme des mouvements si vifs et cependant si tumultueux, s'empare de l'existence tout entière, l'arrache au trouble, à l'inquiétude, aux regrets, l'attache avec tant de force à la conquête de la vérité, a pour premier terme l'observation des actes de la faculté créatrice, pour dernier but le perfectionnement, pour jouissance une paix intérieure, un contentement secret et inexprimable, et pour récompense l'estime de son siècle et de la postérité ! Comme elle embellit tous les objets avec lesquels elle s'allie ! A quel âge, à quel état, à quelle fortune ne convient-elle pas ? Elle enchante nos jeunes années, elle plaît à l'âge mûr, elle pare la vieillesse de fleurs, dissipant les chagrins, calmant les douleurs, écartant les ennuis, allégeant le fardeau du pouvoir, soulageant du souci des affaires pénibles, faisant oublier jusques à la misère, consolant du malheur d'une trop grande renommée ; quelle adversité ne diminue-t-elle pas ?

Jetez les yeux sur les hommes célèbres dont on nous a transmis les actions les plus secrètes. Quels ont été les plus heureux ? ceux qui se sont livrés à la contemplation de la nature. J'en atteste Aristote, Linné, Buffon, Bonnet, et ce Bernard de Jussieu, dont la tendre sollicitude pour la conservation d'une plante nouvelle peignait si bien la paisible félicité ; et ce naturaliste que nous possédons encore parmi nous, et dont la vieillesse, si justement honorée, jouit, au milieu du calme d'une vie très-prolongée, heureuse et sereine, de la reconnaissance de ses contemporains, et de l'affection de mes savants collègues. J'en atteste même les illustres victimes de leur passion sacrée : Pline, qui meurt au milieu du Vésuve ; tant de célèbres voyageurs qui expirent pour la science sur une terre étrangère ; ces infortunés compagnons de la Pérouse, dont la mer a tout dévoré, excepté leurs droits sur la postérité. Et les sacrifices utiles, le dévoûment généreux, le saint enthousiasme, n'ont-ils pas aussi leur bonheur suprême ?

Non, après la vertu, rien ne peut nous conduire

plus sûrement à la félicité que l'amour des sciences naturelles. Et vous, qui m'écoutez, et qui, jeunes encore, formez notre plus chère espérance; vous, devant qui s'ouvre une carrière que vous pouvez illustrer par tant de travaux : ah! lorsque vous aurez éprouvé cette vérité consolante que le bonheur est dans la vertu qui aime, et dans la science qui éclaire; lorsqu'au milieu de l'éclat de la gloire, ou dans l'obscurité d'une retraite paisible, vous jouirez du charme attaché à l'étude de la nature, et que votre cœur vous retracera vos premières années, vos premiers efforts, vos premiers succès, mêlez quelquefois à ces pensées le souvenir de celui qui alors ne sera plus, mais qui aujourd'hui, et de toutes les facultés de son âme et de son esprit, vous appelle aux plus heureuses destinées.

LACÉPÈDE.

Avantages de la lecture.

AUX JEUNES GENS.

Lisez, et vos âmes se développeront, et une douce lumière les pénètrera. L'âme, en effet, a besoin de culture; et si l'âme se façonne par l'observation, il n'est pas donné à tout le monde de savoir observer, et surtout de se trouver sur un théâtre où les scènes soient variées et nombreuses. Par la lecture, le monde passé nous appartient, le monde présent se multiplie, et l'avenir se révèle. Il est difficile aujourd'hui de créer des idées neuves ; il faut donc savoir s'enrichir des idées des autres. La lecture nous associe aux inspirations diverses du génie ; elle nous fait voir, penser et sentir avec tous ceux qui ont déposé dans les livres le fruit de leurs méditations. Les sensations d'un individu sont bornées ; la lecture nous remplit des mille sensations opposées de mille esprits différents, elle nous montre le monde physique et le monde moral sous toutes les formes que lui ont prêtées des imaginations diversement riches, et ainsi notre âme se multiplie par l'âme de tous les autres. Des germes précieux sont placés en nous par la lecture ; ils croissent lentement, la pensée les réchauffe, puis ils sont devenus immenses ; ces idées, qui n'étaient pas à nous, se sont empreintes d'un air d'originalité ; en passant par notre âme, elles sont devenues les nôtres, et désormais elles auront un cachet et une physionomie qui en déguiseront l'origine. Heureux donc celui qui a le goût de la lecture ! il sera comme celui dont un poète a dit : *Mores multorum vidit et urbes*. Heureux surtout si, en lisant, il a médité ! Ses discours seront riches, ses vues plus élevées ; il sera moraliste, philosophe ; les pensées abonderont dans son esprit, l'expression ne manquera jamais pour les rendre, et elle sera toujours heureuse ; et puis, si l'homme qui a beaucoup lu est doué d'une âme sensible, s'il sait concevoir les sentiments généreux, s'il a reçu une étincelle de ce feu toujours prêt à se réveiller ardent et pur, alors ses impressions seront fortes, ses émotions vives, il se rendra témoignage de son mérite, il aura la conscience de lui-même, et quand l'occasion commandera, sa parole sera prompte comme le sentiment, il saura subjuguer, il ira jusqu'à l'éloquence.

Lisez donc, jeunes élèves, lisez pour vous instruire, lisez pour apprendre à connaître ce qui est noble et beau, lisez pour éveiller en vous de louables penchants : quand une belle action, une grande vertu passeront sous vos yeux, quand l'histoire vous dira le nom de ses héros ; quand l'humanité vous signalera ses bienfaiteurs, vous voudrez être meilleurs, vous voudrez parcourir votre carrière en gens de bien, aimant ce qui est pur, faisant ce qui est utile ; la lecture vous aura inspiré de nobles envies. Et quoi de plus vrai que cette pensée d'une femme célèbre? « L'émulation, l'enthousiasme, tous ces moteurs de l'âme et du génie, ont singulièrement besoin d'être encouragés, et se flétrissent comme une fleur sous un ciel triste et glacé. » Ne vous défiez pas de cette ardeur qui sera dans vous.

Mais quels livres doivent occuper vos jeunes imaginations ? Quels auteurs, quels ouvrages doivent vous servir tour-à-tour de guides, de soutiens, de consolations dans votre vie ?

De grands évènements ont eu naguères une immense influence sur la littérature. Une littérature nouvelle s'élève au milieu de nous, grande, belle, riche, libérale, comme on l'a dit, une littérature féconde en nobles inspirations, toute en harmonie avec notre nouvel état social, nos goûts purgés et refaits, une littérature tant de fois mal comprise, mal définie, mais qui, se débarrassant un jour des vices et des travers inséparables de tout ce qui naît, éclairée par une sage raison, fera aussi de notre époque un siècle d'or, auquel on ne comparera plus celui de Louis XIV, et tout en admirant la littérature de Louis XIV, si belle aussi et si bien adaptée à sa monarchie, la littérature nationale de la France du dix-neuvième siècle brillera d'un vif éclat.

Mais n'allez pas, jeunes élèves, vous laisser séduire par les prestiges de ce genre nouveau; n'allez pas, critiques trop novices, dédaigner le passé, et ressembler aux partisans fanatiques des créations modernes. Ne soyez pas non plus jaloux d'une trop grande liberté dans vos choix, il y a toujours du danger dans l'imprudence; consultez vos parents, vos amis, ceux dont le goût pur et éclairé se fera toujours un plaisir et un devoir de vous être utile, défiez-vous de vous-mêmes et ne prononcez qu'avec réserve les noms d'indépendance et de littérature. Quel que soit, au reste, le genre vers lequel vous portent vos prédilections, je vous dirai : gardez-vous des romans, ils dessèchent l'esprit et le cœur, ils énervent l'imagination, ils détournent des choses utiles, et le plaisir trompeur qu'ils font goûter rend plus triste l'aridité des livres où vous devez puiser encore pendant longtemps les vues et les pensées qui complètent l'éducation en donnant à l'âme tout son développement. Il est bien parmi les romans, je l'avoue, de bons ouvrages à lire; mais ils sont rares, et jusqu'à ce que vous soyez forts d'études sévères, abstenez-vous-en. Mais loin, toujours loin de vous, ces productions de tout genre, heureusement rares, où le vice est érigé en vertu, où plus les hideux excès soit en morale, soit en politique, sont préconisés par des plumes infâmes !

Lisez donc ces ouvrages qui, malgré vingt siècles d'intervalle, savent toujours nous intéresser; ne dédaignez pas les écrivains d'Athènes et de Rome; fermez l'oreille aux sots préjugés que le monde nourrit contre eux; on peut être romantique, pour me servir de la banale expression du jour, et trouver de nombreuses et remarquables beautés dans Démosthènes, Plutarque, Cicéron, Horace, Virgile; lisez ces auteurs qui ont écrit l'histoire, et notre siècle, notre époque même vous en fournira qui sont dignes de toute votre estime; ces auteurs qui ne l'ont pas écrite pour un seul homme, mais pour tous les hommes, qui ont uni leur gloire aux intérêts éternels du genre humain; ayez en horreur ces talents que possèdent si souvent des âmes lâches qui n'ont pas honte de brûler un servile encens sur les autels de la flatterie, méprisez aussi ces âmes timides et vénales qui n'ont connu d'autre guide que l'intérêt et d'autre frein que la crainte; lisez tous ces hommes qui ont écrit avec conscience et talent, vos âmes alors s'animeront, la vertu les fera jouir; vous pleurerez et vos larmes seront douces; vous trouverez les hommes meilleurs après de pareilles lectures, vous leur pardonnerez, s'ils vous ont fait du mal; vous apprendrez à obéir dans la société, pour avoir le droit de commander un jour dans les familles dont vous deviendrez les chefs, vous vous façonnerez à des idées d'ordre et de calme, et pour vos âmes bien nées, il sera facile de sentir qu'il y a de l'honneur à se soumettre aux lois et aux hommes qui en sont les dépositaires, et qu'il n'y a que de l'orgueil à vouloir fronder sans cesse; enfin vous garantirez votre cœur de cette amère sécheresse qui saisit et qui tue les âmes généreuses qui, trop jeunes encore, ont vu avec imprudence le monde de trop près.

Jules Taulier.

Avantages de la famille.

ALLOCUTION PRONONCÉE A UNE DISTRIBUTION DE PRIX.

Jeunes élèves,

C'est aujourd'hui la fête de la bonne conduite et du travail. Je me réjouis d'être au milieu de vous et de présider à cette réunion.

En jetant les yeux sur ces couronnes, jeunes élèves, j'interroge mon cœur : il me répond que la présence de vos maîtres et de vos parents ajoute à leur éclat et fait la douceur de vos triomphes.

Cette solennité n'est donc point une vaine représentation. Il fallait aux familles de tels spectacles. Ils sont pour elles un besoin intime, un bonheur nécessaire. C'est une grande leçon et un touchant hommage.

La famille! que ce mot est éloquent et combien il a de charmes! La famille, c'est notre première et notre plus belle patrie, notre abri, notre asile; par elle tout plaisir s'embellit; en elle tout console, tout protége.

La famille entoure l'enfant qui vient de naître, elle a des joies naïves pour saluer son berceau. Au moment où le jeune homme se choisit une compagne, la famille n'a pas assez de vœux pour deux bonheurs qui n'en font qu'un, elle n'a pas assez de prières, pas assez d'invocations. Quand il plaît à Dieu de rappeler à lui un des pauvres exilés de cette terre, on voit la famille se presser antour des restes mortels que la religion conduit à leur dernière demeure; c'est elle qui prononce le suprême adieu : au revoir, dit-elle.

Et, pendant tout le cours de l'existence, la famille n'a-t-elle pas ses constantes solidarités? Le succès d'un seul réfléchit sur tous. Aujourd'hui encore un nom honoré se transmet comme un glorieux patrimoine; le prestige survit pour convier à une noble imitation. Une faute, sans doute, est personnelle, et cependant elle blesse au cœur toute la famille, elle y répand l'amertume et le deuil.

Dès à présent, jeunes élèves, attachez-vous fortement à la famille. Aimez déjà des traditions pures, veillez sur elles ; puisez dans l'amour de la famille le goût de ce qui est bien, de ce qui est beau; aspirez pour la famille à une louable fierté, et si jamais vous êtes près de faillir, songez à la famille!

La famille nous apparaît, en outre, comme l'abrégé de la société.

On retrouve dans l'autorité domestique l'image du pouvoir social; l'obéissance des enfants est le principe de l'obéissance des citoyens, et l'affection mutuelle des divers membres de la famille devient la source des liens de dévoûment et de bienveillance qui unissent les hommes entre eux.

Soyez donc soumis et respectueux dans la famille, jeunes élèves ; aimez tendrement vos frères; ayez pour vos sœurs, qui sont plus faibles, un attachement plus dévoué, plus délicat encore. On ne se prépare jamais assez tôt aux grands devoirs de la vie.

Je voudrais insister sur ces idées. Votre cœur aiderait vos intelligences novices et vous sauriez bien me comprendre.

Mais je laisse à une voix qui vous est chère le soin de vous entretenir plus longuement. Je conçois d'ailleurs vos légitimes impatiences Vous attendez vos couronnes, et déjà vos mères voudraient vous serrer dans leurs bras. Un instant encore, et, à la vue de si touchants spectacles, ceux à qui la société impose ses nécessités graves, ses exigences sévères, se reporteront par le souvenir vers les temps fortunés qui avaient aussi pour eux des luttes fraternelles et de paisibles victoires. Alors, ils diront avec attendrissement au fond de leur pensée : paix et gloire aux jeunes vainqueurs ! Heureuses leurs mères ! heureuses leurs familles !

Fréd. Taulier.

Le général Bonaparte à l'armée d'Italie.

Soldats, vous vous êtes précipités, comme un torrent, du haut de l'Apennin ; vous avez dispersé, culbuté tout ce qui s'opposait à votre marche.

Le Piémont, délivré de la tyrannie autrichienne, s'est livré à ses sentiments naturels de paix et d'amitié pour la France.

Milan est à vous, et le pavillon républicain flotte dans toute la Lombardie. Les ducs de Parme et de Modène ne doivent leur existence politique qu'à votre générosité.

L'armée qui vous menaçait avec tant d'orgueil, ne trouve plus de barrière qui la rassure contre votre courage. Le Pô, le Tésin, l'Adda, n'ont pu vous arrêter un seul jour ; ces boulevards vantés de l'Italie ont été insuffisants : vous les avez franchis aussi rapidement que l'Apennin.

Tant de succès ont porté la joie dans le sein de la patrie ; vos représentants ont ordonné une fête dédiée à vos victoires, célébrée dans toutes les communes de la république. Là, vos pères, vos mères, vos épouses vos sœurs, se réjouissent de vos succès et se vantent avec orgueil de vous appartenir.

Oui, soldats, vous avez beaucoup fait, mais ne vous reste-t-il rien à faire?... dira-t-on de nous que nous avons su vaincre, mais que nous n'avons pas su profiter de la victoire! La postérité nous reprochera-t-elle d'avoir trouvé Capoue dans la Lombardie? Mais je vous vois déjà courir aux armes ; un lâche repos vous fatigue ; les journées perdues pour la gloire le sont pour votre bonheur... Hé bien! partons : nous avons encore des marches forcées à faire, des ennemis à soumettre, des lauriers à cueillir, des injures à venger. Que ceux qui ont aiguisé les poignards de la guerre civile en France, qui ont lâchement assassiné nos ministres, incendié nos vaisseaux à Toulon, tremblent !..... l'heure de la vengeance a sonné.

Mais que les peuples soient sans inquiétude ; nous sommes amis de tous les peuples, et plus particulièrement des descendants des Brutus, des Scipion et des grands hommes que nous avons pris pour modèles.

Rétablir le capitole, y placer avec honneur les statues des héros qui le rendent célèbre, réveiller le peuple romain engourdi par plusieurs siècles d'esclavage : tel est le fruit de vos victoires; elles feront époque dans la postérité; vous aurez la gloire immortelle de changer la face de la plus belle partie de l'Europe.

Le peuple français, libre, respecté du monde entier, donnera à l'Europe une paix glorieuse qui l'indemnisera des sacrifices de toute espèce qu'il a faits depuis six ans : vous rentrerez alors dans vos foyers et vos concitoyens diront, en vous montrant : *Il était de l'armée d'Italie!*

BONAPARTE.

Napoléon à ses soldats après la bataille d'Austerlitz.

Soldats! je suis content de vous; vous avez à la journée d'Austerlitz justifié tout ce que j'attendais de votre intrépidité; vous avez décoré vos aigles d'une immortelle gloire. Une armée de cent mille hommes, commandée par les empereurs de Russie et d'Autriche, a été, en moins de quatre heures, ou coupée ou dispersée; ce qui a échappé à votre feu s'est noyé dans les lacs.

Quarante drapeaux, les étendards de la garde impériale de Russie, cent vingt pièces de canon, vingt généraux, plus de trente mille prisonniers, sont le résultat de cette journée à jamais célèbre. Cette infanterie, tant vantée et en nombre supérieur, n'a pu résister à votre choc, et désormais vous n'avez plus de rivaux à redouter. Ainsi, en deux mois, cette troisième coalition a été vaincue et dissoute. La paix ne peut être éloignée: mais, comme je l'ai promis avant de passer le Rhin, je ne ferai qu'une paix qui nous donne des garanties, et assure des récompenses à nos alliés.

Soldats! lorsque le peuple français plaça sur ma tête la couronne impériale, je me confiai à vous pour la maintenir toujours dans ce haut état de gloire qui seul pouvait lui donner du prix à mes yeux : mais dans le même moment nos ennemis pensaient à la détruire et à l'avilir; et cette couronne de fer, conquise par le sang de tant de Français, ils voulaient m'obliger à la placer sur la tête de nos plus cruels ennemis: projets téméraires et insensés, que, le jour même de l'anniversaire du couronnement de votre empereur, vous avez anéantis et confondus. Vous leur avez appris qu'il est plus facile de nous braver et de nous menacer que de nous vaincre.

Soldats, lorsque tout ce qui est nécessaire pour assurer le bonheur et la prospérité de notre patrie sera accompli, je vous ramènerai en France. Là, vous serez l'objet de mes tendres sollicitudes. Mon peuple vous reverra avec joie, et il vous suffira de dire : *j'étais à la bataille d'Austerlitz*, pour que l'on vous réponde : *voilà un brave !*

LE MÊME.

Dernière instruction de Moïse aux enfants d'Israël.

Si, dociles à la voix du Seigneur, vous observez fidèlement les lois que je vous ai dictées de sa part, sa bonté toute puissante vous élèvera au-dessus de tous les peuples de la terre. Il livrera en votre pouvoir les ennemis qui vous bravent; ils tomberont anéantis à votre aspect : un seul chemin les avait guidés vers vous, et ils n'en trouveront point assez pour fuir votre vengeance.

Si vous marchez constamment dans le sentier de la loi divine, le Seigneur fera de vous un peuple saint, un peuple à part : il vous l'a juré et sa parole est stable comme lui. Et les peuples de la terre trembleront devant vous, parce que ce n'est point en vain que vos prières réclameront l'appui du Tout-Puissant.

Il vous comblera de tout ce qui peut faire le bonheur de l'homme sur la terre. Environnés d'une nombreuse famille, vous verrez tout prospérer autour de vous. Le Ciel ouvrira tous ses trésors; il versera les pluies dans les temps favorables, et la terre se couvrira des plus riches moissons. Vous marcherez toujours dans votre liberté et jamais votre tête ne se courbera sous le joug de l'étranger.

Mais si, sourds à la voix de votre Dieu, rebelles à ses lois et parjures à vos serments, vous violez ses commandements, la malédiction du Ciel vous poursuivra, vous atteindra partout, vous frappera dans tout ce que vous avez de plus cher. La famine et le désespoir habiteront les lieux que vous habitez, et la peste désolera d'avance ceux où vous voudrez vous réfugier. Pour vous, le ciel deviendra d'airain, la terre sera de fer ; et la main vengeresse du père que vous aurez offensé vous saisira, pour vous livrer à vos plus cruels ennemis. Un seul chemin vous guidait vers eux, et vous n'en trouverez plus assez pour échapper à leur fureur ; et vos cadavres resteront en proie aux oiseaux du ciel, sans que personne daigne les couvrir seulement de poussière. Le Seigneur vous frappera de l'esprit de vertige, et, dans l'excès de votre fureur, vous irez heurter, comme l'aveugle, les arbres de la voie publique. Vos fils et vos filles seront traînés captifs chez les peuples étrangers ; vos yeux le verront et vous n'aurez ni le courage ni la force de les défendre. Les moissons que vous aurez semées, les fruits que vos mains auront cultivés, deviendront la proie des nations que vous ne connaissez pas même de nom ; et vous serez vous-mêmes, avec votre roi, conduits chez les barbares, qui vous forceront d'adorer leurs dieux, vains simulacres de pierre et de bois.

Ce même Dieu, qui s'était plu à réunir sur vous ses faveurs les plus chères, ses bénédictions les plus précieuses, se fera un plaisir alors de vous punir et de vous effacer du nombre des vivants. Errants et dispersés d'un bout de l'univers à l'autre, vous ne trouverez de paix et de repos nulle part, et le terme de votre course fuira sans cesse loin de vous ; sans cesse votre vie sera suspendue devant vous à un fil léger. La terreur assiégera vos jours et vos nuits ; à peine croirez-vous à votre existence. Enfin, le Seigneur vous ramènera aux lieux mêmes dont sa bonté vous avait tirés : là, vous serez vendus comme de vils troupeaux, et vous ne trouverez pas même d'acheteurs.

Le P. Berruyer.

Mirabeau à ses accusateurs.

C'est une étrange manie, c'est un déplorable aveuglement que celui qui anime ainsi les uns contre les autres des hommes qu'un même but, un sentiment indestructible, devraient, au milieu des débats les plus acharnés, toujours rapprocher, toujours réunir, des hommes qui substituent ainsi l'irascibilité de l'amour-propre au culte de la patrie, et se livrent les uns les autres aux préventions populaires! Et moi aussi, on voulait il y a peu de jours me porter en triomphe, et maintenant on crie dans les rues : *La grande trahison de Mirabeau!* Je n'avais pas besoin de cette leçon pour savoir qu'il y a peu de distance du Capitole à la roche Tarpéienne. Mais l'homme qui combat pour la raison, pour la patrie, ne se tient pas si aisément pour vaincu. Celui qui a la conscience d'avoir bien mérité de son pays et surtout de lui être encore utile; celui que ne rassasie pas une vaine célébrité, et qui dédaigne les succès d'un jour pour la véritable gloire; celui qui veut dire la vérité et qui veut faire le bien public, indépendamment des mobiles mouvements de l'opinion populaire; cet homme porte avec lui la récompense de ses services, le charme de ses peines et le prix de ses dangers. Il ne doit attendre sa moisson, sa destinée, la seule qui l'intéresse, la destinée de son nom, que du temps, ce juge incorruptible qui fait justice à tous. Que ceux qui prophétisaient depuis huit jours mon opinion sans la connaître, qui calomnient en ce moment mon discours, sans l'avoir compris, m'accusent d'encenser des idoles impuissantes au moment où elles sont renversées, ou d'être vil stipendié des hommes que je n'ai cessé de combattre; qu'ils dénoncent comme un ennemi de la révolution, celui qui peut-être n'a pas été inutile, et qui, cette révolution fût-elle étrangère à sa gloire, pourrait, là seulement, trouver sa sûreté; qu'ils livrent aux fureurs du peuple trompé celui qui depuis vingt ans combat toutes les oppressions, et qui parlait aux Français de liberté, de constitution, de résistance, lorsque ces vils calomniateurs suçaient le lait des cours et vivaient de tous les préjugés dominants : que m'importe? Ces coups de bas en haut ne m'arrêteront pas dans ma carrière. Je leur dirai : Répondez, si vous pouvez; calomniez ensuite tant que vous voudrez.

Mirabeau.

L'Éloquence chez les peuples sauvages.

Dans les sauvages, tels que nous les voyons réunis en société, quoique l'exemple, l'opinion, la coutume, aient déjà travaillé à corrompre le naturel, il est facile encore de voir que plus l'homme est près de la nature, plus il a d'ingénuité. On sait quelle est en eux la bonté de la vue et la finesse de l'ouïe ; et si le sens intime auquel répondent ces deux organes n'a pas la même subtilité, au moins doit-il avoir la même netteté de perception et la même justesse. Il est moins exercé dans le sauvage que dans l'homme civilisé, sans doute ; mais aussi est-il moins troublé. L'analyse, l'abstraction, la combinaison des idées, l'art de les composer, de les décomposer, d'en saisir les nuances, d'en apercevoir les rapports ; ce travail de l'esprit, d'où naissent tant de lumières et tant de nuages, n'éclaire pas son entendement, mais aussi ne l'offusque pas. Ses idées sont des images ; sa pensée est le résultat prompt et rapide de ses sensations, mais elle n'en est que plus vive. Sa morale n'est pas sublime, mais aussi n'est-elle point fardée ; et les vertus qui sont à son usage, la bonté, la sincérité, la bonne foi, l'équité, la droiture, l'amitié, la reconnaissance, l'hospitalité, le mépris de la douleur et de la mort, ont à ses yeux toute leur noblesse et toute leur beauté ; il y attache sa gloire, qu'il préfère à la vie ; il a donc en lui-même le sentiment du beau moral ; il l'a de même du beau physique. Le soleil, le torrent, la foudre, la tempête, sont les objets de son étonnement, quelquefois de son culte. La familiarité des grands tableaux de la nature n'épuise pas son admiration ; et lorsqu'il parle de lui-même avec orgueil, c'est toujours à ce qu'il y a de plus naturellement noble qu'il se compare. Toutes nos figures de rhétorique, tous nos mouvements oratoires, il les invente, il les emploie, mais à propos ; et c'est toujours le sentiment qui les lui inspire. Il adresse la parole aux absents, aux morts ; il croit les voir et les entendre; il parle aux choses insensibles, et il croit en être entendu; mais c'est lorsque son âme est fortement émue et son imagination exaltée : c'est le délire de la passion, mais d'une passion véritable et sincère dans ses erreurs. Écoutez-le au moment qu'il a perdu son ami, qu'il pleure son fils ou son père, qu'il vient de recevoir une injure et qu'il en médite la vengeance, ou qu'il rend grâce d'un bienfait, il sent tout ce qu'il doit sentir; il le sent au degré où il doit le sentir; et, autant que sa langue peut le permettre, il le dit comme il doit le dire. Pas un tour qui ne rende le mouvement de sa pensée; pas une épithète ambitieuse ou superflue; pas une hyperbole excessive; pas une fausse métaphore, quoique tout y soit en images; pas un trait de sensibilité qui ne soit juste et pénétrant. Pourquoi cela? parce que la nature est toujours vraie, et que tout ce qui est exagéré, maniéré, forcé, mis hors de sa place, est de l'art.

Dans les harangues des sauvages, qui sont leurs discours préparés, on aperçoit, il est vrai, des formules traditionnelles; mais la manière même en est encore décente et noble; leur laconisme a de la dignité, leurs figures de la justesse, leur éloquence de la franchise et quelquefois de l'élévation. On voit bien qu'ils ont peu d'idées; mais cette pauvreté même a je ne sais quoi d'imposant. On reconnaît ce caractère de simplicité et de noblesse dans la poésie des bardes et de tous les peuples du Nord, pris dans les temps où leur génie, comme leurs mœurs, étaient encore à demi sauvages; et lorsqu'on les a fait parler, il n'a fallu, pour les rendre éloquents à leur manière, que leur prêter fidèlement le langage de la nature. Voyez, dans Tacite, la harangue du Breton Galgacus; dans Quinte-Curce, la harangue du député des Scythes à Alexandre; dans La Fontaine, celle du paysan du Danube au sénat romain.

Comment se pourrait-il en effet que l'homme qui ne parle que pour exprimer ce qu'il sent, dît autre chose que ce qu'il sent, et ne le dît pas comme il convient à son âge, à son caractère, à sa situation? Son langage n'est que l'effusion ou l'explosion de son âme. Pourquoi, dans ses récits, dans ses descriptions, emploierait-il des détails superflus, des circonstances inutiles? Il ne songe à dire que ce qu'il a vu, et dans ce qu'il a vu que ce qui l'a frappé. En un mot, il ne veut pas être spirituel, singulier, merveilleux; il veut être vrai, ou plutôt il l'est sans le vouloir et sans songer à l'être.

MARMONTEL. (*Éléments de littérature.*)

DIALOGUES.

PRÉCEPTES DU GENRE.

L'entretien, la conversation, le *dialogue* est la manière la plus commune, la plus familière de communiquer aux autres ses idées; ce fut même longtemps la seule, car on peut regarder le geste comme un langage animé.

Les premiers écrits durent imiter les conversations, et cette forme de dialogue, si naturelle, et la seule usitée jusque-là entre les hommes pour leurs communications habituelles, dut se présenter dès l'origine aux écrivains qui voulurent instruire ou amuser. Le plus ancien des livres contient des dialogues, et l'esprit saint a plus d'une fois emprunté cette forme pour donner aux hommes des préceptes et des leçons. Les pères de l'église ont très-fréquemment suivi ce modèle et employé cette méthode.

Dans l'antiquité profane, le génie de Platon imprima un tel éclat à ses dialogues, qu'effaçant le souvenir de tous ceux qui l'avaient vraisemblablement précédé, il passe généralement pour le père et l'inventeur de cette forme dramatique et de ce genre d'ouvrages. Platon a sans doute fort illustré cette sorte de compositions philosophiques, morales et littéraires; il leur a donné une brillante vogue, et a fait une foule d'imitateurs, dont quelques uns ont été dignes d'un si excellent modèle; il est la gloire du genre, mais il n'en est pas le père. Quelques écrivains attribuent l'invention de ce genre d'écrits à Zénon, d'Elée, d'autres à Alexamenès, de Téos.

Les Grecs furent en possession de donner des modèles dans presque tous les genres de littérature. Parmi les modèles de dialogues graves et philosophiques, ceux de Platon ont toujours été placés au premier rang. Lucien en offre de non moins excellents pour le dialogue gai, comique, critique, satirique. Parmi les Grecs si spirituels, Lucien est l'écrivain le plus spirituel; il est aussi le plus original. Sa manière a dû souvent appeler l'imitation des écrivains français qui ont donné une forme dramatique et dialoguée à leurs compositions. Son dialogue est une conversation française, sinon pour le fonds et le sujet, du moins pour la forme, pour le ton vif, gai, plaisant des reparties, et le ton rieur, moqueur et caustique des interlocuteurs.

Chez les Latins, Cicéron qui eût pu, non pas imiter Lucien, puisqu'il lui est antérieur de plus d'un siècle et demi, mais créer avant lui des modèles d'un dialogue spirituel et comique, aima mieux imiter Platon. Son style est grave, noble, élevé comme celui de son modèle et comme les sujets qu'il traite, c'est-à-dire les plus hautes questions de la philosophie ou de l'éloquence et de l'art oratoire. On sent que ces formes platoniques conviennent aux dialogues des *Tusculanes*, de *la nature des Dieux*, de *l'Orateur*. Dans d'autres questions qui sont plus du domaine du sentiment, comme dans le dialogue de l'*Amitié* et surtout dans celui de la *Vieillesse*, le style varié et flexible de Cicéron est simple, doux, touchant et toujours plein d'élégance. Un génie d'une toute autre trempe, mais digne toutefois d'être nommé à côté de Cicéron, Tacite, nous a laissé un dialogue dont le sujet se rapproche fort de la matière traitée par le grand orateur romain dans plusieurs compositions du même genre. Il y est aussi question de l'éloquence et des orateurs. Le dialogue de Tacite est un ouvrage charmant; l'auteur y révèle un esprit et même un agrément et une sorte de grâce qui n'entrent guères dans l'idée qu'on se fait de son talent. Son imagination se montre vive et brillante dans cet ouvrage; son goût est exquis, son style riche, nombreux, périodique et extrêmement varié; malheureusement les injures du temps nous ont dérobé une partie de ce dialogue, qui ne nous est parvenu que fort incomplet.

Les bornes de cet article ne nous permettent pas de parler de tous ceux qui ont composé des dialogues chez les anciens, et des imitateurs bien plus nombreux encore qu'ils ont eus dans les langues modernes.

Certainement le dialogue aurait été inventé en France si on ne l'eût connu dès les âges les plus reculés. Le premier ouvrage où la langue française ait été parlée avec une entière correction, une sûreté parfaite et une élégance soutenue, (*Les Provinciales*), tire dans quelques lettres une partie de son agrément de la forme du dialogue. Cette forme y donne plus de vivacité au discours, plus de sel à la plaisanterie, plus de piquant à l'argumentation, plus de véhémence à l'éloquence.

Fénélon revêtit de la forme du dialogue de justes et saines idées sur l'éloquence; il publia même dans cette forme un ouvrage, en tête duquel il plaça quelques réflexions sur ce genre et cette méthode qui en font parfaitement ressortir l'agrément, l'utilité et le mérite. Dans ses *dialogues sur l'éloquence*, admirateur très-vif et très-éclairé de la littérature grecque et des grands écrivains qui l'ont illustrée, il imite Platon et se montre un digne émule de cet admirable modèle. Sa parole est grave comme celle du philosophe grec; son style coule avec autant de facilité et d'élégance dans une langue moins flexible et moins harmonieuse; le sujet qu'il traite n'est pas moins important, et sa pensée moins noble et moins élevée. Dans les *Dialogues des morts*, Fénélon n'est pas un imitateur moins heureux de Lucien. Spirituel comme ce brillant modèle, il a plus de circonspection, de réserve, de sagesse, et quand ces qualités ne lui auraient pas été inspirées par les principes religieux, par la gravité de son état et par les bienséances sociales de son siècle, il les aurait certainement puisées dans la délicatesse de son esprit et la pureté de son goût exquis.

Mais le véritable Lucien français, c'est Fontenelle. Comme l'auteur grec, l'auteur français, étincelle d'esprit, comme son modèle, il est caustique, mordant, railleur, moqueur, sceptique; comme lui et peut-être plus que lui, il est paradoxal; il l'est même trop, et il laisse trop voir qu'il se joue de la vérité et de son lecteur ; il faudrait cependant respecter l'un et l'autre, la vérité surtout.

Le dialogue est un vêtement qui s'adapte à tous les genres, et dont l'esprit humain peut revêtir toutes les productions. L'éducation et l'instruction s'en emparèrent dans le xvii® siècle. On mit en dialogue la grammaire, la logique, la philosophie, la physique, la géographie, l'histoire. La politique eut aussi son tour, et nous valut, sous la plume d'un grand maître, le *Dialogue de Sylla et d'Eucrate,* de Montesquieu.

Voltaire employa le dialogue en prose et en vers ; il y fut sans doute toujours ingénieux, piquant, extrêmement spirituel ; mais malheureusement il l'employa moins à développer des vérités importantes et utiles, qu'à satisfaire les haines, les passions, les préventions.

Telle est l'histoire fort abrégée du dialogue dans les deux célèbres littératures de l'antiquité et dans celle des littératures modernes qui approche le plus de ce modèle.

Nous nous sommes bornés à faire connaître le *dialogue philosophique ou littéraire ;* il y a une autre sorte de dialogue qu'on a appelé *dialogue poétique ou dramatique,* quoique le dialogue philosophique puisse être et ait été souvent écrit en vers, et que le dialogue poétique ait été non moins souvent écrit en prose. C'est donc du fond et du sujet qu'ils tirent leur dénomination, et non de la forme du langage. Le dialogue philosophique a pour objet de développer, de prouver une vérité ; le dialogue poétique a pour objet de représenter une action. Telles sont les tragédies, les comédies; tel est le drame en général. Ces ouvrages se composent d'une suite, d'un enchaînement de scènes qui, à un très-petit nombre d'exceptions près, ne sont que des dialogues. Les églogues forment encore une autre espèce dans le genre; quelquefois aussi elles représentent une action et forment une scène ou une comédie pastorale.

Dans le dialogue philosophique et littéraire, le ton et le style s'élèvent ou s'abaissent suivant la nature des sujets; le langage y est tantôt simple, naïf, léger, badin, plaisant, tantôt grave, noble, éloquent même et sublime, toutes les fois que le sujet et la question le demandent. Il ne faut jamais perdre de vue qu'un dialogue est une conversation, et doit en reproduire les qualités naturelles, la vivacité, l'abandon, la simplicité.

Une des qualités essentielles du dialogue, c'est d'être coupé à propos; hors des situations où le respect, la crainte, la pudeur, retiennent la passion et lui imposent silence, le dialogue est vicieux, dès que la réplique se fait attendre (1).

Œdipe et Antigone.

Après plusieurs jours de marche incertaine, Œdipe et sa pieuse fille parvinrent au pied du Cythéron. Cette

---

(1) *Encyclopédie des gens du monde.*

montagne est traversée par trois routes également fréquentées : l'une conduit aux vignes célèbres de la Phocide, et s'élève, par une pente insensible, jusqu'aux deux cimes du Parnasse, qui fendent les nues; l'autre aboutit à la ville d'Epire, que le vertueux Sisyphe bâtit entre deux mers ; enfin la troisième descend jusque sur les frontières de l'Elide, où elle continue de serpenter le long des rives fraîches et riantes de l'Alphée. Les deux exilés suivent la seconde route, et s'arrêtent au point où elle est coupée par les deux autres. C'est là qu'avait été commis le meurtre de Laïus.

« Ah! malheur à moi, s'écrie à l'instant OEdipe, malheur à moi d'avoir été si longtemps sans m'inquiéter de savoir qui était cet inconnu que j'immolai avec tant de fureur! Hélas! je revenais de Delphes, où j'étais aller consulter l'oracle; je ne voulus pas retourner à Corinthe, que je croyais être ma patrie. Je me dirigeai du côté de Thèbes. Ma fille, le chemin n'est-il pas étroit? ne tourne-t-il pas rapidement? n'y a-t-il pas un précipice à ma droite et un rocher menaçant à ma gauche? un torrent ne roule-t-il pas au fond de l'abîme ses ondes tumultueuses? je l'entends gronder. J'entends aussi la source, qui était alors consacrée aux Muses, et qui maintenant est chère aux Euménides. Ma fille, conduis-moi sous les deux chênes qui prêtent à la naïade une ombre hospitalière. Il me semble les voir : le ciel était tout en feu ce jour-là; les branches des deux chênes pliaient sous l'effort de la tempête; le torrent produisait un bruit tout semblable aux gémissements confus de mille mourants qui exhalent leurs dernières plaintes sur un champ de bataille.

Pourquoi résistai-je à de si funestes présages? Pourquoi vis-je sans terreur le rapide roi des airs, l'aigle, frappé de la foudre, tomber à mes pieds? Pourquoi refusai-je de croire à tous les pressentiments que les dieux faisaient naître dans mon âme? Lumière du soleil, que n'étais-je alors privé de tes bienfaits! que n'étais-je aveugle comme à présent! »

Antigone, tremblante aux discours d'Œdipe, se hâtait de répondre à toutes ses questions. « Oui, mon père, disait-elle, un torrent roule au fond de l'abîme ses ondes tumultueuses; un précipice est à votre droite, un rocher menaçant à votre gauche. Nous voici près des deux chênes : ils protègent de leur ombre une fontaine qui s'écoule en filets d'argent : le chemin tourne avec rapidité, et, au bout de l'horizon, je vois les remparts de Thèbes.

— Tu vois la ville de Cadmus, ô ma fille! je la voyais aussi; et j'étais bien loin de croire que j'allais m'emparer de sa fatale couronne. Hé bien! arrêtons-nous. C'est ici! oui, c'est ici, je le sens! dis-moi, l'ombre de Laïus n'est-elle pas assise sur le rocher?

— Non, répondit Antigone, l'ombre de Laïus n'est point assise sur le rocher.

— Ah! je la vois! reprenait Œdipe, je la vois! grande, terrible! une large blessure : des torrents de sang qui en découlent : ses gardes fuient : il est étendu sur son char : ses mains défaillantes abandonnent les rênes : un son qui se forme en vain dans sa poitrine, et qui ne peut devenir une parole articulée sur ses lèvres mourantes...... Dieux! il a reconnu son fils! visage auguste, pourquoi es-tu sur moi? tes yeux lancent des éclairs. Toutes mes pensées se troublent. Ombre vénérable, si tu n'es pas vengée par toute une vie remplie de trouble, si tu n'es pas vengée par cet excès d'infortune et de misère où je me suis précipité, sois-le du moins par tout ce que je souffre en cet instant. Laisse tomber un regard sur mon Antigone : elle est innocente, et elle implore mon pardon. Mon Antigone, viens dans mon sein; entoure-moi de tes bras, fille chérie, je me mets sous ta protection. Ah! prie pour moi le ciel! prie le grand Jupiter! prie les Muses, consolatrices des hommes! terribles Euménides, laissez-moi! nulle puissance ne vous est donnée sur la vertu douce et modeste; et Antigone m'enveloppe de ses embrassements. Je sens ses larmes qui inondent ma poitrine. Ses lèvres pressent sur mon front mes cheveux blanchis avant le temps. »

Ainsi disait Œdipe. Antigone consolait son père par de douces paroles; mais lorsque enfin il n'a plus que la mort devant lui, son trouble s'apaise; et, d'une voix pleine de tendresse :

Ma fille, dit-il, tu vois en moi une victime destinée au sacrifice. Mon heure suprême est arrivée. Je ne sais comment s'accomplira ce dernier acte de la justice des dieux; mais enfin je vais mourir. Ma fille, coupe sur mon front une boucle de mes cheveux, et tu la placeras sur la tombe de l'infortunée à qui tu dois le jour. Tu feras des libations de lait et de miel sur cette tombe solitaire qui est restée sans honneur. Ah! c'est la première fois qu'une reine, qu'une épouse, qu'une mère a été ainsi déposée sans pompe, et comme à la dérobée, dans le sein de la terre. Ma fille, rien ne pourra t'empêcher de remplir ce pieux devoir : la mort aura tout purifié. »

Après un long silence, il ajouta : « Je vais mourir ! à cet instant solennel, je sens à la fois la puissance de la vie et la puissance de la mort. La vie n'a plus rien à m'apprendre; la mort commence à m'instruire. Clarté du jour, tu ne luis plus à mes yeux, mais une autre clarté luit à mon intelligence. Demeure fortunée, ouvrez-vous pour recevoir celui qui deux fois fut appelé au rang suprême, tant son front était fait pour le bandeau royal! ouvrez-vous pour recevoir l'homme qui connut toutes les misères! Et toi, Antigone, fille courageuse et magnanime, implore de nouveau la clémence des dieux immortels. Et puissent mes derniers sentiments, mes dernières pensées, en se reposant sur toi, te rendre un objet sacré! Mais tu as encore un service à me rendre : pendant que je me purifierai dans la fontaine, va chercher une brebis noire; je l'immolerai aux déités infernales. »

Antigone, plus légère qu'un chevreuil, s'élance dans la vallée, et court demander à un pâtre la victime que désire son père. « A présent, lui dit Œdipe, retire toi. »

Antigone se jette à ses pieds. « O ma fille, lui dit le roi, nous ne pouvons rien contre la volonté des dieux. Hélas! je te laisse sur la terre : je ne puis te confier ni à tes frères barbares, ni à la faible Ismène, ni à Créon, qu'une secrète ambition dévore, ni même à son généreux fils. Tu ne trouveras d'appui qu'en toi-même, dans ton innocence et ta vertu. Antigone, tu iras trouver Thésée. Le héros d'Athènes est désigné par les dieux pour protéger les nobles projets que tu pourras encore former. Il se souviendra de l'hospitalité qui nous unit. Ma fille, rends-toi dans l'illustre cité de Minerve, avec le rameau des suppliants; car il faut toujours se conformer à sa fortune. »

La vierge, baignant de larmes les genoux du roi, n'entend qu'à peine les dernières paroles d'Œdipe; elle ne songe qu'au triste sort de ses frères. Sa propre misère et son délaissement l'occupent bien moins que les malheurs dont ils sont menacés; elle voudrait détourner les funestes effets de la malédiction paternelle : « Mon père, s'écriait-elle, avant que de mourir, pardonnez à mes frères. Les dieux, n'en doutez pas, ferment l'oreille aux vœux de la bonté et de l'amour, lorsque ces vœux n'embrassent pas tous les enfants. Ah! pardonnez à mes frères, pour que le malheur cesse de s'appesantir sur moi-même.

Ma fille, reprend Œdipe, pourquoi parler ainsi? âme sublime d'Antigone, que t'importe le bonheur ou le malheur? n'auras-tu pas toujours la paix de la conscience, les louanges des hommes, et l'amour des dieux? Va, ma fille, je t'ai devinée, tu n'as parlé de toi qu'à cause de mes malheureux fils. Hélas! c'est à eux maintenant que tu vas te consacrer. Un seul sentiment aura donc rempli tes jours! ta vie entière n'aura été qu'une vie de dévoûment et de sacrifices. Non, tant de vertu ne restera pas sans récompense; ma fille, crois-en les paroles d'Œdipe qui va mourir. Adieu. »

Antigone s'éloigne en pleurant. Bientôt elle entend un bruit effroyable. Le jour paraît s'éteindre; seulement quelques éclairs rares, mais prolongés, traversent l'obscurité profonde. Les sommets du Parnasse, les cimes de l'Hélicon semblent jeter des flammes. Le torrent de la vallée rend un gémissement pareil à celui dont Œdipe venait de parler. Tout-à-coup retentit au loin comme le roulement d'un char qui se précipite du haut d'une montagne dans le fond d'un ravin, où il arrive brisé. Antigone se retourne, le cœur serré de mille angoisses, et elle voit, entre les deux chênes embrasés, le malheureux roi de Thèbes, le visage couvert d'un long voile, tenant d'une main le couteau sacré, et de l'autre la patère, pleine du sang de la victime. L'auguste misérable est entouré d'une lumière dont la vierge ne peut soutenir tout l'éclat, et qui s'éteint aussitôt : alors d'épaisses ténèbres lui dérobent la vue de son père ; et, du sein de ces ténèbres mystérieuses, sort ce dernier cri : « Hélas ! hélas ! adieu, ma fille ! » A l'instant même renaît la clarté du jour : Antigone s'approche en tremblant ; mais elle ne trouve que la brebis égorgée : il ne restait plus rien d'Œdipe. Ainsi disparut de la terre le fils de Laïus. Fut-il consumé par la foudre ? fut-il englouti dans un abîme ? fut-il enlevé vivant dans l'Olympe ? Les dieux se sont réservé ce secret.

La généreuse fille d'Œdipe, restée seule, partagée entre l'étonnement et la douleur, chercha trois jours entiers le corps de son père, pour lui rendre les honneurs de la sépulture. Les chênes embrasés brûlaient encore. Elle ne foulait qu'avec terreur ce lieu consacré par le jugement des dieux. A la fin, excédée de fatigue, elle se réfugie dans la modeste demeure d'un vieux pasteur, en attendant qu'elle puisse exécuter les dernières volontés de son père, et se rendre à la cour de Thésée.

BALLANCHE. (*Antigone*, liv. II.)

Le connétable de Bourbon et Bayard.

IL N'EST JAMAIS PERMIS DE PRENDRE LES ARMES CONTRE SA PATRIE.

LE CONNÉTABLE.

N'est-ce point le pauvre Bayard que je vois au pied de cet arbre, étendu sur l'herbe, et percé d'un grand coup? Oui, c'est lui-même. Hélas! je le plains. En voilà deux qui périssent aujourd'hui par nos armes, Vendenesse et lui. Ces deux Français étaient deux ornements de leur nation par leur courage. Je sens que mon cœur est encore touché pour sa patrie. Mais avançons pour lui parler. Ah! mon pauvre Bayard! c'est avec douleur que je te vois en cet état.

BAYARD.

C'est avec douleur que je vous vois aussi.

LE CONNÉTABLE.

Je comprends bien que tu es fâché de te voir dans mes mains par le sort de la guerre : mais je ne veux point te traiter en prisonnier; je te veux garder comme un bon ami, et prendre soin de ta guérison, comme si tu étais mon propre frère. Ainsi tu ne dois point être fâché de me voir.

BAYARD.

Eh! croyez-vous que je ne sois point fâché d'avoir obligation au plus grand ennemi de la France! Ce n'est point de ma captivité ni de ma blessure que je suis en peine. Je meurs dans un moment : la mort va me délivrer de vos mains.

LE CONNÉTABLE.

Non, mon cher Bayard; j'espère que nos soins réussiront pour te guérir.

BAYARD.

Ce n'est point là ce que je cherche, et je suis content de mourir.

LE CONNÉTABLE.

Qu'as-tu donc? Est-ce que tu ne saurais te consoler d'avoir été vaincu et fait prisonnier dans la retraite de Bonnivet? Ce n'est pas ta faute, c'est la sienne : les armes sont journalières. Ta gloire est assez bien établie par tant de belles actions. Les impériaux ne pourront jamais oublier cette vigoureuse défense de Mézières contre eux.

BAYARD.

Pour moi, je ne puis jamais oublier que vous êtes ce grand connétable, ce prince du plus noble sang qu'il y ait dans le monde, et qui travaille à déchirer de ses propres mains sa patrie et le royaume de ses ancêtres !

LE CONNÉTABLE.

Quoi, Bayard, je te loue, et tu me condamnes ! je te plains, et tu m'insultes!

BAYARD.

Si vous me plaignez, je vous plains aussi, et je vous trouve bien plus à plaindre que moi. Je sors de la vie sans tache; je meurs pour mon pays, pour mon roi, estimé des ennemis de la France, et regretté de tous les bons Français. Mon état est digne d'envie.

LE CONNÉTABLE.

Et moi, je suis victorieux d'un ennemi qui m'a outragé; je me venge de lui, je le chasse du Milanais; je fais sentir à toute la France combien elle est malheureuse de m'avoir perdu, en me poussant à bout. Appelles-tu cela être à plaindre?

BAYARD.

Oui, on est toujours à plaindre quand on agit contre son devoir. Il vaut mieux périr en combattant pour la patrie, que la vaincre et triompher d'elle. Ah! quelle horrible gloire que celle de détruire son propre pays!

LE CONNÉTABLE.

Mais ma patrie a été ingrate, après tant de services, que je lui avais rendus. Madame m'a fait traiter indignement par un dépit d'amour. Le roi, par faiblesse pour elle, m'a fait une injustice énorme: on a détaché de moi jusqu'à mes domestiques Matignon et d'Argouges. J'ai été contraint, pour sauver ma vie, de m'enfuir presque seul. Que voulais-tu que je fisse?

BAYARD.

Que vous souffrissiez toutes sortes de maux, plutôt

que de manquer à la France et à la grandeur de votre maison. Si la persécution était trop violente, vous pouviez vous retirer : mais il valait mieux être pauvre, obscur, inutile à tout, que de prendre les armes contre nous. Votre gloire eût été au comble dans la pauvreté et dans le plus misérable exil.

LE CONNÉTABLE.

Mais ne vois-tu pas que la vengeance s'est jointe à l'ambition pour me jeter dans cette extrémité ? J'ai voulu que le roi se repentît de m'avoir traité si mal.

BAYARD.

Il fallait l'en faire repentir par une patience à toute épreuve, qui n'est pas moins la vertu d'un héros que le courage.

LE CONNÉTABLE.

Mais le roi, étant si injuste et si aveuglé par sa mère, méritait-il que j'eusse de si grands égards pour lui ?

BAYARD.

Si le roi ne le méritait pas, la France entière le méritait ; la dignité même de la couronne, dont vous êtes un des héritiers, le méritait. Vous vous deviez à vous-même d'épargner la France, dont vous pouviez être un jour roi.

LE CONNÉTABLE.

Hé bien, j'ai tort, je l'avoue ; mais ne sais-tu pas combien les meilleurs cœurs ont de peine à résister à leur ressentiment.

BAYARD.

Je le sais bien : mais le vrai courage consiste à résister. Si vous connaissez votre faute, hâtez-vous de la réparer. Pour moi, je meurs, et je vous trouve plus à plaindre dans vos prospérités que moi dans mes souffrances. Quand l'Empereur ne vous tromperait pas, quand même il vous donnerait sa sœur en mariage, et qu'il partagerait la France avec vous, il n'effacerait point la tache qui déshonore votre vie. Le connétable de Bourbon rebelle! ah, quelle honte! Écoutez Bayard mourant comme il a vécu, et ne cessant de dire la vérité.

FÉNÉLON.

Argan, Béralde.

ARGAN.

Raisonnons un peu, mon frère, vous ne croyez donc point à la médecine?

BÉRALDE.

Non, mon frère; et je ne vois pas que pour son salut il soit nécessaire d'y croire.

ARGAN.

Quoi! vous ne tenez pas pour véritable une chose établie par tout le monde, et que tous les siècles ont révérée?

BÉRALDE.

Bien loin de la tenir véritable, je la trouve, entre nous, une des plus grandes folies qui soient parmi les hommes; et, à regarder les choses en philosophe, je ne vois point de plus plaisante momerie, je ne vois rien de plus ridicule, qu'un homme qui se veut mêler d'en guérir un autre.

ARGAN.

Pourquoi ne voulez-vous pas, mon frère, qu'un homme en puisse guérir un autre?

BÉRALDE.

Par la raison, mon frère, que les ressorts de notre machine sont des mystères, jusqu'ici, où les hommes ne voient goutte; et que la nature nous a mis au-devant des yeux des voiles trop épais pour y connaître quelque chose.

ARGAN.

Les médecins ne savent donc rien, à votre compte?

BÉRALDE.

Si fait, mon frère. Ils savent la plupart de fort belles humanités, savent parler en beau latin, savent nommer en grec toutes les maladies, les définir et les diviser; mais pour ce qui est de les guérir, c'est ce qu'ils ne savent pas du tout.

ARGAN.

Mais toujours faut-il demeurer d'accord que, sur cette matière, les médecins en savent plus que les autres.

BÉRALDE.

Ils savent, mon frère, ce que je vous ai dit, qui ne guérit pas de grand'chose : et toute l'excellence de leur art consiste en un pompeux galimatias, en un spécieux babil, qui vous donne des mots pour des raisons, et des promesses pour des effets.

ARGAN.

Mais enfin, mon frère, il y a des gens aussi sages et aussi habiles que vous; et nous voyons que, dans la maladie, tout le monde a recours aux médecins.

BÉRALDE.

C'est une marque de la faiblesse humaine, et non pas de la vérité de leur art.

ARGAN.

Mais, il faut bien que les médecins croient leur art véritable, puisqu'ils s'en servent eux-mêmes.

BÉRALDE.

C'est qu'il y en a parmi eux qui sont eux-mêmes dans l'erreur populaire, dont ils profitent, et d'autres qui en profitent sans y être. Votre monsieur Purgon, par exemple, n'y sait point de finesse; c'est un homme tout médecin, depuis la tête jusqu'aux pieds; un homme qui croit à ses règles plus qu'à toutes les démonstrations des mathématiques, et qui croirait du crime à les vouloir examiner; qui ne voit rien d'obscur dans la médecine, rien de douteux, rien de difficile; et qui, avec une impétuosité de prévention, une roideur de confiance, une brutalité de sens commun et de raison, donne au travers des purgations et des saignées, et ne balance aucune chose. Il ne lui faut point vouloir mal de tout ce qu'il pourra vous faire : c'est de la meilleure foi du monde qu'il vous expédiera; et il ne fera, en vous tuant, que ce qu'il a fait à sa femme et à ses enfants, et ce qu'en un besoin il ferait à lui-même.

ARGAN.

C'est que vous avez, mon frère, une dent de lait contre lui. Mais enfin, venons au fait. Que faire donc quand on est malade ?

BÉRALDE.

Rien, mon frère.

ARGAN.

Rien ?

BÉRALDE.

Rien. Il ne faut que demeurer en repos. La nature d'elle-même, quand nous la laissons faire, se tire doucement du désordre où elle est tombée. C'est notre inquiétude, c'est notre impatience qui gâte tout; et presque tous les hommes meurent de leurs remèdes, et non pas de leurs maladies.

ARGAN.

Mais il faut demeurer d'accord, mon frère, qu'on peut aider cette nature par de certaines choses.

BÉRALDE.

Mon Dieu! mon frère, ce sont pures idées dont nous

aimons à nous repaître ; et, de tout temps, il s'est
glissé parmi les hommes de belles imaginations que
nous venons à croire parce qu'elles nous flattent, et
qu'il serait à souhaiter qu'elles fussent véritables.
Lorsqu'un médecin vous parle d'aider, de secourir,
de soulager la nature, de lui ôter ce qui lui nuit et
lui donner ce qui lui manque, de la rétablir, et de la
remettre dans une pleine facilité de ses fonctions ;
lorsqu'il vous parle de rectifier le sang, de tempérer
les entrailles et le cerveau, de dégonfler la rate, de
raccommoder la poitrine, de réparer le foie, de for-
tifier le cœur, de rétablir et conserver la chaleur naturelle, et d'avoir des secrets pour étendre la vie à de
longues années, il vous dit justement le roman de la
médecine. Mais, quand vous en venez à la vérité et à
l'expérience, vous ne trouvez rien de tout cela ; et il
en est comme de ces beaux songes, qui ne vous laissent au réveil que le déplaisir de les avoir crus.

ARGAN.

C'est-à-dire que toute la science du monde est
renfermée dans votre tête ; et vous voulez en savoir
plus que tous les grands médecins de notre siècle.

BÉRALDE.

Dans les discours et dans les choses, ce sont deux
sortes de personnes que vos grands médecins. Entendez-
les parler, les plus habiles gens du monde ; voyez-les
faire, les plus ignorants de tous les hommes.

ARGAN.

Ouais ! vous êtes un grand docteur, à ce que je

vois; et je voudrais bien qu'il y eût ici quelqu'un de ces messieurs, pour rembarrer vos raisonnements et rabaisser votre caquet.

BÉRALDE.

Moi, mon frère, je ne prends point à tâche de combattre la médecine; et chacun, à ses périls et fortune, peut croire tout ce qu'il lui plaît. Ce que j'en dis n'est qu'entre nous; et j'aurais souhaité de pouvoir un peu vous tirer de l'erreur où vous êtes, et, pour vous divertir, vous mener voir, sur ce chapitre, quelqu'une des comédies de Molière.

ARGAN.

C'est un bon impertinent que votre Molière, avec ses comédies! et je le trouve bien plaisant d'aller jouer d'honnêtes gens comme les médecins!

BÉRALDE.

Ce ne sont point les médecins qu'il joue, mais le ridicule de la médecine.

ARGAN.

C'est bien à lui à faire, de se mêler de contrôler la médecine! Voilà un bon nigaud, un bon impertinent, de se moquer des consultations et des ordonnances, de s'attaquer au corps des médecins, et d'aller mettre sur son théâtre des personnes vénérables comme ces messieurs-là!

BÉRALDE.

Que voulez-vous qu'il y mette, que les diverses professions des hommes? On y met bien tous les jours les princes et les rois, qui sont d'aussi bonne maison que les médecins.

ARGAN.

Par la mort ou le diable! si j'étais que des médecins, je me vengerais de son impertinence; et, quand il sera malade, je le laisserais mourir sans secours. Il aurait beau faire et beau dire, je ne lui ordonnerais pas la moindre petite saignée, le moindre petit lavement; et je lui dirais : Crève, crève! cela t'apprendra une autre fois à te jouer de la Faculté.

BÉRALDE.

Vous voilà bien en colère contre lui.

ARGAN.

Oui. C'est un malavisé; et si les médecins sont sages, ils feront ce que je dis.

BÉRALDE.

Il sera encore plus sage que vos médecins, car il ne leur demandera point de secours.

ARGAN.

Tant pis pour lui, s'il n'a point recours aux remèdes.

BÉRALDE.

Il a ses raisons pour ne point en vouloir, et il soutient que cela n'est permis qu'aux gens vigoureux et robustes, et qui ont des forces de reste pour porter les remèdes avec la maladie; mais que, pour lui, il n'a justement de la force que pour porter son mal.

MOLIÈRE. (*Le Malade imaginaire*, acte III.)

Harpagon, Valère, maître Jacques.

HARPAGON.

Valère, aide-moi à ceci. Or çà, maître Jacques, je vous ai gardé pour le dernier.

MAÎTRE JACQUES.

Est-ce à votre cocher, monsieur, ou bien à votre cuisinier, que vous voulez parler? car je suis l'un et l'autre.

HARPAGON.

C'est à tous les deux.

MAÎTRE JACQUES.

Mais à qui des deux le premier.

HARPAGON.

Au cuisinier.

MAÎTRE JACQUES.

Attendez donc, s'il vous plaît.

(Maître Jacques ôte sa casaque de cocher, et paraît vêtu en cuisinier.)

HARPAGON.

Quelle diantre de cérémonie est-ce là?

MAÎTRE JACQUES.

Vous n'avez qu'à parler.

HARPAGON.

Je me suis engagé, maître Jacques, à donner ce soir à souper.

MAÎTRE JACQUES *à part.*

Grande merveille!

HARPAGON.

Dis-moi un peu : nous feras-tu bonne chère ?

MAÎTRE JACQUES.

Oui, si vous me donnez bien de l'argent.

HARPAGON.

Que diable! toujours de l'argent! Il semble qu'ils n'aient autre chose à dire : de l'argent, de l'argent, de l'argent! Ah! ils n'ont que ce mot à la bouche, de l'argent! toujours parler d'argent! Voilà leur épée de chevet, de l'argent.

VALÈRE.

Je n'ai jamais vu de réponse plus impertinente que celle-là. Voilà une belle merveille de faire bonne chère avec bien de l'argent! C'est une chose la plus aisée du monde, et il n'y a si pauvre esprit qui n'en fît bien autant; mais, pour agir en habile homme, il faut parler de faire bonne chère avec peu d'argent.

MAÎTRE JACQUES

Bonne chère avec peu d'argent !

VALÈRE.

Oui.

MAÎTRE JACQUES *à Valère.*

Par ma foi, monsieur l'intendant, vous nous obligerez de nous faire voir ce secret, et de prendre mon office de cuisinier ; aussi bien vous mêlez-vous céans d'être le factotum.

HARPAGON.

Taisez-vous. Qu'est-ce qu'il nous faudra ?

MAÎTRE JACQUES.

Voilà monsieur votre intendant, qui vous fera bonne chère pour peu d'argent.

HARPAGON.

Haye ! je veux que tu me répondes.

MAÎTRE JACQUES.

Combien serez-vous de gens à table ?

HARPAGON.

Nous serons huit ou dix ; mais il ne faut prendre que huit : quand il y a à manger pour huit, il y en a bien pour dix.

VALÈRE.

Cela s'entend.

MAÎTRE JACQUES.

Eh bien ! il faudra quatre grands potages et cinq assiettes..... Potages..... Entrées.

HARPAGON.

Que diable ! voilà pour traiter toute une ville entière.

MAÎTRE JACQUES.

Rôt...

HARPAGON, *mettant la main sur la bouche de maître Jacques.*

Ah! traître, tu manges tout mon bien.

MAÎTRE JACQUES.

Entremets...

HARPAGON, *mettant encore la main sur la bouche de maître Jacques.*

Encore?

VALÈRE *à maître Jacques.*

Est-ce que vous avez envie de faire crever tout le monde? et monsieur a-t-il invité des gens pour les assassiner à force de mangeaille? Allez-vous-en lire un peu les préceptes de la santé, et demander aux médecins s'il y a rien de plus préjudiciable à l'homme que de manger avec excès.

HARPAGON.

Il a raison.

VALÈRE.

Apprenez, maître Jacques, vous et vos pareils, que c'est un coupe-gorge qu'une table remplie de trop de viandes; que, pour se bien montrer ami de ceux que l'on invite, il faut que la frugalité règne dans les repas qu'on donne; et que, suivant le dire d'un ancien, *il faut manger pour vivre, et non pas vivre pour manger.*

HARPAGON.

Ah! que cela est bien dit! Approche, que je t'embrasse pour ce mot. Voilà la plus belle sentence que j'aie entendue de ma vie : *Il faut vivre pour manger, et non pas manger pour vi...* Non, ce n'est pas cela. Comment est-ce que tu dis?

VALÈRE.

Qu'*il faut manger pour vivre, et non pas vivre pour manger.*

HARPAGON *à maître Jacques.*

Oui. Entends-tu? (*A Valère.*) Qui est le grand homme qui a dit cela?

VALÈRE.

Je ne me souviens pas maintenant de son nom.

HARPAGON.

Souviens-toi de m'écrire ces mots : je les veux faire graver en lettres d'or sur la cheminée de ma salle.

VALÈRE.

Je n'y manquerai pas. Et pour votre souper, vous n'avez qu'à me laisser faire; je réglerai tout cela comme il faut.

HARPAGON.

Fais donc.

MAÎTRE JACQUES.

Tant mieux! j'en aurai moins de peine.

HARPAGON *à Valère.*

Il faudra de ces choses dont on ne mange guère, et qui rassasient d'abord : quelque bon haricot bien gras, avec quelque pâté en pot bien garni de marrons.

VALÈRE.

Reposez-vous sur moi.

HARPAGON.

Maintenant, maître Jacques, il faut nettoyer mon carrosse.

MAÎTRE JACQUES.

Attendez : ceci s'adresse au cocher. (*Maître Jacques remet sa casaque.*) Vous dites,..

HARPAGON.

Qu'il faut nettoyer mon carrosse, et tenir mes chevaux tout prêts pour conduire à la foire...

MAÎTRE JACQUES.

Vos chevaux, monsieur. Ma foi! ils ne sont point du tout en état de marcher. Je ne vous dirai point qu'ils sont sur la litière : les pauvres bêtes n'en ont point, et ce serait mal parler; mais vous leur faites observer des jeûnes si austères, que ce ne sont plus rien que des idées ou des fantômes, des façons de chevaux.

HARPAGON.

Les voilà bien malades! Ils ne font rien.

MAÎTRE JACQUES.

Et pour ne faire rien, monsieur, est-ce qu'il ne

faut rien manger? Il leur vaudrait bien mieux, les pauvres animaux, de travailler beaucoup, de manger de même. Cela me fend le cœur de les voir ainsi exténués; car, enfin, j'ai une tendresse pour mes chevaux, qu'il me semble que c'est moi-même, quand je les vois pâtir. Je m'ôte tous les jours pour eux les choses de la bouche; et c'est être, monsieur, d'un naturel trop dur, que de n'avoir nulle pitié de son prochain.

HARPAGON.

Le travail ne sera pas grand, d'aller jusqu'à la foire.

MAÎTRE JACQUES.

Non, je n'ai pas le courage de les mener; et je ferais conscience de leur donner des coups de fouet, en l'état où ils sont. Comment voudriez-vous qu'ils traînassent un carrosse? ils ne peuvent pas se traîner eux-mêmes.

VALÈRE.

Monsieur, j'obligerai le voisin Picard à se charger de les conduire; aussi bien nous fera-t-il ici besoin pour apprêter le souper.

MAÎTRE JACQUES.

Soit. J'aime mieux encore qu'ils meurent sous la main d'un autre que sous la mienne.

VALÈRE.

Maître Jacques fait bien le raisonnable!

MAÎTRE JACQUES.

Monsieur l'intendant fait bien le nécessaire!

HARPAGON.

Paix.

MAÎTRE JACQUES.

Monsieur, je ne saurais souffrir les flatteurs; et je vois que ce qu'il en fait, que ses contrôles perpétuels sur le pain et le vin, le bois, le sel et la chandelle, ne sont rien que pour vous gratter et vous faire sa cour. J'enrage de cela, et je suis fâché tous les jours d'entendre ce qu'on dit de vous : car, enfin, je me sens pour vous de la tendresse, en dépit que j'en aie; et, après mes chevaux, vous êtes la personne que j'aime le plus.

HARPAGON.

Pourrais-je savoir de vous, maître Jacques, ce que l'on dit de moi?

MAÎTRE JACQUES.

Oui, monsieur, si j'étais assuré que cela ne vous fâchât point.

HARPAGON.

Non, en aucune façon.

MAÎTRE JACQUES.

Pardonnez-moi; je sais fort bien que je vous mettrais en colère.

HARPAGON.

Point du tout; au contraire, c'est me faire plaisir, et je suis bien aise d'apprendre comme on parle de moi.

MAÎTRE JACQUES.

Monsieur, puisque vous le voulez, je vous dirai franchement qu'on se moque partout de vous, qu'on nous jette de tous côtés cent brocards à votre sujet, et que l'on n'est point plus ravi que de vous tenir au cul et aux chausses, et de faire sans cesse des contes de votre lésine. L'un dit que vous faites imprimer des almanachs particuliers, où vous faites doubler les quatre-temps et les vigiles, afin de profiter des jeûnes où vous obligez votre monde; l'autre, que vous avez toujours une querelle toute prête à faire à vos valets dans le temps des étrennes ou de leur sortie d'avec vous, pour vous trouver une raison de ne leur donner rien. Celui-là conte qu'une fois vous fîtes assigner le chat d'un de vos voisins, pour vous avoir mangé un reste d'un gigot de mouton ; celui-ci, que l'on vous surprit, une nuit, en venant dérober vous-même l'avoine de vos chevaux ; et que votre cocher, qui était celui d'avant moi, vous donna, dans l'obscurité, je ne sais combien de coups de bâton, dont vous ne voulûtes rien dire. Enfin, voulez-vous que je vous dise? on ne saurait aller nulle part où l'on ne vous entende accommoder de toutes pièces. Vous êtes la fable et la risée de tout le monde; et jamais on ne parle de vous que sous les noms d'avare, de ladre, de vilain et de fesse-mathieu.

HARPAGON, *en battant maître Jacques.*

Vous êtes un sot, un maraud, un coquin et un impudent.

MAÎTRE JACQUES.

Eh bien! ne l'avais-je pas deviné? Vous ne m'avez pas voulu croire. Je vous avais bien dit que je vous fâcherais de vous dire la vérité.

LE MÊME. (*L'Avare*, acte III.)

Gennaro, dona Lucrezia.

DONA LUCREZIA.

Cette terrasse est obscure et déserte; je puis me démasquer ici. Je veux que vous voyez mon visage, Gennaro.

GENNARO.

Vous êtes bien belle!

DONA LUCREZIA.

Regarde-moi bien, Gennaro, et dis-moi que je ne te fais pas horreur!

GENNARO.

Vous me faire horreur, madame! et pourquoi? bien au contraire, je me sens au fond du cœur quelque chose qui m'attire vers vous.

DONA LUCREZIA.

Donc tu crois que tu pourrais m'aimer, Gennaro?

GENNARO.

Pourquoi non? Pourtant, madame, je suis sincère, il y aura toujours une femme que j'aimerai plus que vous.

DONA LUCREZIA.

Qui donc ?

GENNARO.

Ma mère.

DONA LUCREZIA.

Ta mère! ta mère, ô mon Gennaro! tu aimes bien ta mère, n'est-ce pas ?

GENNARO.

Et pourtant je ne l'ai jamais vue. Voilà qui vous paraît bien singulier, n'est-il pas vrai ? Tenez, je ne sais pas pourquoi j'ai une pente à me confier à vous; je vais vous dire un secret que je n'ai encore dit à personne, pas même à mon frère d'armes, pas même à Maffio Orsini. Cela est étrange de se livrer ainsi au premier venu; mais il me semble que vous n'êtes pas pour moi la première venue.—Je suis un capitaine qui ne connaît pas sa famille, j'ai été élevé en Calabre par un pêcheur dont je me croyais le fils. Le jour où j'eus seize ans, ce pêcheur m'apprit qu'il n'était pas mon père. Quelque temps après, un seigneur vint qui m'arma chevalier, et qui repartit sans avoir levé la visière de son morion. Quelque temps après encore, un homme vêtu de noir vint m'apporter une lettre. Je l'ouvris. C'était ma mère qui m'écrivait, ma mère que je ne connaissais pas, ma mère que je rêvais bonne, douce, tendre, belle comme vous! ma mère, que j'adorais de toutes les forces de mon âme! Cette lettre m'apprit, sans me dire aucun nom, que j'étais noble et de grande race, et que ma mère était bien malheureuse. Pauvre mère!

DONA LUCREZIA.

Bon Gennaro!

GENNARO.

Depuis ce jour-là, je me suis fait aventurier, parce qu'étant quelque chose par ma naissance, j'ai voulu être aussi quelque chose par mon épée. J'ai couru toute l'Italie. Mais le premier jour de chaque mois, en quelque lieu que je sois, je vois toujours venir le même messager. Il me remet une lettre de ma mère, prend ma réponse et s'en va; et il ne me dit rien, et je ne lui dis rien, parce qu'il est sourd et muet.

DONA LUCREZIA.

Ainsi tu ne sais rien de ta famille?

GENNARO.

Je sais que j'ai une mère, qu'elle est malheureuse, et que je donnerais ma vie dans ce monde pour la voir pleurer, et ma vie dans l'autre pour la voir sourire. Voilà tout.

DONA LUCREZIA.

Que fais-tu de ses lettres?

GENNARO.

Je les ai toutes là, sur mon cœur. Nous autres gens de guerre, nous risquons souvent notre poitrine à l'encontre des épées. Les lettres d'une mère, c'est une bonne cuirasse.

DONA LUCREZIA.

Noble nature!

GENNARO.

Tenez, voulez-vous voir son écriture? voici une de ses lettres.

Il tire de sa poitrine un papier qu'il baise et qu'il remet à dona Lucrezia.

— Lisez cela.

DONA LUCREZIA, *lisant.*

« ..... Ne cherche pas à me connaître, mon
» Gennaro, avant le jour que je te marquerai. Je suis
» bien à plaindre, va. Je suis entourée de parens sans
» pitié, qui te tueraient comme ils ont tué ton père.
» Le secret de ta naissance, mon enfant, je veux être
» la seule à le savoir. Si tu le savais, toi, cela est à
» la fois si triste et si illustre que tu ne pourrais pas
» t'en taire; la jeunesse est confiante, tu ne connais
» pas les périls qui t'environnent, comme je les con-
» nais; qui sait? Tu voudrais les affronter par bra-
» vade de jeune homme; tu parlerais ou tu te laisse-
» rais deviner, et tu ne vivrais pas deux jours. Oh
» non! contente-toi de savoir que tu as une mère
» qui t'adore et qui veille nuit et jour sur ta vie.
» Mon Gennaro, mon fils, tu es tout ce que j'aime
» sur la terre; mon cœur se fond quand je songe
» à toi... »

Elle s'interrompt pour dévorer une larme.

GENNARO.

Comme vous lisez cela tendrement! On ne dirait pas que vous lisez, mais que vous parlez.—Ah! vous pleurez!—Vous êtes bonne, madame, et je vous aime de pleurer de ce qu'écrit ma mère.

Il reprend la lettre, la baise de nouveau, et la remet dans sa poitrine.

—Oui, vous voyez, il y a eu bien des crimes autour de mon berceau. — Ma pauvre mère! — N'est-ce pas que vous comprenez maintenant que je m'arrête peu aux galanteries, parce que je n'ai qu'une pensée au cœur, ma mère! Oh! délivrer ma mère! la servir, la venger, la consoler! quel bonheur! Tout ce que je fais, je le fais pour être digne de ma mère. Il y a bien des aventuriers qui ne sont pas scrupuleux, et qui se battraient pour Satan après s'être battus pour saint Michel; moi, je ne sers que des causes justes; je veux pouvoir déposer un jour aux pieds de ma mère une épée nette et loyale comme celle d'un empereur. —Tenez, madame, on m'a offert un gros enrôlement au service de cette infâme madame Lucrèce Borgia. J'ai refusé.

DONA LUCREZIA.

Gennaro! — Gennaro! ayez pitié des méchans. Vous ne savez pas ce qui se passe dans leur cœur.

GENNARO.

Je n'ai pas pitié de qui est sans pitié. — Mais laissons cela, madame; et maintenant que je vous ai dit qui je suis, faites de même, et dites-moi à votre tour qui vous êtes.

DONA LUCREZIA.

Une femme qui vous aime, Gennaro.

GENNARO.

Mais votre nom ?...

DONNA LUCREZIA.

Ne m'en demandez pas plus.

Victor Hugo. (*Lucrèce Borgia*, acte Ier.)

CONTES ET NARRATIONS.

PRÉCEPTES DU GENRE.

Le conte est un récit de faits inventés, que les hommes ont imaginé sans doute pour se dérober aux idées importunes et tristes que la connaissance de la vérité les oblige de méditer, et qui n'est que le résultat de ce besoin d'oublier pour être heureux, qu'éprouvent les créatures raisonnantes sur la terre.

Dans des proportions moins étendues que le roman, le conte traite tous les sujets ; il est grave, plaisant, satirique ; il se prête aux écarts de l'imagination, quand elle crée des génies, des fées, des êtres sans type et des aventures sans pareilles ; il sert la morale, quand il peint les passions, les caractères, les scènes de la vie d'après nature ; et, jusqu'à un certain point, il peut, autant que l'histoire, fixer l'opinion sur les mœurs des peuples et des époques qui l'ont vu publier.

Le style du conte n'est pas moins diversifié que son

sujet; tous les rythmes de la poésie lui ont été appliqués, soit en vers, soit en prose; il a souvent été un objet de prédilection pour les écrivains les plus célèbres, et il forme une branche de littérature qu'il faut indispensablement connaître, quelque futile que paraisse d'abord cette étude.

Mais la lecture des contes, si elle n'est bornée, n'est pas sans inconvénient pour l'enfance, dont elle fortifie les inclinations frivoles, en augmentant sa répugnance pour les livres sérieux et instructifs (*Encyclopédie des gens de monde*).

La narration en général est l'exposé d'un fait vrai ou supposé vrai.

De quelque étendue qu'elle soit, elle doit former un tout complet, et quel que soit le sujet, le devoir de celui qui raconte, pour remplir l'attente de celui qui l'écoute, est d'instruire et de persuader.

Il y a différentes sortes de narrations : la narration oratoire est l'exposition du fait assorti à l'utilité de la cause, c'est la partie la plus importante d'un plaidoyer, puisque cette espèce de discours ne roule que sur un fait, et que c'est du fait bien exposé que doivent sortir les moyens d'attaque ou de défense.

Dans la narration historique, l'écrivain se propose de raconter le fait tel qu'il est ou qu'il l'apprécie dans sa conscience. L'approbation du lecteur ne doit être pour lui qu'un but secondaire.

Il y a encore la narration poétique qui consiste à exposer un évènement de manière à frapper vivement les esprits. Cette espèce de narration exige, outre les qualités essentielles à la narration en général, la pompe, la magnificence, le pathétique.

La narration doit être claire, c'est-à-dire, selon Cicéron, elle doit distinguer nettement les choses, les personnes, les lieux, les motifs; mettre chaque fait à la place convenable, et éviter les digressions.

Elle doit être courte, c'est-à-dire ne pas remonter plus haut, ni s'étendre plus loin que ne le demande le besoin du sujet, et faire ressortir habilement les circonstances importantes, en rappelant seulement les faits secondaires.

Elle doit être vraisemblable, c'est-à-dire accompagnée toujours des circonstances sans lesquelles le fait pourrait paraître incroyable, et qui en expliquent les causes et les effets.

Enfin, elle doit avoir de l'intérêt, et cet intérêt on l'obtiendra en portant l'attention de l'auditeur sur les circonstances qui peuvent le faire naître, en racontant avec agrément, c'est-à-dire avec élégance, sans exclure l'élévation et le pathétique, lorsque le sujet le demande.

C'est aux meilleurs écrivains dans tous les genres que l'on doit demander des modèles de narration. L'étude de leurs écrits profitera toujours beaucoup plus que les règles incomplètes ou arbitraires que l'on pourrait essayer de donner.

Les deux destinées.

Ils marchaient..... L'exil allait les séparer..... et pour longtemps, peut-être.

Victime de son dévouement à une liberté ingrate, lui, fuyait le Portugal, sa patrie, pour échapper au courroux de son souverain ; et elle, étreignant tout un avenir avec le bras de son frère, elle écoutait, pensive, ses projets de combat contre l'adversité, puis ses rêves d'un bonheur lointain.

Ils marchaient, cotoyant les rives escarpées du Tage, quand tout-à-coup la terre s'éboula sous leurs pas. Fernando, voyant plus de danger pour lui, abandonna promptement le bras de sa sœur, et, entraîné par une pente rapide, il allait disparaître sous les flots, après avoir été déchiré par les rocs, lorsqu'il rencontra dans sa chûte un frêle arbuste qu'il embrassa, et à l'aide duquel il parvint à regagner le plateau.

Saisi de cet enthousiasme superstitieux qui s'empare de l'âme après un grand péril : Isabelle, s'écria Fernando, écoute et respecte le vœu du banni. J'ignore quelle puissance m'impose cette bizarre croyance, mais une voix irrévocable me dit qu'à la destinée de cet arbre la mienne se trouve attachée désormais. Je cours à tous les dangers de l'exil. Recueille donc cet arbuste, et songe que de tes soins pour lui doit dépendre mon sort......

Le ton inspiré avec lequel Fernando prononça ces paroles, le miracle inattendu qui venait de le sauver, et la solennité du vaste spectacle de la nature, tout contribua à faire pour la jeune fille un devoir religieux de la superstition de son frère.

L'arbuste déraciné fut soigneusement transporté dans le parc de la famille d'Isabelle, pour contraster par sa simplicité chétive avec les riches troncs qui le décoraient. Et personne ne pouvait comprendre le motif d'un pareil caprice ; et la craintive Isabelle entourait toujours de ses soins protecteurs la plante mystérieuse.

Plus d'une année s'était écoulée depuis le départ de Fernando, et la tendresse de ses lettres, et la pousse robuste de l'arbre protecteur, consolidaient chez Isabelle l'idée de l'invisible lien qui semblait unir deux destinées si différentes entre elles.

Cependant, par une belle matinée du mois d'août 1830 qu'Isabelle venait visiter l'arbuste aux feuilles déjà naissantes, quel fut son effroi en trouvant une apparence de mort et de dessèchement répandue sur toutes ses tiges ! Inquiète, elle s'informe, elle questionne. Une balle de son jeune frère, le chasseur, avait atteint l'objet de sa tendre sollicitude ; il dépérissait, car le plomb, en frappant sa sève, avait à jamais suspendu pour lui tout principe de vie.

Vous qui connaissez le secret de la jeune fille, vous savez pour qui fut sa douleur, pour qui furent ses sanglots, que ses parents attribuaient avec étonnement à la perte d'un arbre vert. Cependant lorsqu'elle réfléchit à un pareil malheur, pour la première fois la jeune fille se prit à être incrédule à ce qu'elle avait cru religieusement ; pour la première fois elle soupçonna le ridicule d'une chimère, seul fruit de l'imagination ébranlée ; mais ce qui surtout lui faisait rompre le funeste lien, c'était une nouvelle lecture des récentes lettres de Fernando, où celui-ci se plaisait à rapprocher aux yeux de sa sœur le terme du lointain avenir qui promettait à tous les deux le bonheur.

Ainsi, forte de sa raison, Isabelle repoussait toute inquiétude sur le sort de Fernando; et, faible de sa tendresse, elle appelait néanmoins d'une voix impatiente l'époque fixée pour recevoir un gage de souvenir..... Mais cette fois, l'époque passa, même bien outre, sans que Fernando répondit. Et, après bien des journées de larmes, Isabelle apprit enfin que, le jour même où son arbuste avait été brisé, Fernando tombait frappé d'une balle suisse, dans Paris révolté, au cri de liberté! Car le jeune Portugais avait fait des prodiges de valeur; et le récit de sa gloire aurait pu consoler Isabelle, si l'on pouvait être consolable de la mort ou de l'indifférence d'un être chéri.

(*Extrait des Papillotes.*)

La Tête de mort.

J'ai connu un jeune paysan qui est aujourd'hui vicaire dans une paroisse bien sauvage du Morbihan; et ce que je vais vous raconter, je le tiens de lui..... Avant d'aller au Séminaire, il avait été garçon de ferme. Sa santé était faible, et ce n'était pas les rudes travaux du labour dont on le chargeait d'ordinaire; souvent on l'envoyait garder un troupeau de moutons, et comme les pâturages sont rares dans ce pays de landes, il était obligé d'aller bien loin de la ferme pour paître ses brebis. Livré seul à ses pensées, dans un pays désert et d'un aspect sombre, il eût été bien malheureux, pendant les longues journées qu'il était condamné à passer dans les bruyères... Mais dès ce temps-là il avait un fonds de piété et d'exaltation religieuse... et son imagination lui était comme une agréable compagne de la solitude... Bien des gens riront de lui, mais il était un peu comme moi, il aimait à regarder les nuages et y voyait bien des choses merveilleuses. Il pensait qu'entre les hommes et le Dieu qui a fait le ciel avec tous ses astres, la mer avec tous ses abîmes, la terre avec toutes ses montagnes, il devait y avoir des êtres invisibles, des esprits intermédiaires entre nous, si petits et si faibles, et lui si grand et si puissant! Aussi, avec ce simple pâtre, j'aimais mieux causer qu'avec bien de *beaux messieurs*; il y avait *du poète* en lui, et cependant il ne savait pas ce que c'était qu'un vers. Oh! il savait mieux que cela, il savait sentir; les autres savent parler.

Un soir, il était assis sur une pierre grise à moitié revêtue de mousse... Cette pierre probablement avait été apportée là par la main des hommes, car il n'y en avait point de semblable dans le pays, à plus de dix lieues à la ronde. Les paysans l'appelaient la *pierre de sang*. Autrefois elle avait été placée debout, comme toutes celles des druides; mais la main du temps l'avait jetée à bas, et elle gisait sur la bruyère depuis bien des siècles. En face de cette pierre s'élevait un petit tertre sur lequel croissaient quelques chênes nains rabougris; sur le vaste océan des landes où le petit Breton conduisait son troupeau, c'était la seule éminence : tout le reste était plat comme la surface de la mer, quand il ne fait pas de vent.

Fatigué d'avoir longtemps regardé les nuages gris et déchiquetés qui passaient rapidement au-dessus de sa tête, le gardeur de troupeaux fixa machinalement les yeux sur la mousse qui revêtait la pente du tertre en face de lui... Tout à coup, quoiqu'il n'y eût pas un souffle, il voit remuer et s'agiter une des branches inférieures de la *bouillée* de chêne... Il regarde avec plus d'attention, et distingue comme une boule d'une couleur brunâtre qui se meut en sautillant... puis, arrivée sur la pente rapide du tertre, dégringole et roule jusqu'à ses pieds... Horreur! horreur! C'était une tête de mort! un crâne nu avec ses yeux sans regard, son nez camard et sa bouche qui semble ricaner...

Le paysan s'est levé, et, les cheveux hérissés sur le front et le cœur battant de frayeur, s'est mis à fuir. Mais bientôt cependant il a honte de sa peur, et, se faisant violence, il revient auprès de la pierre grise; la tête de mort y était et ne remuait plus... Il fait quelques pas pour la voir de plus près, et la voilà qui se meut de nouveau et qui semble vouloir le fuir en sautant par petits bonds... disparaissant parfois à moitié de la bruyère, et parfois s'élevant au-dessus de sa fleur couleur de pourpre, et retombant pour sauter de nouveau.

Le pâtre avait beau vouloir ne pas avoir peur, en regardant pareil prodige, une sueur froide lui découlait de tout le visage.

C'est une tête de mort, une tête d'homme, se disait-il. Pourquoi et comment est-elle sortie du cercueil? et il avançait, et il tremblait, et continuait cependant à la suivre. La nuit venait; le ciel, qui avait été grisâtre tout le jour, commençait à devenir noir, car la lumière s'en allait des nuages. Vous savez bien qu'à cette heure-là on a plus peur qu'en plein midi; car, si le jour est livré aux vivants, la nuit est de l'empire des morts.

Ceux qui ne veulent croire qu'à ce qu'ils voient, à eux le jour, qu'ils l'emploient à leurs affaires et à leurs chiffres, c'est bien; ne leur demandez pas ce que c'est que la nuit, ils n'en connaissent que le sommeil, ils n'ont jamais demandé à ses étoiles de leur *raconter la gloire du Très-Haut;* de cette gloire-là, pas plus que des autres gloires, ils ne s'enquièrent, cela ne rapporte rien: midi est l'heure des banquiers, minuit est l'heure des poètes. Je vous ai dit qu'il y avait du poète dans notre jeune paysan; aussi, s'il avait peur, ce n'était pas de la nuit, car, tout en tremblant de la vision, il se disait: Dans cette lande si solitaire et si triste, sous un ciel bien noir, dans le silence absolu des ténèbres, ce serait beau de converser avec un mort! Prenons cet horrible crâne, asseyons-nous sur la pierre de sang, et, le tenant entre nos mains, forçons-le à nous redire le secret de son cercueil; il faut que sa bouche sans langue parle et me raconte le *charme* qui l'agite et le fait ainsi se mouvoir... Faut en finir... En prononçant ces derniers mots, le jeune Breton fit le signe de la croix, et, avec un mouvement convulsif, s'élança sur la tête de mort, qui le fuyait toujours en sautillant. Horrible! épouvantable! il s'en saisit enfin... Oh! comme, malgré sa résolution, il tremblait alors! Ses mains toutes mouillées de sueur serraient le crâne et le retenaient en se crispant sur ses genoux; il osa le regarder en face, et cria d'une voix forte:

— Trépassé, qui que tu sois, au nom du Dieu des

vivants et des morts, parle... Pourquoi ne dors-tu pas tranquillement dans la tombe? Et il écouta, les yeux toujours fixés sur le crâne humide, verdâtre et moisi.

Mais cette tête, qui avait du mouvement, n'avait pas de parole, et elle se tut.

— Encore, au nom de Dieu et du ciel, de la terre et des enfers, je t'adjure, parle!...

Et le mort ne parla pas...; mais quelque chose tomba de la bouche de l'effroyable tête, et cela se mit à se mouvoir sur la cuisse du jeune paysan... Horrible sensation! Savez-vous ce que c'était?... Un énorme crapaud!... Oui, un énorme crapaud qui s'était logé dans cette tête d'homme, et dont chaque mouvement, chaque soubresaut la faisait remuer et marcher.

Je vous ai dit que le pâtre breton aimait les choses surnaturelles, il éprouva donc un vif désappointement quand il eut acquis la preuve que dans tout ce qu'il venait de voir il n'y avait point de prodige... Je ne sais ce qu'il fit du crapaud, s'il le tua ou s'il le laissa vivre; mais j'ai la certitude qu'il rapporta la tête de mort à la ferme, et qu'il y raconta ses frayeurs. Là, en plein jour, il regarda ce crâne, et il découvrit près de la tempe un trou et un reste de clou!...

Cette découverte fit du bruit; elle vint aux oreilles de la justice. On fit des recherches; on creusa près du tertre de la lande, et dans la terre noire de bruyère on vit quelque chose de blanc: c'était un squelette qui avait autour de ses ossemens une ceinture de cuir... Cette ceinture fit reconnaître le mort, et expliqua la disparition d'un percepteur de la commune, que depuis quinze ans on avait vainement cherché de tous côtés...

Il serait trop long de vous raconter comme quoi la justice ne s'arrêta pas à la découverte du mort, et comme quoi elle finit par mettre la main sur l'assassin. Il vous suffira de savoir que cette histoire est toute véritable, et que sur la pierre tombale du percepteur on voit gravé un gros crapaud sortant d'une tête de mort....

Vicomte WALSH.

Le Chapeau.

Il y avait une fois une jeune personne bien gaie, bien vive et bien jolie, que son père aimait beaucoup. Ce père n'était jamais si heureux que lorsque sa fille était bien contente; il se plaisait à lui donner les plus jolies robes et les plus élégans chapeaux; et quand il la voyait ainsi parée, il se prenait à sourire de joie et d'orgueil, et de ressouvenir de sa mère. Un jour il lui fit présent d'un chapeau de paille d'Italie, avec des plumes blanches et des rubans blancs. La jeune fille s'en coiffa, et, elle me l'a avoué, trouva que ce chapeau lui allait à ravir... Elle eut même un petit mouvement d'amour-propre et de coquetterie, et elle a pu s'en souvenir, car d'ordinaire cela ne lui arrivait jamais.

Avant de dîner, en rentrant chez elle, après s'être encore regardée en passant devant la glace, elle avait ôté son chapeau et l'avait posé sur son lit. Le soir on parla d'aller voir des voisins : bien vite la jeune fille de courir dans sa chambre pour reprendre son chapeau... Je ne sais si en montant l'escalier ses pensées du matin duraient encore ; si elle se disait : *Je vais encore être bien jolie !*... mais voilà ce qu'il y a de certain, c'est qu'au moment où mademoiselle de *** étendait le bras pour prendre son chapeau... crac ! voilà le chapeau qui s'éloigne de sa main... Elle croit que c'est le vent de la porte qu'elle a laissée ouverte ; elle va la fermer et revient... mais, ô surprise ! ô frayeur ! le chapeau semble animé et s'obstine à fuir à chaque pas qu'elle fait pour le prendre ; il bondit, saute du lit par terre, et du parquet sur un fauteuil, et du fauteuil sur un autre meuble... Elle se souvient alors du petit mouvement d'amour-propre qu'elle a eu le matin, sa conscience timorée s'en effraie... Elle appelle. Son père arrive : lui aussi voit sauter, bondir et rebondir le chapeau ; lui aussi se met à sa poursuite, et cherche à s'en saisir... Après bien de la peine il y parvient, il attrape enfin un de ses longs rubans blancs, il l'attire à lui... Et je viens vous demander, comme tantôt pour la tête de mort, savez-vous ce qui en sortit ? Chose incroyable ! chose inouie ! chose qui ne s'était jamais vue, et qui ne se reverra probablement jamais, sous un chapeau de femme !... un rat !... Oui, un énorme rat qui s'était introduit dans la coiffe du chapeau, et, une fois entré dans ce double fond, n'en pouvait plus sortir ; alors, dans sa frayeur des pas qu'il entendait dans la chambre, il fuyait en bondissant, emportant avec lui l'élégante coiffure et ses ondoyantes plumes, et traînait avec lui sa légère prison.

Le Même.

Le Bourreau de Versailles.

Je crois que l'homme le plus malheureux est celui qui s'est créé le plus d'habitudes ; et nous en avons tous plus ou moins. Je ne parle pas des habitudes presque généralement répandues du tabac et du café : l'une est fort peu coûteuse, et l'on peut la satisfaire dans toutes les positions de la vie ; l'autre n'est guère le partage que des gens aisés, et fait du bien aux masses par les capitaux qu'elle jette dans la circulation. Je veux parler de ces habitudes que l'on pourrait plutôt qualifier de manières, et qui consistent à faire certaines choses, toujours de la même manière. Ces sortes d'habitudes sont un véritable esclavage qui vous expose à chaque instant à mille contrariétés.

Je connais un homme, du reste plein de raison, de sens et d'esprit, qui, avant d'être marié, prenait ses repas toujours chez le même traiteur, et qui ne pouvait jamais dîner qu'à une seule table. Si on lui eût mis son couvert à une autre, il eût eu une indigestion. Le restaurateur lui faisait toujours garder sa place de prédilection.

Un jour, cependant, que toutes les autres tables étaient occupées, on disposa de celle de mon ami. Quand il arrive et qu'il voit sa place prise, il est désolé. Cependant il prend son parti, et, en attendant qu'elle soit vacante, il s'approche du comptoir et se met à causer avec la maîtresse de la maison. Mais l'étranger qui occupait la place de l'habitué était un gaillard de bon appétit, qui n'aimait pas à se gêner, et qui paraissait se complaire dans l'exercice de la table. Mon ami enrageait, mais il serait mort de faim plutôt que de se mettre autre part. Enfin, voyant que son usurpateur ne se disposait pas à lever le siège, car il venait de demander une seconde bouteille de vin :

— Connaissez-vous la personne qui dîne là, à ma place? demanda-t-il à la dame du comptoir.

— Non, monsieur, c'est la première fois qu'elle vient ici.

— Je le crois, car si vous la connaissiez, vous ne la recevriez pas.

— Vous me faites trembler!... quel homme est-ce donc?

— C'est le bourreau de Versailles!

A ce nom, la dame pâlit et fixe sur l'étranger un regard de curiosité et d'effroi.

— Le bourreau de Versailles! murmure-t-elle tout bas.

Elle appelle son mari et lui répète ce qu'elle vient d'apprendre. Le restaurateur est aussi effrayé que sa femme, et va redire l'affreuse nouvelle à quelques uns des habitués qui tous lui conseillent de congédier l'horrible consommateur. Le maître du lieu s'arme de courage, et s'approchant de l'étranger, il entame avec lui une conversation, par cette phrase stéréotypée à l'usage des restaurateurs :

— Eh bien! monsieur, êtes-vous content de votre dîner?

— Très-content : je trouve seulement qu'on me fait attendre bien longtemps ce que j'ai demandé.

— Mon dieu! monsieur, c'est qu'on ne peut pas vous le donner.

— S'il n'y en a pas, il fallait me le dire. Je vais demander autre chose.

— Oh! ce n'est pas cela, monsieur; mais on ne vous servira plus rien, et je suis forcé de vous prier de vous en aller le plus tôt possible et de ne plus revenir chez moi.

— Ah! mon Dieu! et qui peut m'attirer cette proscription.

— Vous devez bien le savoir.

— Je vous jure que je n'y comprends rien.

— Qu'il vous suffise d'apprendre que vous êtes connu ici.

— Je suis connu!... c'est possible..... eh bien! après?

— Et vous sentez bien que je perdrais toutes mes pratiques, si je vous recevais davantage.

— Ah ça, voyons, pour qui me prenez-vous? car vous commencez à m'impatienter.

— Parbleu, monsieur, pour ce que vous êtes, pour le bourreau de Versailles.

— Ah!... et qui vous a dit que je fusse le bourreau de Versailles.

— C'est monsieur, dit le traiteur, en montrant du doigt mon ami qui commençait à trembler des suites de sa plaisanterie.

— Monsieur! s'écrie l'étranger en élevant la voix : je n'ai rien à dire; il doit le savoir mieux que personne, car je l'ai marqué, il y a deux ans.

Puis il demande sa carte, paie, et sort tranquillement. Mon ami était resté pétrifié. Il n'eut pas de peine à se disculper, mais il se promit bien une autre fois de faire attention à ses plaisanteries.

(*L'Entr'acte.*)

Les Lapins de Portugal.

C'était à mi-côte de la montagne, sur le chemin de Badajoz à Villaviciosa, aux confins de l'Estramadure. Assis contre la marge d'une citerne villageoise, un jeune élégant de Mérida, drapé d'un long manteau, frôlait du revers de la main les cordes de sa mandoline, en jetant les regards sur la campagne à peu près déserte. Près de lui, sur le petit banc de gazon ménagé à l'occasion des jeunes filles qui venaient s'asseoir avant l'aube, en filant une quenouille, près de la pierre où s'abreuvaient leurs troupeaux, se voyait un petit bagage de pèlerin, des livres noués dans un mouchoir, du linge, et la petite croix de buis d'un rosaire à grains d'ébène. Une escopette était couchée dans le sable. L'étudiant, car c'était un étudiant, chantait d'une voix forte des cantiques : il célébrait avant de se mettre en route, les miracles de la sainte et miraculeuse patrone de Badajoz, protectrice des voyageurs qui traversent ces gorges noires pendant la nuit. Les rayons crépusculaires arrêtés à la cime des Sierras, éclairaient seuls la solitude, et la lune, pâle dans le ciel, jetait ses premières paillettes d'argent aux ondes rapides du

Guadiana, qui frémissait parmi les ajoncs du rivage, tout au fond de la silencieuse vallée. En ce moment un lapin s'élança des bruyères : le chanteur se tut, et la détonation de l'escopette fit retentir les cavernes des alentours.

— Bien visé, mon brave, dit une voix de Stentor.

L'étudiant se retourna, et reconnut, au costume, à son profil dur et basané, aux os saillants, à la carnation fiévreuse des pommettes, et surtout à la longue épée qui lui battait les jambes, un gentilhomme portugais.

— Bien visé, répéta le gentilhomme.

— Et j'ai sur moi des pistolets, dit fièrement l'Espagnol, en faisant voir les pommeaux de cuivre qui ressortaient de sa ceinture.

— Tant mieux, dit l'étranger ; car la route est malsaine quand on n'a point d'armes, et le chemin est plus agréable lorsque deux hidalgos le font de concert sous la protection des vierges de Badajos, d'une rapière et de quelques onces de plomb.

— J'ai failli vous prendre pour un voleur, dit gaiment l'écolier.

Ils se donnèrent une poignée de main. L'élégant de Mérida prit le lapin par les oreilles, et les deux voyageurs descendirent amicalement la colline pour traverser le Guadiana.

— Vous allez en Portugal, dit le gentilhomme, vous n'êtes pas dégoûté, mon ami. C'est le premier pays du monde, une terre favorisée du ciel, le Paradis de l'Europe. A bien dire, mon jeune cavalier, c'est le chef-d'œuvre du Père éternel. Dieu fit le Portugal et se reposa. Les femmes y sont des anges, les hommes des diables : tel que vous me voyez, j'ai mis en fuite, dans la Sierra-Morena, quarante Espagnols qui me demandaient la bourse ou la vie. Quittez l'Espagne, croyez-moi, pour ne plus la revoir. Secouez la poudre de vos espadrilles. Tout est maudit autour de nous; tout est chétif et rabougri. Voyez ces bœufs sur le flanc du ravin; ils font pitié. Les nôtres sont huit fois plus gros : nos lapins même sont autre chose que vos lapins, et de beaucoup plus forts que les vaches de ce pays.

— Vraiment, dit l'Espagnol.

— Vous le verrez, dit le Portugais. J'en tuai un l'hiver dernier dans mes terres; il pesait bien cent soixante livres : je fus fâché d'avoir usé ma poudre pour si peu. Je ne voulus pas le rapporter au logis. Il n'était pas plus fort qu'un petit mulet andaloux : on se serait moqué de moi pour cette bévue. Il est juste de dire que c'était par un soir de décembre, et qu'à distance j'avais bien auguré de ma chasse. Mais je réparai très-facilement la chose.

En ce moment l'Espagnol s'agenouilla.

— Mon frère, dit-il, donnez-moi votre bénédiction, je vous prie.

— Je ne suis pas un ecclésiastique.

— C'est égal, insista l'écolier : c'est dans l'intérêt de ma conservation que je vous fais cette prière.

Le Portugais donna sa bénédiction au jeune homme qui se releva, et on continua la route.

— L'intérêt de votre conservation? dit le gentilhomme en lui prenant le bras : expliquez-moi ceci, car j'y trouve un énigme.

— Il n'y en a pas dit l'autre. Vous voyez ce pont

sur lequel nous allons passer : il a été bâti par le diable, et quand on se trouve en état de péché mortel, on risque d'être englouti sous les arches qui s'ouvrent. J'ai fait un léger mensonge ce matin, et je me hâte d'en faire l'aveu pour ne pas risquer mon salut.

Le Portugais demeura rêveur. Au bout de quelques secondes :

— Quand je dis que nos lapins sont gros comme des vaches d'Espagne, j'exagère un peu, murmura-t-il.

On fit encore quelques pas. L'Espagnol ne disait mot.

— J'exagère beaucoup, reprit l'autre. Nos lapins sont de bonne taille, comme de gros lapins.

Et sur le point de mettre le pied sur le pont :

— Je crois même, dit-il avec un soupir, que vos lapins sont beaucoup plus gros que les nôtres.

Le Même.

Mieux que ça ou l'Empereur et le Sergent.

L'Empereur d'Allemagne, Joseph II, n'aimait ni la représentation ni l'appareil, témoin ce fait qu'on se plaît à citer. Un jour que, revêtu d'une simple redingote boutonnée, accompagné d'un seul domestique sans livrée, il était allé, dans une calèche à deux places qu'il conduisait lui-même, faire une promenade du matin dans les environs de Vienne, il fut surpris par la pluie, comme il reprenait le chemin de la ville..

Il en était encore éloigné, lorsqu'un piéton, qui regagnait aussi la capitale, fait signe au conducteur d'arrêter, ce que Joseph II fait aussitôt. « Monsieur,
» lui dit le militaire (car c'était un sergent), y aurait-
» il une indiscrétion à vous demander une place à côté
» de vous? cela ne vous gênerait pas prodigieusement,
» puisque vous êtes seul dans votre calèche, et mé-
» nagerait mon uniforme que je mets aujourd'hui
» pour la première fois. — Ménageons votre uniforme,
» mon brave, lui dit Joseph, et mettez-vous là. D'où
» venez-vous? — Ah! dit le sergent, je viens de chez
» un garde-chasse de mes amis, où j'ai fait un fier
» déjeuner. — Qu'avez-vous donc mangé de si bon?
» — Devinez. — Que sais-je, moi! une soupe à la
» bière? — Ah! bien oui, une soupe à la bière! mieux
» que ça. — De la choucroute? — Mieux que ça.
» Une longe de veau? — Mieux que ça, vous dit-on.
» — Oh! ma foi, je ne puis plus deviner, dit Joseph.
» — Un faisan, mon digne homme, un faisan tiré sur
« les plaisirs de sa majesté, dit le camarade en lui
» frappant sur la cuisse. — Tiré sur les plaisirs de
» sa majesté, il n'en devait être que meilleur. — Je
» vous en réponds. »

Comme on approchait de la ville, et que la pluie tombait toujours, Joseph demanda à son compagnon dans quel quartier il logeait, et où il voulait qu'on le descendît. « Monsieur, c'est trop de bonté, je crain-
» drais d'abuser de.... — Non, non, dit Joseph, votre
» rue? » Le sergent, indiquant sa demeure, demanda à connaître celui dont il recevait tant d'honnêtetés.
« A votre tour, dit Joseph, devinez. — Monsieur est
» militaire, sans doute! — Comme dit monsieur. —

» Lieutenant? — Ah! bien oui, lieutenant! mieux
» que ça. — Capitaine? — Mieux que ça. — Colonel,
» peut-être? — Mieux que ça, vous dit-on. — Comment diable! dit l'autre en se rencognant aussitôt
» dans la calèche, seriez-vous feld-maréchal? —
» Mieux que ça. — Ah! mon Dieu, c'est l'empereur.
» — Lui-même, dit Joseph se déboutonnant pour
» montrer ses décorations. » Il n'y avait pas moyen
de tomber à genoux dans la voiture; le sergent se
confond en excuses et supplie l'empereur d'arrêter
pour qu'il puisse descendre. « Non pas, lui dit Joseph;
» après avoir mangé mon faisan, vous seriez trop
» heureux de vous débarrasser de moi aussi promptement; j'entends bien que vous ne me quittiez qu'à
» votre porte. » Et il l'y descendit.

ANONYME.

Le dîner dans la cour.

On se plaint tous les jours de la difficulté, de l'impossibilité de vivre avec bien des gens. Il y a sans doute dans ces plaintes quelque chose de fondé ; cependant beaucoup de ces gens ne sont pas méchants; ils ne sont que bizarres ; et, si on les connaissait toujours à fond, si on savait bien les prendre et qu'on évitât de mettre jamais dans ses relations avec eux trop d'opiniâtreté ou trop de complaisance, il en est plus d'un qu'on ramènerait sans peine. C'est ce que fit un domestique à l'égard de son maître. Il y avait des jours où tout ce qu'il faisait était mal fait ; et, comme on le voit souvent, il lui fallait porter la peine de beaucoup de fautes dont il était innocent.

Un jour, son maître rentra de très-mauvaise humeur, et se mit à table pour dîner. La soupe se trouva trop chaude ou trop froide, ou peut-être ni l'un ni l'autre ; mais le maître était de mauvaise humeur ; il n'en fallut pas davantage. La fenêtre était ouverte, il prit la soupière et la jeta dans la cour. Que fit le domestique ? il ne délibéra pas longtemps, et il fit voler aussi par la fenêtre la viande qu'il allait mettre sur la table, puis le pain, le vin, et enfin la nappe avec tout ce qui était dessus ; tout alla dans la cour. — Malheureux, que signifie cette conduite ? demanda le maître, en se levant d'un air furieux et menaçant. — Monsieur, répartit le domestique avec le plus grand sang-froid, pardonnez-moi si je n'ai pas deviné votre pensée ; j'ai cru que vous vouliez dîner aujourd'hui dans la cour. L'air est si pur, le ciel si azuré, et puis voyez comme ce pommier en fleur est joli ; avec quel plaisir les abeilles y prennent leur repas !...

La soupe avait été jetée par la fenêtre ; mais cela n'arriva plus. Le maître reconnut sa faute ; son front s'éclaircit à la vue d'un beau ciel de printemps ; il sourit intérieurement de la leçon que lui donnait son domestique, et le remercia du fond du cœur.

Lebel.

La cuiller d'argent.

Un officier dînait un jour, à Vienne, à l'hôtel du *Bœuf-Rouge*. Là se trouvaient des visages connus et des figures étrangères, des personnes de tout rang, et, comme partout, d'honnêtes gens et des fripons ; on buvait, on mangeait, on discutait, on parlait de chose et d'autre. Vers la fin du repas les regards de l'officier se portèrent sur un homme en habit vert qui jouait avec sa cuiller d'argent ; mais que vit-il ? tout-à-coup la cuiller glissa dans la manche de l'habit vert, et elle n'en ressortit plus.

Un autre se serait dit : que m'importe ? et aurait gardé le silence ; mais notre officier agit autrement. Il ne souffla pas le mot jusqu'à ce que l'aubergiste vînt recueillir l'argent ; alors seulement l'officier prit aussi une cuiller d'argent, et la passa dans deux boutonnières de son habit, comme les soldats le font souvent à l'armée, quand ils emportent leur cuiller, mais pas de soupe. Pendant que l'officier payait sa carte, l'hôte, les yeux fixés sur son habit, se disait en lui-même : voilà un singulier ordre militaire, dont ce monsieur porte-là la décoration ! Il faut qu'il se soit distingué dans une affaire contre une soupe aux écrevisses, pour avoir obtenu une cuiller d'honneur ; ou bien par hasard ne serait-ce pas une des miennes ?

L'officier, après avoir payé l'hôte, lui dit du plus grand sérieux : Ah ça! la cuiller va par-dessus le marché, n'est-ce pas? Vous nous faites payer assez cher pour cela. — Il ne m'est jamais rien arrivé de semblable, repartit l'hôte; si vous n'avez pas de cuiller chez vous, je vais vous en donner une d'étain, mais laissez-là ma cuiller d'argent. L'officier se leva, frappa sur l'épaule de l'aubergiste, et lui dit en riant : soyez tranquille, ce n'est qu'une plaisanterie que nous avons voulu faire, moi et ce monsieur en habit vert, là-bas. Allons, monsieur, rendez la cuiller que vous avez dans la manche, et moi je vais rendre la mienne.

Lorsque l'escamoteur de cuiller vit qu'il était trahi, et qu'un œil honnête avait surpris sa main coupable, il jugea prudent de profiter du tour plaisant qu'on donnait à l'affaire; il rendit aussitôt la cuiller, et se mit à faire chorus avec les rieurs. Mais sa joie ne fut pas longue, car les autres convives, témoins de cette scène, chassèrent le voleur de l'hôtel, en l'accablant d'injures et de huées.

LE MÊME.

Aventure de Paul-Louis Courier en Calabre.

Un jour je voyageais en Calabre; c'est un pays de méchantes gens qui, je crois, n'aiment personne, et en veulent surtout aux Français : de vous dire pourquoi, cela serait trop long; suffit qu'ils nous haïssent à mort, et qu'on passe fort mal son temps lorsqu'on tombe entre leurs mains. J'avais pour compagnon un jeune homme d'une figure..... ma foi, comme ce monsieur que nous vîmes au Raincy; vous en souvenez-vous? et mieux encore, peut-être : je ne dis pas cela pour vous intéresser, mais parce que c'est la vérité. Dans ces montagnes, les chemins sont des précipices : nos chevaux marchaient avec beaucoup de peine; mon camarade allait devant; un sentier qui lui parut plus praticable et plus court nous égara. Ce fut ma faute; devai-je me fier à une tête de vingt ans? Nous cherchâmes, tant qu'il fit jour, notre chemin à travers ces bois; mais plus nous cherchions, plus nous nous perdions, et il était nuit noire quand nous arrivâmes près d'une maison fort noire; nous y arrivâmes, non sans soupçon; mais comment faire? Là nous trouvons toute une famille de charbonniers à table, où du premier mot on nous invita; mon jeune homme ne se fit pas prier : nous voilà mangeant et buvant, lui du moins; car pour moi j'examinais le lieu et la mine de nos hôtes. Nos hôtes avaient bien la mine de charbonniers : mais la maison, vous l'eussiez prise pour un arsenal; ce n'étaient que fusils, pistolets, sabres, couteaux et coutelas. Tout me déplut, et je vis bien que je déplaisais aussi; mon camarade, au contraire : il était de la famille, il riait, il causait avec eux; et, par une imprudence que j'aurais dû prévoir (mais quoi! s'il était écrit......), il dit d'abord d'où nous venions, où nous allions, que nous étions Français, imaginez un peu! chez nos plus mortels ennemis, seuls, égarés, si loin de tout secours humain! et puis, pour ne rien omettre de ce qui pouvait nous perdre, il fit le riche, promit à ces gens pour la dépense, et pour nos guides le lendemain, ce qu'ils voulurent. Enfin, il parla de sa valise, priant fort qu'on en eût grand soin, qu'on la mît au chevet de son lit; il ne voulait point, disait-il, d'autre traversin. Ah! jeunesse! jeunesse! que votre âge est à plaindre! on crut que nous portions les diamants de la couronne : ce qu'il y avait qui lui causait tant de souci dans cette valise, c'étaient les lettres de sa maîtresse. Le souper fini, on nous laisse; nos hôtes couchaient en bas, nous dans la chambre haute où nous avions mangé. Une soupente élevée de sept à huit pieds, où l'on montait par une échelle, c'était là le coucher qui nous attendait; espèce de nid dans lequel on s'introduisait en rampant sous des solives chargées de provisions pour toute l'année. Mon camarade y grimpa seul, et se coucha tout endormi, la tête sur la précieuse valise; moi, déterminé à veiller, je fis bon feu, et m'assis auprès. La nuit s'était déjà passée presque entière assez tranquillement, et je commençais à me rassurer, quand sur l'heure où il me semblait que le jour ne pouvait être loin, j'entendis au-dessous de moi notre hôte et sa femme parler et se disputer; et prêtant l'oreille par la cheminée qui communiquait avec celle d'en bas, je distinguai ces propres mots du mari : *Eh bien enfin, voyons, faut-il les tuer tous deux?* à quoi la femme répondit : *Oui;* et je n'entendis plus rien.

Que vous dirai-je? je restai respirant à peine, tout mon corps froid comme un marbre; à me voir, vous n'eussiez su si j'étais mort ou vivant. Dieu! quand j'y pense encore!... Nous deux, presque sans armes, contre eux douze ou quinze qui en avaient tant! Et mon camarade mort de sommeil et de fatigue! L'appeler, faire du bruit, je n'osais ; m'échapper tout seul, je ne pouvais ; la fenêtre n'était guère haute, mais en bas deux gros dogues hurlant comme des loups...... En quelle peine je me trouvais, imaginez-le si vous pouvez. Au bout d'un quart d'heure, qui fut long, j'entendis sur l'escalier quelqu'un, et, par la fente de la porte, je vis le père, sa lampe dans une main, dans l'autre un de ses grands couteaux. Il montait, sa femme après lui, moi derrière la porte; il ouvrit; mais avant d'entrer, il posa la lampe que sa femme vint prendre, puis il entra pieds nus, et elle dehors lui disait à voix basse, masquant avec ses doigts le trou de lumière de la lampe, *doucement, va doucement.* Quand il fut à l'échelle, il monte, son couteau dans ses dents, et venu à la hauteur du lit, ce pauvre jeune homme étendu, offrant sa gorge découverte, d'une main il prend son couteau, et de l'autre... ah! cousine..... il saisit un jambon qui pendait au plancher, en coupe une tranche, et se retire comme il était venu. La porte se referme, la lampe s'en va, et je reste seul à mes réflexions.

Dès que le jour parut, toute la famille, à grand bruit, vint nous éveiller, comme nous l'avions recommandé. On apporte à manger, on sert un déjeûner fort propre, fort bon, je vous assure. Deux chapons en faisaient partie, dont il fallait, dit notre hôtesse, emporter l'un et manger l'autre. En les voyant, je compris enfin le sens de ces terribles mots : *faut-il les tuer tous deux?* Et je vous crois, cousine, assez de pénétration pour deviner à présent ce que cela signifiait.

Paul-Louis COURIER.

La mort d'Alexandre.

Alexandre fit son entrée dans Babylone avec un éclat qui surpassait tout ce que l'univers avait jamais vu, et après avoir vengé la Grèce, après avoir subjugué, avec une promptitude incroyable, toutes les terres de la domination persienne, pour rassurer de tous côtés son nouvel empire, ou plutôt pour contenter son ambition et rendre son nom plus fameux que celui de Bacchus, il entra dans les Indes, où il poussa ses conquêtes plus loin que ce célèbre vainqueur. Mais celui que les déserts, les fleuves et les montagnes n'étaient pas capables d'arrêter, fut contraint de céder à ses soldats rebutés qui lui demandaient du repos. Réduit à se contenter des superbes monuments qu'il laissa sur les bords de l'Araspe, il ramena son armée par une autre route que celle qu'il avait tenue, et dompta tous les pays qu'il trouva sur son passage.

Il revint à Babylone craint et respecté, non pas comme un conquérant, mais comme un dieu. Mais cet empire formidable qu'il avait conquis ne dura pas plus longtemps que sa vie, qui fut courte; à l'âge de trente-trois ans, au milieu des plus vastes desseins qu'un homme eût jamais conçus, et avec les plus justes espérances d'un heureux succès, il mourut sans avoir eu le loisir d'établir ses affaires, laissant un frère imbécille et des enfants en bas âge incapables de soutenir un si grand poids.

Mais ce qu'il y avait de plus funeste pour sa maison et pour son empire, est qu'il laissait des capitaines à qui il avait appris à ne respirer que l'ambition et la guerre. Il prévit à quels excès ils se porteraient quand il ne serait plus au monde; pour les retenir, ou de peur d'en être dédit, il n'osa nommer ni son successeur, ni le tuteur de ses enfants. Il prédit seulement que ses amis célébreraient ses funérailles par des batailles sanglantes, et il expira à la fleur de son âge, plein des tristes images de la confusion qui devait suivre sa mort. En effet, vous avez vu le partage de son empire et la ruine affreuse de sa maison. La Macédoine, son ancien royaume, tenu par ses ancêtres depuis tant de siècles, fut envahi de tous côtés comme une succession vacante, et après avoir été longtemps la proie du plus fort, il passa enfin à une autre famille. Ainsi, ce conquérant, le plus renommé et le plus illustre qui fut jamais, a été le dernier roi de sa race. S'il fut demeuré paisible dans la Macédoine, la grandeur de son empire n'aurait pas tenté ses capitaines, et il eût pu laisser à ses enfants le royaume de ses pères; mais, parce qu'il avait été trop puissant, il fut cause de la perte de tous les siens. Et voilà le fruit glorieux de tant de conquêtes !

Sa mort fut la seule cause de cette grande révolution; car il faut dire à sa gloire que si jamais homme a été capable de soutenir un si vaste empire, quoique nouvellement conquis, ç'a été sans doute Alexandre, puisqu'il n'avait pas moins d'esprit que de courage.

BOSSUET. (*Discours sur l'Histoire universelle.*)

Mort de Henriette d'Angleterre.

Considérez ces grandes puissances que nous regardons de si bas : pendant que nous tremblons sous leur main, Dieu les frappe, pour nous avertir. Leur élévation en est la cause, et il les épargne si peu, qu'il ne craint pas de les sacrifier à l'instruction du reste des hommes. Chrétiens, ne murmurez pas si Madame a été choisie pour nous donner une telle instruction : il n'y a rien ici de rude pour elle, puisque, comme vous le verrez dans la suite, Dieu la sauve par le même coup qui nous instruit. Nous devions être assez convaincu de notre néant; mais s'il faut des coups de surprise à nos cœurs enchantés de l'amour du monde, celui-ci est assez grand et assez terrible. O nuit désastreuse! ô nuit effroyable! où retentit tout-à-coup, comme un éclat de tonnerre, cette étonnante nouvelle : Madame se meurt! Madame est morte! Qui de nous ne se sentit frappé à ce coup, comme si quelque tragique accident avait désolé sa famille? Au premier bruit d'un mal si étrange, on accourut à Saint-Cloud de toutes parts; on trouve tout consterné, excepté le cœur de cette princesse : partout on entend des cris : partout on voit la douleur et le désespoir, et l'image de la mort. Le roi, la reine, Monsieur, toute la cour, tout le peuple, tout est abattu, tout est désespéré; et il me semble que je vois l'accomplissement de cette parole du prophète : « Le roi pleurera, le prince sera désolé, et les mains tomberont au peuple de douleur et d'étonnement. »

Mais et les princes et les peuples gémissaient en vain ; en vain Monsieur, en vain le roi même tenait Madame serrée par de si étroits embrassements. Alors ils pouvaient dire l'un et l'autre avec saint Ambroise : *Stringebam brachia, sed jàm amiseram quam tenebam;* je serrais les bras, mais j'avais déjà perdu ce que je tenais. La princesse leur échappait parmi des embrassements si tendres, et la mort plus puissante nous l'enlevait entre ces royales mains.

Quoi donc! elle devait périr sitôt! Dans la plupart des hommes, les changements se font peu à peu, et la mort les prépare ordinairement à son dernier coup; Madame cependant a passé du matin au soir, ainsi que l'herbe des champs; le matin elle fleurissait, avec quelles grâces! vous le savez : le soir nous la vîmes séchée ; et ces fortes expressions par lesquelles l'Écriture-Sainte exagère l'inconstance des choses humaines, devaient être pour cette princesse si précises et si littérales !...

La voilà, malgré son grand cœur, cette princesse si admirable et si chérie ! la voilà telle que la mort nous l'a faite; encore ce reste tel quel va-t-il disparaître ; cette ombre de gloire va s'évanouir, et nous l'allons voir dépouillée même de cette triste décoration. Elle va descendre à ces sombres lieux, à ces demeures souterraines, pour y dormir dans la poussière avec les grands de la terre, comme parle Job, avec ces rois et ces princes anéantis, parmi lesquels à peine peut-on la placer, tant les rangs y sont pressés, tant la mort est prompte à remplir ces places! Mais ici notre imagination nous abuse encore; la mort ne nous laisse pas assez de corps pour occuper quelque place, et on ne voit là que des tombeaux qui fassent quelque figure : notre chair change bientôt de nature, notre corps prend un autre nom; même celui de cadavre, dit Tertullien, parce qu'il nous montre encore quelque forme humaine, ne lui demeure pas long-temps; il devient un je ne sais quoi qui n'a plus de nom dans aucune langue : tant il est vrai que tout meurt en lui, jusqu'à ces termes funèbres par lesquels on exprimait ses malheureux restes!

Le Même. (*Oraisons funèbres.*)

Mort de Turenne.

Cette funeste nouvelle se répandit par toute la France, comme un brouillard épais qui couvrit la lumière du ciel, et remplit tous les esprits des ténèbres de la mort; la terreur et la consternation la suivaient. Personne n'apprit la mort de M. de Turenne, qu'il ne crût d'abord l'armée du roi taillée en pièces, nos frontières découvertes, et les ennemis prêts à pénétrer dans le cœur de l'État; ensuite, oubliant l'intérêt général, on n'était sensible qu'à la perte de ce grand homme : le récit de ce funeste accident tira des plaintes de toutes les bouches, et des larmes de tous les yeux. Chacun à l'envi faisait gloire de savoir et de dire quelque particularité de sa vie et de ses vertus : l'un disait qu'il était aimé de tout le monde sans intérêt ; l'autre, qu'il était parvenu à être admiré sans envie ; un troisième, qu'il était redouté de ses ennemis sans en être haï. Mais enfin ce que le roi sentit sur sa perte, et ce qu'il dit à la gloire de cet illustre mort, est le plus grand et le plus glorieux éloge de sa vertu. Les peuples répondirent à la douleur de leur prince ; on vit, dans les villes par où son corps a passé, les mêmes sentiments que l'on avait vus autrefois dans l'empire romain, lorsque les cendres de Germanicus furent portées de la Syrie au tombeau des Césars.

Les maisons étaient fermées ; le triste et morne silence qui régnait dans les places publiques n'était interrompu que par les gémissements des habitants ; les magistrats en deuil eussent volontiers prêté leurs épaules pour le porter de ville en ville ; les prêtres et les religieux, à l'envi, l'accompagnaient de leurs larmes et de leurs prières ; les villes, pour lesquelles ce triste spectacle était tout nouveau, faisaient paraître une douleur encore plus véhémente que ceux qui l'accompagnaient ; et, comme si, en voyant son cercueil, on l'eût perdu une seconde fois, les cris et les larmes recommençaient.

MASCARON.

Mort de Mirabeau.

Je l'ai vu mourir. D'abord il avait lutté contre le mal, le mal avait été le plus fort. Mirabeau était vaincu pour la première fois. Cet homme, qui touchait à l'immortalité de tant de côtés divers, cet homme, qui marchait si vite et si droit, la mort l'arrête dans son ardente carrière, la mort le terrasse; il tombe écrasé par la logique meurtrière des partis; il tombe victime de son propre ouvrage, l'émancipation de l'humanité. Croyez-moi, il fallait un grand courage au principe libre qui venait de se faire jour en France pour hasarder cet immense attentat. Il fallait que ce principe, encore au berceau, se sentit bien fort pour oser assassiner son père, pour se passer au premier moment de gêne de la force qui l'avait fait naître et qui l'avait soutenu, pour marcher sans elle et malgré elle, pour se délivrer de l'obéissance par un crime. Crime funeste! et qui se paie cher dans les révolutions; car à ce crime longtemps débattu succèdent des crimes faits au hasard, des crimes au-delà de tout raisonnement humain. Toute l'assemblée nationale pouvait prévoir son sort à venir en voyant Mirabeau se débattre sur son lit de mort, les membres tordus par la douleur.

On n'a pas assez parlé de cette mort. A elle seule elle a changé les destinées de l'Europe La révolution, en perdant Mirabeau son maître, a jeté plus de bave et de venin qu'elle n'eût osé en jeter si Mirabeau eût été là pour la comprimer. S'il eût vécu, le héros des temps modernes, la France n'aurait connu ni Robespierre, ni Bonaparte. Bonaparte, en venant au monde, aurait trouvé un maître, et il n'eût point songé à le devenir. Dans mon opinion, Mirabeau représente complètement le pouvoir populaire, aussi complètement que Richelieu représente le pouvoir ecclésiastique, et Louis XIV le pouvoir royal. Mirabeau mort, le véritable peuple mourut. L'anarchie remplaça le pouvoir, jusqu'à ce que le pouvoir eût passé aux soldats. A présent que le sceptre a passé dans tant de mains, à présent qu'il a été violemment arraché de toutes ces mains, devenues trop faibles pour le soutenir, que deviendra-t-il, ce vieux sceptre de France, désormais impossible à porter? Par quelles flatteries, par quelle gloire, par quelles grandes actions se maintiendra-t-il dans la main qui le supporte? Difficile question, qui ne peut être résolue que par le temps.

J'en reviens à Mirabeau. Quand il sut qu'il fallait mourir, il se résigna. Il rejeta bien loin tous les secours de la médecine : il se prépara à bien mourir.

Ouvrez la fenêtre qui donne sur les jardins, approchez son lit vers le lilas en fleurs, vers les arbres touffus, laissez pénétrer les rayons du soleil printanier et les premiers chants de l'oiseau; le soleil est clair comme au jour où mourut Jean-Jacques; l'air est embaumé; l'abeille bourdonne, l'oiseau chante; la nature est presque aussi belle qu'elle était belle au Bignon, quand le jeune Mirabeau, agriculteur sous son père, parcourait les campagnes, rêvant tout haut, jetant au vent la poésie et les soupirs de son âme. Hélas! hélas! c'est bien le même soleil, ce sont les mêmes fleurs, c'est le même chant des oiseaux : rien ne meurt, rien ne change, ni la forme de la feuille, ni le bruit, ni le parfum des campagnes : rien n'est changé dans cette France, que la loi, et le roi, et la royauté : rien n'est changé, si ce n'est qu'il est là étendu, le roi de son temps, le Mirabeau qui parcourait les joyeux chemins en criminel d'état, le Mirabeau du fort de Joux et du donjon de Vincennes : alors aussi il voyait le soleil étincelant à travers les grilles ; il lui tendait les mains de sa fenêtre, mais impuissantes à l'atteindre hier comme aujourdhui, hier retenu par ses fers, aujourd'hui retenu par la mort.

N'importe, c'est son dernier jour de prison. Approchez, ses serviteurs ; venez, votre maître vous appelle : il s'agit de le dépouiller de ses habits de malade ; mettez-lui sa plus élégante parure du matin, couvrez-le de parfums, bouclez ses cheveux, rasez-le avec soin, comme s'il y avait encore une comtesse bel-esprit à reconduire au Palais-Royal. Ainsi il fit de son jour de mort un jour de fête. Chose étrange ! il renonça sans pleurer à ce bel avenir qu'il s'était ouvert !

Il mourait au moment où il venait de comprendre toute sa force ; mais l'intelligence de sa force lui suffisait ; le monde devait la comprendre plus tard ; à présent il pouvait mourir. Ouvrez donc les portes de sa chambre, laissez entrer ses amis, sa maîtresse, ses enfants, ses sœurs, tout ce qu'il aime : il n'y a plus de danger pour lui à laisser pénétrer les gens qu'il aime : l'air du printemps est bien entré !

Mirabeau, Mirabeau, mort dans quelques heures ! Inconcevable puissance, morte, détruite, anéantie même avant la monarchie ! Non, il ne la verra pas mourir, cette monarchie qu'il voulait sauver ! Non, il n'assistera pas au convoi de ce monarque auquel il a pardonné, lui si souvent emprisonné et mendiant ! Non, il ne le suivra pas, le tombereau de cette reine malheureuse, majesté aux touchants souvenirs, quand elle porta sur l'échafaud sa tête blanchie bien avant le temps ! pauvre femme, presque mendiante et à peine vêtue de la robe noire qu'elle avait raccommodée de ses mains !

Heureux de mourir, Mirabeau, trop heureux, avant d'entendre ces bruits sinistres de république qui se fonde, et d'échafauds qui se bâtissent, et le bruit des cachots qu'on répare ! Trop heureux, en effet ; car, à la vue de ce maître souverain, de cet étrange despote, la terreur, il eût réclamé à haute voix son titre de gentilhomme ; ou bien si, malgré ce titre, il eût été sauvé, vous l'eussiez vu, quand vint la réaction thermidorienne, réclamer son titre de citoyen dans le peuple, car, à coup sûr, Mirabeau était un de ces hardis courages qui ont peur du sang, et qui meurent plutôt que d'en respirer la vapeur.

Il meurt donc : adieu, Mirabeau ! adieu aussi au dix-huitième siècle ! Adieu, époque vivace, moins vivace que Mirabeau ! Adieu, vieux monde, qui ne te soutiens plus que par le souvenir ! Autel, adieu ! Trône, adieu ! Majestés souveraines, poésie, philosophie, histoire, aristocraties, majestés de l'autre monde, adieu ! L'ancien monde finit à Mirabeau, de même que le Nouveau-Monde devint Europe le jour où Christophe Colomb porta le pied sur ces terres ignorées. Silence donc et courage. A présent que Mirabeau n'est plus, vous n'avez qu'un choix, vous qui vivez encore : vivre dans le chaos ou mourir.

J. JANIN. (*Barnave.*)

Mort d'André Chénier.

Ce jeune poète, qui, s'associant au dévouement du vieux Malesherbes, traça d'une main courageuse la lettre où le roi condamné invoquait l'appel au peuple, André Chénier ne tarda point à être regardé comme suspect par l'ombrageuse tyrannie qui pesait sur la France. Il fut conduit dans la maison d'arrêt de Saint-Lazare, où il trouva une multitude tremblante qui semblait déjà frappée de mort. Il ne se faisait lui-même aucune illusion sur son sort : lorsqu'il entendit la porte de la prison se refermer sur lui, il crut sentir la hache tomber sur sa tête, et se dit que tout était fini. Cependant, quand il se trouvait dans la salle commune avec les autres prisonniers, c'était lui qui ranimait leur courage, et qui les sauvait du désespoir. Tous ces infortunés se pressaient autour du poète, dont les yeux brillaient encore ; il récitait alors une de ces naïves pastorales qui rappelaient la grâce et la simplicité de Théocrite. Aux premiers sons de sa voix, on voyait s'éclaircir des fronts chargés de douleurs, et un sourire errer sur des lèvres décolorées : c'était un rayon de soleil qui venait du ciel à travers les barreaux de la prison. Bientôt, s'animant de l'émotion qu'il excitait, le poète continuait de réciter ces vers composés dans des jours meilleurs. Les prisonniers, entraînés par la douce mélodie, perdaient pour un moment le sentiment de leurs maux ; leur imagination, un instant affranchie, voyait les amours des bergers, et respirait l'air embaumé des bois. Mais l'enthousiasme dure peu : quand le poète avait cessé de parler, ces malheureux se regardaient étonnés; la terrible réalité reparaissait dans toute sa laideur, et leurs fers, un instant oubliés, semblaient encore plus pesants.

Bientôt la voix du geolier retentissait à son tour; la foule se dispersait, et chacun regagnait sa cellule, pour y trouver, au lieu de sommeil, le sentiment de son malheur et la crainte de la mort.

Dans le nombre des victimes, on remarquait des femmes dont la grâce et les vertus méritaient un autre sort. Quelques unes, par un sublime effort, paraissaient résignées, et voyaient sans murmure l'échafaud qui les attendait; souvent même c'étaient elles qui donnaient aux hommes l'exemple du courage. Mais l'une d'elles, brillante de jeunesse, se plaignait naïvement de toute l'horreur de sa destinée; elle pleurait sur elle-même, et disait, comme l'Iphigénie d'Euripide : « A mon âge, il est si doux de voir la lumière ! » André Chénier fut ému d'une compassion profonde, et traduisit en vers charmants les plaintes et les soupirs de *la jeune captive*.

Cependant, tandis que ces jeux poétiques charmaient l'horreur de la prison, le temps s'écoulait, et André Chénier fut désigné parmi ceux qui devaient être transférés de Saint-Lazare à la Conciergerie, pour comparaître devant le tribunal révolutionnaire. Il monta d'un air calme dans la charrette qui l'attendait à la porte; mais quelle fut sa douleur, quand il vit assis à ses côtés l'ancien ami de sa jeunesse, le compagnon de ses travaux, Roucher, qui gémissait depuis longtemps dans la même prison, et qui allait être jugé avec lui! On dit pourtant que, durant le trajet, leur conversation fut tranquille et douce : ils se rappelèrent leurs occupations chéries, leurs projets de gloire et de bonheur, leurs ouvrages ébauchés; ils citèrent même quelques vers des poètes qu'ils préféraient; et c'était quelque chose de touchant que d'entendre ces deux hommes, faits pour honorer les lettres et leur pays, répéter plusieurs passages de Virgile ou de Racine, en se rendant au tribunal qui devait faire tomber leur tête. Ils parurent devant ces bourreaux qui prenaient le nom de juges; et, condamnés en un instant, presque sans avoir été entendus, ils allèrent passer leur dernière nuit dans la prison de la Conciergerie.

Le lendemain, les deux amis qui ne devaient plus se séparer, parurent dans la fatale charrette, aussi calmes que la veille. Il y avait cependant dans l'expression de leur visage une différence remarquable : Roucher, plus âgé, et, il faut le dire, moins poète que Chénier, baissait la tête, et paraissait accablé d'une tristesse profonde : des liens réels l'attachaient à cette vie qu'il allait quitter; et, dans l'abattement de ses traits, dans les larmes qui coulaient malgré lui de ses yeux, il était facile de voir qu'il pensait à sa femme et à ses enfants. André, dans toute la fleur d'un talent que le temps n'avait point encore développé, levait au ciel un regard inspiré; ses idées se pressaient, s'enflammaient, des torrents de poésie semblaient passer par son âme; puis, comme accablé de ces richesses inutiles, et portant la main sur son front, où rayonnaient de nobles pensées, il disait à ceux qui allaient mourir avec lui : « Eh quoi ! périr si tôt ! je sentais pourtant quelque chose là ! » Le peuple vit passer le charriot, comme il en avait vu passer tant d'autres, dans un morne et stupide silence. Les uns regardaient ces victimes environnées de gardes, comme un spectacle offert à leur curiosité, les autres gémissaient en secret, mais toute leur indignation se cachait au fond de leur cœur. Dans les temps de révolution, les hommes ne songent qu'à leur propre sûreté, et la terreur, comme la peste, les rend égoïstes et cruels.

La voiture s'arrête enfin : elle était arrivée au lieu du supplice. André Chénier et son ami montent les premiers à l'échafaud, et les deux poètes donnent à leurs compagnons l'exemple du courage et de la résignation.

A. Filon.

Naufrage et mort de Virginie.

Un tourbillon affreux de vent enleva la brume qui couvrait l'île d'Ambre et son canal. Le *Saint-Géran* parut alors à découvert, avec son pont chargé de monde, ses vergues et ses mâts de hune amenés sur le tillac, son pavillon en berne, quatre cables sur son avant, et un de retenue sur son arrière. Il était mouillé entre l'île d'Ambre et la terre, en deçà de la ceinture de récifs qui entoure l'île-de-France, et qu'il avait franchie par un endroit où jamais vaisseau n'avait passé avant lui. Il présentait son avant aux flots qui venaient de la pleine mer, et, à chaque lame d'eau qui s'engageait dans le canal, sa proue se soulevait tout entière, de sorte qu'on en voyait la carène en l'air ; mais dans ce mouvement, sa poupe venant à plonger, disparaissait à la vue jusqu'au couronnement, comme si elle eût été submergée. Dans cette position, où le vent et la mer le jetaient à terre, il lui était également impossible de s'en aller par où il était venu, ou, en coupant ses câbles, d'échouer sur le rivage, dont il était séparé par de hauts-fonds semés de récifs. Chaque lame qui venait briser sur la côte, s'avançait en mugissant jusqu'au fond des anses, et y jetait des galets à plus de cinquante pieds dans les terres ; puis, venant à se retirer, elle découvrait une grande partie du rivage, dont elle roulait les cailloux avec un bruit rauque et affreux. La mer, soulevée par le vent, grossissait à chaque instant, et tout le canal compris entre cette île et l'île d'Ambre n'était qu'une vaste nappe d'écumes blanches, creusée par des vagues noires et profondes. Ces écumes s'amassaient dans le fond des anses, à plus de six pieds de hauteur ; et le vent, qui en balayait la surface, les portait par-dessus l'escarpement du rivage, à plus d'une demi-lieue dans les terres. A leurs flocons blancs et innombrables, qui étaient chassés horizontalement jusqu'au pied des montagnes, on eût dit d'une neige qui sortait de la mer. L'horizon offrait tous les signes d'une longue tempête ; la mer y paraissait confondue avec le ciel. Il s'en détachait sans cesse des nuages d'une forme horrible, qui traversaient le zénith avec la vitesse des oiseaux, tandis que d'autres y paraissaient immobiles commes des rochers. On n'apercevait aucune partie azurée du firmament; une lueur olivâtre et blafarde éclairait seule tous les objets de la terre, de la mer et des cieux.

Dans les balancements du vaisseau, ce qu'on craignait arriva. Les cables de son avant rompirent; et comme il n'était plus retenu que par une seule ansière, il fut jeté sur les rochers à une demi-encâblure du rivage. Ce ne fut qu'un cri de douleur parmi nous. Paul allait s'élancer à la mer, lorsque je le saisis par le bras. « Mon fils, lui dis-je, voulez-vous périr? — Que j'aille à son secours, s'écria-t-il, ou que je meure! » Comme le désespoir lui ôtait la raison, pour prévenir sa perte, Domingue et moi lui attachâmes à la ceinture une longue corde dont nous saisîmes l'une des extrémités. Paul alors s'avança vers le *Saint-Géran*, tantôt nageant, tantôt marchant sur les récifs. Quelquefois il avait l'espoir d'aborder; car la mer, dans ses mouvements irréguliers, laissait le vaisseau presque à sec, de manière qu'on en eût pu faire le tour à pied; mais bientôt après, revenant sur ses pas avec une nouvelle furie, elle le couvrait d'énormes voûtes d'eau, qui soulevaient tout l'avant de sa carène, et rejetaient bien loin sur le rivage le malheureux Paul, les jambes en sang, la poitrine meurtrie, et à demi noyé. A peine ce jeune homme avait-il repris l'usage de ses sens, qu'il se relevait, et retournait avec une nouvelle ardeur au vaisseau, que la mer cependant entr'ouvrait par d'horribles secousses. Tout l'équipage, désespérant alors de son salut se précipitait en foule à la mer, sur des vergues, des planches, des cages à poules, des tables et des tonneaux.

On vit alors un objet digne d'une éternelle pitié; une jeune demoiselle parut dans la galerie de la poupe du *Saint-Géran*, tendant les bras vers celui qui faisait tant d'efforts pour la joindre : c'était Virginie. Elle avait reconnu son amant à son intrépidité. La vue de cette aimable personne, exposée à un si terrible danger, nous remplit de douleur et de désespoir. Pour Virginie, d'un port noble et assuré, elle nous faisait signe de la main, comme nous disant un éternel adieu. Tous les matelots s'étaient jetés à la mer, il n'en restait plus qu'un sur le pont, qui était tout nu, et nerveux comme Hercule. Il s'approcha de Virginie avec respect. Nous le vîmes se jeter à ses genoux, et s'efforcer même de lui ôter ses habits; mais elle, le repoussant avec dignité, détourna de lui sa vue. On entendit aussitôt ces cris redoublés des spectateurs : « Sauvez-la ! sauvez-la ! ne la quittez pas ! » Mais, dans ce moment, une montagne d'eau d'une effroyable grandeur s'engouffra entre l'île d'Ambre et la côte, et s'avança en rugissant vers le vaisseau, qu'elle menaçait de ses flancs noirs et de ses sommets écumants. A cette terrible vue, le matelot s'élança seul à la mer, et Virginie, voyant la mort inévitable, posa une main sur ses habits, l'autre sur son cœur, et levant en haut ses yeux sereins, parut un ange qui prend son vol vers les cieux.

BERNARDIN DE SAINT-PIERRE. (*Paul et Virginie.*)

Bataille de Hastings.

Sur le terrain qui porta depuis, et qui aujourd'hui porte encore le nom de *Lieu de la Bataille*, les lignes des Anglo-Saxons occupaient une longue chaîne de collines fortifiées de tous côtés par un rempart de pieux et de claies d'osier.

Dans la nuit du 13 octobre, Guillaume fit annoncer aux Normands que le lendemain serait le jour de combat. Des prêtres et des religieux qui avaient suivi en grand nombre l'armée envahissante, se réunirent pour faire des oraisons et chanter les litanies, pendant que les gens de guerre préparaient leurs armes et leurs chevaux. Le temps qui resta aux aventuriers après ce premier soin, ils l'employèrent à faire la confession de leurs péchés, et à recevoir les sacrements. Dans l'autre armée, la nuit se passa d'une manière toute différente : les Saxons se divertissaient avec grand bruit, et chantaient leurs vieux chants nationaux, en vidant, autour de leurs feux, des cornes remplies de bière et de vin.

Au matin, dans le camp normand, l'évêque de Bayeux, fils de la mère du duc Guillaume et d'un bourgeois de Falaise, célébra la messe et bénit les troupes, armé d'un haubert sous son rochet ; puis il monta un coursier blanc, prit une lance et fit ranger sa brigade de cavaliers. Toute l'armée se divisa en trois colonnes d'attaque : à la première étaient les gens d'armes venus du comté de Boulogne et du Ponthieu avec la plupart des hommes engagés personnellement pour une solde ; à la seconde se trouvaient les auxiliaires bretons, manceaux et poitevins ; Guillaume, en personne, commandait la troisième, formée des recrues de Normandie. En tête de chaque corps de bataille marchaient plusieurs rangs de fantassins à légère armure, vêtus d'une casaque matelassée, et portant des arcs longs d'un corps d'homme ou des arbalètes d'acier. Le duc montait un cheval espagnol qu'un riche Normand lui avait amené d'un pélerinage à Saint-Jacques-de-Galice. Il tenait suspendues à son cou les plus révérées d'entre les reliques, sur lesquelles Harold avait juré, et l'étendard béni par le pape était porté à côté de lui par un jeune homme appelé Toustain-le-Blanc.

L'armée se trouva bientôt en vue du camp saxon, au nord-ouest de Hastings. Les prêtres et les moines qui l'accompagnaient se détachèrent, et montèrent sur une hauteur voisine, pour prier et regarder le combat. Un Normand appelé Taillefer, poussa son cheval en avant du front de bataille, et entonna le chant des exploits, fameux dans la Gaule, de Charlemagne et de Roland. En chantant, il jouait de son épée, la lançait en l'air avec force, et la recevait dans sa main droite ; les Normands répétaient ses refrains ou criaient : *Dieu aide ! Dieu aide !*

A portée de trait, les archers commencèrent à lancer leurs flèches, et les arbalétriers leurs carreaux ; mais la plupart des coups furent amortis par le haut parapet des redoutes saxonnes. Les fantassins, armés de lances, et la cavalerie, s'avancèrent jusqu'aux portes des redoutes, et tentèrent de les forcer. Les

Anglo-Saxons, tous à pied autour de leur étendard planté en terre, et formant derrière leurs redoutes une masse compacte et solide, reçurent les assaillants à grands coups de hache, qui, d'un revers, brisaient les lances et coupaient les armures de maille. Les Normands, ne pouvant pénétrer dans les redoutes, ni en arracher les palissades, se replièrent, fatigués d'une attaque inutile, vers la division que commandait Guillaume. Le duc alors fit avancer de nouveau tous ses archers, et leur ordonna de ne plus tirer droit devant eux, mais de lancer leurs traits en haut, pour qu'ils descendissent par-dessus le rempart du camp ennemi. Beaucoup d'Anglais furent blessés, la plupart au visage, par suite de cette manœuvre ; Harold lui-même eut l'œil crevé d'une flèche, et il n'en continua pas moins de commander et de combattre. L'attaque des gens de pied et de cheval recommença de près, aux cris de : Notre-Dame ! Dieu aide ! Dieu aide !

Mais les Normands furent repoussés à l'une des portes du camp, jusqu'à un grand ravin recouvert de broussailles et d'herbes, où leurs chevaux trébuchèrent et où ils tombèrent pêle-mêle, et périrent en grand nombre. Il y eut un moment de terreur panique dans l'armée d'outre-mer ; le bruit courut que le duc avait été tué, et, à cette nouvelle, la fuite commença. Guillaume se jeta lui-même au-devant des fuyards et leur barra le passage, les menaçant et les frappant de sa lance ; puis, se découvrant la tête : « Me voilà, leur cria-t-il ; regardez-moi ; je vis encore, et je vaincrai avec l'aide de Dieu. »

Les cavaliers retournèrent aux redoutes ; mais ils

ne purent davantage en forcer les portes ni faire brèche. Alors le duc s'avisa d'un stratagème pour faire quitter aux Anglais leur position et leurs rangs ; il donna l'ordre à mille cavaliers de s'avancer, et de fuir aussitôt. La vue de cette déroute simulée fit perdre aux Saxons leur sang-froid ; ils coururent tous à la poursuite, la hache suspendue au cou. A une certaine distance, un corps, posté à dessein, joignit les fuyards qui tournèrent bride : et les Anglais, surpris dans leur désordre, furent assaillis de tous côtés à coups de lances et d'épées dont ils ne pouvaient se garantir, ayant les deux mains occupées à manier leurs grandes haches. Quand ils eurent perdu leurs rangs, les clôtures des redoutes furent enfoncées, cavaliers et fantassins y pénétrèrent ; mais le combat fut encore vif, pêle-mêle, et corps à corps. Guillaume eut son cheval tué sous lui ; le roi Harold et ses deux frères tombèrent morts au pied de leur étendard qui fut arraché et remplacé par le drapeau envoyé de Rome. Les débris de l'armée anglaise, sans chef et sans drapeaux, prolongèrent la lutte jusqu'à la fin du jour, tellement que les combattants des deux partis ne se reconnaissaient plus qu'au langage.

Aug. Thierry.

Bataille de Rocroi.

A la nuit qu'il fallut passer en présence des ennemis, comme un vigilant capitaine, le duc d'Enghien reposa le dernier ; mais jamais il ne reposa plus paisiblement.

A la veille d'un si grand jour, et dès la première bataille, il est tranquille, tant il se trouve dans son naturel; et on sait que le lendemain, à l'heure marquée, il fallut réveiller d'un profond sommeil cet autre Alexandre. Le voyez-vous comme il vole ou à la victoire ou à la mort? Aussitôt qu'il eut porté de rang en rang l'ardeur dont il était animé, on le vit presque en même temps pousser l'aile droite des ennemis, soutenir la nôtre ébranlée, rallier les Français à demi vaincus, mettre en fuite l'Espagnol victorieux, porter partout la terreur, et étonner de ses regards étincelants ceux qui échappaient à ses coups:

Restait cette redoutable infanterie de l'armée d'Espagne, dont les gros bataillons serrés, semblables à autant de tours, mais à des tours qui sauraient réparer leurs brèches, demeuraient inébranlables au milieu de tout le reste en déroute, et lançaient des feux de toutes parts. Trois fois le jeune vainqueur s'efforça de rompre ces intrépides combattants; trois fois il fut repoussé par le valeureux comte de Fontaines, qu'on voyait porté dans sa chaise, et, malgré ses infirmités, montrer qu'une âme guerrière est maîtresse du corps qu'elle anime; mais enfin il faut céder. C'est en vain qu'à travers les bois, avec sa cavalerie toute fraîche, Beck précipite sa marche pour tomber sur nos soldats épuisés; le prince l'a prévenu, les bataillons enfoncés demandent quartier; mais la victoire va devenir plus terrible pour le duc d'Enghein que le combat.

Pendant qu'avec un air assuré il s'avance pour recevoir la parole de ces braves gens, ceux-ci, toujours en garde, craignent la surprise de quelque nouvelle attaque ; leur effroyable décharge met les nôtres en furie. On ne voit plus que carnage ; le sang enivre le soldat, jusqu'à ce que ce grand prince qui ne peut voir égorger ces lions comme de timides brebis, calma les courages émus, et joignit au plaisir de vaincre celui de pardonner. Quel fut alors l'étonnement de ces vieilles troupes et de leurs braves officiers, lorsqu'ils virent qu'il n'y avait plus de salut pour eux que dans les bras du vainqueur ! De quels yeux regardèrent-ils le jeune prince, dout la victoire avait relevé la haute contenance, à qui la clémence ajoutait de nouvelles grâces ! Qu'il eût encore volontiers sauvé la vie au brave comte de Fontaines ! Mais il se trouva par terre, parmi ces milliers de morts dont l'Espagne sent encore la perte. Elle ne savait pas que le prince qui lui fit perdre tant de ses vieux régiments à la journée de Rocroi, en devait achever les restes dans les plaines de Lens. Ainsi la première victoire fut le gage de beaucoup d'autres. Le prince fléchit le genou ; et, dans le champ de bataille, il rend au Dieu des armées la gloire qu'il lui envoyait.

Là, on célébra Rocroi délivré, les menaces d'un redoutable ennemi tournées à sa honte, la Régence affermie, la France en repos, et un règne qui devait être si beau, commencé par un si heureux présage.

BOSSUET. (*Oraisons funèbres.*)

Bataille de Naseby.

La rencontre eut lieu le lendemain matin (le 15 janvier 1647), sur le plateau de Naseby, au nord-ouest de Northampton. A l'aube du jour, l'armée du roi (Charles Ier) était en bataille, dans une position avantageuse. Des éclaireurs, envoyés pour reconnaître les parlementaires, revinrent au bout de deux heures, disant qu'ils ne les voyaient point. Robert, impatienté, alla lui-même à la découverte avec quelques escadrons; il fut convenu que l'armée resterait immobile jusqu'à son retour. A peine avait-il fait une demi-lieue, que l'avant-garde ennemie parut, en marche elle-même vers les cavaliers. Dans son emportement, le prince crut voir qu'elle se retirait, et continua d'avancer, en faisant dire au roi de venir le joindre en toute hâte, de peur que l'ennemi ne leur échappât. Vers dix heures, les royalistes arrivèrent, un peu troublés de la précipitation de leur mouvement; et Robert, à la tête de la cavalerie de l'aile droite, se lança aussitôt sur l'aile gauche des parlementaires, commandée par Ireton, qui devint peu après gendre de Cromwell. Presqu'au même moment, Cromwell, dont les escadrons occupaient l'aile droite, attaqua l'aile gauche du roi, que formaient des cavaliers des comtés du Nord, sous le commandement de sir Marmaduke Langdale; et peu d'instants après, les deux infanteries placées au centre, l'une sous les ordres de Fairfax et Skippon, l'autre sous ceux du roi lui-même, en vinrent pareillement aux mains. Nulle action n'avait encore été si rapidement engagée ni si passionnément acharnée. Les deux armées étaient de force à peu près égale ; les cavaliers, ivres de confiance, avaient pour mot de ralliement *la reine Marie* ; les parlementaires, fermes dans leur foi, marchaient, en chantant : *Dieu est avec nous.* Le prince Robert fit sa première charge avec son bonheur accoutumé ; après une vive mêlée, les escadrons d'Ireton se rompirent ; Ireton lui-même, l'épaule meurtrie, la cuisse percée d'un coup de lance, tomba un moment aux mains des cavaliers ; mais, pendant que Robert, toujours emporté dans la même faute, poursuivait l'ennemi jusqu'aux bagages du camp, bien défendus par des artilleurs, et perdait le temps à les attaquer dans l'espoir du butin, Cromwel, maître de lui-même et des siens, comme à Marston-Moor, avait rompu de son côté les escadrons de Langdale ; et, laissant à deux de ses officiers le soin d'empêcher qu'ils ne se ralliassent, se hâtait de revenir sur le champ de bataille où les deux infanteries étaient aux prises. Le combat était là plus vif et plus meurtrier que partout ailleurs. Les parlementaires, chargés par le roi en personne, avaient été mis d'abord en grand désordre ; Skippon était grièvement blessé ; Fairfax le pressa de se retirer. « Non, dit-il, tant qu'un homme tiendra, je resterai ici ; » et il donna à sa réserve l'ordre d'avancer. Un coup de sabre abattit le casque de Fairfax ; Charles Doyley, capitaine de ses gardes, le voyant parcourir tête nue le champ de bataille, s'empressa de lui offrir le sien. « C'est bien comme cela, Charles, lui répondit Fairfax, je n'en ai pas besoin ; » et lui montrant un corps d'infanterie royale que rien n'avait pu entamer : « Ces gens-là sont donc inabordables ? les avez-vous chargés ? — Deux fois, général, et sans succès. — Eh bien! prenez-les en tête, je les prendrai en queue, et nous nous retrouverons au milieu; » et ils se rejoignirent en effet à travers les rangs enfoncés. Fairfax tua de sa main le porte-étendard et remit le drapeau à l'un des siens; celui-ci s'en vantait comme d'un exploit de son propre courage : Doyley s'en aperçut et se fâcha. « Laissez-le faire, dit Fairfax en passant, j'ai de l'honneur assez ; qu'il prenne celui-là pour lui. » A leur tour les royalistes pliaient déjà de toutes parts, quand Cromwell reparut avec ses escadrons victorieux. A cette vue, Charles désolé se mit en tête du régiment des gardes, seule réserve qui lui restât, pour charger ce nouvel ennemi : déjà l'ordre était donné et la troupe en mouvement, quand le comte de Carnewarth, écossais qui galoppait à côté du roi, saisit tout-à-coup la bride de son cheval, et s'écriant en jurant : « Voulez-vous donc vous faire tuer ? » le détourna brusquement à droite. Les cavaliers les plus rapprochés du roi firent comme lui, sans en comprendre la raison; les autres suivirent, et en un clin d'œil, le régiment tout entier tourna le dos à l'ennemi. La surprise devint terreur; tous se dispersèrent dans la plaine, les uns pour fuir, les autres pour retenir les fuyards. Charles, au milieu d'un groupe d'officiers, criait en vain : « Arrêtez! arrêtez! » La débandade ne se ralentit qu'à la vue du prince Robert, de retour enfin sur le champ de bataille avec ses escadrons.

Un corps assez nombreux se reforma alors autour

du roi, mais de cavaliers en désordre, fatigués, troublés, abattus. Charles, l'épée à la main, les yeux ardents, le désespoir dans tous les traits, se lança deux fois en avant, criant de toutes ses forces : « Messieurs, encore une charge, et nous regagnons la journée. » Nul ne le suivit : l'infanterie partout enfoncée était en pleine déroute ou déja prisonnière. Il fallut fuir; et le roi, avec deux mille chevaux environ, se jeta du côté de Leicester, laissant son artillerie, ses munitions, ses bagages, plus de cent drapeaux, son propre étendard, cinq mille hommes et tous les papiers de son cabinet au pouvoir du parlement.

GUIZOT. (*Histoire de la révolution d'Angleterre.*)

Bataille d'Aboukir.

La position que Bonaparte choisit est inspirée par le même génie, qui avait conquis toute l'Italie par sa supériorité sur les tactiques de plusieurs armées de l'Europe. Mustapha doit triompher, ou nul de ses soldats ni lui-même ne pourront se soustraire au vainqueur. Aboukir n'était accessible aux Français que du côté de la terre, puisqu'ils n'avaient point de marine à opposer à la flotte anglo-turque, qui avait jeté l'ancre à une demi-lieue en mer.

L'armée ottomane, forte de dix-huit mille hommes, défendue par une artillerie nombreuse, se couvrit d'une double ligne de retranchements; l'une, voisine du fort d'Aboukir, avait pour appui un mamelon retranché sur le rivage, un hameau à son centre, et des chaloupes canonnières à sa gauche.

L'autre ligne, moins distante du corps de la place, s'étendait aussi de l'une à l'autre plage; mais plus resserrée, fortifiée sur plusieurs points, au milieu desquels s'élevait une redoute hérissée de canons, elle était plus formidable encore que la première.

Notre armée ne s'élance pas d'abord avec la furie française tant redoutée en Italie; mais à peine se trouve-t-elle à portée des ouvrages, qu'une colonne aux ordres du général Destaing se précipite sur le mamelon, à droite de la première ligne, tandis que Murat s'avance rapidement pour couper la retraite à l'ennemi. Premier gage de la victoire, ce mouvement réussit et coûte la vie à deux mille Turcs tués ou jetés dans les flots, sans nous ravir un seul homme. Aussitôt Destaing se porte sur le hameau que le général Lannes attaque de front : le généralissime Mustapha détache en vain un renfort considérable.

Murat culbute le renfort, le village est enlevé, et la première ligne de l'ennemi tombe en notre pouvoir. Bonaparte prépare le même sort à la seconde, et veut attirer l'attention des Turcs vers leurs aîles pour emporter ensuite leur centre avec sa réserve. Sans attendre ce nouvel assaut, ils viennent à notre rencontre avec intrépidité. Leur droite est d'abord repoussée; mais Murat, engagé entre le feu des chaloupes canonnières et celui de la redoute, tente sans succès à plusieurs reprises de franchir la barrière terrible qui l'arrête. A la gauche, les Turcs, désespérés de la résistance de nos immobiles bataillons, nous chargent avec impétuosité; notre infanterie les contraint, non sans de grands efforts, à se retirer, et arrive par degrés devant la redoute. Là, elle est obligée à son tour de reculer devant les feux de l'ennemi.

Jusqu'alors le courage, la fermeté, le sang-froid de nos troupes, n'avaient point obtenu le prix qu'elles méritaient; tout-à-coup les Turcs, fidèles à leur coutume barbare, descendent imprudemment pour trancher la tête aux morts et aux blessés français; Murat voit leur faute, se précipite entre eux et la redoute, et parvient à la passer. Assaillis en même temps par la colonne du général Fugières, les ennemis s'effraient de sentir Murat sur leurs derrières; ils veulent rétablir leurs communications avec la flotte qui les protège. Bonaparte, dont le génie plane sur le champ de bataille, saisit l'instant de vaincre, marqué d'avance dans sa pensée; il engage aussitôt sa réserve, dont il avait eu peine à retenir l'ardeur et l'impatience. Redoute, retranchements, tout est enlevé en un instant; les Turcs, auxquels le Koran défend de capituler avec des chrétiens, sont taillés en pièces; beaucoup se jettent dans les flots pour gagner quelque navire; les balles de nos soldats les atteignent jusque dans ce dernier asile.

Murat, si redoutable dans la poursuite d'un ennemi ébranlé, s'élance avec sa cavalerie entre le village et le fort d'Aboukir, combat, blesse Mustapha qui ose affronter un tel adversaire, et l'envoie prisonnier à Bonaparte.

Treize mille Ottomans périrent pendant l'action; le reste, enfermé avec le fils du pacha dans le fort d'Aboukir, fut réduit à se rendre après huit jours d'une héroïque résistance.

Une victoire si complète coûta peu de sang français ; immense dans ses résultats, elle sauva l'armée, qu'un revers eût perdu sans ressource. En effet, les Turcs, les Arabes de Mourad, les Egyptiens révoltés, bientôt réunis aux forces nombreuses que le grand-visir tenait en Syrie, seraient venus nous accabler. Kléber avait sans doute le sentiment de ce danger, lorsqu'il disait à Bonaparte, après cette immortelle journée : « Venez, que je vous embrasse, mon cher général ; vous êtes grand comme le monde. »

Ainsi fut vengée la flotte d'Aboukir. La population du Caire, en voyant, parmi les trophées de Bonaparte, Mustapha et son fils, tous deux captifs, accueillit avec tous les transports d'un enthousiasme superstitieux le prophète invincible qui ne craignit pas d'annoncer d'avance son triomphe.

NORVINS. (*Histoire de Napoléon.*)

Incendie de Moscou.

L'embrasement, poursuivant ses ravages, eut bientôt atteint les plus beaux quartiers de la ville. En un instant, tous ces palais que nous avions admirés pour l'élégance de leur architecture et le goût de leur ameublement, furent consumés par la violence des flammes. Leurs superbes frontons, décorés de bas-reliefs et de statues, venant à manquer de support, tombaient avec fracas sur les débris de leurs colonnes. Les églises, quoique couvertes en tôle et en plomb, tombaient aussi, et avec elles ces dômes superbes que nous avions vus la veille tout resplendissants d'or et d'argent. Les hôpitaux, où se trouvaient plus de vingt mille malades ou blessés, ne tardèrent pas à être incendiés; le désastre qui s'en suivit révoltait l'âme et la glaçait d'effroi. Consternés par tant de calamités, nous espérions que les ombres de la nuit en couvriraient l'effrayant tableau; elles ne servirent qu'à rendre l'incendie plus terrible, et à faire ressortir davantage la violence des flammes, agitées par le vent, elles s'élevaient jusqu'au ciel. On apercevait aussi les fusées incendiaires que les malfaiteurs lançaient du haut des clochers; elles sillonnaient des nuages de fumée, et de loin ressemblaient à des étoiles tombantes.

Le lendemain, on ne distinguait les endroits où il y avait eu des maisons que par quelques piliers en pierres calcinées et noircies. Le vent, soufflant avec violence, formait un mugissement semblable à celui que produit une mer agitée, et faisait tomber sur nous avec un fracas épouvantable les énormes lames de tôle qui recouvraient les palais. De quelque côté qu'on tournât les yeux, on ne voyait que des ruines ou un océan de flammes. Le feu prenait comme s'il eût été mis par une puissance invisible; des quartiers immenses s'allumaient, brûlaient et disparaissaient à la fois.

A travers une épaisse fumée se présentait une longue suite de voitures, toutes chargées de butin, forcées par l'encombrement de s'arrêter à chaque pas; on entendait les cris des conducteurs qui, craignant d'être brûlés, poussaient, pour avancer, des imprécations effroyables.

Le feu était au Kremlin; mais Napoléon, maître enfin de ce palais des Tzars, s'opiniâtrait à ne pas céder cette conquête, même à l'incendie. Sourd à nos sollicitations, car tous les officiers s'étaient réunis autour de lui, ce ne fut qu'après avoir jugé par lui-même du danger, qu'il se décida enfin à fuir. Il descendit rapidement cet escalier du nord, fameux par le massacre des Strélitz. Mais nous étions assiégés par un océan de flammes; elles bloquaient toutes les portes de la citadelle, et elles repoussèrent les premières sorties qui furent tentées. Après quelques tâtonnements, on découvrit à travers les rochers une poterne qui donnait sur la Moskwa. Ce fut par cet étroit passage que Napoléon, ses officiers et la garde parvinrent à échapper du Kremlin. Mais qu'avaient-ils gagné à cette sortie? Plus près de l'incendie, ils ne pouvaient ni reculer, ni demeurer; et comment avancer, comment s'élancer à travers les vagues de cette mer de feu? Ceux qui avaient parcouru la ville, assourdis par la tempête, aveuglés par les cendres, ne pouvaient plus se reconnaître, puisque les rues disparaissaient dans la fumée et sous les décombres.

Il fallait pourtant se hâter. A chaque instant croissait autour de nous le mugissement des flammes. Une seule rue étroite, tortueuse et toute brûlante, s'offrait plutôt comme l'entrée que comme la sortie de cet enfer. L'empereur s'élança à pied et sans hésiter dans ce dangereux passage. Il s'avança au travers du pétillement de ces brasiers, au bruit du craquement des voûtes et de la chute des poutres brûlantes et des toits de fer ardents qui croulaient autour de lui. Ces débris embarrassaient ses pas. Les flammes qui dévoraient les édifices entre lesquels il marchait, dépassant leur faîte, fléchissaient alors sous le vent, et se recourbaient sur nos têtes. Nous marchions sur une terre de feu, sous un ciel de feu, entre deux murailles de feu ! Un air dévorant, des cendres étincelantes, embrasaient notre respiration, sèche, haletante et déjà suffoquée par la fumée. Nos mains brûlaient en cherchant à garantir notre figure d'une chaleur insupportable, et en repoussant les flammèches qui couvraient à chaque instant et pénétraient nos vêtements.

Ph. de Ségur. (*Hist. de la campagne de Russie.*)

Incendie de la flotte turque à Ténédos.

Les Hydriotes avaient à peine relâchés à Psara, qu'on vota unanimement la destruction de la flotte ottomane qui était à Ténédos. Une division navale, composée de douze bricks de Psara, avait observé sa position. L'entreprise était difficile ; les Turcs, sans cesse aux aguets depuis la catastrophe de Chio, se gardaient avec soin et visitaient les moindres bâtiments. Cependant, comme l'amirauté avait une confiance entière dans Kanaris, qui s'offrit encore pour cette périlleuse mission, on se décida à la hasarder.

On ajouta un brûlot à celui que le plus intrépide des hommes de notre siècle devait monter, et malgré le temps orageux qui régnait, les deux armements mirent en mer le 9 novembre, à sept heures du soir, accompagnés de deux bricks de guerre, fins voiliers. Arrivés, le jour suivant, à leur destination, les gardes-côtes de Ténédos les virent sans défiance doubler un des caps de l'île, sous pavillon turc. Ils paraissaient chassés par les bricks de leur escorte qui battaient flamme et pavillon de la Croix, et le costume ottoman que portaient les équipages des brûlots complétait l'illusion, lorsque deux frégates turques, placées en védettes à l'entrée du port, les signalèrent comme pour les diriger vers le point qu'ils cherchaient.

Le jour commençait à baisser, et il était impossible de distinguer le vaisseau amiral au milieu d'une forêt de mâts, quand celui-ci répondit aux signaux des frégates d'avant-garde par trois coups de canon. « Il est à nous ! dit aussitôt Kanaris à son équipage : courage, camarades ! nous le tenons ! » Manœuvrant directement vers le point d'où le canon s'était fait entendre, il aborde l'énorme citadelle flottante, en enfonçant son mât de beaupré dans un de ses sabords, et le vaisseau s'embrase avec une telle rapidité, que, de plus de deux mille individus qui le montaient, le capitan-pacha et une trentaine des siens parviennent seuls à se dérober à la mort.

Au même instant, un second vaisseau est mis en feu par le brûlot de Cyriaque, et la rade n'offre plus qu'une scène déplorable de carnage, de désordre et de confusion. Les canons, qui s'échauffent, tirent successivement ou par bordée, et quelques-uns, chargés de boulets incendiaires, propagent le feu, tandis que la forteresse de Ténédos, croyant les Grecs entrés au port, canonne ses propres vaisseaux. Ceux-ci coupent leurs câbles, se pressent, se heurtent, se démâtent, arrachent mutuellement leurs bossages, ou s'échouent, et la majeure partie ayant réussi à s'éloigner, malgré la confusion inséparable d'une semblable catastrophe, est à peine portée au large, qu'elle est assaillie par une de ces tempêtes qui rendent une mer étroite aussi terrible que dangereuse pendant les longues nuits de novembre. Les vaisseaux voguent à l'aventure, s'abordent dans l'obscurité, et s'endommagent. Plusieurs périssent, corps et biens; douze bricks font côte sur les plages de la Troade; deux frégates et une corvette, abandonnées, on ne sait comment, de leurs équipages, sont emportées par les courants jusqu'aux attérages de Paros.

Pendant que les Turcs se débattaient au milieu des flammes, et en luttant contre les flots, les équipages des brûlots, formant un total de dix-sept hommes, assistaient tranquillement à la destruction de la flotte du sultan. Ils virent successivement sauter le vaisseau amiral, et cette altesse tremblante se sauver à terre dans un canot, lui qui montait, quelques minutes auparavant, le plus beau navire des mers de l'Orient. Le second vaisseau s'abîma ensuite avec seize cents hommes, sans qu'il s'en sauva que deux individus à demi brûlés, qui s'accrochèrent à des débris que la vague mugissante porta vers la plage, sur laquelle gisaient deux superbes frégates.

Les bricks des Hellènes, après avoir recueilli Constantin Kanaris, Cyriaque et leurs braves, présentant leurs voiles à la tempête, et naviguant sur la cime des vagues, reparurent le 12 novembre au port de Psara.

POUQUEVILLE. (*Hist. de la régén. de la Grèce.*)

Passage des Alpes par François Ier.

On part; un détachement reste et se fait voir sur le mont Cenis et sur le mont Genèvre, pour inquiéter les Suisses, et leur faire craindre une attaque. Le reste de l'armée passe à gué la Durance, et s'engage dans les montagnes, du côté de Guillestre; trois mille pionniers la précèdent. Le fer et le feu lui ouvrent une route difficile et périlleuse à travers les rochers; on remplit des vides immenses avec des fascines et de gros arbres; on bâtit des ponts de communication; on traîne, à force d'épaules et de bras, l'artillerie dans quelques endroits inaccessibles aux bêtes de somme; les soldats aident les pionniers; les officiers aident les soldats; tous indistinctement manient la pioche et la cognée, poussent aux roues, tirent les cordages; on gravit sur les montagnes; on fait des efforts plus qu'humains; on brave la mort, qui semble ouvrir mille tombeaux dans ces vallées profondes que l'Argentière arrose, et où des torrents de glaces et de neiges fondues par le soleil se précipitent avec un fracas épouvantable. On ose à peine les regarder de la cime des rochers sur lesquels on marche en tremblant par des sentiers étroits, glissants et raboteux, où chaque faux pas entraîne une chute, et d'où l'on voit souvent rouler au fond des abîmes, et les hommes, et les bêtes avec toute leur charge. Le bruit des torrents, les cris des mourants, les hennissements des chevaux fatigués et effrayés, étaient horriblement répétés par tous les échos des bois et des montagnes, et venaient redoubler la terreur et le tumulte.

On arriva enfin à une dernière montagne où l'on vit avec douleur tant de travaux et tant d'efforts prêts à échouer. La sape et la mine avaient renversé tous les rochers qu'on n'avait pu aborder et entamer : mais que pouvaient-elles contre une seule roche vive, escarpée de tous côtés, impénétrable au fer, presque inaccessible aux hommes? Navarre, qui l'avait plus d'une fois sondée, commençait à désespérer du succès, lorsque des recherches plus heureuses lui découvrirent une veine plus tendre qu'il suivit avec la dernière précision ; le rocher fut entamé par le milieu ; et l'armée, introduite au bout de huit jours dans le marquisat de Saluces, admira ce que peuvent l'industrie, l'audace et la persévérance.

GAILLARD. (*Histoire de François Ier.*)

Passage du mont Saint-Bernard.

Pour frapper les grands coups qu'il prépare, Napoléon a les Hautes-Alpes à franchir ; et le Grand-Saint-Bernard qui, de tous les points de la vaste chaîne, lui livrerait de plus près le cœur de l'Italie, est aussi celui où la nature a semblé réunir le plus de difficultés insurmontables pour défendre ses forteresses contre les conquérants. Il est inaccessible à une armée..... On l'a cru jusqu'à ce jour ; les soldats français le croient encore. Les têtes de colonnes, en se rencontrant à Martigny, s'arrêtent étonnées au pied de ces gigantesques boulevards. Comment pousser plus avant dans ces gorges, qui semblent murées par ces abîmes sans fond ? Il faudrait longer les précipices effroyables, gravir les glaciers immenses, surmonter les neiges éternelles, vaincre l'éblouissement, le froid, la lassitude; vivre dans cet autre désert plus aride, plus sauvage, plus désolant que celui de l'Arabie, et trouver des passages au travers de ses rocs entassés jusqu'à dix mille pieds au-dessus du niveau des mers. Il y a bien, entre les escarpements et les abîmes, suspendu par les torrents, dominé par les crêtes d'où roulent à flots les neiges homicides, et taillé dans les anfractuosités de la roche vive, un sentier qui monte pendant plusieurs lieues, raide, inégal, étroit jusqu'à n'avoir parfois que deux pieds à peine, tournant à angles si aigus, qu'on marche droit au gouffre, et glissant, chargé de frimas, perdu, d'intervalle en intervalle, sous les avalanches. Chemin si terrible, qu'il a fallu préposer de charitables cénobites à la garde de cette rampe meurtrière, afin d'enhardir le voyageur isolé par la promesse de lui donner un chien pour guide, un fanal pour secours, un hospice pour repos, et une prière pour aide ou pour funérailles. Là passera aussi une armée : Bonaparte l'a dit; il a marqué du doigt la route. Martigny et Saint-Pierre sont encombrés d'apprêts qui attestent aux soldats que leur chef a pensé à tout. Aux mulets rassemblés de toute la Suisse ont été ajoutés les traîneaux, les brancards, tous les moyens de transport que le génie de l'administration française ou les habitudes de la contrée ont pu fournir. Pendant trois jours l'armée démonte ses canons, ses forges de campagnes, ses caissons. Marmont et Gassendi placent leurs bouches à feu dans des troncs d'arbres creusés, les cartouches dans les caisses légères, les affûts, les provisions, les magasins sur des traîneaux faits à la hâte ou sur ceux du pays; puis, le 17 mai, tout s'élance; les soldats montent, au cri de *Vive le premier consul!* à l'assaut des Alpes; la musique des corps marche en tête de chaque régiment. Quand le glacier est trop escarpé, le pas trop périlleux, le labeur trop rude, même pour ces fanatiques de gloire et de patrie, les tambours battent la charge, et les retranchements de l'Italie sont emportés. C'est ainsi que la colonne s'étend, monte, s'attache aux crêtes des Alpes, les étreint de ses anneaux mouvants. C'est un seul corps qui n'a qu'une seule pensée, qu'une âme; une même ardeur, une même joie court dans les rangs; les mêmes chants apprennent aux échos de ces monts la présence, la gaîté, la victoire de nos soldats : la victoire! car voilà le sommet atteint, le drapeau tricolore arboré, le Grand-Saint-Bernard vaincu!.... Le premier consul a promis par pièce mille francs aux soldats qui se sont dévoués à cette tâche : tous refusent; ils n'acceptent pour récompense que les périls et l'Italie.

SALVANDY.

Combat d'un gladiateur contre un tigre dans un amphithéâtre d'Alexandrie.

On avait établi, selon l'usage, surtout sous le ciel d'Afrique, au haut des gradins, des poteaux surmontés de piques dorées, auxquels étaient attachées des voiles de pourpre retenues par des nœuds de soie et d'or. Ces voiles étendues formaient, au-dessus des spectateurs, une vaste tente circulaire, dont les reflets éclatants donnaient à tous ces visages africains une teinte animée, en parfaite harmonie avec leur expression vive et passionnée. Au-dessus de l'arène, le ciel était libre et vide, et des flots de lumière, qui en descendaient comme par la coupole dans le Panthéon d'Agrippa, se répandaient largement de tous les côtés, et ne laissant rien perdre aux yeux ravis, ni des colonnes, ni des statues, ni des vases de bronze et d'or, ni de ces joyaux brillants dont le sein des femmes et des jeunes filles étincelait.

Soixante mille spectateurs avaient trouvé place; soixante mille autres erraient autour de l'enceinte, et ils se renvoyaient les uns aux autres ce vague tumulte où rien n'est distinct, ni fureur ni joie; l'amphithéâtre ressemblait à un vaisseau dans lequel la vague a pénétré, et qu'elle a rempli jusqu'au pont, tandis que d'autres vagues le battent à l'extérieur, et se brisent, en mugissant, contre lui.

Un horrible rugissement, auquel répondirent les cris de la foule, annonça l'arrivée du tigre; car on venait d'ouvrir sa loge.

A l'une des extrémités, un homme était couché sur le sable, nu et comme endormi, tant il se montrait insouciant de ce qui agitait si fort la multitude; et, tandis que le tigre s'élançait de tous côtés dans l'arène vide, impatient de la proie attendue, lui, appuyé sur un coude, semblait fermer ses yeux pesants, comme un moissonneur qui, fatigué d'un jour d'été, se couche et attend le sommeil.

Cependant plusieurs voix parties des gradins demandent à l'intendant des jeux de faire avancer la victime; car ou le tigre ne la point distinguée, ou il l'a dédaignée, en la voyant si docile. Les préposés de l'arène, armés d'une longue pique, obéissent à la volonté du peuple, et, du bout de leur fer aigu excitent le gladiateur. Mais à peine a-t-il ressenti les atteintes de leurs lances, qu'il se lève avec un cri terrible, auquel répondent, en mugissant d'effroi, toutes les bêtes enfermées dans les cavernes de l'amphithéâtre. Saisissant aussitôt une des lances qui avaient ensanglanté sa peau, il l'arrache d'un seul effort, à la main qui la tenait, la brise en deux portions, jette l'une à la tête de l'intendant, qu'il renverse; et, gardant celle qui est garnie de fer, il va lui-même avec cette arme au devant de son sauvage ennemi.

Dès qu'il se fut levé, et que le regard des spectateurs put mesurer sur le sable l'ombre que projetait sa taille colossale, un murmure d'étonnement circula dans toute l'assemblée, et plus d'une femme, le montrant du doigt avec une sorte d'orgueil, le nommait par son nom et racontait tous ses exploits du cirque et ses violences dans les séditions.

Le peuple était content; tigre et gladiateur, il jugeait les deux adversaires dignes l'un de l'autre...

Pendant ce temps, le gladiateur s'avançait lentement dans l'arène, se tournant parfois du côté de la loge impériale, et laissant alors tomber ses bras avec une sorte d'abattement, ou creusant la terre, qu'il allait bientôt ensanglanter, du bout de sa lance.

Comme il était d'usage que les criminels ne fussent pas armés, quelques voix crièrent : « Point d'armes au bestiaire, le bestiaire sans armes! »... Mais lui, brandissant le tronçon qu'il avait gardé, et le montrant à cette multitude : « Venez le prendre », disait-il ; mais d'une bouche contractée, avec des lèvres pâles et une voix rauque, presque étouffée par la colère. Les cris ayant redoublé cependant, il leva la tête, fit du regard le tour de l'assemblée, lui sourit dédaigneusement; et, brisant de nouveau entre ses mains l'arme qu'on lui demandait, il en jeta les débris à la tête du tigre, qui aiguisait en ce moment ses dents et et ses griffes contre le socle d'une colonne.

Ce fut là son défi.

L'animal, se sentant frappé, détourna la tête, et, voyant son adversaire debout au milieu de l'arène, d'un bond il s'élança sur lui; mais le gladiateur l'évita en se baissant jusqu'à terre, et le tigre alla tomber en rugissant à quelques pas. Le gladiateur se releva, et trois fois il trompa par la même manœuvre la fureur de son sauvage ennemi ; enfin le tigre vint à lui à pas comptés, les yeux étincelants, la queue droite, la langue déjà sanglante, montrant les dents et allongeant le museau ; mais cette fois ce fut le gladiateur qui, au moment où il allait le saisir, le franchit d'un saut, aux applaudissements de la foule, que l'émotion de cette lutte maîtrisait déjà tout entière.

Enfin, après avoir longtemps fatigué son ennemi furieux, plus excédé des encouragements que la foule semblait lui donner que des lenteurs d'un combat qui avait semblé d'abord si inégal, le gladiateur l'attendit de pied ferme ; et le tigre, tout haletant, courut à lui avec un rugissement de joie. Un cri d'horreur, ou peut-être de joie aussi, partit en même temps de tous les gradins, quand l'animal, se dressant sur ses pattes, posa ses griffes sur les épaules nues du gladiateur, et avança sa tête pour le dévorer ; mais celui-ci jeta sa tête en arrière, et, saisissant, de ses deux bras raidis, le cou soyeux de l'animal, il le serra avec une telle force, que, sans lâcher prise, le tigre redressa son museau et le leva violemment pour faire arriver jusqu'à ses poumons un peu d'air, dont les mains du gladiateur lui fermaient le passage, comme deux tenailles de forgeron.

Le gladiateur cependant, sentant ses forces faiblir et s'en aller avec son sang, sous les griffes tenaces, redoublait d'effort pour en finir au plus tôt ; car la lutte, en se prolongeant, devait tourner contre lui. Se dressant donc sur ses deux pieds, et se laissant tomber de tout son poids sur son ennemi, dont les jambes ployèrent sous le fardeau, il brisa ses côtes, et fit rendre à sa poitrine écrasée un son qui s'échappa de sa gorge long-temps étreinte, avec des flots de sang et d'écume. Se relevant alors tout-à-coup à moitié, et dégageant ses épaules dont un lambeau demeura attaché à l'une des griffes sanglantes, il posa un genou sur le flanc pantelant de l'animal, et, le pressant avec une force que sa victoire avait doublée, il le sentit se débattre un moment sous lui ; et, le comprimant toujours, il vit ses muscles se raidir, et sa tête, un moment redressée, retomber sur le sable, la gueule entr'ouverte et souillée d'écume, les dents serrées et les yeux éteints.

Une acclamation générale s'éleva aussitôt, et le gladiateur, dont le triomphe avait ranimé les forces, se redressa sur ses pieds, et, saisissant le monstrueux cadavre, le jeta de loin, comme un hommage, sous la loge impériale.

Alexandre GUIRAUD. (*Flavien*.)

Calme au milieu de l'Océan.

Dix fois le soleil fit son tour sans que le vent fut apaisé. Il tombe enfin, et bientôt après un calme profond lui succède. Les ondes, violemment émues, se balancent longtemps encore après que le vent a cessé. Mais insensiblement leurs sillons s'aplanissent ; et, sur une mer immobile, le navire, comme enchaîné, cherche inutilement dans les airs un souffle qui l'ébranle ; la voile, cent fois déployée, retombe cent fois sur les mâts. L'onde, le ciel, un horizon vague où la vue a beau s'enfoncer, dans l'abîme de l'étendue un vide profond et sans bornes, le silence et l'immensité, voilà ce que présente aux matelots ce triste et fatal hémisphère. Consternés et glacés d'effroi, ils demandent au ciel des orages et des tempêtes; et le ciel, devenu d'airain comme la mer, ne leur offre de toutes parts qu'une affreuse sérénité. Les jours, les nuits s'écoulent dans ce repos funeste : ce soleil, dont l'éclat naissant ranime et réjouit la terre; ces étoiles, dont les nochers aiment à voir briller les feux étincelants; ce liquide cristal des eaux, qu'avec tant de plaisir nous contemplons du rivage, lorsqu'il réfléchit la lumière et répète l'azur des cieux, ne forme plus qu'un spectacle funeste; et tout ce qui, dans la nature, annonce la paix et la joie, ne porte ici que l'épouvante, et ne présage que la mort.

Cependant les vivres s'épuisent, on les réduit, on les dispense d'une main avare et sévère. La nature qui voit tarir les sources de la vie en devient plus avide; et plus les ressources diminuent, plus on voit croître les besoins. A la disette enfin succède la famine, fléau terrible sur la terre, mais plus terrible mille fois sur le vaste abîme des eaux ; car au moins sur la terre quelque lueur d'espérance peut abuser la douleur et soutenir le courage; mais au milieu d'une mer immense, solitaire, et environné du néant, l'homme, dans l'abandon de toute la nature, n'a pas même l'illusion pour le sauver du désespoir : il voit comme un abîme l'espace épouvantable qui l'éloigne de tout secours; sa pensée et ses vœux s'y perdent ; la voix même de l'espérance ne peut arriver jusqu'à lui.

Les premiers accès de la faim se font sentir sur le vaisseau : cruelle alternative de douleur et de rage, où l'on voyait des malheureux, étendus sur les bancs, lever les mains vers le ciel, avec des plaintes lamentables, ou courir, éperdus et furieux, de la proue à la poupe, et demander au moins que la mort vînt finir leurs maux !

MARMONTEL. (*Les Incas.*)

La Lionne reconnaissante.

Les Espagnols avaient fondé Buénos-Ayres en 1535. La nouvelle colonie manqua bientôt de vivres : tous ceux qui se permettaient d'en aller chercher étaient massacrés par les sauvages, et l'on se vit réduit à défendre, sous peine de la vie, de sortir de l'enceinte du nouvel établissement. Une femme, à qui la faim sans doute avait donné le courage de braver la mort, trompa la vigilance des gardes qu'on avait établis autour de la colonie pour la garantir des dangers où elle se trouvait par la famine. Maldonata (c'était le nom de la transfuge), après avoir erré quelque temps dans des routes inconnues et désertes, entra dans une caverne pour s'y reposer de ses fatigues. Quelle fut sa terreur d'y rencontrer une lionne, et sa surprise quand elle vit cette bête formidable s'approcher d'un air à demi tremblant, la caresser et lui lécher les mains avec des cris de douleur plus propres à l'attendrir qu'à l'effrayer! L'Espagnole s'aperçut bientôt que la lionne était pleine, et que ses gémissements étaient le langage d'une mère qui réclamait du secours pour la délivrer de son fardeau. Maldonata aida la nature dans ce moment douloureux où elle semble n'accorder qu'à regret à tous les êtres naissants le jour et cette vie qu'elle leur laisse respirer si peu de temps. La lionne, heureusement délivrée, va bientôt chercher une nourriture abondante, et l'apporte aux pieds de sa bienfaitrice : celle-ci la partageait chaque jour avec les jeunes lionceaux, qui, nés par ses soins et élevés avec elle, semblaient reconnaître, par des jeux et des morsures innocentes, un bienfait que leur mère payait de ses plus tendres empressements. Mais quand l'âge leur eut donné l'instinct de chercher eux-mêmes leur proie, avec la force de l'atteindre et de la dévorer, cette famille se dispersa dans les bois ; et la lionne, que la tendresse maternelle ne rappelait plus dans sa caverne, disparut elle-même, et s'égara dans un désert que la faim dépeuplait chaque jour. Maldonata, seule et sans subsistance, se vit réduite à s'éloigner d'un antre redoutable à tant d'êtres vivants, mais dont sa pitié avait su lui faire un asile. Cette femme, privée avec douleur d'une société chérie, ne fut pas longtemps errante sans tomber entre les mains des sauvages indiens. Une lionne l'avait nourrie, et des hommes la firent esclave! Bientôt après elle fut reprise par les Espagnols, qui la ramenèrent à Buénos-Ayres. Le commandant, plus féroce lui seul que les lions et les sauvages, ne la crut pas sans doute assez punie de son évasion par les dangers et les maux qu'elle avait essuyés : le barbare ordonna qu'elle fût attachée à un arbre, au milieu d'un bois, pour y mourir de faim, ou devenir la pâture des monstres dévorants. Deux jours après, quelques soldats allèrent savoir la destinée de cette malheureuse victime. Ils la trouvèrent pleine de vie au milieu des tigres affamés, qui, la gueule ouverte sur cette proie, n'osaient approcher devant une lionne couchée à ses pieds avec des lionceaux. Ce spectacle frappa tellement les soldats, qu'ils en étaient immobiles d'attendrissement et de frayeur. La lionne, en les voyant, s'éloigna de l'arbre comme pour leur laisser la liberté de délier sa bienfaitrice. Mais quand ils voulurent l'emmener avec eux, l'animal vint à pas lents confirmer par des caresses et de doux gémissements les prodiges de reconnaissance que cette femme racontait à ses libérateurs. La lionne suivit quelque temps les traces de l'Espagnole avec ses lionceaux, donnant toutes les marques de respect et d'une véritable douleur qu'une famille fait éclater, quand elle accompagne au vaisseau un père ou un fils chéri qui s'embarque d'un port de l'Europe pour le Nouveau-Monde, d'où peut-être il ne reviendra jamais. Le commandant, instruit de toute l'aventure par ses soldats, et ramené par un monstre des bois aux sentiments de l'humanité que son cœur farouche avait dépouillés sans doute en passant les mers, laissa vivre une femme que le ciel avait si visiblement protégée.

RAYNAL.

L'abbé de l'Épée et ses élèves.

Dans l'hiver rigoureux de 1788, l'abbé de l'Épée, déjà atteint des infirmités de l'âge, restait sans feu et refusait d'acheter du bois, pour ne pas outrepasser la somme à laquelle il avait fixé sa dépense annuelle; le reste de son bien était tout pour ses élèves. Les remontrances de ses amis à cet égard avaient été infructueuses. Ses élèves en furent avertis; les mains jointes, et tout en pleurs, ils vinrent se jeter à ses pieds, le conjurant de se conserver du moins pour eux. Ils ne voulurent point le quitter qu'il ne leur eût promis de renoncer à cette cruelle privation, qui alarmait autant qu'elle affligeait leur tendresse. Il céda, non sans peine, à leurs larmes. Longtemps encore après il se reprochait cette condescendance; et lorsqu'il voyait sa petite famille l'entourer avec toutes les démonstrations les plus vives d'amour et de vénération : « Mes pauvres enfants, disait-il quelquefois, je vous ai cependant fait tort de cent écus. »

Il tenait à loyer une petite maison sur les hauteurs de Montmartre ; c'était là que les jours de congés il conduisait ses élèves. Il s'associait quelquefois un ou deux amis dignes de partager la simplicité de ses goûts et l'innocence de ses plaisirs. Lorsqu'il était arrivé dans ce lieu, ses yeux et son cœur ne pouvaient se rassasier du tableau touchant que lui offraient la gaieté et le bonheur de ses enfants. Quelquefois il se mêlait à leurs amusements ; plus souvent on les voyait se presser autour de lui, contemplant ses traits chéris, et dévorant des yeux tous ses gestes. Après les jeux, une longue table, servie d'une frugale collation, les rassemblait en famille, et leur père au milieu d'eux. Une concorde parfaite les unissait tous comme des frères; toutes leurs affections venaient se confondre dans leur amour pour leur maître. L'ordre et la gaîté, le contentement général, cette transmission rapide et silencieuse de la pensée, la vivacité de leur pantomime, le feu de leur conversation, tout donnait à ces repas un charme ineffable.

C'est dans ce lieu d'innocence et de bonheur, qu'au milieu de la joie générale, M. de l'Épée jeta un jour, sans intention, l'idée de sa mort peut-être prochaine : soudain un cri déchirant part de tous les cœurs; la foudre tombant au milieu d'eux eût produit une moindre consternation. Il leur semble déjà que leur maître chéri, leur père, va leur être enlevé. Les voilà qui se pressent autour de lui; ils le retiennent par ses habits, comme pour le soustraire au coup qui le menace; leurs sanglots les suffoquent. Ils n'ignorent point, ces pauvres enfants, la loi de la nature et la nécessité de mourir; mais ils ne se sont pas encore imaginé qu'un Dieu bon puisse leur enlever celui qui est pour eux sa vivante image sur la terre. M. l'abbé de l'Épée, imposant doucement silence à leurs cris, et s'efforçant de faire cesser leur larmes, sans pouvoir lui-même retenir les siennes, leur parle de la résignation due aux volontés de la Providence, leur rappelle que la mort n'est point une séparation éternelle, et qu'en sortant de ce monde il ira les attendre dans une vie meilleure, pour y être à jamais réunis. Ses gestes ont pris un ton plus solennel, l'expression de sa pensée pénètre doucement jusqu'au fond de leurs âmes, les larmes coulent encore, mais ce ne sont plus ces angoisses cruelles; les déchirements du cœur ont fait place à la douce mélancolie, qui est si favorable aux pensées religieuses. Ils paraissent tous profondément recueillis, et il n'en est pas un seul qui ne prenne en ce moment la résolution de devenir meilleur, dans le seul espoir de mériter de se réunir à ce maître chéri dans le séjour des bienheureux.

FABLES (1).

Le Lapin de La Fontaine.

Je m'étais ennuyé longtemps, et j'en avais ennuyé bien d'autres. Je voulus aller m'ennuyer tout seul. J'ai une fort belle forêt : j'y allai un jour, ou, pour mieux dire, un soir, pour tirer un lapin. C'était à l'heure de l'affût. Quantité de lapereaux paraissaient, disparaissaient, se grattaient le nez, faisaient mille bonds, mille tours, mais toujours si vite, que je n'avais pas le temps de lâcher mon coup. Un ancien, d'un poil un peu gris, d'une allure plus posée, parut tout d'un coup à bord de son terrier. Après avoir fait sa toilette tout à son aise (car c'est de là qu'on dit : propre comme un lapin), voyant que je le tenais au bout de mon fusil : « Tire donc, me dit-il, qu'attends-tu ? » Oh ! je vous avoue que je fus saisi d'étonne-

---

(1) Voir, pour les préceptes du genre, le tome 1er, page 451.

ment !... Je n'avais jamais tiré qu'à la guerre sur des animaux qui parlent. « Je n'en ferai rien, lui dis-je ; tu es sorcier, ou que je meure. — Moi, point du tout, me répondit-il ; je suis un vieux lapin de La Fontaine. » Oh ! pour le coup je tombai de mon haut. Je me mis à ses petits pieds ; je lui demandai mille pardons, et lui fis des reproches de ce qu'il s'était exposé. « Eh ! d'où vient cet ennui de vivre ? — De tout ce que je vois. — Ah ! bon Dieu ! n'avez-vous pas le même thym, le même serpolet ? — Oui. Mais ce ne sont plus les même gens. Si tu savais avec qui je suis obligé de passer ma vie. Hélas ! ce ne sont plus les bêtes de mon temps : ce sont de petits lapins musqués, qui cherchent des fleurs. Ils veulent se nourrir de roses, au lieu d'une bonne feuille de chou qui nous suffisait autrefois. Ce sont des lapins géomètres, politiques, philosophes ; que sais-je ? d'autres qui ne parlent qu'allemand ; d'autres qui parlent un français que je ne comprends pas davantage. Si je sors de mon trou pour passer chez quelque gente voisine, c'est de même, je ne comprends plus personne. Les bêtes d'aujourd'hui ont tant d'esprit ! Enfin, vous le dirai-je ? à force d'en avoir, ils en ont si peu, que notre vieux âne en avait davantage que les singes de ce temps-ci. » Je priai mon lapin de ne plus avoir de l'humeur, et je lui dis que j'aurais soin de lui et de ses camarades, s'il s'en trouvait encore. Il me promit de me dire ce qu'il disait à La Fontaine, et de me mener chez ses vieux amis. Il m'y mena en effet. Sa grenouille, qui n'était pas tout-à-fait morte, quoiqu'il l'eût dit, était de la plus grande modestie, en comparaison des animaux que nous voyons tous les jours :

ses crapauds, ses cigales chantaient mieux que nos rossignols : ses loups valaient mieux que nos moutons. Adieu, petit lapin; je vais retourner dans mes bois, à mes champs, et à mon verger. J'élèverai une statue à La Fontaine, et je passerai ma vie avec les hôtes de ce bonhomme.

Le Prince de Ligne.

Le Singe.

Un vieux singe malin étant mort, son ombre descendit dans la sombre demeure de Pluton, où elle demanda à retourner parmi les vivants. Pluton voulait la renvoyer dans le corps d'un âne pesant et stupide, pour lui ôter sa souplesse, sa vivacité et sa malice. Mais elle fit tant de tours plaisants et badins, que l'inflexible roi des enfers ne put s'empêcher de rire, et lui laissa le choix d'une condition. Elle demanda à entrer dans le corps d'un perroquet. « Au moins, disait-elle, je conserverai par-là quelque ressemblance avec les hommes que j'ai si longtemps imités. Etant singe, je faisais des gestes comme eux ; étant perroquet, je parlerai avec eux dans les plus agréables conversations. »

A peine l'âme du singe fut-elle introduite dans ce nouveau métier, qu'une vieille femme causeuse l'acheta. Il fit ses délices; elle le mit dans une belle cage. Il faisait bonne chère, et discourait toute la journée avec la vieille radoteuse, qui ne parlait pas plus sensément que lui. Il joignait à son nouveau talent d'étourdir tout le monde, je ne sais quoi de son ancienne profession. Il remuait sa tête ridiculement, il faisait craquer son bec, il agitait ses ailes de cent façons, et faisait de ses pattes plusieurs tours qui sentaient encore les grimaces de Fagotin. La vieille prenait à toute heure ses lunettes pour l'admirer; elle était bien fâchée d'être un peu sourde, et de perdre quelquefois des paroles de son perroquet, à qui elle trouvait plus d'esprit que personne. Ce perroquet gâté devint bavard, importun et fou. Il se tourmenta si fort dans sa cage, et but tant de vin avec la vieille, qu'il en mourut.

Le voilà revenu devant Pluton, qui voulut cette fois le faire passer dans le corps d'un poisson, pour le rendre muet. Mais il fit encore une farce devant le roi des ombres; et les princes ne résistent guère aux demandes des mauvais plaisants qui les flattent. Pluton accorda donc à celui-ci qu'il irait dans le corps d'un homme : mais comme le dieu eut honte de l'envoyer dans le corps d'un homme sage et vertueux, il le destina au corps d'un harangueur ennuyeux et importun, qui mentait, qui se vantait sans cesse, qui faisait des gestes ridicules, qui se moquait de tout le monde, qui interrompait les conversations les plus polies et les plus solides, pour dire rien, ou les sottises les plus grossières. Mercure, qui le reconnut en ce nouvel état, lui dit en riant: « Ho! ho! je te reconnais; tu n'es qu'un composé du singe et du perroquet que j'ai vus autrefois. Qui t'ôterait tes gestes et tes paroles apprises par cœur sans jugement, ne laisserait rien de toi. D'un joli singe et d'un bon perroquet, on n'en fait qu'un sot homme. »

FÉNÉLON.

Le Colibri et l'Oiseau-Mouche.

Le colibri vint un soir, tout effrayé, chez son voisin l'oiseau-mouche: « Mon frère, lui dit-il, un orage affreux se prépare : entendez-vous ce murmure sinistre qui se prolonge dans la forêt? Voyez-vous ce nuage noir qui s'étend comme un immense réseau? Ce sont les avant-coureurs de la tempête ; fuyez, mon frère, fuyons ensemble. — Je vous remercie de vos bons soins, répondit l'oiseau-mouche, mais je n'ai pas besoin de fuir pour échapper à l'orage, ma petitesse m'en garantira : quelque grande que soit la pluie, je n'en saurai recevoir qu'une seule goutte à la fois, et il ne me faut qu'une feuille pour me mettre à l'abri. »

ANONYME.

La Goutte d'eau et la Fontaine.

Une goutte d'eau, tombée du ciel sur un oranger, roulait de feuille en feuille, et bientôt allait tomber à terre.

Le Génie d'une belle fontaine qui coulait au pied

de l'arbre, la regardait, la pauvre petite goutte, et la croyait dans l'embarras.

Il cria, en lui montrant un long roseau : Petite goutte d'eau, veux-tu que je te recueille ?

Non pas, répondit la goutte d'eau, j'aime mieux me laisser tomber au milieu de cette jolie mousse verte qui est là.

Donc, elle se laissa rouler à terre ; mais, hélas ! au lieu de tomber sur l'herbe fraîche, elle rencontra un gros caillou qui la retint.

Alors, elle appela le bon Génie qui reparut et qui lui dit avec un air sévère : « Petite, porte la peine de ton orgueil ; tu as dédaigné ma source et tu as voulu demeurer seule sur le gazon, comme une ambitieuse ; tu es une folle ! Tu devais savoir qu'une goutte d'eau n'est rien par elle-même, mais qu'en se réunissant à ses semblables, elle devient fontaine. Adieu. »

Vint un beau rayon de soleil qui but la goutte d'eau.

L'abbé BLANCHET.

Les Abeilles.

Un jeune prince, au retour des zéphyrs, lorsque toute la nature se ranime, se promenait dans un jardin délicieux ; il entendit un grand bruit, et aperçut une ruche d'abeilles. Il s'approcha de ce spectacle, qui était nouveau pour lui ; il vit avec étonnement l'ordre, le soin et le travail de cette petite république. Les cellules commençaient à se former et à prendre une figure régulière. Une partie des abeilles les remplissaient de leur doux nectar; les autres apportaient des fleurs qu'elles avaient choisies entre toutes les richesses du printemps. L'oisiveté et la paresse étaient bannies de ce petit état; tout y était en mouvement mais sans confusion et sans trouble. Les plus considérables d'entre les abeilles conduisaient les autres, qui obéissaient sans murmure et sans jalousie à celles qui étaient au-dessus d'elles.

Pendant que le jeune prince admirait cet objet qu'il ne connaissait pas encore, une abeille, que toutes les autres reconnaissaient pour leur reine, s'approcha de lui, et lui dit : La vue de nos ouvrages et de notre conduite vous réjouit, mais elle doit encore plus vous instruire. Nous ne souffrons point chez nous le désordre et la licence; on n'est considérable parmi nous que par son travail et par les talents qui peuvent être utiles à notre république : le mérite est la seule voie qui élève aux premières places. Nous ne nous occupons nuit et jour qu'à des choses dont les hommes retirent toute l'utilité. Puissiez-vous être un jour comme nous, et mettre dans le genre humain l'ordre que vous admirez chez nous! Vous travaillerez par là à son bonheur et au vôtre; vous remplirez par là la tâche que le destin vous a imposée : car vous ne serez au-dessus des autres que pour les protéger, que pour écarter les maux qui les menacent, que pour leur procurer tous les biens qu'ils ont droit d'attendre d'un gouvernement vigilant et paternel.

FÉNÉLON.

Le Renard et la Fourmi.

Un jeune renard qui avait sa bonne part d'orgueil, amassait du bois et de l'argile pour se construire une espèce d'habitation. — Que fais-tu là? lui demanda une fourmi. — Je veux me bâtir une maison d'été : ma caverne ne me convient plus. — Et pour quel motif? Serait-ce qu'elle ne t'offre pas assez de sûreté? — Plus qu'aucune autre à vingt lieues à la ronde, mais elle est si sombre, si triste! Je veux avoir désormais un séjour plus aéré, plus spacieux. — Et si ensuite les paysans te découvrent, te cernent, te prennent, que te servira alors la beauté de ta nouvelle demeure? — Alors je trouverai bien dans ma tête de quoi me tirer d'affaire. D'ailleurs, qui t'a demandé ce conseil, chétive et misérable créature? — Penserais-tu donc que la prudence ne peut habiter que dans de grands corps? Va, crois-moi, on s'aperçoit que tu es encore jeune, puisque tu refuses d'entendre ce qu'on ne méprise jamais, quand on est prudent et expérimenté, un conseil amical.

MEISSNER.

La Brebis.

Comme Jupiter célébrait l'anniversaire de son hymen, et que tous les animaux lui apportaient des offrandes, Junon remarqua l'absence de la brebis.

Où donc est la brebis? demanda la déesse : pourquoi la bonne brebis néglige-t-elle de nous apporter sa pieuse offrande.

Le chien prit la parole et dit : Déesse, n'en soyez pas irritée. Aujourd'hui encore j'ai vu la brebis ; elle était affligée, elle gémissait, elle se désolait.

Et pourquoi se désolait-elle? demanda la déesse, qui déjà se sentait émue.

Pauvre malheureuse que je suis! disait-elle. Je n'ai maintenant ni laine, ni lait ; que donner à Jupiter? Irai-je, moi seule, me présenter devant lui sans offrande? J'aime mieux aller prier le berger de m'immoler moi-même en sacrifice au maître des Dieux.

Cependant la brebis était immolée. Avec la prière du berger montait à travers les nuages la fumée du sacrifice, odeur agréable à Jupiter. Junon, dans ce moment, aurait versé la première larme, si des larmes pouvaient mouiller l'œil d'une immortelle.

LESSING.

Le Lierre et le Thym.

Au pied d'un chêne croissait un bouquet de thym. Un lierre, qui entourait l'arbre, jeta sur lui un regard de pitié.

Pauvre hère, lui dit-il, à peine si l'on t'aperçoit ; pour moi, je m'élève jusqu'aux nues, avec l'arbre de Jupiter.

Tout petit que je suis, lui crie le thym, je me soutiens par moi-même ; sans appui tu ramperais tristement sur la terre.

Quiconque s'élève sur les épaules d'autrui est un esclave, quelque nom qu'il porte ; il faut vivre dans l'obscurité sans avoir besoin des autres, pour avoir droit de dire : je suis libre.

Pfeffel.

Le Ver luisant.

Dans un bosquet de chênes, un ver luisant se reposait sur l'herbe tendre, sans se douter de l'éclat dont il brillait.

D'une touffe de mousse fangeuse sort doucement un monstre, un crapaud, qui lance tout son venin sur le pauvre insecte.

Ah ! que t'ai-je fait ? crie le ver. Eh ! répond le cruel, pourquoi brilles-tu ?

Le Même.

La Grue blessée.

Déjà l'automne dépouillait les bosquets de leur feuillage diversement nuancé, et répandait du haut des airs le givre et la froidure sur les plaines attristées, lorsqu'une légion de grues arriva sur le bord de la mer, se disposant à chercher une région hospitalière au-delà de l'Océan.

Une grue, atteinte à la patte par la flèche du chasseur, se tenait à l'écart, muette et désolée, sans mêler sa voix aux cris sauvages que ses compagnes poussaient dans leurs joyeux ébats. Il fallait entendre la troupe folâtre s'égayer aux dépens de la malheureuse.

Ce n'est pas ma faute, si je suis boîteuse, se disait-elle dans sa sombre douleur, et je n'ai pas travaillé moins qu'une autre au bien de notre république. Je suis en butte à des railleries, à des mépris que je n'ai point mérités. Si du moins je pouvais me tirer du voyage! mais hélas! la douleur ne me laisse ni la force ni le courage nécessaire pour une fuite lointaine. Malheureuse que je suis! la mer est le tombeau qui m'attend. Pourquoi le cruel ne m'a-t-il pas ôté la vie?

Cependant, un vent favorable, s'élevant de la terre, souffle sur les eaux. La troupe se range en ordre, quitte la terre, et, emportée par un rapide essor, s'élance en poussant des cris de joie. La grue souffrante resta loin derrière ses sœurs, et se vit souvent obligée de se reposer sur les feuilles de lotos dont la mer était jonchée. Le chagrin et la souffrance lui arrachaient de profonds soupirs.

Elle s'était arrêtée plus d'une fois, lorsqu'enfin elle vit la terre, le climat fortuné, et soudain sa blessure se ferma. Guidée par la Providence, elle y aborda heureusement, tandis que plusieurs de celles qui l'avaient raillée, trouvèrent la mort dans les flots.

O vous, sur qui le malheur appesantit sa main cruelle, justes, dont le cœur est plein d'amertume, et qui souvent maudissez l'existence, ne vous laissez point abattre; armez-vous de courage pour faire le voyage de la vie. A l'autre bord il est une contrée plus heureuse; un lieu de délices vous y attend (1).

KLEIST.

(1) Nous n'avons pu résister au désir d'insérer dans ce Recueil ces cinq jolies fables, quoique provenant d'auteurs étrangers. Elles sont empruntées, ainsi que deux contes et la première allégorie, à un recueil intitulé : *Leçons allemandes*, *etc*. Nous espérons que nos lecteurs ne nous sauront pas mauvais gré de cette infraction au titre de notre ouvrage.

ALLÉGORIES (1).

La nuit du nouvel an d'un malheureux.

Il était minuit; un nouvel an allait commencer. Debout près de sa fenêtre, un vieillard élevait vers l'éclatante, l'immuable voûte des cieux, des regards où se peignaient la tristesse et le désespoir; quelquefois aussi il fixait les yeux sur la surface blanche, pure et silencieuse de la terre. Nul mortel n'était comme lui privé de joie et de sommeil; car près de lui était son tombeau, couvert de la neige de la vieillesse; la verdure du jeune âge avait disparu. De ses richesses et de sa vie entière, il ne lui restait plus que des erreurs, des péchés, des maladies, un corps usé, une âme flétrie, un cœur abreuvé de poison, une vieillesse pleine de repentir. Dans ces tristes moments, les heureux jours de sa jeunesse venaient s'of-

---

(1) Voir, pour les préceptes du genre, le tome 1er, page 482.

frir à lui comme des fantômes, et lui rappelaient ce beau matin où son père le conduisant sur le chemin de la vie, le laissa à l'entrée des deux sentiers. A droite est celui de la lumière, celui de la vertu. Il conduit dans une région éloignée et paisible où règne une vive clarté, région couverte de riantes moissons, et habitée par des anges. A gauche, s'ouvre le chemin des ténèbres, le sentier rapide du vice; il va se perdre dans une sombre caverne dont la voûte distille le poison. Là d'innombrables serpents font entendre leurs sifflements, là règnent l'obscurité et une vapeur étouffante.

Hélas! les serpents s'enlaçaient autour de sa poitrine, le poison tombait goutte à goutte sur sa langue, et il voyait enfin où il était arrivé!

Hors de lui-même, le cœur en proie à une impérissable douleur, il regarde le ciel et s'écrie « O mon Dieu, rends-moi ma jeunesse! O mon père, reconduis-moi à l'entrée des deux sentiers, je ferai un meilleur choix ! »

Mais depuis longtemps son père et sa jeunesse étaient loin de lui. Il vit des feux follets s'agiter sur la surface des marais, et s'éteindre dans le cimetière, et il dit : « Ce sont mes jours de folie ! » Il vit une étoile se détacher du ciel, briller dans sa chûte et s'évanouir sur la terre. « C'est l'histoire de ma vie, » s'écria-t-il; et son cœur saignait, et le serpent du repentir creusait dans sa poitrine, et enfonçait ses dents dans ses blessures.

Dans le trouble de son imagination en délire, il voit des somnambules voler sur les toits; le moulin vent élève ses bras menaçants, et semble vouloir l'écraser ; et dans le fond d'un cercueil il aperçoit un spectre solitaire, qui insensiblement se revêt de ses traits. Mille pensées affreuses déchirent son âme.

Tout-à-coup le son des cloches qui célèbrent le retour de l'année, parvient à son oreille comme l'écho d'un cantique lointain. Une plus douce émotion remplit son âme. Ses regards parcourent l'horizon, et se portent sur la vaste surface de la terre ; il pense aux amis de sa jeunesse, qui, plus fortunés, plus vertueux que lui, pères d'heureux enfants, d'hommes comblés de bénédictions, sont maintenant les précepteurs de la terre ; il s'écrie : « Et moi aussi, je pourrais comme vous, sans verser des larmes, passer cette première nuit dans les bras du sommeil, si je l'avais voulu ! hélas ! je pourais être heureux, chers parents, si j'avais accompli vos vœux de nouvelle année, si j'avais suivi vos conseils ! »

Agité par le souvenir affreux de sa jeunesse, il croit voir le spectre qui s'était revêtu de ses traits, se lever dans le cercueil ; et bientôt, naturel effet de la crédulité, qui dans la nuit du nouvel an découvre les génies de l'avenir, ce spectre s'anime, c'est un jeune homme !

L'infortuné ne peut plus supporter un tel spectacle : il voile son visage, des torrents de larmes coulent de ses yeux, et vont se perdre dans la neige. Privé de consolation et de sentiment, il peut à peine pousser quelques faibles soupirs : « Reviens, dit-il, ô jeunesse, reviens ! »

Et la jeunesse revint ; car sa vieillesse et ses terreurs n'étaient qu'un rêve affreux. Il était encore à la fleur de l'âge ; ses erreurs seules n'étaient point un songe. Il rendit grâce à Dieu de ce que, jeune encore, il pouvait abandonner le sentier fangeux du vice, et suivre la voix de la lumière, le sentier de la vertu, qui conduit dans le riche pays des moissons.

Imite son exemple, jeune homme, qui comme lui te trouves sur le chemin de l'erreur ; ce rêve affreux sera désormais ton juge ; mais si tu devais un jour t'écrier en gémissant : « Reviens, belle jeunesse, reviens ! » ta jeunesse ne reviendrait plus !

S. P. F. Richter.

Le Pardon.

Le Pardon qui naquit sur la croix et habite dans le tabernacle, n'attend pas que les prières viennent, l'œil baissé, effacer les traces de l'offense. Ainsi que le Dieu sauveur tend les bras aux coupables mortels et va au-devant d'eux pour guérir les blessures qu'ils se sont faites en l'outrageant, ainsi le Pardon, fils aîné du Christ, et comme lui présent partout, devance les supplications tardives du repentir, et court s'offrir lui-même à l'injure.

Eternel comme son père, il embrasse tous les temps ; il n'y a pour lui ni hier ni lendemain. Toutefois, en faveur des hommes, il a et ses grands jours et ses heures saintes. Lorsque la foule pieuse se rassemble pour le sacrifice où se fait la libation du sang rédempteur, il veille à la porte du temple, et dit à ceux qui entrent : Si, lorsque vous présentez votre offrande à l'autel, vous vous souvenez que votre frère a quelque chose contre vous, laissez là votre offrande devant l'autel, et allez vous réconcilier auparavant avec votre frère, et puis vous reviendrez présenter votre offrande.

Tous ceux qui apportent un cœur fraternel, entrent avec joie, car ils apportent le présent bien-aimé; et, lorsqu'ils reprennent le chemin de leur demeure; il leur dit : Allez en paix. Mais si, trompant sa vigilance, quelques uns de ces faux frères, qui sacrifient en secret à la haine, reine de l'enfer, ont osé s'avancer là où l'amour seul est admis, il les attend au retour.

Lorsqu'ils repassent devant lui, l'œil sombre et le cœur pesant, il leur donne pour frère le Remords qui les suit partout; ils sont condamnés à ses embrassements implacables. Qui expliquera ce qui a été consommé en eux ? On sait seulement qu'un arrêt terrible a été scellé, dans leur propre cœur, de tout le sang qui a sauvé le monde.

M. l'abbé Gerbet.

L'Espérance.

Il est dans le ciel une puissance divine, compagne assidue de la religion et de la vertu. Elle nous aide à supporter la vie, s'embarque avec nous pour nous montrer le port dans les tempêtes; également douce et secourable aux voyageurs célèbres, aux passagers inconnus. Quoique ses yeux soient couverts d'un bandeau, ses regards pénètrent l'avenir ; quelquefois elle tient des fleurs naissantes dans sa main ; quelquefois une coupe pleine d'une liqueur enchanteresse ; rien n'approche du charme de sa voix, de la grâce de son sourire ; plus on avance vers le tombeau, plus elle se montre pure et brillante aux mortels consolés ; la foi et la charité lui disent : « Ma sœur ! » Elle se nomme l'Espérance.

CHATEAUBRIAND.

Le Rocher et les deux Voyageurs.

Un homme voyageait dans la montagne, et il arriva en un lieu où un gros rocher, ayant roulé sur le chemin, le remplissait tout entier ; et, hors du chemin, il n'y avait point d'autre issue ni à gauche ni à droite.

Or, cet homme voyant qu'il ne pouvait continuer son voyage à cause du rocher, essaya de le mouvoir pour se faire un passage, et il se fatigua beaucoup à ce travail et tous ses efforts furent vains.

Ce que voyant, il s'assit plein de tristesse et dit : Que sera-ce de moi lorsque la nuit viendra et me surprendra dans cette solitude, sans nourriture, sans abri, sans aucune défense, à l'heure où les bêtes féroces sortent pour chercher leur proie?

Et comme il était absorbé dans cette pensée, un autre voyageur survint, et celui-ci, ayant fait ce qu'avait fait le premier et s'étant trouvé aussi impuissant à remuer le rocher, s'assit en silence et baissa la tête.

Et après celui-ci, il en vint plusieurs autres, et aucun ne put mouvoir le rocher, et leur crainte à tous était grande.

Enfin l'un d'eux dit aux autres: mes frères, prions notre père qui est dans les cieux : peut-être il aura pitié de nous dans cette détresse. Et cette parole fut écoutée et ils prièrent de cœur le Père qui est dans les cieux.

Et quand ils eurent prié, celui qui avait dit : Prions, dit encore : Mes frères, ce qu'aucun de nous n'a pu faire seul, qui sait si nous ne le ferons pas tous ensemble?

Et il se levèrent, et tous ensemble ils poussèrent le rocher, et le rocher céda et ils poursuivirent leur route en paix.

Le voyageur c'est l'homme, le voyage c'est la vie, le rocher ce sont les misères qu'il rencontre à chaque pas sur sa route.

Aucun homme ne saurait soulever seul ce rocher; mais Dieu en a mesuré le poids de manière qu'il n'arrête jamais ceux qui voyagent ensemble.

De Lamennais.

L'Académie silencieuse.

Il y avait à Amadan une célèbre académie, dont le premier statut était conçu en ces termes : *Les académiciens penseront beaucoup, écriront peu, et ne parle-*

ront que le moins qu'il sera possible. On l'appelait *l'Académie silencieuse*, et il n'était point en Perse de vrai savant qui n'eût l'ambition d'y être admis. Le docteur Zeb, auteur d'un petit livre excellent, intitulé *le Bâillon*, apprit, au fond de sa province, qu'il vaquait une place dans l'Académie silencieuse. Il part aussitôt, il arrive à Amadan, et, se présentant à la porte de la salle où les académiciens sont assemblés, il prie l'huissier de remettre au président ce billet : *Le docteur Zeb demande humblement la place vacante.* L'huissier s'acquitta sur-le-champ de la mission ; mais le docteur et son billet arrivaient trop tard, la place était déjà remplie.

L'académie fut désolée de ce contre-temps ; elle reçut, un peu malgré elle, un bel-esprit de la cour, dont l'éloquence vive et légère faisait l'admiration de toutes les ruelles, et elle se voyait réduite à refuser le docteur Zeb, le fléau des bavards, une tête si bien faite, si bien meublée ! Le président, chargé d'annoncer au docteur cette nouvelle désagréable, ne pouvait presque s'y résoudre, et ne savait comment s'y prendre. Après avoir un peu rêvé, il fit remplir d'eau une grande coupe, mais si bien remplie, qu'une goutte de plus eût fait déborder la liqueur ; puis il fit signe qu'on introduisît le candidat. Il parut avec cet air simple et modeste, qui annonce presque toujours le vrai mérite. Le président se leva, et sans proférer une seule parole, il lui montra d'un air affligé la coupe emblématique, cette coupe si exactement pleine. Le docteur comprit de reste qu'il n'y avait plus de place à l'académie ; mais, sans perdre courage, il songeait à faire comprendre qu'un académicien surnuméraire n'y dérangerait rien. Il voit à ses pieds une feuille de rose, il la ramasse, il la pose délicatement sur la surface de l'eau, et fait si bien qu'il n'en échappe pas une seule goutte.

A cette réponse ingénieuse, tout le monde battit des mains, on laissa dormir les règles pour ce jour-là, et le docteur Zeb fut reçu par acclamation. On lui présenta sur-le-champ le registre de l'académie, où les récipiendaires devaient s'inscrire eux-mêmes. Il s'y inscrivit donc; et il ne lui restait plus qu'à prononcer, selon l'usage, une phrase de remercîment. Mais, en académicien vraiment silencieux, le docteur Zeb remercia sans dire mot. Il écrivit en marge le nombre *cent*, c'était celui de ses nouveaux confrères, puis en mettant un zéro devant le chiffre, il écrivit au-dessous : *Ils n'en vaudront ni moins ni plus* (0100). Le président répondit au modeste docteur avec autant de politesse que de présence d'esprit. Il mit le chiffre *un* devant le nombre *cent*, et il écrivit : *Ils en vaudront dix fois davantage* (1100).

L'abbé BLANCHET. (*Apologues orientaux.*)

Le Voyageur et le Palais.

Un homme s'égare pendant la nuit; à la lueur d'un ciel étoilé, il découvre un palais; il y entre. Des serviteurs de toute espèce s'empressent sur ses pas, et lui témoignent, chacun dans son langage, qu'ils ont reçu l'ordre de pourvoir à ses besoins. Quelques-uns se taisent, et n'en remplissent pas moins leur ministère. Partout le mouvement règne autour de lui. On attache aux lambris des lampes étincelantes ; on réchauffe les foyers ; on lui apporte des fourrures en hiver, des fruits délicieux et rafraîchissants en été. Les désirs ne lui semblent permis que pour devenir à son profit des occasions de bienfaits. Une horloge magnifique, visible de tous les appartements, sonne les heures et donne le signal des travaux qui rentrent encore dans la classe des jouissances. Les mouvements de ce régulateur sont si bien calculés, que Greenham lui-même eût désespéré d'atteindre à cette précision.

A peine le voyageur a-t-il senti la douce invasion du sommeil, qu'un sombre rideau s'abaisse devant lui, et que le silence est ordonné autour de sa couche. Son réveil est marqué par de nouvelles attentions dont il est l'objet. Les maîtres du palais ne se montrent pas, mais il les suppose occupés dans le secret de leurs appartements. Il s'éloigne et il poursuivra sa route sans les avoir personnellement vus. Mais, frappé de l'accord, de l'ordre, de la majesté, de la promptitude et de l'exactitude du service qui s'est fait sous ses yeux, il emporte avec lui le sentiment de leur présence. Il se gardera, toute sa vie, de dire qu'il a résidé dans un château abandonné, où son arrivée aurait été un accident imprévu, et où rien n'aurait été préparé pour le recevoir.

Il se permettra encore moins de penser que le propriétaire est un être malfaisant, sur ce que de nouveaux voyageurs s'étant présentés, au lieu de jouir fraternellement des douceurs de cet asile, ils se sont pris de querelle ensemble.

Il ne sera pas surpris que de cette mésintelligence il soit résulté divers accidents, tels que la faim et la détresse d'un certain nombre de commensaux privés en partie des bienfaits de l'hospitalité offerte à tous, par l'avidité et l'égoïsme de quelques audacieux; car il a remarqué que les buffets, les lits de repos et les garderobes étaient assez copieusement garnis pour suffire à tous les besoins.

La conviction de cette vérité est tellement établie dans les esprits, qu'à une petite exception près, les hôtes les moins favorisés, en se retirant du palais, n'en franchissent la porte extérieure qu'avec des regrets et des larmes. Quelques-uns accusent de leurs peines passées des envieux ou des malveillants; d'autres de faux amis; il en est qui s'accusent euxmêmes; tous se disent qu'il était possible de couler des jours heureux dans cet asile, avec le bon esprit de jouir en paix des biens communs qu'il offrait, ou d'y suppléer par le travail et la concorde. La mauvaise foi tient seule un autre langage.

Cependant le désordre momentané dont il a été témoin provoque les réflexions du voyageur. Il s'étonne que le prince hospitalier, qui a recueilli tant d'inconnus auxquels il ne devait rien, en intervenant dans leurs débats, n'ait empêché ni les spoliations, ni les violences. A ses yeux, ces abus de la force blessent autant les lois de la justice que la majesté du trône. Il se représente principalement quelques honnêtes compagnons de route, qui, par la bonté de leur caractère, ont excité tout son intérêt, et qui, avec des droits à un meilleur sort, ont été indignement dépouillés et outragés.

C'est au milieu des tristes pensées que ces souvenirs réveillent, que le voyageur poursuit son chemin. Mais, tout-à-coup, il est abordé par un vieillard qui le salue, en lui disant : « Croyez-vous que les choses en restent là ? Le prince a tout vu, il a tout entendu. Chacun sera traité suivant ses œuvres. Ne savez-vous pas que, par un pouvoir dont la source se perd dans les âges, il oblige les voyageurs qui traversent la forêt à séjourner plus ou moins de temps dans le château, pour qu'il puisse acquérir une connaissance parfaite de leurs bonnes qualités ? Indulgent pour les fautes, mais sévère pour toute habitude coupable, il va les attendre dans un palais voisin de celui que nous quittons, et où le même pouvoir les forcera de porter leurs pas : c'est là qu'il se réserve de récompenser et de punir ; c'est là que chacun rendra un hommage volontaire ou forcé aux saintes lois de la justice. »

A ces mots, un coup de lumière frappe l'intelligence du voyageur. Tout s'explique, tout se dévoile à ses yeux. Il ne s'étonne plus que des doutes outrageants auxquels il s'est abandonné sur le compte du souverain avec lequel il contracta le droit de l'hospitalité ; également consolé du passé et rassuré sur l'avenir, il s'avance vers le terme de sa course ; déjà il entrevoit, sans frayeur, le péristyle du second palais, dont l'architecture, d'un style un peu austère, se dessine dans le lointain vaporeux. Placé sous la main d'un maître qui lui doit protection et justice, il s'endormira partout avec confiance. *Il a été vu* : c'est assez.

KÉRATRY, (*Inductions morales et physiologiques.*)

La Mort.

Un fantôme s'élance sur le seuil des portes inexorables : c'est la Mort. Elle se montre comme une tache obscure sur les flammes des cachots qui brûlent derrière elle; son squelette laisse passer les rayons livides de la lumière infernale entre les creux de ses ossements. Sa tête ornée d'une couronne changeante, dont elle dérobe les joyaux aux peuples et aux rois de la terre. Quelquefois elle se pare des lambeaux de la pourpre et de la bure, dont elle a dépouillé le riche et l'indigent. Tantôt elle vole, tantôt elle se traîne; elle prend toutes les formes, même celles de la beauté. On la croirait sourde, et toutefois elle entend le plus petit bruit qui décèle la vie; elle paraît aveugle, et pourtant elle découvre le moindre insecte rampant sous l'herbe. D'une main elle tient une faux comme un moissonneur; de l'autre, elle cache la seule blessure qu'elle ait jamais reçue, et que le Christ vainqueur lui porta dans le sein, au sommet du Golgotha. C'est le crime qui ouvre les portes de l'enfer, et c'est la mort qui les referme.

De Chateaubriand. (*Les Martyrs*, liv. VI.)

Le Séjour du Temps.

Sous le pôle arctique, aux extrémités du monde connu, et au couchant de l'astre du jour, est une plaine inculte et aride, où le Temps, monstre créé avec la Terre, règne despotiquement. Ce fier tyran de tout ce qui respire, élevé sur une colonne de marbre blanc, étale sur un même front les grâces de l'adolescence et les rides de la vieillesse. Son visage, miparti par une longue barbe grise, laisse voir une décrépitude parfaite à côté de l'embonpoint de la jeune virilité; son corps, toujours prêt à voler, ne porte que sur un pied, qu'il appuie légèrement sur une horloge de sable; les Heures, qui le font couler, en comptent scrupuleusement tous les grains; luimême, il tient une faux tranchante dans ses mains; et de ses yeux perçants, qui ne se livrent jamais au sommeil, il choisit ses victimes dans la multitude innombrable des mortels suppliants qui implorent sa pitié.

Mais ce monstre également dur et sourd, sans égard ni pour l'âge qu'il affaiblit, ni pour les conditions qu'il anéantit, ni pour les sexes qu'il confond, ni pour la beauté qu'il flétrit, ni pour l'esprit qu'il énerve, agitant ses ailes longues et bleuâtres, chasse loin de lui les jours, les mois, les années, et frappe indistinctement, tantôt un fils unique, l'espérance de toute une famille, tantôt un monarque chéri qu'il précipite du trône presque aussitôt qu'il y est monté; quelquefois il arrache une jeune épouse du lit nuptial, et change la joie d'un doux hyménée en pompe funèbre. Souvent il épargne un vieillard caduc et goutteux, pour trancher les jours d'un jeune homme sain et robuste. Il ne laisse enfin tomber sa faux meurtrière sur les vieillards qui l'environnent, que lorsque son bras, appesanti de lassitude, ne peut s'étendre au loin pour choisir ses victimes. Alors ils tombent, semblables aux feuilles jaunâtres que le souffle du rigoureux aquilon secoue des arbres sur la fin de l'automne.

Tels sont les jeux cruels qui amusent le Temps, lorsque de sa faux sanglante il frappe ses victimes. L'affreux contre-coup qui les livre à la Mort empressée de les enlever, leur ouvre ces noires barrières qui servent de porte à l'Éternité. C'est par là que les âmes entrent dans cet empire immense, d'où nul mortel ne peut revenir à la lumière. Son insatiable voracité ne se borne pas aux faibles mortels : empires, royaumes, républiques, villes, temples, palais, tout éprouve sa dent de fer. Les monuments respectables de l'art ne sont pas plus respectés que les chefs-d'œuvre de la nature : autour de lui sont entassés les débris des dignités et des grandeurs humaines, couronnes fracassées, sceptres brisés, trônes mis en poudre, et sur les ruines desquels il s'élève d'autres trônes qu'il renverse incontinent. Il se fit un jeu d'élever les quatre grands empires du monde, de les détruire tour-à-tour les uns par les autres, et d'en faire disparaître les nations. Devant lui passent rapidement toutes les générations, les vieillards poussés par les hommes d'un âge viril, et ceux-ci par des enfants. Tel est le Temps, qui engloutit et dévore tout ; mais, à la fin des siècles, ce monstre, dévoré lui-même, expirera aux portes de l'Éternité.

De La Baume.

Le Berger et le Troupeau.

Quand vous voyez quelquefois un nombreux troupeau qui, répandu sur une colline vers le déclin d'un beau jour, paît tranquillement le thym et le serpolet, ou qui broute dans une prairie une herbe menue et tendre qui a échappé à la faux du moissonneur, le berger, soigneux et attentif, est debout auprès de ses brebis; il ne les perd pas de vue, il les suit, il les conduit, il les change de pâturage; si elles se dispersent, il les rassemble; si un loup avide paraît, il lâche son chien qui le met en fuite; il les nourrit, il les défend; l'aurore le trouve déjà en pleine campagne, d'où il ne se retire qu'avec le soleil. Quels soins! quelle vigilance! quelle servitude! Quelle condition vous paraît la plus délicieuse et la plus libre, ou du berger, ou des brebis? Le troupeau est-il fait pour le berger, ou le berger pour le troupeau? Image naïve des peuples, et du prince qui les gouverne, s'il est bon prince!

La Bruyère.

La France.

Sous quels traits intéressants, sous quels divers attributs la poésie et la peinture, dont le privilége est de tout animer, ne pourraient-elles point représenter la France?

Tantôt on la verrait, intrépide amazone, portant la hache du Sicambre, les bracelets du Celte, la lance des paladins, l'éperon d'or, le faucon, et le cor retentissant des nobles et des châtelains.

Tantôt, errante pèlerine, revenant des lieux sacrés avec le rosaire des ermites, le bourdon, l'écharpe brodée par les jouvencelles, la harpe du troubadour et la cithare des romanciers.

Tantôt, puissante fée, couronnée de la verveine dont les prophétesses des Germains et des Gaulois ceignaient leurs fronts, armée de la baguette des nécromans, de l'anneau merveilleux, de la coupe aux philtres magiques ; transportée sur un char aérien, et telle qu'apparurent à nos crédules aïeux les Oberon, les Morgane et les Mélusine.

Mais plus souvent encore on la verrait, auguste divinité, élevée sur un trône, dont les étrangers même ont reconnu la prééminence sur tous les autres, et recevant les productions du génie, les vœux, les serments, les sacrifices d'une foule de héros, fiers de répandre leur sang et de mourir pour elle. A son autel sont suspendus les oriflammes de Clovis, les faisceaux que Charlemagne rapporta du Capitole, les bannières des Louis et des Philippe, le panache blanc de Henri IV, et les épées des Duguesclin, des Nemours, des Bayard, des Condé, des Turenne, des Catinat, des Villars. Parmi ces trophées éclate son vaste bouclier, que parent les armoiries de cent famille illustres, les couleurs, les chiffres et les devises des chevaliers et des bannerets. Autour de ces nobles écussons, s'entrelacent les rameaux du chêne qu'adoraient nos Druides; l'olivier que les Phocéens transplantèrent sur nos rivages; le peuplier d'Italie, emblème des colonies romaines dans les Gaules; le pampre dont les soldats de Probus enrichirent nos coteaux; les palmes de l'Idumée, et les lis couverts d'abeilles : sur ces images symboliques, la galanterie et les amours effeuillent les roses et les myrtes cueillis dans les voluptueux bosquets d'Anet, de Blois et de Versailles.

De Marchangy. (*Gaule poétique.*)

TABLEAUX ET DESCRIPTIONS.

PRÉCEPTES DU GENRE.

La description représente un objet ou une action au moyen de la parole; elle met en relief la nature d'une chose, les diverses circonstances d'un fait. Comme c'est une des formes qu'aime à revêtir la pensée, elle appartient à la logique ; et comme cette forme est la plus favorable à l'imagination, elle est aussi du ressort de la rhétorique et de la poétique.

En logique, la définition est une description réduite à ses termes les plus simples. Pour désigner une chose, elle en indique le genre et l'espèce. L'énumération des parties est encore une description : elle développe ce qui n'est qu'un germe dans la définition ; elle passe en revue les propriétés d'un être, les principaux détails d'un évènement.

Dans le domaine de la poésie et de l'éloquence, quand nous avons un fait à exposer, la narration s'identifie souvent avec la description ; car, si l'on veut donner au récit de l'intérêt et de la couleur, il faut décrire les lieux, les personnes, les actes. C'est ainsi que racontent Hérodote, Tite-Live, Bossuet.

La description élevée à son plus haut dégré de perfection prend, chez les rhéteurs, le nom d'*hypotypose*. Cette brillante figure n'est rien autre chose que la description elle-même avec tout le mouvement, toute la vérité dont elle est susceptible. Elle peint à l'imagination et met, pour ainsi dire, sous les yeux ce qu'elle veut représenter. Ce n'est plus un orateur, un poète, qui vous parle ; vous assistez à un spectacle réel.

Plus puissante que la peinture, la description imite les sons, reproduit la succession des mouvements, exprime les élans du cœur et révèle les secrets les plus intimes de la pensée. C'est un tableau, mais un tableau vivant.

Il importe à l'écrivain de bien connaître les sources auxquelles il peut emprunter ses descriptions. Nous les réduirons à quatre : le monde matériel, la société, le cœur humain, l'idée d'une puissance suprême.

Le monde matériel fournit à l'imagination des couleurs tour-à-tour sombres ou brillantes, de la beauté dans les formes, de l'harmonie dans les sons, de la variété dans les scènes et dans les mouvements. C'est en présence de ce modèle qu'ont chanté les poètes orientaux ; Homère, Hésiode s'inspiraient aussi du spectacle de la nature. En général, dans les poésies des anciens âges, tout a des formes et des couleurs, tout vit et se meut, tout parle aux sens. Plus d'une fois cependant, au sein des sociétés usées par la vieillesse, d'heureux génies ont su retrouver cette expression naïve de la vie extérieure. Est-il besoin de citer Théocrite, Bernardin de Saint-Pierre, Châteaubriand ?

La société présente à l'écrivain ce théâtre mobile sur lequel se déploie l'infatigable activité de l'esprit humain. Là se succèdent incessamment les effets de la volonté, les résultats des passions, les merveilles du génie. Ce drame immense, composé de tant d'actes divers, se reflète dans les graves peintures d'un Thucydide, dans les conceptions malignes d'un Aristophane, souvent même dans les couplets de notre Béranger.

Mais c'est surtout dans son propre cœur que l'écrivain découvrira ces ressorts secrets qui font mouvoir les sociétés, ces forces qui, avant de soulever les masses, agissent sur l'individu. Lorsqu'il veut décrire les mystères de la conscience, Platon écoute les révélations de sa nature intime. Montaigne, avant de prendre la plume, interroge les sentiments, les goûts, les fantaisies de son esprit non moins profond que capricieux. La Fontaine écrit presque toujours sous la dictée de cette voix intérieure qui est l'écho de la vie individuelle.

D'autres fois enfin la pensée prend son essor pardelà les limites de ce monde périssable. Elle va dans une région supérieure chercher de plus nobles images. La description s'empare aussi de ces mystérieux rapports qui unissent le ciel et la terre. Dans la prose de Fénélon, dans les vers de Lamartine, elle nous fait respirer d'avance un parfum d'immortalité.

Après avoir indiqué les sources de la description, il serait utile de pouvoir en tracer les règles. Mais est-il possible de soumettre à des préceptes rigoureux une composition littéraire qui varie suivant les sujets, les temps, les lieux et les personnes. Le logicien ne décrit pas comme l'orateur, ni l'historien comme le poète. Cependant on peut conseiller à l'écrivain d'être abondant sans superfluité, pompeux sans enflure. Il faut surtout bien choisir les circonstances, laisser de côté les détails vulgaires, insignifiants, et ne s'arrêter qu'aux traits caractéristiques, originaux. Préférez Virgile à l'intarissable Ovide, à l'emphatique Lucain. L'élégant Delille est souvent d'une fécondité fatigante, et l'auteur des Martyrs abuse aussi par fois de sa brillante imagination.

Enfin, il ne faut pas confondre la description avec la poésie descriptive ; celle-ci colore les détails, l'autre est un tableau. Les descriptions peuvent être heureusement placées dans l'épopée et dans le drame, dans la poésie lyrique et dans l'histoire même. Tite-Live et Tacite ont fort bien *décrit* des batailles. On admire, dans le *Paradis perdu,* la magnifique description de l'Eden ; dans la *Jérusalem* du Tasse, la terrible peinture de la sécheresse qui, sous un ciel dévorant, ravage le camp des Croisés. La description peut beaucoup ajouter aux émotions de la scène, mais son abus peut faire tâche, même dans un chef-d'œuvre. Tel est le récit de Théramène, qui offre un morceau célèbre de poésie descriptive plutôt qu'une description qui serait d'ailleurs mal placée, et qui cache les personnages pour ne montrer que le poète au dénouement. (*Encyclopédie des gens du monde.*)

Le Cèdre du Liban.

Il est connu du monde entier comme le dôme de Milan, la tour de Pise, la flèche de Strasbourg : à force d'âge et de service, il est passé monument. Un quartier de Paris l'a choisi pour représentant dans la mémoire des étrangers. Le voyageur qui cherche, assis au foyer de retour, les points de rappel de sa résidence à la capitale du monde, voit courir dans la galerie de son cerveau, après le Louvre, le Pont-Neuf, après celui-ci, le pont d'Austerlitz, après le pont d'Austerlitz, le cèdre du Liban.

Non-seulement il est connu du monde entier, mais le Parisien même le connaît, lui qui n'a jamais visité les catacombes, les thermes de Julien, le musée des Petits-Augustins. Le cèdre du Liban est un enfant de Paris : d'abord parce que l'on vend du pain d'épice à sa base, et parce que de son sommet, du labyrinthe, on montre avec un télescope les arbres de Vincennes aussi grands que nature, comme des choux. La science et la friandise l'ont rendu sacré à la foule.

Il est grand comme un bois : tous les oiseaux du Jardin-des-Plantes trouveraient place sous ses branches, tous les tigres, tous les lions, tous les singes, tous les ours, toutes les panthères, tous les rhinocéros de la ménagerie, tous les savants de la maison seraient à l'aise sous son ombrage. C'est un bois, dis-je ; ses rameaux sont des allées; son tronc chaufferait un ministère ; on bâtirait avec les planches qu'il fournirait un vaisseau pour les fêtes de juillet, des pavillons pour l'industrie! Comme toute grande création des siècles, il a son histoire, mieux qu'une histoire, sa tradition. Les mères l'ont dit aux mères, et elles nous l'ont répété : Que le voyageur Jussieu, qui le rapporta, l'avait transvasé dans son chapeau. Le voyage fut long, tempétueux : l'eau douce manqua, l'eau douce, ce lait d'une mère pour le voyageur. A chacun on mesura l'eau : deux verres pour le capitaine, un verre pour les braves matelots, un demi-verre pour les passagers. Le savant à qui appartenait le cèdre était passager : il n'eut qu'un demi-verre. Le cèdre ne fut pas même compté pour un passager, il n'eut rien ; mais le cèdre était l'enfant du savant : il le mit près de sa cabane, et le réchauffa de son haleine ; il lui donna la moitié de sa moitié d'eau et le ranima. Tout le long du voyage, le savant but si peu d'eau et le cèdre en but tant, qu'ils furent descendus au port l'un mourant, l'autre superbe, haut de six pouces.

A la douane, l'employé du gouvernement voulut faire vider le chapeau, prétendant qu'on y cachait de la dentelle, des diamans, tout ce qu'un douanier peut imaginer. Dans son zèle, il voulait enlever la terre, arracher le cèdre, prétexte menteur d'une contrebande. Et le savant pleura, parla du cèdre en termes si poétiques, allégua si bien la Bible, cita tant et de si beaux passages, où l'on voit le cèdre au berceau de Moïse, aux lambris parfumés de myrrhe de la reine de Saba, aux revêtements de l'arche, dans les ornements du tabernacle, que le douanier fut attendri, reçut vingt-cinq louis et n'arracha pas le cèdre de son vase de feutre.

Sorti du chapeau comme un foulard de contrebande ou un cent de cigarres de la Havane, le cèdre fut planté en terre : on l'abrita d'une tuile, et pour que personne n'en approchât, on lui appliqua au dos une inscription en latin du Jardin-des-Plantes.

Puis il devint si haut, qu'on ôta la tuile et le latin, espèce de rhétorique que subissent les plantes avant d'être émancipées : puis il devint plus haut qu'un professeur, et il se fit assez d'ombre autour de lui pour qu'un enfant et sa bonne fussent à l'abri. La bonne et l'enfant, l'arbre ayant grandi, appelèrent d'autres enfants, d'autres bonnes; les bonnes firent connaissance; les enfants s'aimèrent; voilà une civilisation, une civilisation apportée dans un chapeau.

Qu'il devint beau dans peu de temps, qu'il devint illustre! Un homme plus grand que Shakespeare, plus grand que Corneille, plus grand que Napoléon, venait chaque jour s'asseoir à ses pieds, et jouer avec les petits enfants et les bonnes : cet homme ce n'était pas Dieu sous la figure d'un ange : c'était Parmentier, celui qui planta en France la pomme de terre, ce pain quand il n'y a plus de pain : Parmentier qui a empêché le riche de mourir de faim sous l'empire et le pauvre sous tous les gouvernements. Salut au cèdre, à la pomme de terre, à Parmentier qui eut la gloire de voir Louis XVI porter à sa boutonnière les premières fleurs de la pomme de terre!

Et il grandit encore, le cèdre du Liban! Alors les pauvres aveugles de la rue Saint-Victor demandèrent à venir tous les jeudis se reposer à l'ombre de cette forêt d'un seul arbre. Tous les jeudis, ils se rassemblent sous le dôme du cèdre, comme les aveugles musseins sous les platanes de Constantinople; là ils parlent de Dieu et en conçoivent la grandeur en embrassant ce tronc. C'est un attendrissement de les voir groupés sous le cèdre plein d'oiseaux et de parfums. Ils ne visiteront pas l'Orient, il n'y a pas d'Orient pour les aveugles; mais ils touchent l'Orient.

Les aveugles appelèrent les muets, et depuis, les muets de la rue Saint-Jacques se rendent aussi sous le cèdre : il y a de la place pour tous les enfants qui ont à distraire de longues douleurs. Les aveugles rêvent de la vue du cèdre en entendant le murmure de ses branches, et les muets pensent au chant des oiseaux qui voltigent de branche en branche dans cette immense volière.

Chaque jeudi vous n'y verrez pas seulement les aveugles et les muets, mais les enfants abandonnés. L'hospice de la Pitié a ses jours de joie et de liberté. Des centaines de beaux enfants, dans l'allée des Platanes, montent vers le labyrinthe et dansent en rond autour du cèdre. Il faut aimer quelqu'un, ils aiment le cèdre : il est leur père à tous, celui qui regarde s'ils ont grandi depuis deux ans. Ceux qui ont quatre sous boivent du lait à la laiterie du cèdre, ceux qui n'en ont que deux mangent des oublies, ceux qui n'ont ni un sou, ni un père, pleurent au pied du cèdre, en regardant passer tant d'enfants avec leur père, leur sœur, leur mère, et qui aiment mieux voir la girafe que le cèdre.

Il y avait autrefois une prison au fond du jardin, à la droite de la Pitié : prison horrible, infecte comme la justice, dont les corridors étaient moisis, dont les bouges suaient le désespoir, désolée et maudite, si affreuse que pour balancer son hideux aspect, les hommes de toutes les opinions, une fois dedans, s'embrassaient et vivaient en frères. Six étages s'empilaient l'un sur l'autre; le dernier étage, le sixième, dernier cercle de cet enfer où le galérien souillait de son contact le malheureux dettier, cet étage où l'on ne parvenait qu'essoufflé, abattu, mourant, était le plus recherché. Les chambres se louaient à des prix fous. Ce n'est pas qu'on vît de là-haut le toit de son créancier pour y cracher dessus par la pensée, ni le dôme du Palais-de-Justice, mais on apercevait le cèdre du Liban. Sur cette aride plaine d'ardoises, au-dessus de cette forêt de cheminées, planait le cèdre. La joue collée contre les barreaux de fer, la bouche ouverte pour respirer un souffle d'air que n'eût pas empoisonné la ville des créanciers, le détenu passait des journées entières à regarder le cèdre. C'était le jardin du prisonnier, qui se consolait des ennuis de la pluie en disant: Demain le cèdre sera plus vert. On s'invitait à voir le cèdre : on consolait l'étranger en lui en ménageant le spectacle : et le visiteur ne s'en allait pas sans en être régalé. On en était fier à Sainte-Pélagie comme si on l'eût planté.

Aujourd'hui, il a cent ans d'existence, ni un jour de plus ni un jour de moins. C'est mémorable, cent ans! Il a été hors des limites de Paris. Il a appelé Paris à lui comme un bel arbre du désert attire du plus loin un oiseau. Une ville, deux villes, trois villes, Bercy, la Rapée, Charenton, ont grandi sous lui. Le premier boulet qui meurtrit la Bastille émut ses rameaux. Quand les lions du jardin respirent après la pluie l'odeur amère de sa résine, ils rugissent. C'est l'Afrique qu'ils croient respirer. Il a son histoire dans les livres de science. Rien ne manque à sa gloire. Le poète lui doit une chanson.

Léon Gozlan.

Marie-Antoinette

A LA CONCIERGERIE.

Le cachot de la Conciergerie n'était pas alors revêtu d'un marbre noir; ses murailles n'avaient pas disparu sous des draperies de deuil; il était alors habité, dans toute son horrible nudité, par la reine de France; l'air qu'on y respirait était infect, le jour en était affreux; pour plafond de vieilles ogives, destinées aux blasphémateurs sous le règne de saint Louis; pour murailles de larges pierres, humectées par les fossés du château; pour parquet une terre humide et glacée, et pour meubles une chaise, un grabat, un paravent troué, derrière lequel se tenait nuit et jour une sentinelle en bonnet rouge, comme si, pour garder Marie-Antoinette, ce n'était pas assez de larges portes à triples verroux qui s'étaient refermées sur elle pour ne plus s'ouvrir qu'une fois.

Ce jour-là, notre jeune reine sortit plutôt que de coutume de l'accablement de chaque nuit, que ses bourreaux appelaient son sommeil. Le geôlier de la Conciergerie lui avait appris la veille, le sourire sur les lèvres et comme s'il eût parlé à la femme de Robespierre, que le roi était condamné à mort ; et pendant ces vingt-quatre heures de ténèbres, la reine avait pu à loisir méditer cet horrible récit. Ce qui se passa dans sa tête et dans son cœur, personne ne saurait le dire. Seulement ce qui est vrai, c'est que, pendant cette longue nuit, l'auguste prisonnière ne poussa pas un soupir, ne répandit pas une larme, qu'elle fut calme et tranquille, et qu'on n'entendit dans son cachot que le bruyant sommeil du gardien placé derrière son lit.

Aussitôt qu'il fit assez grand jour dans les cours pour qu'un pâle et faible rayon de soleil vint jeter un mélancolique reflet sur ce grabat sans rideaux et sans sommier, la reine sortit de sa couche, faisant silence, de peur de réveiller la sentinelle endormie, voilant avec sa robe les trous du paravent qui les séparait ; au reste, ce n'était pas la première fois que la jeune et belle princesse avait été exposée aux regards de ces misérables : elle était encore reine de nom quand, au château de Versailles, elle fut surprise dans son lit par la nation déchaînée, et ce fut à peine si elle eut le temps de se sauver à demi-nue entre les bras de son royal époux.

Quand la reine fut levée, elle se mit à prier à voix basse ; en France, il fallait être dans un cachot pour oser faire une prière ; la prière était un crime que la liberté défendait, que l'égalité punissait de mort. La reine fit donc sa prière du matin ; elle pria d'abord pour la France, qui l'avait naguère accueillie avec tant de cris d'amour, et qu'elle aimait encore de toute son âme, car c'est un des priviléges de cette belle couronne de France, de rendre françaises de cœur et d'esprit toutes les reines qui la portent.

La reine pria ensuite pour son jeune fils, si beau, si bon, si aimé, si jeune, et qu'elle ne devait plus revoir; enfin, elle pria pour son époux; seulement à la prière de chaque jour, elle ajouta l'office des morts, pendant qu'au-dessus de sa tête les cris de joie du peuple se faisaient entendre comme s'il se fut agi d'une victoire.

Ainsi pria la reine; et quand elle eut achevé sa prière, elle s'occupa à refaire son grabat pour la nuit prochaine, à balayer sa prison, à remettre en ordre tout ce vide épouvantable; puis elle plaça sa chaise à sa place accoutumée, et choisissant parmi les hardes qui lui restaient, plus pauvre que la dernière femme de son royaume, elle chercha quelques lambeaux noirs pour se faire un deuil.

Justement il lui restait quelque chose du deuil auquel elle s'était condamnée le jour où elle avait vu la tête de son amie, la princesse de Lamballe, portée en triomphe, au bout d'une pique, dans les rues de Paris.

Et quand l'auguste victime, pour achever sa toilette de chaque matin, laissa tomber sur ses épaules et sur son cou d'ivoire ses épais cheveux blonds, il lui sembla, en les mettant en ordre, que leur couleur était changée et qu'ils étaient aussi blancs que les cheveux de son aïeul quand il la pressa sur son cœur en lui disant adieu. En effet, cette belle chevelure que toutes les mères de France souhaitaient à leurs jeunes filles toutes les fois qu'elles voyaient la reine, comme elles leur souhaitaient son esprit et son cœur, cette belle chevelure avait moins d'éclat que de coutume : mais peut-être que la reine se trompait ; le crépuscule de son cachot était si incertain et si faible, la lumière avait tant de peine à traverser ces épais barreaux, ce double châssis, ce grillage si fort, d'autant plus qu'à cet instant même la sentinelle s'était arrêtée à l'entrée du soupirail, et son ombre informe, armée d'un large couteau, se dessinait bizarrement sur le paravent en lambeaux.

D'ailleurs quel intérêt la jeune captive pouvait-elle prendre encore à sa beauté flétrie? Que lui importaient ces traces féroces d'une vieillesse qu'elle ne devait pas atteindre? Il était déjà bien loin, ce temps heureux où, fière de l'amour de tout un peuple, elle arrivait en France joyeusement escortée de ses dix-sept printemps et suivie de la bénédiction de sa mère; alors seulement Marie-Antoinette avait consenti à être la plus belle personne d'un royaume où elle était la plus aimée. Bonne et douce princesse, sa présence avait été pour nous un gage de repos public. Quand elle parut, les Français, longtemps veufs d'une reine, se précipitèrent sur ses pas, comme pour mieux féliciter son époux. Aujourd'hui tout était bien changé.

Le *père du peuple* était condamné à mort!

Pourtant rien n'était plus vrai : une seule nuit avait suffi pour changer la couleur des cheveux de la reine; une seule nuit avait effacé d'une si belle tête les attributs de la jeunesse : la reine ne s'en aperçut que plus tard, beaucoup plus tard. Un jour que le bourreau vint pour la délivrer, le froid la saisit sur la charrette; la reine tira sa coiffe sur ses yeux, et elle vit alors une touffe de ses cheveux, fragile jouet d'un vent d'automne, aussi blanche que son visage pâle et souffrant, aussi blanche que sa blanche main, cette main que, pour sauver la France, craintive et timide princesse, elle avait osé confier un soir à Mirabeau.

Cela se passait dans la France du dix-huitième siècle, et il n'y avait pas cent ans, qu'à propos d'Henriette d'Angleterre, Bossuet s'était étonné de la quantité de pleurs contenus dans les yeux des rois! Quel n'eût pas été son étonnement et son effroi s'il eût vu notre jeune reine, les cheveux blancs depuis vingt-quatre heures, raccommodant au fond de son cachot la robe noire qu'elle devait porter sur l'échafaud teint du sang de son époux! Si les larmes des rois épouvantaient le grand Bossuet, quelle n'eût pas été son épouvante à l'aspect d'une douleur royale qui ne pouvait pas même pleurer! Pour de pareilles douleurs, la voix seule de Bossuet pouvait élever le langage des hommes à la hauteur de ces forfaits; seul il avait assez de courage et de sainte colère pour regarder en face les souvenirs d'une révolution comme la nôtre : surtout il ne croyait pas qu'un régicide fût jamais ou dût jamais être oublié; au contraire, il s'appesantissait sur les moindres détails, se tenant debout sur l'échafaud de Stuard, jusqu'à ce que la tête de Stuard fût tombée. Soyez donc assuré que, si Bossuet vivait de nos jours, il parlerait des cheveux blancs de Marie-Antoinette en pleine chaire, avec cette voix terrible et solennelle qui fit trembler la

ville et la cour lorsqu'il s'écriait : Madame se meurt!
Madame est morte!

J. JANIN.

L'Amour maternel.

Tout Paris se souvient de cette nuit désastreuse qui fut si funeste à l'amour maternel. Un ambassadeur d'Allemagne faisait célébrer le mariage d'un illustre conquérant; mille flambeaux éclairaient un palais magique élevé avec autant de célérité que d'imprévoyance. Tous les arts avaient réuni leurs merveilles pour enchanter ce beau lieu; les colonnes étaient couvertes de festons, de guirlandes, de chiffres enlacés, et autres ornements symboliques, auxquels un vernis combustible avait imprimé les plus fraîches couleurs. Qui eût cru que les larmes étaient si près de la joie? Un torrent de feu naquit d'une simple étincelle, et enveloppa en un instant cette belle enceinte où tant de familles réunies se livraient à l'innocent plaisir de la danse. Des cris sinistres, les gémissements prolongés de la douleur succédèrent tout-à-coup au son des instruments qui avaient donné le signal de la fête; les voûtes de l'édifice tremblaient, et déjà plusieurs victimes étaient écrasées. Le peu d'eau que l'on jetait à la hâte ne faisait que nourrir ce vaste embrâsement; tout s'engloutissait dans ce gouffre dévorateur. On s'embarrassait dans la fuite; mais ce qu'il y avait de plus touchant au milieu de ces scènes d'horreur et de désespoir, c'est le courage sublime d'une multitude de femmes, pâles, échevelées, s'élançant au milieu des flammes et disputant leurs filles à l'horrible incendie. Toutes les craintes personnelles s'évanouissaient devant les intérêts sacrés de la maternité malheureuse. En quelques minutes, ce théâtre d'allégresse fut converti en un monceau de cendres. Une princesse adorée y perdit la vie; et le lendemain, quand on fouilla les décombres, on trouva le cadavre d'une autre mère, qui tenait le corps de son enfant étroitement embrassé; non loin d'elle, on apercevait les fragments d'un collier, des bracelets, des pierreries, quelques diamants épargnés par le feu, et autres ornements, tristes restes de la vanité humaine, dont la vue affligeait les regards, en rappelant à l'âme contristée la futilité de nos biens et la fragilité de notre nature.

ALIBERT. (*Physiologie des Passions.*)

Les Tombeaux aériens.

La jeune mère se leva et chercha des yeux, dans le désert embelli par l'aurore, quelque arbre sur les branches duquel elle pût exposer son fils. Elle choisit un érable à fleurs rouges, tout festonné de guirlandes d'apios et qui exhalait les parfums les plus suaves. D'une main elle en abaissa les rameaux inférieurs, de l'autre elle y plaça le corps de son enfant; laissant alors échapper la branche, la branche retourna à sa position naturelle, en emportant la dépouille de l'innocence, cachée dans un feuillage odorant.

Oh! que cette coutume indienne est touchante! Dans leurs tombeaux aériens, ces corps, pénétrés de la substance éthérée, enfoncés dans des touffes de verdure et de fleurs, rafraîchis par la rosée, embaumés par les brises, balancés par elles sur la même branche où le rossignol a bâti son nid et fait entendre sa plaintive mélodie, ces corps ainsi exposés ont perdu toute la laideur du sépulcre. Mais si c'est la dépouille d'une jeune fille que la main d'un amant a suspendue à l'arbre de la mort; si ce sont les restes d'un enfant chéri qu'une mère a placés dans la demeure des petits oiseaux, le charme redouble encore.

Arbre américain, qui, portant des corps dans tes rameaux, les éloigne du séjour des hommes, en les rapprochant de celui de Dieu, je me suis arrêté en extase sous ton ombre! Dans ta sublime allégorie, tu me montrais l'arbre de la vertu; ses racines croissent dans la poussière de ce monde; sa cime se perd dans les étoiles du firmament, et ses rameaux sont les seuls échelons par où l'homme, voyageur sur ce globe, puisse monter de la terre au ciel.

CHATEAUBRIAND. (*Génie du christianisme.*)

Les Tombeaux.

Un tombeau est un monument placé sur les limites des deux mondes. Il nous présente d'abord la fin des vaines inquiétudes de la vie, et l'image d'un éternel repos; ensuite il élève en nous le sentiment confus d'une immortalité heureuse, dont les probabilités augmentent à mesure que celui dont il nous rappelle la mémoire a été plus vertueux. C'est là que se fixe notre vénération; et cela est si vrai, que, quoiqu'il n'y ait aucune différence entre la cendre de Socrate et celle de Néron, personne ne voudrait avoir dans ses bosquets les cendres de l'empereur romain, quand même elles seraient renfermées dans une urne d'argent, et qu'il n'y a personne qui ne mît celles du philosophe dans le lieu le plus honorable de son appartement, quand elles ne seraient que dans un vase d'argile.

C'est donc par cet instinct intellectuel pour la vertu, que les tombeaux des grands hommes nous inspirent une vénération si touchante. C'est par le même sentiment que ceux qui renferment des objets qui ont été aimables nous donnent tant de regrets. Voilà pourquoi nous sommes émus à la vue du petit tertre qui couvre les cendres d'un enfant aimable, par le souvenir de son innocence; voilà encore pourquoi nous voyons avec tant d'attendrissement une tombe sous laquelle repose une jeune femme, l'amour et l'espérance de sa famille par ses vertus. Il ne faut pas, pour rendre recommandables ces monuments, des marbres, des bronzes, des dorures : plus ils sont simples, plus ils donnent d'énergie au sentiment de la mélancolie. Ils font plus d'effet pauvres que riches, antiques que modernes, avec des détails d'infortune qu'avec des titres d'honneur, avec les attributs de la vertu qu'avec ceux de la puissance.

C'est surtout à la campagne que leur impression se

fait vivement sentir : une simple fosse fait souvent verser plus de larmes que les catafalques dans les cathédrales : c'est là que la douleur prend de la sublimité ; elle s'élève avec les vieux ifs des cimetières, elle s'étend avec les plaines et les collines d'alentour ; elle s'allie avec tous les effets de la nature, le lever de l'aurore, le murmure des vents, le coucher du soleil et les ténèbres de la nuit. Les travaux les plus rudes et les destinées les plus humiliantes n'en peuvent éteindre l'impression dans les cœurs des plus misérables.

BERNARDIN DE SAINT-PIERRE. (*Études de la nature.*)

Félicité des rois justes dans les Champs-Élysées.

Télémaque s'avança vers ces rois, qui étaient dans des bocages odoriférants, sur des gazons toujours renaissants et fleuris ; mille petits ruisseaux d'une onde pure arrosaient ces beaux lieux, et y faisaient sentir une délicieuse fraîcheur : un nombre infini d'oiseaux faisaient résonner ces bocages de leurs doux chants ; on voyait tout ensemble les fleurs du printemps qui naissaient sous les pas, avec les riches fruits de l'automne qui pendaient des arbres.

Là jamais on ne ressentit les ardeurs de la canicule ; là jamais les noirs aquilons n'osèrent souffler, ni faire sentir les rigueurs de l'hiver. Ni la guerre altérée de sang, ni la cruelle envie qui mord d'une dent vénimeuse, et qui porte des vipères entortillées dans son sein et autour de ses bras, ni les jalousies, ni les défiances, ni la crainte, ni les vains désirs n'approchent jamais de cet heureux séjour de la paix : le jour n'y finit point, et la nuit avec ses sombres voiles y est inconnue : une lumière pure et douce se répand autour des corps de ces hommes justes, et les environne de ses rayons comme d'un vêtement. Cette lumière n'est point semblable à la lumière sombre qui éclaire les yeux des misérables mortels, et qui n'est que ténèbres; c'est plutôt une gloire céleste qu'une lumière : elle pénètre plus subtilement les corps les plus épais, que les rayons du soleil ne pénètrent le plus pur cristal; elle n'éblouit jamais; au contraire, elle fortifie les yeux et porte dans le fond de l'âme je ne sais quelle sérénité. C'est d'elle seule que les hommes bienheureux sont nourris; elle sort d'eux et elle y rentre : elle les pénètre et s'incorpore à eux comme les aliments s'incorporent à nous; ils la voient, ils la sentent, ils la respirent; elle fait naître en eux une source intarissable de paix et de joie : ils sont plongés dans cet abîme de délices comme les poissons dans la mer; ils ne veulent plus rien; ils ont tout sans rien avoir; car ce goût de lumière pure apaise la faim de leur cœur. Tous leurs désirs sont rassasiés, et leur plénitude les élève au-dessus de tout ce que les hommes vides et affamés cherchent sur la terre : toutes les délices qui les environnent ne leur sont rien, parce que le comble de leur félicité, qui vient du dedans, ne leur laisse aucun sentiment pour tout ce qu'ils voient de délicieux au-dehors : ils sont tels que les dieux qui, rassasiés de nectar et d'ambroisie, ne daigneraient pas se nourrir de viandes grossières qu'on leur présenterait à la table la plus exquise des hommes mortels. Tous les maux s'enfuient loin de ces lieux tranquilles : la mort, la maladie, la pauvreté, la douleur, les regrets, les remords, les craintes, les espérances même qui coûtent souvent autant de peines que les craintes; les divisions, les dégoûts, les dépits n'y peuvent avoir aucune entrée.

Les hautes montagnes de Thrace, qui, de leurs fronts couverts de neige et de glace depuis l'origine du monde, fendent les nues, seraient renversées de leurs fondements posés au centre de la terre, que les cœurs de ces hommes ne pourraient pas même être émus ; seulement ils ont pitié des misères qui accablent les hommes vivants dans le monde : mais c'est une pitié douce et paisible qui n'altère en rien leur immuable félicité. Une jeunesse éternelle, une félicité sans fin, une gloire toute divine est peinte sur leur visage; mais leur joie n'a rien de folâtre, d'indécent ; c'est une joie douce, noble, pleine de majesté : c'est un goût sublime de la vérité et de la vertu qui les transporte : ils sont, sans interruption, à chaque moment, dans le même saisissement de cœur où est une mère qui revoit son cher fils qu'elle avait cru mort ; et cette joie qui échappe bientôt à la mère, ne s'enfuit jamais du cœur de ces hommes. Jamais elle ne languit un instant : elle est toujours nouvelle pour eux ; ils ont le transport de l'ivresse, sans en avoir le trouble et l'aveuglement. Ils s'entretiennent ensemble de ce qu'ils voient et de ce qu'ils goûtent ; ils foulent à leurs pieds les molles délices, et les vaines grandeurs de leurs anciennes conditions qu'ils déplorent ; ils repassent avec plaisir ces tristes, mais courtes années, où ils ont eu besoin de combattre contre eux-mêmes et contre le torrent des hommes corrompus pour devenir bons ; ils admirent le secours des dieux qui les ont conduits, comme par la main, à la vertu, au milieu de tant de périls.

Je ne sais quoi de divin coule sans cesse au travers de leur cœur comme un torrent de la Divinité même qui s'unit à eux ; ils voient, ils goûtent qu'ils sont heureux, et ils sentent qu'ils le seront toujours. Ils chantent les louanges des dieux, ils ne font ensemble qu'une seule voix, une seule pensée, un seul cœur, une même félicité, qui fait comme un flux et reflux dans ces âmes unies. Dans ce ravissement divin, les siècles coulent plus rapidement que les heures parmi les mortels ; et cependant mille et mille siècles écoulés n'ôtent rien à leur félicité toujours nouvelle et toujours entière. Ils règnent tous ensemble, non sur des trônes que la main des hommes peut renverser, mais en eux-mêmes avec une puissance immuable ; car ils n'ont plus besoin d'être redoutables par une puissance empruntée d'un peuple vil et misérable ; ils ne portent plus ces vains diadèmes dont l'éclat cache tant de craintes et de noirs soucis : les dieux mêmes les ont couronnés de leurs propres mains avec des couronnes que rien ne peut flétrir.

FÉNÉLON. (*Télémaque*. L. xix.)

Les Invalides aux pieds des autels.

Qui de nous n'a pas vu quelquefois de ces vieux soldats qui, à toutes les heures du jour, sont prosternés çà et là sur les marbres du temple élevé au milieu de leur auguste retraite? Leurs cheveux, que le temps a blanchis, leur front, que la guerre a cicatrisé, ce tremblement, que l'âge seul a pu leur imprimer, tout en eux inspire d'abord le respect : mais de quel sentiment n'est-on pas ému lorsqu'on les voit soulever et joindre leurs mains défaillantes pour invoquer le Dieu de l'univers et celui de leur cœur et de leur pensée; lorsqu'on leur voit oublier, dans cette touchante dévotion, et leurs douleurs présentes et leurs peines passées; lorsqu'on les voit se lever avec un visage serein, et emporter dans leur âme un sentiment de tranquillité et d'espérance?

Ah! ne les plaignez point dans cet instant, vous qui ne jugez du bonheur que par les joies du monde. Leurs traits sont abattus, leur corps chancelle, et la mort observe leurs pas; mais cette fin inévitable, dont la seule image vous effraie, ils la voient venir sans alarmes; ils se sont approchés par le sentiment de celui qui est bon, de celui qui peut tout, de celui qu'on n'a jamais aimé sans consolation. Venez contempler ce spectacle, vous qui méprisez les opinions religieuses, et qui vous dites supérieurs en lumières, venez et voyez vous-mêmes ce que peut valoir, pour le bonheur, votre prétendue science. Ah! changez donc le sort de ces hommes, et donnez-leur à tous, si vous le pouvez, quelque part aux délices de la terre, ou respectez un sentiment qui leur sert à repousser les injures de la fortune; et, puisque la politique des tyrans n'a jamais essayé de la détruire, puisque leur pouvoir ne serait pas assez grand pour réussir dans cette farouche entreprise, vous, que la nature a mieux doués, ne soyez ni plus durs ni plus terribles qu'eux; ou, si par une impitoyable doctrine, vous vouliez enlever aux vieillards, aux malades et aux indigents la seule idée de bonheur à laquelle ils puissent se prendre, parcourez aussi ces prisons et ces souterrains, où des malheureux se débattent dans leurs fers, et fermez de vos propres mains la seule ouverture qui laisse arriver jusqu'à eux quelque rayon de lumière.

NECKER. (*Importance des opinions religieuses.*)

Prière du soir à bord d'un vaisseau.

Le globe du soleil, dont nos yeux pouvaient alors soutenir l'éclat, prêt à se plonger dans les vagues étincelantes, apparaissait entre les cordages du vaisseau, et versait encore le jour dans des espaces sans bornes. On eût dit, par le balancement de la poupe, que l'astre radieux changeait à chaque instant d'horizon. Les mâts, les haubans, les vergues du navire étaient couverts d'une teinte de rose. Quelques nuages erraient sans ordre dans l'orient, où la lune montait avec lenteur. Le reste du ciel était pur; et, à l'horizon du nord, formant un glorieux triangle avec l'astre du jour et celui de la nuit, une trombe, chargée des couleurs du prisme, s'élevait de la mer comme une colonne de cristal supportant la voûte du ciel.

Il eût été bien à plaindre celui qui, dans ce beau spectacle, n'eût pas reconnu la beauté de Dieu! Des larmes coulèrent malgré moi de mes paupières, lorsque tous mes compagnons ôtant leurs chapeaux goudronnés, vinrent à entonner, d'une voix rauque, leur simple cantique à Notre-Dame-de-Bon-Secours, patronne des mariniers. Qu'elle était touchante la prière de ces hommes qui, sur une planche fragile, au milieu de l'Océan, contemplaient un soleil couchant sur les flots! Comme elle allait à l'âme cette invocation du pauvre matelot à la mère de douleur! cette humiliation devant celui qui envoie les orages et le calme; cette conscience de notre petitesse à la vue de l'infini; ces chants s'étendant au loin sur les vagues; les monstres marins étonnés de ces accents inconnus, se précipitant au fond de leurs gouffres; la nuit s'approchant avec ses embûches; la merveille de notre vaisseau au milieu de tant de merveilles; un équipage religieux, saisi d'admiration et de crainte; un prêtre auguste en prière; Dieu penché sur l'abîme, d'une main retenant le soleil aux portes de l'occident, de l'autre élevant la lune à l'horizon opposé, et prêtant, à travers l'immensité, une oreille attentive à la faible voix de sa créature; voilà ce que l'on ne saurait peindre et ce que le cœur de l'homme suffit à peine pour sentir.

CHATEAUBRIAND. (*Génie du christianisme.*)

L'Imitation.

Ce dernier livre ne doit-il les larmes qu'il a fait couler qu'à ce doux épanchement de la charité évangélique, au charme singulier du dialogue établi entre l'humanité faible et le Dieu qui l'aide à se combattre elle-même. N'est-ce là que la prière fervente d'un pauvre moine qui entr'ouvre la porte de son couvent pour regarder ce monde où les chemins sont tortueux, le ciel sombre, les saisons incertaines, et qui se hâte de rentrer dans la sainte demeure, où tout est calme, où rien ne change, où le chemin tracé mène toujours de la cellule à la chapelle? Non, le livre écrit sous cette inspiration aurait eu son originalité, mais le monde n'en eût tiré qu'une conclusion; le bonheur de la vie monastique. Oh! c'est qu'il y a plus dans ce livre, c'est que ce n'est pas un évangile tombé du ciel dans la solitude d'un monastère, c'est un poème chanté par un homme, et écrit avec ses douleurs; c'est que cet homme a été blessé par ce monde dont il raconte si bien les périls; c'est que ces passions qu'il analyse avec tant de délicatesse, il a senti leur flamme le brûler au cœur; c'est que ces faiblesses qu'il énumère avec tant d'effroi, il y a succombé comme nous. Il y a des âmes dans lesquelles se développe merveilleusement la tendresse cachée du christianisme, et qui s'en vont sans effort de l'innocence de l'enfant à la vertu forte et intelligente de l'homme. Ici ce n'est pas cela. L'âme qui palpite sous chaque ligne de l'Imitation a connu, aimé le monde avant de connaître, d'aimer le Christ. Il ne faut pas se laisser abuser par l'ingénuité de la forme; c'est un homme qui parle par la bouche de cet enfant qui interroge. Jésus-Christ a son précurseur dans beaucoup d'âmes, comme il l'eut pendant sa vie mortelle au bord du Jourdain où Jean baptisait. Et ce précurseur, c'est le monde; quand il a bien ravagé une âme, c'est alors le tour du Christ; car les hommes creusent des abîmes que Dieu seul a le pouvoir de combler. C'est dans cette connaissance terrible du cœur humain qu'est toute la puissance du livre de l'Imitation. Si l'auteur nous attire à lui, ce n'est pas seulement parce qu'il s'élève vers le ciel, c'est surtout parce qu'il est parti de la terre.

A. DE LATOUR.

Les quatre âges.

L'ENFANCE.

L'enfant peut être rempli d'agréments, de grâces et de charmes, si une éducation mal entendue n'a pas contraint ses mouvements, si la simple nature a développé librement ses membres, s'il a pu en faire usage par tous les exercices qui conviennent à cet âge tendre, mais ami de l'agitation et du changement dans tous les genres. Les proportions les plus agréables, c'est-à-dire les proportions les plus naturelles, règnent dans ses membres; il n'a pas encore appris à les tenir repliés par contenance, à les raidir par bon air, à leur donner des attitudes bizarres par convention ; les travaux forcés ne les ont pas encore viciés, déformés, altérés. Sa main n'a pas encore manié des instruments pesants; son dos n'a pas été courbé sur une charrue ou sur un atelier; ses cheveux flottent au gré des vents et de la belle nature, sans avoir été décolorés bizarrement, brûlés avec art, et souvent ridiculement contraints; sa peau n'a pas été ternie par un soleil ardent, ou gercée par le froid; la tempête n'a pas encore fondu sur sa tête; il ne voit la vie qui se présente à lui que comme une route semée de fleurs; il ne prévoit aucun des dangers et des malheurs qui l'attendent; le chagrin n'a pas ridé son front et effacé la noblesse de ses traits; l'on y distingue encore la première origine du roi de la nature; la défiance n'a pas rendu sa démarche arrêtée et suspendue, son regard inquiet, son coup d'œil fixe et sinistre; son esprit, dégagé de préjugés et de soucis, ne lie que des idées agréables, n'enfante que des images gracieuses; si quelques peines légères viennent troubler les beaux jours qui sont tissus pour lui, elles sont toutes hors de lui, elles ne laissent aucun souvenir, elles se dissipent rapidement avec les objets qui les ont fait naître : que lui manque-t-il pour offrir l'image la plus fidèle des grâces, de la gaîté, de l'agrément, des charmes et de la gentillesse ?

LA JEUNESSE.

Maintenant se présente à nous la brillante jeunesse, cet âge où la nature morale et la nature physique développent et étendent leurs forces, où l'esprit se déploie, et où les impressions seraient plus profondes que jamais, si la réflexion les accompagnait, la réflexion, cette faculté qui seule peut arrêter nos idées, fixer nos sentiments, et durcir véritablement leur empreinte. C'est alors que les passions commencent à exercer leur empire orageux, c'est alors que tous les objets règnent si aisément sur l'âme; rien ne la remue faiblement, comme dans l'enfance, tout la secoue violemment. Le jeune homme ne vit que d'élans et de transports, heureux quand les transports ne l'entraînent que dans la route qu'il doit parcourir! heureux lorsque les mains sages qui le dirigent ne s'efforcent point d'éteindre le feu qui le dévore, et qu'elles ne pourraient parvenir à étouffer, mais qu'elles cherchent à contenir ce feu, à le lancer vers les vertus sublimes, vers tout le bien auquel la jeunesse peut atteindre!

Venant d'un âge où personne n'a eu besoin de se défendre contre lui, où personne n'a pu le redouter, où par conséquent rien ne lui a résisté; sentant chaque jour de nouvelles forces qui se développent en lui; imaginant qu'elles augmenteront toujours, ne les ayant encore mesurées avec aucun obstacle; pensant que rien ne peut les égaler; croyant que tout doit s'applanir devant lui, fier, indomptable, et voulant secouer entièrement le joug sous lequel sa faiblesse l'a retenu pendant son enfance ; le jeune homme est l'image de la liberté et de l'indépendance. Il fuit tout ce qui peut lui retracer ce qu'il appelle son esclavage, tout ce qui peut lui peindre son ancienne soumission ; il dédaigne des demeures trop resserrées où son corps et son esprit se trouvent à l'étroit ; il ne se plaît que dans une vaste campagne, où il peut en liberté exercer ses forces à courir, son courage à dompter des coursiers sauvages, son adresse à les dresser, et son intrépidité à vaincre et à immoler des animaux féroces. Là, il saute de joie sur la terre qu'il peut maintenant parcourir à son gré ; il agite ses membres vigoureux ; il s'essaie à porter de lourds fardeaux ; il croit avoir beaucoup fait lorsqu'il a renversé avec effort un bloc de rocher, abattu avec vigueur un arbre, ou devancé ses chiens à la course. Ses traits ne sont plus l'image de la grâce et de la gentillesse, comme dans l'enfance, mais celle de la fierté. Son corps, dont les contours sont plus durement exprimés, offre des muscles dessinés avec force, et dont le jeu rapide et puissant annonce la supériorité ; ses cheveux brunis par le soleil, dont il se plaît à affronter les ardeurs, sont plus longs et plus touffus ; ses yeux pleins de feu brillent de courage ; ses bras portent déjà les dures empreintes, non pas de ses travaux utiles, mais de ses travaux capricieux ; sa démarche est ferme, sa tête élevée, son ton de voix imposant ; il a l'air du fils d'Hercule, et paraît destiné à remuer sa massue et à dompter les monstres. Impétueux, remué aussi souvent que l'enfance, mais toujours agité violemment, transporté à la présence de chaque objet nouveau, changeant à chaque instant de place, de projets et de désirs, franchissant tous les obstacles, impatient de tout retardement; qui pourrait s'opposer à sa course rapide et vagabonde? La voix seule du sentiment est assez forte pour le retenir. La nature, qui parle dans son cœur plus haut que tous les objets qui l'entourent, lui fait reconnaître, chérir et vénérer la voix de celui qui lui donna le jour, et qui soigna son enfance : c'est un lion que l'on conduit avec une chaîne couverte de roses, sans qu'il songe à rompre de si doux liens.

Heureux le jeune homme, lorsque la tendresse paternelle est le seul frein donné à son courage, lorsque les passions si dangereuses, si vives à cet âge des erreurs, ne s'emparent pas de son âme, et ne la livrent pas en proie à toutes les illusions, à toutes les fausses espérances, à tous les tourments; lorsque la plus terrible de ces passions ne vient pas le dominer! Elle commence par le séduire, elle lui peint tous les objets en beau; elle présente la nature plus riante et plus belle aux yeux fascinés du jeune homme trompé; elle conduit ses pas dans une route en apparence semée de fleurs; par un pouvoir fantastique, elle lui fait voir, au bout de cette fatale carrière, les portes du temple du bonheur ouvertes pour le recevoir; elle lui montre sa place marquée à côté de l'objet de sa passion funeste; c'est Armide qui conduit Renaud dans une île enchantée, qui le retient éloigné de ses guerriers, de son devoir et de sa gloire, et qui, en l'entourant de guirlandes, l'enlace dans des chaînes dont bientôt il sentira tout le poids.

L'AGE MUR.

L'homme jouit ici de toutes les forces de son corps et de son esprit : les passions tumultueuses, et que l'ivresse ne cesse d'accompagner, ne règnent plus avec assez de force sur lui pour offusquer sa raison. Le rayon divin qui l'anime brille de tout son éclat; son intelligence, échauffée par les feux que le trouble de la jeunesse a laissés dans son imagination, jouit de tous ses droits, et soumet tout à sa puissance. Son âme, animant alors un corps parfait dont tous les organes ont reçu un juste dégré de développement, où la force et la souplesse se trouvent réunies, et où tout seconde les divers mouvements qui l'agitent, s'élance vers les spéculations les plus sublimes, découvre les grandes vérités, entreprend, exécute, achève les plus grands travaux : alors l'homme, véritable emblême de la majesté et de la puissance, élevant sa tête droite et auguste sur un corps robuste et endurci, marche, parle, agit en maître de la nature, lui commande, et la fait servir à ses nobles desseins.

Mais si les passions folles de la jeunesse ne déchirent pas son âme, elle est en proie à des passions presque aussi redoutables, moins vives, mais bien plus constantes. L'ambition fait briller devant lui des couronnes de toute espèce; elle l'engage dans des routes épineuses pour arriver au but éclatant qu'elle lui offre, but illusoire et fantastique qui fuit presque toujours devant ceux qui cherchent à y parvenir, et qui disparaît enfin aux yeux de ceux qui sont près de l'atteindre. Il suit la voix de cette ambition cruelle et celle de la fausse gloire; il médite des projets sanguinaires; il forge des chaînes pour des voisins dont tout le crime est d'être trop près de lui; il court aux armes, il aiguise le fer meurtrier; il va, la flamme à la main, cueillir, au milieu des horreurs d'une guerre injuste et barbare, des lauriers teints de sang : assis sur les débris d'une ville fumante, entouré des victimes infortunées de sa passion forcenée, il contemple avec des yeux féroces et cruels le ravage qui couvre au loin les campagnes; et tous ses gestes sont des signes de mort et de désolation. Ici, avides d'or et de vaines richesses, quels dangers ne brave-t-il pas pour assouvir sa brutale avarice? Dans sa rage féroce, il répand le sang de tout un monde nouveau que le génie n'avait pas découvert pour des forfaits horribles, il le change en un vaste désert, court semer les crimes les plus atroces dans une partie immense de l'ancien monde, en réduit sous le joug les malheureux habitants, et les transporte, chargés de chaînes, sur le nouveau monde qu'il a dévasté, et où il a cru, dans sa fureur insensée, faire venir de l'or, en l'abreuvant de sang.

D'un autre côté, la gloire et souvent la vertu l'appellent dans de nouvelles routes interrompues par un grand nombre de précipices, mais dont le but, bien loin d'offrir un vain fantôme, présente l'image sacrée de l'utilité publique. Alors, prince juste, bon et généreux, il donne la paix et le bonheur au monde, et ne compte ses jours que par ses bienfaits. Ici, dispensateur des grâces d'une religion consolatrice, ou des lois sacrées de la propriété et de la sûreté publique, il reçoit, dans les acclamations des citoyens qu'il console et qu'il protège, la touchante récompense de ses vertus : là, il appelle l'agriculture, le commerce et les arts utiles, et leur dit de fertiliser, de peupler un pays inculte; par ses bienfaits, ses travaux et son industrie, il unit les états les plus reculés, il les enrichit par ses soins, il les protége par sa puissance guerrière, ses talents militaires, ses vertus héroïques; faisant naître les arts agréables, il répand mille charmes au milieu des tranquilles habitations de ses semblables; il les réunit, radoucit leurs caractères, et en affaiblit la dureté, leur inspire les vertus aimables, calme leurs peines par de vives et d'innocentes jouissances, leur retrace leurs anciens héros, leurs guerriers illustres, leurs grands hommes, fait revivre leurs hauts faits et leurs sublimes pensées. Recueilli enfin dans une paisible retraite, consultant en secret la nature, abandonnant, pour ainsi dire, sa dépouille mortelle, s'élevant sur les ailes de son génie et de la contemplation, il découvre et montre à ses semblables les vérités les plus cachées et les plus utiles.

LA VIEILLESSE.

Si l'homme, parvenu à l'âge viril, jouit de tout son être, s'il est alors arrivé au plus haut degré de puissance, il va bientôt en déclinant; chaque jour ses facultés s'affaiblissent, les forces de son corps diminuent, il passe à la vieillesse. Que cet état, digne de tous nos hommages, ne soit introduit sur la scène tragique que pour intéresser, que pour y faire verser des larmes !

Que l'on conserve à la vieillesse que l'on produira sur la scène, toute la raison et toute la lumière de l'expérience ; qu'elle présente même encore quelquefois un corps vigoureux, et que sous ses cheveux blancs elle offre toujours un front auguste; que le vieillard soit représenté comme un chêne antique qui soutient encore avec force ses rameaux puissants ; qu'il soit plein de douceur et d'une tendre compassion ; que les maux qu'il a éprouvés, que l'expérience qu'il a de la faiblesse humaine, et des dangers de toute espèce qui entourent ses semblables, remplissent son cœur d'une charité douce ; qu'il plaigne et qu'il pardonne ; que la nature ne cesse de se faire entendre à son cœur.

Comme on doit voir avec intérêt cette image de la faiblesse de la tendre enfance réunie avec toute la majesté, toute la vénusté de l'âge viril, et avec un caractère plus touchant, plus attendrissant, plus sacré encore ! Comme tout ce que dira le vieillard sera intéressant, lorsque des paroles de douceur ne cesseront de sortir de sa bouche uniquement ouverte par une tendre pitié ! C'est un Dieu consolateur laissé au milieu de ses enfants pour y être une image vivante du Dieu qu'ils adorent, pour leur transmettre ses bénédictions, pour les aider par ses conseils, pour les soutenir par le secours de ses encouragements et de sa tendresse touchante, lorsqu'il reçoit de leur amour et de leur reconnaissance tous les secours que ses maux peuvent réclamer. Et quel est le cœur qui ne sera point déchiré, si le vieillard auguste et respectable est obligé de courber sa tête défaillante sous le poids de la misère ou sous celui de l'infortune ?

LACÉPÈDE. (*Poétique de la musique.*)

Le spectacle d'une belle nuit dans les déserts du Nouveau-Monde.

Une heure après le coucher du soleil, la lune se montra au-dessus des arbres ; à l'horizon opposé, une brise embaumée, qu'elle amenait de l'orient avec elle, semblait la précéder, comme sa fraîche haleine, dans les forêts. La reine des nuits monta peu à peu dans le ciel : tantôt elle suivait paisiblement sa course azurée, tantôt elle reposait sur des groupes de nues, qui ressemblaient à la cime des hautes montagnes couronnées de neige. Ces nues, ployant et déployant leurs voiles, se déroulaient en zones diaphanes de satin blanc, se dispersaient en légers flocons d'écume, ou formaient dans les cieux des bancs d'une ouate éblouissante, si doux à l'œil, qu'on croyait ressentir leur mollesse et leur élasticité.

La scène, sur la terre, n'était pas moins ravissante ; le jour bleuâtre et velouté de la lune descendait dans les intervalles des arbres, et poussait des gerbes de lumière jusque dans l'épaisseur des plus profondes ténèbres. La rivière qui coulait à mes pieds, tour-à-tour se perdait dans les bois, tour-à-tour reparaissait toute brillante des constellations de la nuit, qu'elle répétait dans son sein. Dans une vaste prairie, de l'autre côté de cette rivière, la clarté de la lune dormait sans mouvement sur les gazons. Des bouleaux agités par les brises, et dispersés çà et là dans la savane, formaient des îles d'ombres flottantes, sur une mer immobile de lumière. Auprès, tout était silence et repos, hors la chute de quelques feuilles, le passage brusque d'un vent subit, les gémissements rares et interrompus de la hulotte; mais au loin, par intervalles, on entendait les roulements solennels de la cataracte de Niagara, qui, dans le calme de la nuit, se prolongeaient de désert en désert, et expiraient à travers les forêts solitaires.

La grandeur, l'étonnante mélancolie de ce tableau, ne sauraient s'exprimer dans des langues humaines ; les plus belles nuits en Europe ne peuvent en donner une idée. En vain, dans nos champs cultivés, l'imagination cherche à s'étendre; elle rencontre de toutes parts les habitations des hommes; mais, dans ces pays déserts, l'âme se plaît à s'enfoncer dans un océan de forêts, à errer aux bords des lacs immenses, à planer sur le gouffre des cataractes, et, pour ainsi dire, à se trouver seule devant Dieu.

CHATEAUBRIAND. (*Génie du christianisme.*)

Lever du Soleil.

On le voit s'annoncer de loin par les traits de feu qu'il lance au devant de lui. L'incendie augmente, l'orient paraît tout en flammes : à leur éclat, on attend l'astre longtemps avant qu'il se montre; à chaque instant on croit le voir paraître : on le voit enfin. Un point brillant part comme un éclair, et remplit aussitôt tout l'espace; le voile des ténèbres s'efface et tombe ; l'homme reconnaît son séjour et le trouve embelli. La verdure a pris, durant la nuit, une vigueur nouvelle; le jour naissant qui l'éclaire, les premiers rayons qui la dorent, la montrent couverte d'un brillant réseau de rosée, qui réfléchit à l'œil la lumière et les couleurs. Les oiseaux en chœur se réunissent et saluent de concert le Père de la vie : en ce moment pas un seul ne se tait. Leur gazouillement, faible encore, est plus lent et plus doux que dans le reste de la journée : il se sent de la langueur d'un paisible réveil. Le concours de tous ces objets porte aux sens une impression de fraîcheur qui semble pénétrer jusqu'à l'âme. Il y a là une demi-heure d'enchantement auquel nul homme ne résiste : un spectacle si grand, si beau, si délicieux, n'en laisse aucun de sang-froid.

J.-J. ROUSSEAU. (*Émile.*)

L'Orage.

L'horizon se déchargeait au loin des vapeurs ardentes et sombres : le soleil commençait à pâlir : la surface des eaux, unie et sans mouvement, se couvrait de couleurs lugubres dont les teintes variaient sans cesse. Déjà le ciel, tendu et fermé de toutes parts, n'offrait à nos yeux qu'une voûte ténébreuse que la flamme pénétrait, et qui s'appesantissait sur la terre.

Toute la nature était dans le silence, dans l'attente, dans un état d'inquiétude qui se communiquait jusqu'au fond de nos âmes. Nous cherchâmes un asile dans le vestibule du temple, et bientôt nous vîmes la foudre briser à coups redoublés cette barrière de ténèbres et de feu suspendue sur nos têtes; des nuages épais rouler par masses dans les airs et tomber en torrents sur la terre, les vents déchaînés fondre sur la mer et la bouleverser dans ses abîmes. Tout grondait, le tonnerre, les vents, les flots, les antres, les montagnes; et, de tous ces bruits réunis, il se formait un bruit épouvantable qui semblait annoncer la dissolution de l'univers. L'aquilon ayant redoublé ses efforts, l'orage alla porter ses fureurs dans les climats brûlants de l'Afrique. Nous le suivîmes des yeux, nous l'entendîmes mugir dans le lointain; le soleil brilla d'une clarté plus pure; et cette mer, dont les vagues écumantes s'étaient élevées jusqu'aux cieux, traînait à peine ses flots jusque sur le rivage.

BARTHÉLEMY. (*Voyage du jeune Anacharsis.*)

Les forêts agitées par les vents.

Qui pourrait décrire les mouvements que l'air communique aux végétaux? Combien de fois, loin des villes, dans le fond d'un vallon solitaire couronné d'une forêt, assis sur le bord d'une prairie agitée des vents, je me suis plu à voir les mélilots dorés, les trèfles empourprés, et les vertes graminées, former des ondulations semblables à des flots, et présenter à mes yeux une mer agitée de fleurs et de verdure! Cependant les vents balançaient sur ma tête les cimes majestueuses des arbres. Le retroussis de leur feuillage faisait paraître chaque espèce de deux verts différents. Chacun a son mouvement. Le chêne au tronc raide ne courbe que ses branches, l'élastique sapin balance sa haute pyramide, le peuplier robuste agite son feuillage mobile, et le bouleau laisse flotter le sien dans les airs comme une longue chevelure. Ils semblent animés de passions : l'un s'incline profondément auprès de son voisin comme devant un supérieur, l'autre semble vouloir l'embrasser comme un ami ; un autre s'agite en tous sens comme auprès d'un ennemi. Le respect, l'amitié, la colère, semblent passer tour-à-tour de l'un à l'autre comme dans le cœur des hommes, et ces passions versatiles ne sont au fond que les jeux des vents. Quelquefois un vieux chêne élève au milieu d'eux ses longs bras dépouillés de feuilles et immobiles. Comme un vieillard, il ne prend plus de part aux agitations qui l'environnent ; il a vécu dans un autre siècle. Cependant ces grands corps insensibles font entendre des bruits profonds et mélancoliques. Ce ne sont point des accents distincts ; ce sont des murmures confus comme ceux d'un peuple qui célèbre au loin une fête par des acclamations. Il n'y a point de voix dominantes : ce sont des sons monotones, parmi lesquels se font entendre des bruits sourds et profonds, qui nous jettent dans une tristesse pleine de douceur. Ainsi les murmures d'une forêt accompagnent les accents du rossignol, qui de son nid adresse des vœux reconnaissants aux amours. C'est un fond de concert qui fait ressortir les chants éclatants des oiseaux, comme la douce verdure est un fond de couleurs sur lequel se détache l'éclat des fleurs et des fruits.

Ce bruissement des prairies, ces gazouillements des bois, ont des charmes que je préfère aux plus brillants accords; mon âme s'y abandonne, elle se berce avec les feuillages ondoyants des arbres, elle s'élève avec leur cime vers les cieux, elle se transporte dans les temps qui les ont vus naître et dans ceux qui les verront mourir; ils étendent dans l'infini mon existence circonscrite et fugitive. Il me semble qu'ils me parlent, comme ceux de Dodone, un langage mystérieux; ils me plongent dans d'ineffables rêveries qui souvent ont fait tomber de mes mains les livres des philosophes. Majestueuses forêts, paisible solitude, qui plus d'une fois avez calmé mes passions, puissent les cris de la guerre ne troubler jamais vos résonnantes clairières! N'accompagnez de vos religieux murmures que les chants des oiseaux, ou les doux entretiens des amis et des amants qui veulent se reposer sous vos ombrages.

BERNARDIN DE SAINT-PIERRE. (*Harmonies de la nature.*)

L'Ouragan des Antilles.

L'ouragan est un vent furieux, le plus souvent accompagné de pluie, d'éclairs, de tonnerre, quelquefois de tremblements de terre, et toujours des circonstances les plus terribles, les plus destructives que les vents puissent rassembler. Tout-à-coup, au jour vif et brillant de la zône torride, succède une nuit universelle et profonde; à la parure d'un printemps éternel, la nudité des plus tristes hivers. Des arbres aussi anciens que le monde sont déracinés ou leurs débris dispersés, les plus solides édifices n'offrent en un moment que des décombres. Où l'œil se plaisait à regarder des coteaux riches et verdoyants, on ne voit plus que des plantations bouleversées et des cavernes hideuses. Des malheureux, dépouillés de tout, pleurent sur des cadavres, ou cherchent leurs parents sous des ruines. Le bruit des eaux, des bois, de la foudre et des vents, qui tombent et se brisent contre les rochers ébranlés et fracassés; les cris et les hurlements des hommes et des animaux, pêle-mêle emportés dans un tourbillon de sable, de pierres et de débris, tout semble annoncer les dernières convulsions et l'agonie de la nature.

RAYNAL.

Une Tempête.

Le vent se modère, il tourne un peu pour nous; nous fuyons, par un ciel gris et brumeux, vers le golfe de Damiette; nous perdons de vue toute terre; la journée, nous faisons bonne route; la mer est douce, mais des signes précurseurs de tempête préoccupent le capitaine et le second : elle éclate au tomber du jour; le vent fraîchit d'heure en heure, les vagues deviennent de plus en plus montueuses ; le navire crie et fatigue ; tous les cordages sifflent et vibrent sous les coups de vent comme des fibres de métal ; ces sons aigus et plaintifs ressemblent aux lamentations des femmes grecques aux convois de leurs morts ; nous ne portons plus de voiles ; le vaisseau roule d'un abîme à l'autre, et chaque fois qu'il tombe sur le flanc, ses mâts semblent s'écrouler dans la mer comme des arbres déracinés, et la vague, écrasée sous le poids, rejaillit et couvre le pont. Tout le monde, excepté l'équipage et moi, est descendu dans l'entre-pont ; on entend les gémissements des malades et le roulis des caisses et des meubles qui se heurtent dans les flancs du brick. Le brick lui-même, malgré ses fortes membrures et les pièces de bois énormes qui le traversent d'un bord à l'autre, craque et se froisse comme s'il allait s'entr'ouvrir ; les coups de mer sur la poupe retentissent de moment en moment comme des coups de canon. A deux heures du matin la tempête augmente encore ; je m'attache avec des cordes au grand mât, pour n'être pas emporté par la vague et ne pas rouler dans la mer, lorsque le pont incline presque perpendiculairement. Enveloppé dans mon manteau, je contemple ce spectacle sublime; je descends de temps en temps sous l'entre-pont pour rassurer ma femme couchée dans son hamac. Le second capitaine, au milieu de cette tourmente affreuse, ne quitte la manœuvre que pour passer d'une chambre à l'autre, et porter à chacun les secours que son état exige : homme de fer pour le péril et cœur de femme pour la pitié. Toute la nuit se passe ainsi. Le lever du soleil, dont on ne s'aperçoit qu'au jour blafard qui se répand sur les vagues et dans les nuages confondus, loin de diminuer la force du vent, semble l'accroître encore ; nous voyons venir, d'aussi loin que porte le regard, des collines d'eau écumante derrière d'autres collines. Pendant qu'elles passent, le brick se torture dans tous les sens, écrasé par l'une, relevé par l'autre ; lancé dans un sens par une lame, arrêté par une autre qui lui imprime de force une direction nouvelle, il se jette tantôt sur un flanc, tantôt sur l'autre ; il plonge la proue en avant comme s'il allait s'engloutir ; la mer qui court sur lui fond sur sa poupe et la traverse d'un bord à l'autre ; de temps en temps il se relève ; la mer, écrasée par le vent, semble n'avoir plus de vagues et n'être qu'un champ d'écumes tournoyantes ; il y a comme des plaines, entre ces énormes collines d'eau, qui laissent reposer un instant les mâts ; mais on rentre bientôt dans la région des hautes vagues, on roule de nouveau de précipices en précipices. Dans ces alternatives horribles, le jour s'écoule ; le capitaine me consulte ; les côtes d'Egypte sont basses, on peut y être jeté sans les avoir aperçues ; les côtes de la Syrie sont sans rade et sans port ; il faut se résoudre à se mettre en panne au milieu de cette mer, ou suivre le vent qui nous pousse vers Chypre. Là, nous aurions une rade et un asile, mais nous en sommes à plus de quatre-vingts lieues ; je fais mettre la barre sur l'île de Chypre, le vent nous fait filer trois lieues à l'heure, mais la mer ne baisse pas. Quelques gouttes de bouillon froid soutiennent les forces de ma femme et de mes compagnons toujours couchés dans leurs hamacs. Je mange moi-même quelques morceaux de biscuit, et je fume avec le capitaine et le second, toujours dans la même attitude sur le pont, près de l'habitacle, les mains passées dans les cordages qui me soutiennent contre les coups de mer. La nuit vient plus horrible encore ; les nuages pèsent sur la mer ; tout l'horizon se déchire d'éclairs, tout est feu autour de nous : la foudre semble jaillir de la crête des vagues confondues avec les nuées ; elle tombe trois fois autour de nous ; une fois, c'est au moment où le brick est jeté sur le flanc par une lame colossale ; les vergues plongent, les mâts frappent la vague, l'écume qu'ils font jaillir sous le coup s'élance comme un manteau de feu déchiré dont le vent disperse les lambeaux semblables à des serpents de flamme ; tout l'équipage jette un cri ; nous semblons précipités dans un volcan ; c'est l'effet de tempête le plus effrayant et le plus admirable que j'aie vu pendant cette longue nuit ; neuf heures de suite le tonnerre nous enveloppe ; à chaque minute, nous croyons voir nos mâts enflammés tomber sur nous et embraser le navire. Le matin, le ciel est moins chargé, mais la mer ressemble à une lave bouillante ; le vent, qui tombe un peu et qui ne soutient plus le navire, rend le roulis plus lourd ; nous devons être à trente lieues de l'île de Chypre.

De Lamartine.

Le Tocsin.

Le tocsin, le tocsin qui appelle chaque enfant de la capitale par son nom, qui les baptise d'en haut, qui les désigne d'en haut, qui accompagne leur cortége d'en haut; le tocsin, alors seule voix qui parle, qu'on écoute et qu'on respecte; le tocsin, roi, prêtre, chef, commandant; le tocsin, qui n'a jamais marié sa voix aux accents de fêtes ou de triomphes; qui a son jour dans les siècles, son heure dans les convulsions de la société; gamme infernale qui n'a qu'un son, qu'une note; espèce de sibylle qui se monte sur une église lorsque les portes en sont fermées; sur le temple des prêtres, lorsque les prêtres sont cachés dans le sanctuaire; sur le faîte de la prière, lorsqu'il n'y a pour prière que les hurlements du désespoir, les cris de l'épouvante ou de la fuite; qui n'est ni à César, ni à Pompée, ni à Satan, ni à Jésus-Christ; qui écume, qui pleure, qui crie, sans douleur, sans remords, à froid; qui a seul avec Dieu et la liberté la puissance de remuer les peuples, et qui serait Dieu, en ces moments suprêmes de révolution, si un grain de sable ne le brisait, comme toutes les choses de la terre qui sont élevées et qui font du bruit.

Michel RAYMOND.

L'Orage infernal.

Tout d'un coup, sans doute à l'instant fatal où minuit sonne à l'horloge des enfers, un vent impétueux, déchaîné brusquement comme un tigre captif, rugit dans ces gorges profondes, d'affreux craquements se firent entendre dans ces masses de sapins gigantesques se courbant et se redressant tour-à-tour sous l'orage, comme un nageur au milieu des vagues. Des blocs énormes de granit que la main de l'homme n'eût pu ébranler, tombaient sous cette main plus puissante qui les soulevait de leur base. On distinguait le fracas de leurs masses énormes bondissant de roche en roche sur les parois du ravin et le torrent qui les recevait en mugissant, faisait entendre par dessus toutes les voix de la tempête sa voix sourde et prolongée comme un roulement de tonnerre; des bruits étranges et surnaturels se mêlaient encore à ce sinistre concert : des cris, des sanglots, des grincements de dents, des éclats de rire plus effrayants encore, des mots dont oreille humaine n'avait jamais été frappée; le battement d'ailes immenses qu'on entendait et qu'on ne voyait pas, le sifflement de l'air qu'elles chassaient devant elles, le craquement d'os flétris qui semblaient se heurter; telles étaient les notes confuses que l'oreille saisissait parfois au milieu de cette infernale harmonie; et cependant, sauf ces sapins qui balançaient sourdement leurs têtes chauves et flétries, rien ne remuait, tout semblait mort au milieu de ce cahos immobile, de ce fracas sans cause où tout était bruit et repos à la fois. La lune étincelant au milieu du ciel, versait sur toute cette scène des torrents d'une clarté morne et mystérieuse comme elle. Les neiges du Splugen flottaient pâles et vaporeuses au milieu de cette lueur faite exprès pour les éclairer, et le bleu noir et profond du ciel, sa vague immobilité, formaient avec les bruits tumultueux du ravin un contraste effrayant et sublime.

Tout-à-coup un fantôme blanc se dessina sur le cadre noir des sapins : c'était Liseli. Calme et gracieuse, elle glissait d'un pas léger sur ce sentier jonché de débris de roches et de branchages qui semblaient la respecter dans leur chûte. Souriant au danger qu'elle ne voyait pas, sourde au bruit, insensible à l'orage, elle poursuivait doucement sa marche en murmurant doucement les notes tristes et lentes d'un chant de la montagne. On eût dit qu'un rempart mystérieux d'amour et de pudeur la protégeait à son insu, tant elle était calme au milieu de ce désordre de la nature, chaste au sein de ce cloaque impur qui bouillonnait autour d'elle.

Soudain une voix, une voix humaine retentit faible et étouffée au milieu de l'infernal concert. L'ermite reconnut une de ces prières, de ces consolantes litanies de la Vierge que l'affligé répète comme le pécheur, et qui mettent en fuite les démons devant celle dont le pied écrasa la tête du serpent : *Dominatrix inferorum!* dit la voix, et aussitôt l'orage sembla perdre de sa violence, le torrent mugit d'une voix plus sourde et plus éloignée, et le chœur infernal reculant devant une puissance plus forte que la sienne, sembla s'arrêter devant le cercle magique tracé par le nom de Marie autour du malheureux qui l'invoquait.

Rossew Saint-Hilaire.

Le Pont du Diable.

Connaissez-vous le pont du Diable sur le Saint-Gothard? Avez-vous vu du moins quelques-uns de ces ponts merveilleux qui peuplent la plupart des hautes

vallées de la Suisse, avec leur ceintre hardi et plein de grâce, jetant son enjambée gigantesque sur un torrent perdu entre deux parois de rochers, ces ponts de granit, incrustés dans le granit, aussi vieux que la montagne, aussi solides qu'elle, et pendant à ses flancs, stalactite monstrueuse que briserait le doigt d'un enfant et qui a duré quelque dix siècles?......
Non!..... Eh bien! figurez-vous d'abord une étroite corniche, serpentant, en guise de chemin entre deux murs de rocher qui ne vous laissent voir du ciel qu'une mince bande bleue, où les étoiles se distinguent en plein jour; puis, comme pour rejoindre les deux bouts de ce ruban brisé, qui passe capricieusement d'un côté du ravin à l'autre, une arcade légère, étroite au point que deux mulets chargés ne peuvent y passer, avec des pierres toujours suantes et un parapet qui a mille ans comme le pont, et qui tremble comme lui; un torrent que vous entendez, mais que vous ne voyez pas, qui mugit à quelque cents pieds au-dessous de vous, ou se précipite comme une flèche, en cascade à mille étages, qui vous assourdit de son fracas et vous enveloppe de ses vapeurs; puis, quand vous êtes passé, tout étonné de vous sentir le pied sur un sol qui ne tremble pas, retournez-vous et regardez ce pont qui semble suspendu en l'air; voyez-le noir au milieu des blanches vapeurs qui l'entourent et luisant, sombre arc-en-ciel, sur leurs écumes légères, couvert de vieilles mousses, comme un sapin centenaire, avec sa barbe de vieillard; et si alors, plongé dans une espèce d'ivresse fantastique, entre l'admiration et la peur, vous conservez assez de sang-froid pour ne pas voir dans cette élégante mer-

veille l'ouvrage d'un pouvoir surnaturel, eh bien ! esprit fort du dix-neuvième siècle, mettez-vous un instant à la place du pauvre paysan du dixième, et puis étonnez-vous que ces hommes simples, frappés tous les jours d'un spectacle qu'ils ne comprenaient pas, aient incarné leur foi grossière dans ce miracle vivant, qui a tué son auteur ; qu'incapables de l'expliquer autrement, ils en aient fait honneur à l'infernal architecte qui leur a bâti leur pont, comme Dieu leurs montagnes ; et, miracle pour miracle, celui du pont n'était pas le moins utile.

Le Même.

Les Nuages.

Lorsque j'étais en pleine mer, et que je n'avais d'autre spectacle que le ciel et l'eau, je m'amusais quelquefois à dessiner les beaux nuages blancs et gris, semblables à des groupes de montagnes, qui voguaient à la suite les uns des autres, sur l'azur des cieux. C'était surtout vers la fin du jour qu'ils développaient toute leur beauté en se réunissant au couchant, où ils se revêtaient des plus riches couleurs, et se combinaient sous les formes les plus magnifiques.

Un soir, environ une demi-heure avant le coucher du soleil, le vent alizé du sud-est se ralentit, comme il arrive d'ordinaire vers ce temps. Les nuages qu'il voiture dans le ciel à des distances égales comme son souffle, devinrent plus rares, et ceux de la partie de l'ouest s'arrêtèrent et se groupèrent entre eux sous les formes d'un paysage. Ils représentaient une grande terre formée de hautes montagnes, séparées par des vallées profondes, et surmontées de rochers pyramidaux. Sur leurs sommets et leurs flancs, apparaissaient des brouillards détachés, semblables à ceux qui s'élèvent des terres véritables. Un long fleuve semblait circuler dans leurs vallons, et tomber çà et là en cataractes ; il était traversé par un grand pont, appuyé sur des arcades à demi ruinées. Des bosquets de cocotiers, au centre desquels on entrevoyait des habitations s'élevaient sur les croupes et les profils de cette île aérienne. Tous ces objets n'étaient point revêtus de ces riches teintes de pourpre, de jaune doré, de nacarat, d'émeraudes, si communes le soir dans les couchants de ces parages ; ce paysage n'était point un tableau colorié : c'était une simple estampe, où se réunissaient tous les accords de la lumière et des ombres. Il représentait une contrée éclairée, non en face, des rayons du soleil, mais par derrière, de leurs simples reflets. En effet, dès que l'astre du jour se fut caché derrière lui, quelques-uns de ses rayons décomposés éclairèrent les arcades demi-transparentes du pont, d'une couleur ponceau, se reflétèrent dans les vallons, et au sommet des rochers, tandis que des torrents de lumière couvraient ses contours de l'or le plus pur, et divergeaient vers les cieux comme les rayons d'une gloire ; mais la masse entière resta dans sa demi-teinte obscure, et on voyait autour des nuages qui s'élevaient de ses flancs les lueurs des tonnerres, dont on entendait les roulements lointains. On aurait juré que c'était une terre véritable, située environ à une lieue et demie de nous.

Peut-être était-ce une de ces réverbérations célestes de quelque île très-éloignée, dont les nuages nous répétaient la forme par leurs reflets, et les tonnerres par leurs échos. Plus d'une fois des marins expérimentés ont été trompés par de semblables aspects. Quoi qu'il en soit, tout cet appareil fantastique de magnificence et de terreur, ces montagnes surmontées de palmiers, ces orages qui grondaient sur leurs sommets, ce fleuve, ce pont, tout se fondit et disparut à l'arrivée de la nuit, comme les illusions du monde aux approches de la mort. L'astre des nuits, la triple Hécate, qui répète par des harmonies plus douces celles de l'astre du jour, en se levant sur l'horizon, dissipa l'empire de la lumière, et fit régner celui des ombres. Bientôt des étoiles innombrables et d'un éclat éternel brillèrent au sein des ténèbres. Oh! si le jour n'est lui-même qu'une image de la vie, si les heures rapides de l'aube du matin, du midi et du soir, représentent les âges si fugitifs, de l'enfance, de la jeunesse, de la virilité et de la vieillesse, la mort, comme la nuit, doit nous découvrir aussi de nouveaux cieux et de nouveaux mondes!

BERNARDIN DE SAINT-PIERRE. (*Harmonies de la nature.*)

Les Forêts et les Habitants des régions glaciales.

Sous un ciel toujours couvert d'épais nuages, où la clarté du jour pénètre avec peine, s'élèvent de vastes et antiques forêts. L'horreur, le silence et la nuit les habitent; des arbres, presque aussi vieux que la terre qui les porte, s'y élèvent et s'y amoncellent, pour ainsi dire, sans ordre, les uns contre les autres. Leurs branches touffues et entrelacées n'offrent qu'avec peine des routes tortueuses, que des ronces embarrassent encore : là, des cimes énormes succombent sous le poids des années ou par la violence des vents; elles tombent avec effort sur des troncs antiques qui gisaient à leurs pieds, et recouvraient d'autres troncs à demi pourris. L'on n'entend dans ces affreuses solitudes, dans ce séjour rude et sauvage, que les cris rauques et funèbres d'oiseaux voraces, les hurlements des ours qui cherchent une proie, le fracas d'un torrent qui se précipite d'une roche escarpée, rejaillit en vapeur, et fait gronder les échos de ces lieux bruts et incultes, ou le bruit des rochers que la main du temps fait rouler au milieu de ces forêts retentissantes.

Là, habitent dans des cavernes des hommes durs, féroces, indomptables, ne vivant que de leur chasse, ne se nourrissant que de sang, et ne désirant que de le boire dans le crâne de leurs ennemis. Lorsque l'hiver vient étendre ses glaces sur ces âpres contrées, qu'il répand à grands flots la neige, que les eaux cessent de couler, se glacent et durcissent; que les fleuves sont changés en masse solide, capable de soutenir les plus lourds fardeaux, et que la mer ne présente plus qu'une plaine rigide de glace dure et compacte, ces hommes féroces sortent de leurs tanières. Tout va leur servir de chemin : ils trouveront même, sur la mer et sur les fleuves, des routes plus sûres, plus courtes et moins embarrassées que celles qui traversent leurs forêts. La massue d'une main et la hache de l'autre, ils partent pour aller au loin surprendre les animaux dont ils se nourrissent, et enlever des bourgades entières pour servir à leurs repas inhumains. Ils vont donner la mort ou peut-être la recevoir. Pressés par la faim, agités par la férocité, pleins de courage, de cruauté et de force, s'animant par le souvenir de leurs victoires passées, cherchant à s'étourdir sur le danger qui les menace, ils profèrent à haute voix l'expression de leurs sensations profondes et horribles; ils crient, ils élèvent leurs voix avec effort, et tâchent d'en remplir tous les lieux qu'ils parcourent : un enthousiasme atroce s'empare de leur âme; une espèce de chant sauvage, une chanson barbare sort de leur bouche avec leurs paroles de mort et de carnage.

LACÉPÈDE. (*Poétique de la Musique.*)

Les Ruines de Palmyre.

Le soleil venait de se coucher; un bandeau rougeâtre marquait encore sa trace à l'horizon lointain des monts de la Syrie : la pleine lune, à l'orient, s'élevait sur un fond bleuâtre aux planes rives de l'Euphrate; le ciel était pur, l'air calme et serein; l'éclat mourant du jour tempérait l'horreur des ténèbres; la fraîcheur naissante de la nuit calmait les feux de la terre embrâsée; les pâtres avaient retiré leurs chameaux; l'œil n'apercevait plus aucun mouvement sur la plaine monotone et grisâtre; un vaste silence régnait sur le désert; seulement, à de longs intervalles, on entendait les cris lugubres de quelques oiseaux de nuit et de quelques *chakals*..... L'ombre croissait, et déjà, dans le crépuscule, mes regards ne distinguaient plus que les fantômes blanchâtres des colonnes et des murs..... Ces lieux solitaires, cette soirée paisible, cette scène majestueuse, imprimèrent à mon esprit un recueillement religieux. L'aspect d'une grande cité déserte, la mémoire des temps passés, la comparaison de l'état présent, tout éleva mon cœur à de hautes pensées. Je m'assis sur le tronc d'une colonne; et là, le coude appuyé sur le genou, la tête soutenue sur la main, tantôt portant mes regards sur le désert, tantôt les fixant sur les ruines, je m'abandonnai à une rêverie profonde.

« Ici, me dis-je, ici fleurit jadis une ville opulente; ici fut le siège d'un empire puissant. Oui, ces lieux, maintenant si déserts, jadis une multitude vivante animait leur enceinte, une foule active circulait dans ces routes aujourd'hui solitaires : en ces murs, où règne un morne silence, retentissaient sans cesse le bruit des arts et des cris d'allégresse et de fêtes; ces marbres amoncelés formaient des palais réguliers; ces colonnes abattues ornaient la majesté des temples; ces galeries écroulées dessinaient les places publiques! Là, pour les devoirs respectables de son culte, pour les soins touchants de sa subsistance, affluait un peuple nombreux. Là, une industrie créatrice de jouissances, appelait les richesses de tous les climats, et l'on voyait s'échanger la pourpre de *Tyr* pour le fil précieux de la *Sérique;* les tissus moelleux de *Cachemire* pour les tapis fastueux de la *Lydie;* l'ambre de la Baltique pour les perles et les parfums arabes; l'or d'*Ophyr* pour l'étain de *Thulé!*

« Et maintenant, voilà ce qui subsiste de cette ville puissante, un lugubre squelette! Voilà ce qui reste d'une vaste domination, un souvenir obscur et vain! Au concours bruyant qui se pressait sous ces portiques, a succédé une solitude de mort! Le silence des tombeaux s'est substitué au murmure des places publiques. L'opulence d'une cité de commerce s'est changée en une pauvreté hideuse. Les palais des rois sont devenus le repaire des bêtes fauves; les troupeaux parquent au seuil des temples, et les reptiles immondes habitent le sanctuaire des dieux!... Ah! comment s'est éclipsée tant de gloire?... Comment se sont anéantis tant de travaux?... Ainsi donc périssent les ouvrages des hommes! ainsi s'évanouissent les empires et les nations! »

VOLNEY. (*Les Ruines.*)

Les Déserts de l'Arabie Pétrée.

Qu'on se figure un pays sans verdure et sans eau, un soleil brûlant, un ciel toujours sec, des plaines sablonneuses, des montagnes encore plus arides, sur lesquelles l'œil s'étend et le regard se perd, sans pouvoir s'arrêter sur aucun objet vivant; une terre morte, et pour ainsi dire écorchée par les vents, laquelle ne présente que des ossements, des cailloux jonchés, des rochers debout ou renversés; un désert entièrement découvert, où le voyageur n'a jamais respiré sous l'ombrage, où rien ne l'accompagne, rien ne lui rappelle la nature vivante : solitude absolue, mille fois plus affreuse que celle des forêts ; car les arbres sont encore des êtres pour l'homme qui se voit seul : plus isolé, plus dénué, plus perdu dans ces lieux vides et sans bornes, il voit partout l'espace comme son tombeau ; la lumière du jour, plus triste que l'ombre de la nuit, ne renaît que pour éclairer sa nudité, son impuissance, et pour lui présenter l'horreur de sa situation, en reculant à ses yeux les barrières du vide, en étendant autour de lui l'abîme de l'immensité qui le sépare de la terre habitée ; immensité qu'il tenterait en vain de parcourir : car la faim, la soif et la chaleur brûlante pressent tous les instants qui lui restent entre le désespoir et la mort.

BUFFON. (*Histoire du Chameau.*)

Les Salles d'asile.

Ne sentez-vous pas le vent qui souffle? la bise est rude aux pauvres gens, le froid jette partout son manteau de glace ; j'ai donc pensé, enfants, qu'il serait bien à moi de laisser de côté les histoires glorieuses que je vous raconte, pour vous entretenir de la misère de tant de pauvres petits enfants comme vous, qui ont froid et qui ont faim.

Hélas! vous, si heureux, vous, entourés de tant de soins et de tant d'amour, vous qui, en vous couchant le soir, trouvez un lit bien doux ; qui, en vous réveillant le matin, trouvez votre repas tout préparé :

vous ne vous doutez pas que, tout près de vous, là-haut peut-être au dernier étage de la maison que vous habitez, une famille indigente manque de pain et de feu ; là-haut peut-être une pauvre mère, forcée de sortir de chez elle tout le jour, pour gagner, du travail de ses mains, le pain de sa famille, se trouve embarrassée de ses enfants. Qu'en fera-t-elle tout le long du jour? qui en prendra soin si elle les abandonne? elle n'a personne au logis pour garder sa famille, pas de vieille grand'mère à qui elle confie ses enfants, pas une bonne voisine qui les surveille ; car le pauvre loge avec le pauvre, et, dans ces tristes maisons de l'indigence, chaque locataire est obligé de gagner sa vie jour par jour, heure par heure. Oh ! que de pauvres mères, ainsi chassées de chez elles par le travail, et retenues en même temps par leurs enfants, se sont vues dans la cruelle nécessité, ou de mourir de faim, ou d'abandonner leur petite famille : cruelle et dure alternative!

Et puis, l'enfant ne peut pas rester seul. C'est un petit être sans prévoyance et sans force qu'on ne saurait abandonner à lui-même. Il a besoin de l'œil maternel qui veille sur lui ; il a besoin d'un sourire attentif qui l'encourage quand il fait bien, ou d'un regard sévère qui l'arrête quand il fait mal. Laisser un enfant tout seul, c'est le perdre. Tout seul, l'enfant apprend à ne pas aimer ses semblables ; il devient triste et morose, il est plus triste qu'un orphelin, car il dort quand sa mère revient du travail, et le lendemain, quand sa mère retourne au travail, il dort encore. D'ailleurs, ceci est écrit dans l'Évangile : « Il n'est pas bon que l'homme soit seul, » — et à plus forte raison un enfant.

Mais, comment venir au secours de cette pauvre mère qui ne peut pas rester chez elle, et qui ne peut pas emmener avec elle ou son fils ou sa fille? Comment venir au secours des enfants du pauvre, qui chez eux n'ont ni feu, ni pain, ni personne pour les aimer, les instruire et les secourir tant que dure le jour? Rassurez-vous, enfants, la charité est ingénieuse, la bienfaisance est une bonne gardienne du pauvre. C'est la bienfaisance, c'est la charité qui a inventé, pour les enfants des pauvres, les salles d'asile. Je vais vous dire ce que c'est qu'une salle d'asile, pour vous rassurer sur vos petits frères qui sont malheureux.

Dans chaque arrondissement de grandes villes, dans chaque ville, dans chaque village, les bienfaiteurs de l'enfance ont imaginé d'assigner aux petits enfants qui n'ont pas de maison à eux, une maison, sinon riche, du moins bien fermée et bien chaude en hiver, bien éclairée en été, et bien saine dans tous les temps. Cette maison est un véritable élysée pour de pauves enfants habitués à toutes les obscurités de ces tristes prisons du cinquième étage, dans ces rues étroites et malsaines. Voilà ce qu'on appelle des salles d'asile. Chacune de ces maisons est gouvernée, soit par un vieil invalide, bonhomme qui aime les enfants par instinct, comme il aime son chien caniche, soit par quelque bonne femme agile, alerte, douce et vive qui devient ainsi la mère de tous les petits pauvres de son hameau. Tous les matins, le père qui va travailler aux champs tout le jour, la mère qui suit son mari dans la campagne, conduisent leur enfant à la salle d'asile. Là, le petit enfant dit adieu à sa mère pour tout le jour ; en même temps il entre dans sa maison, dans son palais. La maison est toute prête à recevoir son petit seigneur et maître. Il entre ; il se voit au milieu de petits enfants comme lui. Déjà la société commence pour ces enfants qui étaient destinés à vivre seuls. Ils se regardent, ils s'entendent l'un l'autre ; bientôt ils sont amis, ils mettent en commun leur pauvre misère.

Et dans cette salle d'asile, ces enfants, si pauvres le matin, riches à présent, n'ont plus qu'à se laisser être heureux. Ils jouent, ils chantent, ils se font des niches de tout genre, ils entourent la bonne femme qui leur sert de mère et qui leur raconte les belles histoires qu'elle a apprises. Pendant ce temps-là, le père et la mère, tranquilles sur le sort de leur enfant, travaillent de toutes leurs forces, heureux de penser que leur enfant s'amuse, qu'il grandit entouré de soins bienveillants ; qu'il a chaud et qu'il n'a pas faim. Oh ! le cœur d'une mère est un trésor ! Pauvre ou riche, elle est toujours mère, elle a pour son enfant le même amour.

Voilà ce que c'est qu'une salle d'asile. C'est de la chaleur en hiver, c'est de l'ombre en été. Grâce à ces touchantes institutions, l'enfant du pauvre, lui aussi, connait le printemps en fleurs ; il respire, il chante, il grandit, il s'anime comme tous les autres enfants, il ne sait pas ce que c'est que la misère, il est aussi heureux que peut l'être un enfant : il a de l'air, des fleurs, du soleil et des amis de son âge.

Jules JANIN. (*Journal des Enfants.*)

Coup-d'œil sur l'Espagne.

Considérée géographiquement et physiquement, l'Espagne tient presque autant à l'Afrique qu'à l'Europe ; on ne peut en douter, quand sur la carte de la Méditerranée, à côté des péninsules de Grèce et d'Italie, on voit celle d'Espagne donner, pour ainsi dire, la main à la pointe d'Afrique, qui semble n'être que sa continuation, malgré le nom et le détroit qui les séparent..... A travers les différences que la religion, le gouvernement et les lois ont établies dans les mœurs, dans le costume, dans le langage, on voit que les rapports matériels et terrestres, le sol, les eaux, la culture, se retrouvent encore les mêmes entre des pays voisins, qu'une longue suite d'événements a rendus étrangers l'un à l'autre. Ainsi le même soleil brûlant dévore la Barbarie et l'Andalousie ou les Algarves. Les montagnes, dépouillées de forêts, n'y amassent plus les nuages et les pluies. Les plaines et souvent les vallons sont en proie à la sécheresse. Partout, il est vrai, où l'art rencontre des eaux fertilisantes, il en profite avec un succès prodigieux pour demander des récoltes à la terre. Mais auprès de ces riches campagnes sont des déserts, ou des *despoblados* immenses, où l'œil se perd et la pensée s'attriste, en embrassant de toutes parts l'espace aride et solitaire. Quand on s'élève sur le sommet de quelques unes des nombreuses montagnes qui traversent l'Espagne, on n'aperçoit sous un ciel presque toujours ardent que des plateaux incultes et des pentes nues, dont rien de vivant ne coupe l'uniformité. Seulement au fond des vallées serpente au loin une rivière ou un ruisseau, entouré d'une lisière de verdure, où l'on suit comme à la trace les moissons, les plantations et les habitations des hommes. Une carte enluminée, présentant la forme de tous les bassins, les eaux avec une teinte d'azur, et leurs bords avec une teinte verte plus ou moins large, serait un tableau fidèle, où l'on pourrait reconnaître l'état réel de ce territoire, qui, à peu près égal en surface à celui de la France, ne contient cependant et ne nourrit qu'une population à peine égale au tiers de la nôtre. On embrasserait d'un coup d'œil, comme par l'anatomie, les veines et les artères de ce grand corps, qui manque d'embonpoint, mais qui a encore des nerfs et des muscles, si l'on ose employer une telle comparaison, et dont la structure présente une charpente taillée pour la grandeur et la force.

Le maréchal SUCHET.

La Cataracte de Niagara.

Nous arrivâmes bientôt au bord de la cataracte qui s'annonçait par d'affreux mugissements. Elle est formée par la rivière Niagara, qui sort du lac Erié, et se jette dans le lac Ontario. Sa hauteur perpendiculaire est de cent quarante-quatre pieds. Depuis le lac Erié jusqu'au saut, le fleuve arrive toujours en déclinant par une pente rapide; et au moment de la chûte c'est moins un fleuve qu'une mer, dont les torrents se pressent à la bouche béante d'un gouffre. La cataracte se divise en deux branches, et se courbe en fer à cheval. Entre les deux chûtes s'avance une île, creusée en dessous, qui pend avec tous ses arbres sur le chaos des ondes. La masse du fleuve, qui se précipite au midi, s'arrondit en un vaste cylindre, puis se déroule en nappe de neige, et brille au soleil de toutes les couleurs : celle qui tombe au levant descend dans une ombre effrayante, on dirait une colonne d'eau du déluge. Mille arcs-en-ciel se courbent et se croisent sur l'abîme. L'onde, frappant le roc ébranlé, rejaillit en tourbillons d'écume qui s'élève au-dessus des forêts, comme les fumées d'un vaste embrâsement. Des pins, des noyers sauvages, des rochers taillés en forme de fantômes, décorent la scène. Des aigles, entraînés par le courant d'air, descendent en tournoyant au fond du gouffre, et des carcajoux se suspendent par leurs longues queues au bout d'une branche abaissée, pour saisir dans l'abîme les cadavres brisés des élans et des ours.

CHATEAUBRIAND.

Venise.

On s'embarque sur la Brenta pour arriver à Venise, et des deux côtés du canal on voit les palais des Vénitiens, grands et un peu délabrés comme la magnificence italienne. Ils sont ornés d'une manière bizarre, et qui ne rappelle en rien le goût antique.

L'architecture vénitienne se ressent du commerce avec l'Orient ; c'est un mélange de goût mauresque et gothique, qui attire la curiosité sans plaire à l'imagination. Le peuplier, cet arbre régulier comme l'architecture, borde le canal presque partout ; le ciel est d'un bleu vif qui contraste avec le vert éclatant de la campagne ; ce vert est entretenu par l'abondance excessive des eaux : le ciel et la terre sont ainsi de deux couleurs si fortement tranchées, que cette nature elle-même a l'air d'être arrangée avec une sorte d'apprêt, et l'on n'y trouve point le vague mystérieux qui fait aimer le midi de l'Italie.

L'aspect de Venise est plus étonnant qu'agréable : on croit d'abord voir une ville submergée, et la réflexion est nécessaire pour admirer le génie des mortels qui ont conquis cette demeure sur les eaux. Naples est bâtie en amphithéâtre au bord de la mer ; mais Venise étant sur un terrain tout-à-fait plat, les clochers ressemblent à des mâts d'un vaisseau qui resterait immobile au milieu des ondes. Un sentiment de tristesse s'empare de l'imagination en entrant dans Venise. On prend congé de la végétation ; on ne voit pas même une mouche en ce séjour ; tous les animaux en sont bannis, et l'homme est là pour lutter avec la mer.

Le silence est profond dans cette ville, dont les rues sont des canaux, et le bruit des rames est l'unique interruption à ce silence ; ce n'est pas la campagne, puisqu'on n'y voit pas un arbre ; ce n'est pas la ville, puisqu'on n'y entend pas le moindre mouvement ; ce n'est pas même un vaisseau, puisqu'on n'avance pas : c'est une demeure dont l'orage fait une prison; car il y a des moments où l'on ne peut sortir ni de la ville ni de chez soi. On trouve des hommes du peuple à Venise qui n'ont jamais été d'un quartier à l'autre, qui n'ont pas vu la place Saint-Marc, et pour qui la vue d'un cheval ou d'un arbre serait une véritable merveille. Ces gondoles noires qui glissent sur les canaux, ressemblent à des cercueils ou à des berceaux, à la dernière et à la première demeure de l'homme.

Mme DE STAEL.

Naples.

Le peuple napolitain, à quelques égards, n'est point du tout civilisé; mais il n'est point vulgaire à la manière des autres peuples; sa grossièreté même frappe l'imagination. La rive africaine qui borde la mer de l'autre côté, se fait déjà presque sentir, et il y a je ne sais quoi de numide dans les cris sauvages qu'on entend de toutes parts. Ces visages bruns, ces vêtements formés de quelques morceaux d'étoffe rouge ou violette, dont la couleur foncée attire les regards, ces lambeaux d'habillements que ce peuple artiste drape encore avec art, donnent quelque chose de pittoresque à la populace, tandis qu'ailleurs on ne peut voir en elle que les misères de la civilisation. Un certain goût pour la parure et les décorations se trouve souvent à Naples à côté du manque absolu des choses nécessaires ou commodes. Les boutiques sont ornées agréablement avec des fleurs ou des fruits;

quelques unes ont un air de fête, qui ne tient ni à l'abondance ni à la félicité publique, mais seulement à la vivacité de l'imagination ; on veut réjouir les yeux avant tout. La douceur du climat permet aux ouvriers en tout genre de travailler dans la rue. Les tailleurs y font des habits, les traiteurs leur cuisine, et les occupations de la maison, se passant ainsi au dehors, multiplient le mouvement de mille manières. Les chants, les danses, les jeux bruyants, accompagnent assez bien tout ce spectacle, et il n'y a point de pays où l'on sente plus clairement la différence de l'amusement au bonheur. Enfin on sort de l'intérieur de la ville pour arriver sur les quais, d'où l'on voit la mer et le Vésuve, et l'on oublie alors tout ce que l'on sait des hommes.

La Même.

Le Tyrol.

Le Tyrol que recommandent au souvenir ses chants gracieux et le concile de Trente, est, comme la Suisse dont il retrace les sauvages beautés, couvert de riantes vallées, de monts sourcilleux aux glaces éternelles. Là, des rochers noirs, énormes, penchés sur l'abime, superposés jusqu'aux cieux ; des cascades bouillonnantes qui, des glaciers onduleux, des rocs déchirés, arrivent de chûte en chûte en nappe écumeuse sur la pelouse chargée de fleurs ; là, un sombre rideau de sapins ; là, des châtaigniers gigantesques aux cimes perdues dans les nuages ; et plus haut, encore plus haut, de vastes plateaux de glaces qui recueillent pendant neuf mois de l'année les neiges permanentes, entassées comme dans un bassin, en couches irrégulières, compactes, épaisses d'au moins deux cents pieds! là, les chaleurs de l'été sont impuissantes contre cette masse glacée, et chaque année s'accroissant de neiges devenues vitreuses, sa surface s'élève en monts, s'abaisse en vallées de glace, comme si un jour de tempête le froid saisissait tout-à-coup les montagnes humides de l'Océan.

Mais cette neige ne s'arrête pas subitement en vagues immobiles; molle et poudreuse, elle s'étend d'abord en tapis sur les glaces, avant de s'y incorporer; elle s'attache aux parois des rocs qui forment aux flancs des monts d'audacieux amphithéâtres. Lorsque des hauts glaciers, le vent détache ces neiges récentes, elles tourbillonnent, s'agglomèrent, roulent en grossissant de cime en cime, de rocher en rocher.

C'est un flocon.... c'est bientôt une masse énorme! aussi prompte que l'éclair, le son, la pensée, elle se précipite dans la plaine qu'elle couvre d'amas neigeux.

C'est l'avalanche froide, ou l'avalanche d'hiver, et ce n'est pas la plus terrible. Au mois de mai, d'énormes blocs de neige compacte pendent aux rocs avancés sur les torrents. Arches formidables, ces masses neigeuses rapprochent ou comblent l'intervalle, deviennent une voûte colossale, un pont aérien lancé dans les nues, dont les ruines subites entraînent impétueusement des quartiers de rocs, des arbres, des terres; comblent les vallées, écrasent les voyageurs, ensevelissent les villages; dont la chûte frappe l'air d'un tel ébranlement, qu'il renverse au loin les cabanes, étouffe les troupeaux ; dont le passage laisse pendant de longues années d'affreux vestiges de désolation. Le mugissement du bétail, la clochette des chevaux, la voix, le moindre son suffit pour causer cette chûte épouvantable, c'est l'avalanche du printemps.

Mme BAYLE-CELNART.

Jérusalem.

Entre la vallée du Jourdain et les plaines de l'Idumée, s'étend une chaîne de montagnes qui commence aux champs fertiles de la Galilée, et va se perdre dans les sables de l'Yémen. Au centre de ces montagnes se trouve un bassin aride, fermé de toutes parts par des sommets jaunes et rocailleux. Ces sommets ne s'entrouvrent qu'au levant, pour laisser voir le gouffre de la mer Morte et les montagnes lointaines de l'Arabie. Au milieu de ce passage de pierres, sur un terrain inégal et penchant, dans l'enceinte d'un mur jadis ébranlé sous les coups du bélier, et fortifié par des tours qui tombent, on aperçoit de vastes débris ; des cyprès épars, des buissons d'aloès et de nopals, quelques masures arabes pareilles à des sépulcres blanchis, recouvrent cet amas de ruines ; c'est la triste Jérusalem.

Les maisons de Jérusalem sont de lourdes masses carrées, fort basses, sans cheminées et sans fenêtres ; elles se terminent en terrasses aplaties ou en dômes, et elles ressemblent à des prisons ou à des sépulcres. Tout serait à l'œil d'un niveau égal, si les clochers des églises, les minarets des mosquées, les cîmes de quelques cyprès, et les buissons de nopals ne rompaient l'uniformité du plan. A la vue de ces maisons de pierre, renfermées dans un paysage de pierres, on se demande si ce ne sont pas là les monuments confus d'un cimetière au milieu d'un désert.

Entrez dans la ville, rien ne vous consolera de la tristesse extérieure : vous vous égarez dans de petites rues non pavées, qui montent et descendent sur un sol inégal, et vous marchez dans des flots de poussière ou parmi des cailloux roulants. Des toiles jetées d'une maison à l'autre augmentent l'obscurité de ce labyrinthe; des bazards voûtés et infects achèvent d'ôter la lumière à la ville désolée; quelques chétives boutiques n'étalent aux yeux que la misère; et souvent ces boutiques mêmes sont fermées, dans la crainte du passage d'un cadi. Personne dans les rues, personne aux portes de la ville ; quelquefois seulement un paysan se glisse dans l'ombre, cachant sous ses habits le fruit de son labeur, dans la crainte d'être dépouillé par le soldat. Dans un coin, à l'écart, le boucher arabe égorge quelque bête suspendue par les pieds à un mur en ruines; à l'air hagard et féroce de cet homme, à ses bras ensanglantés, vous croiriez qu'il vient plutôt de tuer son semblable que d'égorger un agneau.

Chateaubriand.

Même sujet.

Au delà des deux mosquées et de l'emplacement du temple, Jérusalem toute entière s'étend et jaillit, pour ainsi dire, devant nous, sans que l'œil puisse en perdre un toit ou une pierre, et comme le plan d'une ville en relief que l'artiste étalerait sur une table. Cette ville, non pas, comme on nous l'a représentée, amas informe et confus de ruines et de cendres sur lesquelles sont jetées quelques chaumières d'Arabes, ou plantées quelques tentes de Bédouins; non pas, comme Athènes, chaos de poussière et de murs écroulés où le voyageur cherche en vain l'ombre des édifices, la trace des rues, la vision d'une ville, mais ville brillante de lumière et de couleur! présentant noblement aux regards ses murs intacts et crénelés, sa mosquée bleue avec ses colonnades blanches, ses milliers de dômes resplendissants sur lesquels la lumière d'un soleil d'automne tombe et rejaillit en vapeur éblouissante; les façades de ses maisons teintes, par le temps et par les étés, de la couleur jaune et dorée des édifices de Pœstum ou de Rome; ses vieilles tours, gardiennes de ses murailles, auxquelles il ne manque ni une pierre ni une meurtrière, ni un créneau; et enfin, au milieu de cet océan de maisons et de cette nuée de petits dômes qui les recouvrent, un dôme noir et surbaissé, plus large que les autres, dominé par un autre dôme blanc : c'est le Saint-Sépulcre et le Calvaire. Ils sont confondus et comme noyés, de là, dans l'immense dédale de dômes, d'édifices et de rues qui les environnent; et il est difficile de se rendre compte ainsi de l'emplacement du Calvaire et de celui du Sépulcre, qui, selon les idées que nous donne l'Evangile, devraient se trouver sur une colline écartée, hors des murs, et non dans le centre de Jérusalem ! La ville, rétrécie du côté de Sion, se sera sans doute agrandie du côté du nord, pour embrasser, dans son enceinte, les deux sites qui font sa honte et sa gloire : le site du supplice du Juste, et celui de la résurrection de l'Homme-Dieu !

Voilà la ville du haut de la montagne des Oliviers ! Elle n'a pas d'horizon derrière elle, ni du côté de l'occident, ni du côté du nord. La ligne de ses murs et de ses tours, les aiguilles de ses nombreux minarets, les cintres de ces dômes éclatants, se découpent à nu et crûment sur le bleu d'un ciel d'orient; et la ville, ainsi portée et présentée sur son plateau large et élevé, semble briller encore de toute l'antique splendeur de ses prophéties, ou n'attendre qu'une parole pour sortir toute éblouissante de ses dix-sept ruines successives, et devenir cette *Jérusalem nouvelle qui sort du sein du désert, brillante de clarté !*

DE LAMARTINE.

Rome.

Quiconque s'occupe uniquement de l'étude de l'antiquité et des beaux-arts, ou quiconque n'a plus de liens dans la vie, doit venir demeurer à Rome. Là, il trouvera pour société une terre qui nourrira ses réflexions et qui occupera son cœur, des promenades qui lui diront toujours quelque chose. La pierre qu'il foulera aux pieds lui parlera, et la poussière que le vent élèvera sous ses pas renfermera quelque grandeur humaine. S'il est malheureux, s'il a mêlé les cendres de ceux qu'il aima à tant de cendres illustres, avec quel charme ne passera-t-il pas du sépulcre des Scipions au tombeau d'un ami vertueux, du charmant mausolée de Cécilia Metella au modeste cercueil d'une femme infortunée! il pourra croire que ces mânes chéris se plaisent à errer autour de ces monuments avec l'ombre d'un Cicéron, pleurant encore sa chère Tullie, ou d'une Agrippine, encore occupée de l'urne de Germanicus. S'il est chrétien, ah! comment pourrait-il alors s'arracher de cette terre qui est devenue sa patrie, de cette terre qui a vu naître un second empire plus saint dans son berceau, plus grand dans sa puissance que celui qui l'a précédé; de cette terre enfin où les amis que nous avons perdus, dormant avec les saints dans les catacombes, sous l'œil du Père des fidèles, paraissent devoir se réveiller les premiers dans leur poussière, et semblent plus voisins des cieux!

Quoique Rome, vue intérieurement, ressemble aujourd'hui à la plupart des villes européennes, toutefois elle conserve encore un caractère particulier; aucune autre cité ne présente un pareil mélange d'architecture et de ruines; depuis le sublime Panthéon d'Agrippa jusqu'aux murailles gothiques de Bélisaire;

depuis les monuments apportés d'Alexandrie, jusqu'au dôme élevé par Michel-Ange.

. . . .

Une autre singularité de la ville de Rome, ce sont les troupeaux de chèvres, et surtout ces attelages de grands bœufs aux cornes énormes, que l'on trouve couchés au pied des obélisques, parmi les débris du *Forum,* et sous les arcs où ils passaient autrefois pour conduire le triomphateur romain à ce Capitole, que Cicéron appelle *le conseil public de l'univers :*

Romanos ad templa Deûm duxêre triumphos.

A tous les bruits ordinaires des grandes cités, se mêle ici le bruit des eaux que l'on entend de toutes parts, comme si l'on était auprès des fontaines de Blandusie ou d'Egérie. Du haut des collines qui sont renfermées dans l'enceinte de Rome, ou à l'extrémité de plusieurs rues, vous apercevez la campagne en perspective ; ce qui mêle la ville et les champs d'une manière tout-à-fait pittoresque. En hiver, les toits des maisons sont couverts d'herbe, à peu près comme les vieux toits de chaume de nos paysans. Ces diverses circonstances contribuent à donner à Rome je ne sais quoi de rustique qui vous rappelle que ses premiers dictateurs conduisaient la charrue, qu'elle dut l'empire du monde à des laboureurs, et que le plus grand de ses poètes ne dédaigna pas d'enseigner l'art d'Hésiode aux enfants de Romulus :

Ascræumque cano Romana per oppida carmen.

Quant au Tibre, qui baigne cette grande cité, et qui en partage la gloire, sa destinée est tout-à-fait bizarre. Il passe dans un coin de Rome comme s'il n'y était pas, on n'y daigne pas jeter les yeux, on n'en parle jamais, on ne boit point de ses eaux, les femmes ne s'en servent pas pour laver; il se dérobe furtivement entre de méchantes maisons qui le cachent, et court se précipiter dans la mer, honteux de s'appeler le *Tevere*.

De Chateaubriand.

Rome et Carthage.

Rome, pareille à l'aigle, son redoutable symbole, étend largement ses ailes, déploie puissamment ses serres, saisit la foudre et s'envole. Carthage est le soleil du monde, c'est sur Carthage que se fixent ses yeux. Carthage est maîtresse des océans, maîtresse des royaumes, maîtresse des nations. C'est une ville magnifique, pleine de splendeur et d'opulence, toute rayonnante des arts étranges de l'Orient. C'est une société complète, finie, achevée, à laquelle rien ne manque du travail du temps et des hommes. Enfin, la métropole d'Afrique est à l'apogée de sa civilisation : elle ne peut plus monter, et chaque progrès désormais sera un déclin. Rome au contraire n'a rien. Elle a bien pris déjà tout ce qui était à sa portée; mais elle a pris pour prendre, plutôt que pour s'enrichir. Elle est à demi sauvage, à demi barbare. Elle a son éducation ensemble et sa fortune à faire. Tout devant elle ; rien derrière.

Quelque temps les deux peuples existent de front. L'un se repose dans sa splendeur, l'autre grandit dans l'ombre. Mais peu à peu l'air et la place leur manquent à tous deux pour se développer. Rome commence à gêner Carthage ; il y a longtemps que Carthage importune Rome. Assises sur les deux rives opposées de la Méditerranée, les deux cités se regardent en face. Cette mer ne suffit plus pour les séparer. L'Europe et l'Afrique pèsent l'une sur l'autre. Comme deux nuages surchargés d'électricité, elles se cotoient de trop près. Elles vont se mêler dans la foudre. Ici est la péripétie de ce grand drame. Quels acteurs sont en présence ! deux races, celle-ci de marchands et de marins, celle-là de laboureurs et de soldats ; deux peuples, l'un régnant par l'or, l'autre par le fer ; deux républiques, l'une théocratique, l'autre aristocratique : Rome et Carthage : Rome avec son armée, Carthage avec sa flotte ; Carthage, vieille, riche, rusée ; Rome, jeune, pauvre et forte ; le passé et l'avenir ; l'esprit de découverte et l'esprit de conquête ; le génie des voyages et du commerce, le démon de la guerre et de l'ambition ; l'Orient et le Midi d'une part, l'Occident et le Nord de l'autre ; enfin, deux mondes, la civilisation d'Afrique et la civilisation d'Europe.

Toutes deux se mesurent des yeux. Leur attitude avant le combat est également formidable. Rome, déjà à l'étroit dans ce qu'elle connaît du monde, ramasse toutes ses forces et tous ses peuples. Carthage, qui tient en laisse l'Espagne, l'Armorique et cette Bretagne que les Romains croyaient au fond de l'univers, Carthage a déjà jeté son ancre d'abordage sur l'Europe.

La bataille éclate. Rome copie grossièrement la marine de sa rivale. La guerre s'allume d'abord dans la péninsule et dans les îles. Rome heurte Carthage dans cette Sicile où déjà la Grèce a rencontré l'Egypte, dans cette Espagne où plus tard lutteront encore l'Europe et l'Afrique, l'Orient et l'Occident, le Midi et le Septentrion.

Peu à peu le combat s'engage, le monde prend feu. Les colosses s'attaquent corps à corps, ils se prennent, se quittent, se reprennent. Ils se cherchent et se repoussent. Carthage franchit les Alpes; Rome passe les mers. Les deux peuples, personnifiés en deux hommes, Annibal et Scipion, s'étreignent et s'acharnent pour en finir. C'est un duel à outrance, un combat à mort. Rome chancelle, elle pousse le cri d'angoisse : *Annibal ad portas!*.... Mais elle se relève, épuise ses forces pour un dernier coup, se jette sur Carthage et l'efface du monde.

Victor Hugo.

Paris au 15ᵉ siècle.

Le Paris d'il y a trois cent-cinquante ans, le Paris du quinzième siècle était déjà une ville géante. Nous nous trompons en général, nous autres Parisiens, sur le terrain que nous croyons avoir gagné depuis. Paris, depuis Louis XI, ne s'est pas accru de beaucoup plus d'un tiers. Il a, certes, bien plus perdu en beauté, qu'il n'a gagné en grandeur.

Paris est né, comme on sait, dans cette vieille île de la Cité qui a la forme d'un berceau. La grève de cette île fut sa première enceinte, la Seine son premier fossé. Paris demeura plusieurs siècles à l'état d'île, avec deux ponts, l'un au nord, l'autre au midi, et deux têtes de ponts, qui étaient à la fois ses portes et ses forteresses : le grand Châtelet sur la rive droite, le petit Châtelet sur la rive gauche. Puis, dès les rois de la première race, trop à l'étroit dans son île, et ne pouvant plus s'y retourner, Paris passa l'eau. Alors au delà du grand, au delà du petit Châtelet, une première enceinte de murailles et de tours commença à entamer la campagne des deux côtés de la Seine. De cette ancienne clôture, il restait encore au siècle dernier quelques vestiges ; aujourd'hui il n'en reste que le souvenir, et çà et là une tradition, la porte Baudets ou Baudoyer, *porta Bagauda*. Peu à peu, le flot des maisons, toujours poussé du cœur de la ville au dehors, déborde, ronge, use et efface cette enceinte. Philippe-Auguste lui fait une nouvelle digue. Il emprisonne Paris dans une chaîne circulaire de grosses tours, hautes et solides. Pendant plus d'un siècle, les maisons se pressent, s'accumulent et haussent leur niveau dans ce bassin, comme l'eau dans un réservoir. Elles commencent à devenir profondes ; elles mettent étages sur étages ; elles montent les unes sur les autres ; elles jaillissent en hauteur comme toute sève comprimée, et c'est à qui passera la tête par dessus ses voisines pour avoir un peu d'air. La rue de plus en plus se creuse et se rétrécit ; toute place se comble et disparaît. Les maisons enfin sautent par dessus le mur de Philippe-Auguste, et s'éparpillent joyeusement dans la plaine, sans ordre et tout de travers comme des échappées. Là, elles se carrent, se taillent des jardins dans les champs, prennent leurs aises. Dès 1367, la ville se répand tellement dans le faubourg, qu'il faut une nouvelle clôture, surtout sur la rive droite : Charles V la bâtit. Mais une ville comme Paris est dans une crue perpétuelle. Il n'y a que ces villes-là qui deviennent capitales. Ce sont des entonnoirs où viennent aboutir tous les versants géographiques, politiques, moraux, intellectuels d'un pays, toutes les pentes naturelles d'un peuple; des puits de civilisation, pour ainsi dire, et aussi des égouts, où commerce, industrie, intelligence, population, tout ce qui est sève, tout ce qui est vie, tout ce qui est âme dans une nation, filtre et s'amasse sans cesse, goutte à goutte, siècle à siècle. L'enceinte de Charles V a donc le sort de l'enceinte de Philippe-Auguste. Dès la fin du quinzième siècle, elle est enjambée, dépassée, et le faubourg court plus loin. Au seizième, il semble qu'elle recule à vue d'œil et s'enfonce de plus en plus dans la vieille ville, tant une ville neuve s'épaissit déjà au dehors. Ainsi, dès le quinzième siècle, pour nous arrêter là, Paris avait déjà usé les trois cercles concentriques de murailles qui, du temps de Julien l'Apostat, étaient, pour ainsi dire, en germe dans le grand Châtelet et le petit Châtelet. La puissante ville avait fait craquer successivement ses quatre ceintures de murs, comme un enfant qui grandit et qui crève ses vêtements de l'an passé. Sous Louis XI, on voyait par places, percer, dans cette mer de maisons, quelques groupes de tours en ruines des anciennes enceintes, comme les pitons des collines dans une inondation, comme les archipels du vieux Paris submergé sous le nouveau.

LE MÊME.

Versailles.

Ce palais de Versailles, tant critiqué par les connaisseurs depuis qu'il existe, est, à mon sens, un monument de géant et de génie digne du monarque qui le bâtit. Il est difficile d'imaginer une profusion plus royale d'or et de peintures ; les plafonds en sont surchargés, les portes sont sculptées avec le soin d'un ouvrier chinois faisant une pagode ; les salons sont vastes et pleins de magnificence ; partout sur les murs, sur les corniches, sur le marbre, sur les cuivres, sur l'or, sur la laine des tapis, on retrouve l'image de Louis XIV ; le grand roi vivait encore dans ce palais le jour où nous y fûmes admis, ma mère et moi. Tout était silencieux à cette heure. Au sommet de l'escalier de marbre, un garde-du-corps se promenait à pas lents ; dans le grand salon, quelques membres de la chambre se livraient à un jeu effréné ; dans la salle des gardes, de vieux officiers réunis autour de l'âtre immense parlaient de batailles et de philosophie, de jeunes gardes cadençaient des vers ou se promenaient sans penser. Nous traversâmes l'Œil-de-Bœuf, cette antique chambre du dix-septième siècle où se pressait la plus belle cour de l'univers ; en passant, nous jetâmes un coup-d'œil dans la vaste galerie où Lebrun a représenté toutes les batailles de Louis XIV ; la galerie était déserte, les ombres du foyer s'allongeaient sur le mur, le héros paraissait se battre encore ; les tentes étaient agitées par le vent, les armes s'ébranlaient, le Rhin, notre Rhin, enflait son onde menaçante ; la grande France marchait, enseignes déployées, brodées sur toutes les couleurs, et toute chargée de plumes et d'or, comme à un tournoi. Oui, voilà bien la vieille bannière, voilà les belles écharpes, voilà les couleurs des dames, voilà les poètes qui courent les camps, voilà le bel âge. Et moi, arrêté sur le seuil de cette vaste galerie, il me semblait que tout à coup ces géants allaient descendre de la muraille, que ces chevaliers et ces nobles dames allaient se mouvoir de nouveau ; j'étais prêt à tomber à genoux.

J. JANIN. (*Barnave.*)

Le Vésuve.

Le feu du torrent est d'une couleur funèbre ; néanmoins quand il brûle les vignes ou les arbres, on en voit sortir une flamme claire et brillante ; mais la lave même est sombre, telle qu'on se représente un fleuve de l'enfer ; elle roule lentement un sable noir de jour et rouge de nuit. On entend, quand elle approche, un petit bruit d'étincelles, qui fait d'autant plus de peur qu'il est léger, et que la ruse semble se joindre à la force. Le tigre royal arrive lentement, secrètement, à pas comptés. Cette lave avance, avance, sans jamais se hâter et sans perdre un instant. Si elle rencontre un mur élevé, un édifice quelconque qui s'oppose à son passage, elle s'arrête, elle amoncelle devant l'obstacle ses torrents noirs et bitumineux, et l'ensevelit enfin sous ses vagues brûlantes. Sa marche n'est point assez rapide pour que les hommes ne puissent pas fuir devant elle, mais elle atteint, comme le temps, les imprudents et les vieillards qui, la voyant venir lourdement et silencieusement, s'imaginent qu'il est aisé de lui échapper. Son éclat est si ardent, que pour la première fois, la terre se réfléchit dans le ciel, et lui donne l'apparence d'un éclair continuel; ce ciel, à son tour, se réflète dans la mer, et la nature est embrasée par cette triple image de feu.

Le vent se fait entendre et se fait voir par des tourbillons de flamme dans les gouffres d'où sort la lave. On a peur de ce qui se passe au sein de la terre, et l'on sent que d'étranges fureurs la font trembler sous nos pas. Les rochers qui entourent la source de la lave sont couverts de souffre, de bitume, dont les couleurs ont quelque chose d'infernal : un vert livide, un jaune brun, un rouge sombre, forment comme une dissonnance pour les yeux, et tourmentent la vue.

Tout ce qui entoure le volcan rappelle l'enfer, et les descriptions des poètes sont sans doute empruntées de ces lieux. C'est là que l'on conçoit comment les hommes ont cru à l'existence d'un génie malfaisant qui contrariait les desseins de la providence; on a dû se demander, en contemplant un tel séjour, si la bonté seule présidait aux phénomènes de la création, ou bien si quelque principe caché forçait la nature comme l'homme à la férocité.

Mme DE STAEL.

Aspect de l'Allemagne.

L'Allemagne offre encore quelques traces d'une nature non habitée. Depuis les Alpes jusqu'à la mer, entre le Rhin et le Danube, vous voyez un pays couvert de chênes et de sapins, traversé par des fleuves d'une imposante beauté, et coupé par des montagnes dont l'aspect est très-pittoresque : mais de vastes bruyères, des sables, des routes souvent négligées, un climat sévère, remplissent d'abord l'âme de tristesse, et ce n'est qu'à la longue qu'on découvre ce qui peut attacher à ce séjour.

Le midi de l'Allemagne est très-bien cultivé ; cependant il y a toujours dans les plus belles contrées de ce pays quelque chose de sérieux, qui fait plutôt penser au travail qu'au plaisir, aux vertus des habitants qu'aux charmes de la nature.

Les débris des châteaux-forts, qu'on aperçoit sur le haut des montagnes, les maisons bâties de terre, les fenêtres étroites, les neiges qui pendant l'hiver couvrent des plaines à perte de vue, causent une impression pénible. Je ne sais quoi de silencieux, dans la nature et dans les hommes, resserre d'abord le cœur. Il semble que le temps marche là plus lentement qu'ailleurs, que la végétation ne se presse pas plus dans le sol que les idées dans la tête des hommes, et que les sillons réguliers du laboureur y sont tracés sur une terre pesante.

Néanmoins, quand on a surmonté ces sensations irréfléchies, le pays et les habitants offrent à l'observation quelque chose d'intéressant et de poétique : vous sentez que des âmes et des imaginations douces ont embelli ces campagnes. Les grands chemins y sont plantés d'arbres fruitiers, placés là pour rafraîchir le voyageur. Les paysages dont le Rhin est entouré sont superbes presque partout ; on dirait que ce fleuve est le génie tutélaire de l'Allemagne ; ses flots sont purs, rapides et majestueux comme la vie d'un ancien héros : le Danube se divise en plusieurs branches ; les ondes de l'Elbe et de la Sprée se troublent facilement par l'orage : le Rhin seul est presque inaltérable. Les contrées qu'il traverse paraissent tout à la fois si sérieuses et si variées, si fertiles et si solitaires, qu'on serait tenté de croire que c'est lui-même qui les a cultivées, et que les hommes d'à présent n'y sont pour rien.

Les monuments gothiques sont les seuls remarquables en Allemagne ; ces monuments rappellent les siècles de la chevalerie : dans presque toutes les villes, les musées publics conservent des restes de ces temps-là. On dirait que les habitants du Nord, vainqueurs du monde, en partant de la Germanie, y ont laissé leurs souvenirs sous diverses formes, et que le pays tout entier ressemble au séjour d'un grand peuple qui depuis longtemps l'a quitté.

L'architecture moderne, en Allemagne, n'offre rien qui mérite d'être cité, mais les villes sont en général bien bâties, et les propriétaires les embellissent avec une sorte de soin plein de bonhomie. Les maisons, dans plusieurs villes, sont peintes en dehors de diverses couleurs : on y voit des figures de saints, des ornements de tout genre, dont le goût n'est assurément pas parfait, mais qui varient l'aspect des habitations, et semblent indiquer un désir bienveillant de plaire à ses concitoyens et aux étrangers. L'éclat et la splendeur d'un palais servent à l'amour-propre de celui qui le possède; mais la décoration soignée, la parure et la bonne invention des petites demeures, ont quelque chose d'hospitalier.

Les jardins sont presque aussi beaux dans quelques parties de l'Allemagne qu'en Angleterre; le luxe des jardins suppose toujours qu'on aime la nature. En Angleterre, des maisons très-simples sont bâties au milieu des parcs les plus magnifiques; le propriétaire néglige sa demeure et pare avec soin la campagne. Cette magnificence et cette simplicité réunies n'existent sûrement pas au même degré en Allemagne; cependant, à travers le manque de fortune et l'orgueil féodal, on aperçoit en tout un amour du beau, qui tôt ou tard doit donner du goût et de la grâce, puisqu'il en est la véritable source. Souvent, au milieu des superbes jardins des princes allemands, on place des harpes éoliennes près des grottes entourées de fleurs, afin que le vent transporte dans les airs des sons et des parfums tout ensemble.

Mᵐᵉ DE STAEL.

Chants des Oiseaux.

La nature a ses chants de solennité, pour lesquels elle convoque des musiciens de toutes les régions du globe. On voit accourir de savants artistes avec des sonates merveilleuses, de vagabonds troubadours qui ne savent chanter que des ballades à refrain, des pélerins qui répétent mille et mille fois les couplets de leurs longs cantiques. Le loriot siffle, le ramier gémit, l'hirondelle gazouille, le premier, perché sur la plus haute branche d'un ormeau, défie notre merle solitaire qui ne le cède en rien à cet étranger ; le second, caché dans le feuillage d'un chêne, prolonge ses doux roucoulements comme les sons onduleux d'un cor dans les bois ; la troisième fait entendre son ramage confus, ainsi qu'au temps du bon Evandre. Cependant le rouge-gorge répète sa petite chanson sur la porte de la grange où il a placé son gros nid de mousse ; mais le rossignol dédaigne de perdre sa voix au milieu de cette symphonie : il attend que la nuit ramène le silence, et se charge de cette partie de la fête qui doit se célébrer dans les ombres.

Il est une heure mystérieuse où les premiers silences de la nuit et les derniers moments du jour luttent sur les côteaux, aux bords des fleuves, dans les bois et dans les vallées. C'est à cette heure que Philomèle commence à préluder, quand les forêts ont retenu leurs mille voix, que pas un brin d'herbe, pas une mousse ne soupire, que la lune est dans le ciel, que l'oreille de l'homme est attentive; alors le premier chantre de la création entonne les hymnes de l'Éternel. D'abord il frappe les échos des brillants éclats de plaisir : le désordre est dans ses chants; il saute du grave à l'aigu, du doux au fort; il fait des poses; il est lent, il est vif, c'est un cœur que la joie enivre, un cœur qui palpite sous le poids de l'amour. Mais tout-à-coup sa voix tombe, l'oiseau se tait....... Il recommence..... Que ses accents sont changés ! Quelle tendre mélodie ! tantôt ce sont des modulations languissantes, quoique variées; tantôt c'est un air un peu monotone, comme le refrain de ces vieilles romances françaises, chef-d'œuvre de simplicité et de mélancolie. Le chant est aussi souvent la marque de la tristesse que de la joie. L'oiseau qui a perdu ses petits chante encore; c'est encore l'air du temps du bonheur qu'il redit, car il n'en sait qu'un; mais, par un coup de son art, le musicien n'a fait que changer la clef, et la cantate du plaisir est devenue la complainte de la douleur.

CHATEAUBRIAND. (*Génie du christianisme.*)

Nids des Oiseaux.

Une admirable Providence se fait remarquer dans les nids des oiseaux. On ne peut contempler, sans être attendri, cette bonté divine qui donne l'industrie au faible, et la prévoyance à l'insouciant.

Aussitôt que les arbres ont développé leurs fleurs, mille ouvriers commencent leurs travaux; ceux-ci portent de longues pailles dans le trou d'un vieux mur; ceux-là maçonnent des bâtiments aux fenêtres d'une église; d'autres cherchent un crin à une cavale, ou le brin de laine que la brebis a laissé suspendu à la ronce. Il y a des bûcherons qui croisent des branches dans la cime d'un arbre; il y a des filandières qui recueillent la soie sur un chardon. Mille palais s'élèvent, et chaque palais est un nid; chaque nid voit des métamorphoses charmantes; un œuf brillant, ensuite un petit, couvert de duvet. Ce nourrisson prend des plumes; sa mère lui apprend à se soulever sur sa couche, bientôt il va jusqu'à se pencher sur son berceau, d'où il jette un premier coup-d'œil sur la nature. Effrayé et ravi, il se précipite parmi ses frères qui n'ont point encore vu ce spectacle; mais, rappelé par la voix de ses parents, il sort une seconde fois de sa couche, et ce jeune roi des airs, qui porte encore la couronne de l'enfance autour de sa tête, ose déjà contempler le vaste ciel, la cime ondoyante des pins, et les abîmes de verdure au-dessous du chêne paternel. Et pourtant, tandis que les forêts se réjouissent en recevant leur nouvel hôte, un vieil oiseau, qui se sent abandonné de ses ailes, vient s'abattre auprès d'un courant d'eau; là, résigné et solitaire, il attend tranquillement la mort au bord du même fleuve où il chanta ses plaisirs, et dont les arbres portent encore son nid et sa postérité harmonieuse.

Le Même.

Le Nid de l'Hirondelle.

Heureuse et mille fois heureuse la maison aux nids d'hirondelles! Elle est placée, entre toutes les autres, sous les auspices de cette douce sécurité dont les âmes pieuses croient avoir obligation à la Providence. Et, en effet, sans chercher dans l'hirondelle un instinct merveilleux de prophétie que les poëtes lui accordent un peu trop libéralement, n'est-il pas permis de supposer du moins qu'elle n'est point privée de l'instinct commun à tant d'autres espèces, qui leur fait deviner le séjour le plus assuré d'une famille en espérance? Ne craignez pas qu'elle se loge sous la paille inflammable d'un toit champêtre ou sous les fragiles soliveaux d'une baraque nomade! Elle a si grand peur des mutations qui bouleversent nos domiciles d'un jour, qu'on la voit se fixer de préférence aux édifices abandonnés, dont nous nous sommes fatigués de remuer les ruines, et que n'inquiète plus le mouvement d'une population turbulente. Les hommes n'y sont plus, dit-elle, et elle construit paisiblement sa demeure au lieu qui a déjà vu passer plus d'une génération sans s'émouvoir de leurs ébranlements. Si elle redescend aux villes et aux campagnes, elle ne se fixe qu'à la maison paisible où nul bruit ne troublera sa petite colonie, et à l'abri de laquelle la hutte solide qu'elle s'est si soigneusement pratiquée peut s'abriter assez longtemps pour lui épargner l'année prochaine de nouveaux labeurs. Si vous l'avez observée, notre hirondelle se prévient volontiers en faveur des figures bienveillantes ; elle se fie, comme une étrangère de lointain pays, aux procédés du bon accueil ; elle aime qu'on ne la dérange pas, et s'abandonne à qui l'aime. Je ne suis pas sûr que sa présence promette le bonheur pour l'avenir, mais elle me le démontre intelligiblement dans le présent. Aussi je n'ai jamais vu la maison aux nids d'hirondelles sans me sentir favorablement prévenu en faveur de ses habitants. Il n'y a là, j'en suis sûr, ni les orgies tumultueuses de la débauche, ni le fracas des querelles domestiques. Les valets n'y sont pas cruels ; les enfants n'y sont pas impitoyables ; vous y trouverez quelque sage vieillard ou quelque tendre jeune fille qui protège le nid de l'hirondelle, et j'irais, un million sur la main, y cacher ma tête proscrite, sans souci du lendemain. Les yeux qui ne cherchent plus l'oiseau importun et sa couvée babillarde, sont essentiellement bons, et les bons sont heureux de tout le bonheur qu'on peut goûter sur la terre.

Ch. Nodier.

Le Rossignol.

Il n'est point d'homme bien organisé à qui ce nom ne rappelle quelqu'une de ces belles nuits de printemps où, le ciel étant serein, l'air calme, toute la nature en silence, et, pour ainsi dire, attentive, il a écouté avec ravissement le ramage de ce chantre des forêts. On pourrait citer quelques autres oiseaux chanteurs dont la voix le dispute, à certains égards, à celle du rossignol; les alouettes, le serin, le pinçon, les fauvettes, la linotte, le chardonneret, le merle commun, le merle solitaire, le moqueur d'Amérique, se font écouter avec plaisir, lorsque le rossignol se tait : les uns ont d'aussi beaux sons, les autres ont le timbre aussi pur et aussi doux; d'autres ont des tours de gosier aussi flatteurs ; mais il n'en est pas un seul que le rossignol n'efface par la réunion complète de ces talents divers, et par la prodigieuse variété de son ramage; en sorte que la chanson de ces oiseaux, prise dans toute son étendue, n'est qu'un couplet de celle du rossignol.

Le rossignol charme toujours, et ne se répète jamais, du moins jamais servilement; s'il redit quelque passage, ce passage est animé d'un accent nouveau, embelli par de nouveaux agréments : il réussit dans tous les genres, il rend toutes les expressions, il saisit tous les caractères ; et de plus il sait en augmenter l'effet par les contrastes. Ce coryphée du printemps se prépare-t-il à chanter l'hymne de la nature, il commence par un prélude timide, par des tons faibles, presque indécis, comme s'il voulait essayer son instrument et intéresser ceux qui l'écoutent; mais ensuite, prenant de l'assurance, il s'anime par degrés, il s'échauffe, et bientôt il déploie dans leur plénitude toutes les ressources de son incomparable organe : coups de gosier éclatants; batteries vives et légères; fusées de chant où la netteté est égale à la volubilité : murmure intérieur et sourd qui n'est point appréciable à l'oreille, mais très-propre à augmenter l'éclat des tons appréciables; roulades précipitées, brillantes et rapides, articulées avec force, et même avec une dureté de bon goût; accents plaintifs, cadencés avec mollesse; sons filés sans art, mais enflés avec âme : sons enchanteurs et pénétrants, vrais soupirs d'amour et de volupté qui semblent sortir du cœur, et font palpiter tous les cœurs, qui causent à tout ce qui est sensible une émotion si douce, une langueur si touchante! C'est dans ces tons passionnés que l'on connaît le langage qu'un époux heureux adresse à une compagne chérie, et qu'elle seule peut lui inspirer; tandis que dans d'autres phrases plus étonnantes peut-être, mais moins expressives, on reconnaît le simple projet de l'amuser et de lui plaire, ou bien de disputer devant elle le prix du chant à des rivaux jaloux de sa gloire et de son bonheur.

Ces différentes phrases sont entremêlées de silences, de ces silences qui, dans tout genre de mélodie, concourent si puissamment aux grands effets. On jouit des beaux sons que l'on vient d'entendre, et qui retentissent encore dans l'oreille : on en jouit mieux, parce que la jouissance est plus intime, plus recueillie, et n'est point troublée par des sensations nouvelles : bientôt on attend, on désire une autre reprise; on espère que ce sera celle qui plaît; si l'on est trompé, la beauté du morceau que l'on entend ne permet pas de regretter celui qui n'est que différé, et l'on conserve l'intérêt de l'espérance pour les reprises qui suivront. Au reste, une des raisons pourquoi le chant du rossignol est plus remarqué et produit plus d'effet, c'est parce que, chantant la nuit, qui est le temps le plus favorable, et chantant seul, sa voix a tout son éclat, et n'est offusquée par aucune autre voix : il efface tous les autres oiseaux par ses sons moelleux et flûtés, et par la durée non interrompue de son ramage, qu'il soutient quelquefois pendant vingt secondes. Un observateur a compté dans ce ramage seize reprises différentes, bien déterminées par leurs premières et dernières notes, et dont l'oiseau sait varier avec goût les notes intermédiaires ; enfin, il s'est assuré que la sphère que remplit la voix d'un rossignol n'a pas moins d'un mille de diamètre, surtout lorsque l'air est calme : ce qui égale au moins la portée de la voix humaine.

Guéneau de Montbéliard.

Le Chien.

Le chien, fidèle à l'homme, conservera toujours une portion de l'empire, un degré de supériorité sur les autres animaux ; il leur commande, il règne lui-même à la tête d'un troupeau, il s'y fait mieux entendre que la voix du berger ; la sûreté, l'ordre et la discipline sont le fruit de sa vigilance et de son activité ; c'est un peuple qui lui est soumis, qu'il protège, et contre lequel il n'emploie jamais la force que pour y maintenir la paix. Mais c'est surtout à la guerre, c'est contre les animaux ennemis ou indépendants qu'éclate son courage, et que son intelligence se déploie tout entière. Les talents naturels se réunissent ici aux qualités acquises. Dès que le bruit des armes se fait entendre, dès que le son du cor ou la voix du chasseur a donné le signal d'une guerre prochaine, brûlant d'une ardeur nouvelle, le chien marque sa joie par les plus vifs transports, il annonce par ses mouvements et par ses cris l'impatience de combattre et le désir de vaincre; marchant ensuite en silence, il cherche à reconnaître le pays, à découvrir, à surprendre l'ennemi dans son fort; il recherche ses traces, il les suit pas à pas, et, par des accents différents, indique le temps, la distance, l'espèce et même l'âge de celui qu'il poursuit.

Le chien, indépendamment de la beauté de sa forme, de la vivacité, de la force, de la légèreté, a par excellence toutes les qualités intérieures qui peuvent lui attirer les regards de l'homme. Un naturel ardent, colère, même féroce et sanguinaire, rend le chien sauvage redoutable à tous les animaux, et cède, dans le chien domestique, aux sentiments les plus doux, au plaisir de s'attacher et au désir de plaire; il vient en rampant mettre aux pieds de son maître son courage, sa force, ses talents; il attend ses ordres pour en faire usage; il le consulte, il l'interroge, il le supplie; un coup-d'œil suffit, il entend les signes de sa volonté : sans avoir, comme l'homme, la lumière de la pensée, il a toute la chaleur du sentiment, il a de plus que lui la fidélité, la constance dans ses affections; nulle ambition, nul intérêt, nul désir de vengeance, nulle crainte que celle de déplaire; il est tout zèle, tout ardeur et tout obéissance; plus sensible au souvenir des bienfaits qu'à celui des outrages, il ne se rebute pas par les mauvais traitements; il les subit, les oublie, et ne s'en souvient que pour s'attacher davantage; loin de s'irriter ou de fuir, il s'expose de lui-même à de nouvelles épreuves; il lèche cette main, instrument de douleur, qui vient de le frapper ; il ne lui oppose que la plainte, et la désarme enfin par la patience et la soumission.

BUFFON.

Le Serpent.

Ses mouvements diffèrent de ceux de tous les autres animaux : on ne saurait dire où gît le principe de ses déplacements; car il n'a ni nageoires, ni pieds, ni ailes ; et cependant il fuit comme une ombre, il s'évanouit magiquement; il reparaît, disparaît encore, semblable à une petite fumée d'azur, ou aux éclairs d'un glaive dans les ténèbres. Tantôt il se forme en cercle, et darde une langue de feu ; tantôt, debout sur l'extrémité de sa queue, il marche dans une attitude perpendiculaire, comme par enchantement. Il se jette en orbe, monte et s'abaisse en spirale, roule ses anneaux comme une onde, circule sur les branches des arbres, glisse sous l'herbe des prairies ou sur la surface des eaux. Le labyrinthe avait moins de sinuosités que les méandres tracés par ce reptile. Ses couleurs sont aussi peu déterminées que sa marche; elles changent à tous les aspects de la lumière ; et, comme ses mouvements, elles ont le faux brillant et les variétés trompeuses de la séduction.

Plus étonnant encore dans le reste de ses mœurs, il sait, ainsi qu'un homme souillé de meurtres, jeter à l'écart sa robe tachée de sang, dans la crainte d'être reconnu. Par une étrange faculté, il peut faire rentrer dans son sein les petits monstres que l'amour en a fait sortir. Il sommeille des mois entiers, fréquente les tombeaux, habite les lieux inconnus, compose des poisons qui glacent, brûlent ou tachent le corps de sa victime des couleurs dont il est luimême marqué. Là, il lève deux têtes menaçantes ; ici, il fait entendre une sonnette, il siffle comme un aigle de montagne, mugit comme un taureau. Objet d'horreur ou d'adoration, les hommes ont pour lui une haine implacable, ou tombent devant son génie. Le mensonge l'appelle, la prudence le réclame, l'envie le porte dans son cœur, et l'éloquence à son caducée. Aux enfers, il arme le fouet des Furies ; au Ciel, l'éternité en fait son symbole. Il possède encore l'art de séduire l'innocence. Ses regards enchantent les oiseaux dans les airs ; et, sous la fougère de la crèche, la brebis lui abandonne son lait.

CHATEAUBRIAND. (*Génie du christianisme.*)

Le Serpent devin.

C'est surtout dans les déserts brûlants de l'Afrique qu'exerçant une domination moins troublée, le serpent devin parvient à une longueur plus considérable. On frémit lorsqu'on lit, dans les relations des voyageurs qui ont pénétré dans l'intérieur de cette partie du monde, la manière dont cet énorme serpent s'avance au milieu des herbes hautes et des broussailles, ayant quelquefois plus de dix-huit pouces de diamètre, et semblable à une longue et grosse poutre qu'on remuerait avec vitesse. On aperçoit de loin, par le mouvement des plantes qui s'inclinent sur son passage, l'espèce de sillon que tracent les diverses ondulations de son corps; on voit fuir devant lui les troupeaux de gazelles et d'autres animaux dont il fait sa proie; et le seul parti qui reste à prendre dans ces solitudes immenses, pour se garantir de sa dent meurtrière et de sa force funeste, est de mettre le feu aux herbes déjà à demi brûlées par l'ardeur du soleil. Le fer ne suffit pas contre ce dangereux serpent, lorsqu'il est parvenu à toute sa longueur, et surtout lorsqu'il est irrité par la faim. L'on ne peut éviter la mort qu'en couvrant un pays immense de flammes qui se propagent avec vitesse au milieu de végétaux presque entièrement desséchés, en excitant ainsi un vaste incendie, et en élevant, pour ainsi dire, un rempart de feu contre la poursuite de cet énorme animal.

Il ne peut être en effet arrêté ni par les fleuves qu'il rencontre, ni par les bras de mer dont il fréquente souvent les bords; car il nage avec facilité, même au milieu des ondes agitées; et c'est en vain, d'un autre côté, qu'on voudrait chercher un abri sur de grands arbres; il se roule avec promptitude jusqu'à l'extrémité des cimes les plus hautes : aussi vit-il souvent dans les forêts. Enveloppant les tiges dans les divers replis de son corps, il se fixe sur les arbres à différentes hauteurs, et y demeure souvent longtemps en embuscade, attendant patiemment le passage de sa proie.

Lorsque, pour l'atteindre, ou pour sauter sur un arbre voisin, il a une trop grande distance à franchir, il entortille sa queue autour d'une branche, et suspendant son corps allongé à cette espèce d'anneau, se balançant, et tout d'un coup s'élançant avec force, il se jette comme un trait sur sa victime, ou contre l'arbre auquel il veut s'attacher.

Lorsqu'il aperçoit un ennemi dangereux, ce n'est point avec ses dents qu'il commence un combat, qui alors serait trop désavantageux pour lui; mais il se précipite avec tant de rapidité sur sa malheureuse victime, l'enveloppe de tant de contours, la serre avec tant de force, fait craquer ses os avec tant de violence, que, ne pouvant ni s'échapper, ni user de ses armes, et réduite à pousser de vains mais d'affreux hurlements, elle est bientôt étouffée sous les efforts multipliés de ce monstrueux reptile.

Si le volume de l'animal expiré est trop considérable pour que le devin puisse l'avaler, malgré la grande ouverture de sa gueule, la facilité qu'il a de l'agrandir, et l'extension dont presque tout son corps est susceptible, il continue de presser sa proie mise à mort; il en écrase les parties les plus compactes, et, lorsqu'il ne peut point les briser avec facilité, il l'entraîne, en se roulant avec elle, auprès d'un gros arbre dont il renferme le tronc entre ses replis; il place sa proie entre l'arbre et son corps, il les environne l'un et l'autre de ses nœuds vigoureux, et se servant de sa tige noueuse comme d'une sorte de levier, il redouble ses efforts, et parvient bientôt à comprimer en tous sens, et à moudre, pour ainsi dire, le corps de l'animal qu'il a immolé.

Lorsqu'il a donné ainsi à sa proie toute la souplesse qui lui est nécessaire, il l'allonge en continuant de la presser, et diminue d'autant sa grosseur; il l'imbibe de sa salive, ou d'une sorte d'humeur analogue qu'il répand en abondance. Il pétrit, pour ainsi dire, à l'aide de ses replis, cette masse devenue informe, ce corps qui n'est plus qu'un composé confus de chairs ramollies et d'os concassés. C'est alors qu'il l'avale en la prenant par la tête, en l'attirant à lui, et en l'entraînant dans son ventre, par de fortes aspirations plusieurs fois répétées; mais malgré cette préparation, sa proie est quelquefois si volumineuse, qu'il ne peut l'engloutir qu'à demi; il faut qu'il ait digéré, au moins en partie, la portion qu'il a déjà fait entrer dans son corps, pour pouvoir y faire pénétrer l'autre; et l'on a souvent vu le serpent devin, la gueule horriblement ouverte, étendu à terre, et dans une sorte d'inertie qui accompagne presque toujours sa digestion.

LACÉPÈDE. (*Ovipares.*)

L'Ane.

L'âne est de son naturel aussi humble, aussi patient, aussi tranquille que le cheval est fier, ardent, impétueux, il souffre avec constance, et peut-être avec courage, les châtiments et les coups; il est sobre, et sur la quantité et sur la qualité de la nourriture; il se contente des herbes les plus dures, les plus désagréables, que le cheval et les autres animaux lui laissent et dédaignent; il est fort délicat sur l'eau, il ne veut boire que de la plus claire aux ruisseaux qui lui sont connus; il boit aussi sobrement qu'il mange, et n'enfonce point du tout son nez dans l'eau, par la peur que lui fait, dit-on, l'ombre de ses oreilles. Comme l'on ne prend pas la peine de l'étriller, il se roule souvent sur le gazon, sur les chardons, sur la fougère; et, sans se soucier beaucoup de ce qu'on lui fait porter, il se couche pour se rouler toutes les fois qu'il le peut, et semble par-là reprocher à son maître le peu de soin qu'on prend de lui; car il ne se vautre pas, comme le cheval, dans la fange et dans l'eau; il craint même de se mouiller les pieds, et se détourne pour éviter la boue; aussi a-t-il la jambe plus sèche et plus nette que le cheval; il est susceptible d'éducation, et l'on en a vu d'assez bien dressés pour faire curiosité de spectacle.

Dans la première jeunesse il est gai et même assez joli, il a de la légèreté et de la gentillesse; mais il la perd bientôt, soit par l'âge, soit par les mauvais traitements, et il devient lent, indocile et têtu... Il s'attache cependant à son maître, quoiqu'il en soit ordinairement maltraité; il le sent de loin et le distingue de tous les autres hommes; il reconnaît aussi les lieux qu'il a coutume d'habiter, les chemins qu'il a fréquentés; il a les yeux bons, l'odorat admirable, l'oreille excellente, ce qui a encore contribué à le faire mettre au nombre des animaux timides, qui ont tous, à ce qu'on prétend, l'ouïe très-fine et les oreilles longues : lorsqu'on le surcharge, il le marque en inclinant la tête et baissant les oreilles; lorsqu'on le tourmente trop, il ouvre la bouche et retire les lèvres d'une manière très-désagréable, ce qui lui donne l'air moqueur et dérisoire; si on lui couvre les yeux, il reste immobile; et lorsqu'il est couché sur le côté, si on lui place la tête de manière que l'œil soit appuyé sur la terre, et qu'on couvre l'autre œil avec une pierre ou un morceau de bois, il restera dans cette situation sans faire aucun mouvement et sans se secouer pour se relever; il marche, il trotte et il galope comme le cheval; mais tous ses mouvements sont petits et beaucoup plus lents; quoiqu'il puisse d'abord courir avec assez de vitesse, il ne peut fournir qu'une petite carrière pendant un petit espace de temps, et, quelque allure qu'il prenne, si on le presse, il est bientôt rendu.

BUFFON.

PORTRAITS
ET
PARALLÈLES.

PRÉCEPTES DU GENRE.

Le portrait est la description de la figure ou du caractère d'une personne, quelquefois de l'une et de l'autre. Lorsque c'est une espèce d'hommes que l'on peint, comme l'avare, le jaloux, l'hypocrite, la prude, la coquette, ce n'est plus un *portrait*, c'est un caractère; et c'est là ce qui distingue la satire permise de la satire qui ne l'est pas. La Bruyère fut accusé d'avoir fait des *portraits* : il n'avait fait que des caractères; mais la malignité, en les appliquant et en calomniant le peintre, avait deux plaisirs à la fois.

La poésie, l'éloquence et l'histoire, sont également susceptibles de cette sorte de peinture; il faut seulement observer que leur manière n'est pas la même.

Dans tous les genres d'éloquence, un *portrait* peut être placé. Dans la louange et dans le blâme rien de plus naturel. Dans la délibération, il importe encore plus de faire connaître les hommes, et par conséquent de les peindre. Dans le plaidoyer, c'est aussi très-souvent par les qualités personnelles qu'on peut juger de l'intention, de la vraisemblance, de la nature même de l'action, et du degré d'indulgence ou de rigueur qu'elle mérite.

Or, dans tous les cas où l'orateur a un grand intérêt à faire connaître une personne, il a droit de la peindre ; et plus le *portrait* sera fidèle, intéressant, important à la cause, plus il aura de beauté réelle ; car la beauté, en fait d'éloquence, n'est que la bonté combinée avec la force du moyen.

L'histoire est, de tous les genres, celui auquel cette manière de rassembler les traits d'un caractère et de le dessiner avec précision, semble être la plus propre et la plus familière. Mais dans l'histoire même lorsqu'ils sont trop fréquents, les *portraits* nous sont importuns. Vrais, singuliers, intéressants pour l'intelligence des faits, importants par le rôle qu'ont joué les personnes, frappants, et par leur ressemblance, et par la force, la justesse, l'originalité des traits qui les composent, ils font sur nous l'impression d'une vérité lumineuse, qui répand au loin ses rayons. Mais le *portrait* d'un homme isolé et dont le caractère n'est d'aucune influence, n'a lui-même aucun intérêt, et ne peut être dans l'histoire qu'un ornement postiche et vain, digne tout au plus d'amuser une curiosité frivole, mais indigne d'un vrai sage, comme d'un lecteur sérieux. La règle de l'un sera donc de ne se donner la peine de peindre que les personnes qui, par leur caractère, leurs fonctions, leurs rapports avec les faits intéressants, peuvent donner envie à l'autre de les connaître et de les voir au naturel. Par-là, les *portraits* seront rares, et ils se feront désirer.

Je croirais même, et j'en ai pour exemple tous les meilleurs historiens, que lorsque tout un caractère se développe dans l'action même, il est assez connu par elle, et qu'il est inutile d'en résumer les traits.

Plutarque les a réunis, mais au moment du parallèle, et c'est alors qu'il est indispensable de rassembler tous les rapports. Si cependant, à la fin d'un règne ou de la vie d'un homme, un court épilogue en rapelle les circonstances les plus marquées, et le fait voir lui-même d'un coup d'œil avec les traits de caractère, les variations, les contrastes, les qualités diverses ou opposées que les événements ont fait paraître en lui, ce sera sans doute un mérite et une grande beauté de plus. Tel est dans Tacite le *portrait* de Tibère à la fin de son règne, modèle effrayant, pour ne pas dire désespérant, de précision, de force et de clarté.

Il est aisé de concevoir pourquoi, dans des mémoires particuliers, les *portraits* sont naturellement plus fréquents qu'ils ne doivent l'être dans l'histoire. Celle-ci n'a guère intérêt que de faire connaître l'homme public, et les évènements l'exposent; au lieu que des mémoires nous décèlent l'homme privé, et ne font qu'effleurer les actions publiques. Les Mémoires du cardinal de Retz sont le derrière de la toile du singulier spectacle de la Fronde; et dans les *portraits* qu'il nous trace des personnages principaux de cette scène héroï-comique, il nous fait voir souvent ce que l'action même ne nous aurait point appris,

Par la même raison, lorsque dans l'histoire un personnage a plus d'influence que d'apparence, qu'il agit plus au dedans qu'au dehors, il est intéressant de décrire avec soin ce ressort intérieur et secret des évènements qu'on raconte. Ainsi rien de plus nécessaire, de plus intéressant dans le récit du règne de Tibère, que le *portrait* de Séjan.

I.

PORTRAITS LITTÉRAIRES.

Eschyle, Sophocle, Euripide.

Malgré les préventions et la haine d'Aristophane contre Euripide, sa décision, en assignant le premier rang à Eschyle, le second à Sophocle, et le troisième à Euripide, était alors conforme à l'opinion de la plupart des Athéniens : sans l'approuver, sans la combattre, je vais rapporter les changements que les deux derniers firent à l'ouvrage du premier.

Sophocle reprochait trois défauts à Eschyle : la hauteur excessive des idées, l'appareil gigantesque des expressions, la pénible disposition des plans ; et, ces défauts, il se flattait de les avoir évités.

Si les modèles qu'on nous présente au théâtre se trouvaient à une trop grande élévation, leurs malheurs n'auraient pas le droit de nous attendrir, ni leurs exemples celui de nous instruire. Les héros de Sophocle sont à la distance précise où notre admiration et notre intérêt peuvent atteindre : comme ils sont au-dessus de nous, sans être loin de nous, tout ce qui les concerne ne nous est ni trop étranger, ni trop familier ; et, comme ils conservent de la faiblesse dans les plus affreux revers, il en résulte un pathétique sublime qui caractérise spécialement ce poète.

Il respecte tellement les limites de la véritable grandeur, que, dans la crainte de les franchir, il lui arrive quelquefois de n'en pas approcher. Au milieu d'une course rapide, au moment qu'il va tout embraser, on le voit soudain s'arrêter et s'éteindre : on dirait alors qu'il préfère les chutes aux écarts.

Il n'était pas propre à s'appesantir sur les faiblesses du cœur humain, ni sur des crimes ignobles ; il lui fallait des âmes fortes, sensibles, et par là même intéressantes : des âmes ébranlées par l'infortune, sans en être accablées ni enorgueillies.

En réduisant l'héroïsme à sa juste mesure, Sophocle baissa le ton de la tragédie, et bannit ces expressions qu'une imagination furieuse dictait à Eschyle, et qui jetaient l'épouvante dans l'âme des spectateurs : son style, comme celui d'Homère, est plein de force, de magnificence, de noblesse et de douceur ; jusque dans la peinture des passions les plus violentes, il s'assortit heureusement à la dignité des personnages.

Eschyle peignit les hommes plus grands qu'ils ne peuvent l'être ; Sophocle, comme ils devraient être ; Euripide, tels qu'ils sont. Les deux premiers avaient négligé des passions et des situations que le troisième crut susceptibles de grands effets. Il représenta tantôt des princesses brûlantes d'amour, et ne respirant que l'adultère et les forfaits ; tantôt des rois dégradés par l'adversité, au point de se couvrir de haillons, et de tendre la main, à l'exemple des mendiants. Ces tableaux, où l'on ne retrouvait plus l'empreinte de la main d'Eschyle, ni celle de Sophocle, soulevèrent d'abord les esprits : on disait qu'on ne devait, sous aucun prétexte, souiller le caractère ni le rang des héros de la scène ; qu'il était honteux de décrire avec art des images honteuses, et dangereux de prêter au vice l'autorité des grands exemples.

Mais ce n'était plus le temps où les lois de la Grèce infligeaient une peine aux artistes qui ne traitaient pas leurs sujets avec une certaine décence. Les âmes s'énervaient, et les bornes de la convenance s'éloignaient de jour en jour ; la plupart des Athéniens furent moins blessés des atteintes que les pièces d'Euripide portaient aux idées reçues, qu'entraînés par le sentiment dont il avait su les animer ; car ce poète, habile à manier toutes les affections de l'âme, est admirable lorsqu'il peint les fureurs de l'amour, ou qu'il excite les émotions de la pitié : c'est alors que, se surpassant lui-même, il parvient quelquefois au sublime, pour lequel il semble que la nature ne l'ait pas destiné. Les Athéniens s'attendrirent sur le sort de Phèdre coupable; ils pleurèrent sur celui du malheureux Télèphe, et l'auteur fut justifié.

Dans les pièces d'Eschyle et de Sophocle, les passions, empressées d'arriver à leur but, ne prodiguent point des maximes qui suspendraient leur marche; le second surtout a cela de particulier, que tout en courant, et presque sans y penser, d'un seul trait il décide le caractère et dévoile les sentiments secrets de ceux qu'il met en scène. C'est ainsi que, dans son *Antigone*, un mot échappé comme par hasard à cette princesse laisse éclater son amour pour le fils de Créon. Euripide multiplia les sentences et les réflexions; il se fit un plaisir ou un devoir d'étaler ses connaissances, et se livra souvent à des formes oratoires : de là les divers jugements qu'on porte de cet auteur, et les divers aspects sous lesquels on peut l'envisager. Comme philosophe, il eut un grand nombre de partisans; les disciples d'Anaxagore et ceux de Socrate, à l'exemple de leurs maîtres, se félicitèrent de voir leur doctrine applaudie sur le théâtre; et, sans pardonner à leur nouvel interprète quelques expressions trop favorables au despotisme, ils se déclarèrent ouvertement pour un écrivain qui inspirait l'amour des devoirs et de la vertu, et qui, portant ses regards plus loin, annonçait hautement qu'on ne doit pas accuser les dieux de tant de passions honteuses, mais les hommes qui les leur attribuent; et, comme il insistait avec force sur les dogmes importants de la morale, il fut mis au nombre des sages, et il sera toujours regardé comme le philosophe de la scène.

Son éloquence, qui quelquefois dégénère en une

vaine abondance de paroles, ne l'a pas moins rendu célèbre parmi les orateurs en général, et parmi ceux du barreau en particulier; il opère la persuasion par la chaleur de ses sentiments, et la conviction par l'adresse avec laquelle il amène les réponses et les répliques.

Les beautés que les philosophes et les orateurs admirent dans ses écrits, sont des défauts réels aux yeux de ses censeurs : ils soutiennent que tant de phrases de rhétorique, tant de maximes accumulées, de digressions savantes et de disputes oiseuses, refroidissent l'intérêt, et mettent à cet égard Euripide fort au-dessous de Sophocle, qui ne dit rien d'inutile.

Eschyle avait conservé dans son style les hardiesses du dithyrambe, et Sophocle la magnificence de l'épopée : Euripide fixa la langue de la tragédie; il ne retint presque aucune des expressions spécialement consacrées à la poésie; mais il sut tellement choisir et employer celles du langage ordinaire, que, sous leur heureuse combinaison, la faiblesse de la pensée semble disparaître, et le plus commun s'ennoblir. Telle est la magie de ce style enchanteur, qui, dans un juste tempérament entre la bassesse et l'élévation, est presque toujours élégant et clair, presque toujours harmonieux, coulant, et si flexible, qu'il paraît se prêter sans effort à tous les besoins de l'âme.

C'était néanmoins avec une extrême difficulté qu'il faisait des vers faciles. De même que Platon, Zeuxis, et tous ceux qui aspirent à la perfection, il jugeait ses ouvrages avec la sévérité d'un rival, et les soignait avec la tendresse d'un père. Il disait une fois que trois de ses vers lui avaient coûté trois jours de travail. « J'en aurais fait cent à votre place, lui dit un poète médiocre. — Je le crois, répondit Euripide, mais ils n'auraient subsisté que trois jours. »

Quant à la conduite des pièces, la supériorité de Sophocle est généralement reconnue : on pourrait même démontrer que c'est d'après lui que les lois de la tragédie ont presque toutes été rédigées ; mais comme, en fait de goût, l'analyse d'un bon ouvrage est presque toujours un mauvais ouvrage, parce que les beautés sages et régulières y perdent une partie de leur prix, il suffira de dire en général que cet auteur s'est garanti des fautes essentielles qu'on reproche à son rival.

Euripide réussit rarement dans la disposition de ses sujets : tantôt il y blesse la vraisemblance ; tantôt les incidents y sont amenés par force ; d'autres fois son action cesse de faire un même tout ; presque toujours les nœuds et les dénouements laissent quelque chose à désirer, et ses chœurs n'ont souvent qu'un rapport indirect avec l'action.

Dans les pièces d'Eschyle et de Sophocle, un heureux artifice éclaircit le sujet dès les premières scènes ; Euripide lui-même semble leur avoir dérobé leur secret dans sa *Médée* et dans son *Iphigénie en Aulide*. Cependant, quoique en général sa manière soit sans art, elle n'est point condamnée par d'habiles critiques.

Eschyle, Sophocle et Euripide sont et seront toujours placés à la tête de ceux qui ont illustré la scène. D'où vient donc que, sur le grand nombre de pièces qu'ils présentèrent au concours, le premier ne fut couronné que treize fois, le second que dix-huit fois, le troisième que cinq ? C'est que la multitude décida de la victoire, et que le public a depuis fixé les rangs. La multitude avait des protecteurs dont elle épousait les passions; des favoris dont elle soutenait les intérêts : de là tant d'intrigues, de violences et d'injustices qui éclatèrent dans le moment de la décision. D'un autre côté, le public, c'est-à-dire la plus saine partie de la nation, se laissa quelquefois éblouir par de légères beautés, éparses dans des ouvrages médiocres; mais il ne tarda pas à mettre les hommes de génie à leur place, lorsqu'il fut averti de leur supériorité par les vaines tentatives de leurs rivaux et de leurs successeurs.

BARTHÉLEMY. (*Voyage d'Anacharsis.*)

Horace.

Quoiqu'il n'ait point écrit de poëme sur la philosophie, il en a tant répandu dans ses odes et dans ses épîtres, qu'on ne peut le passer sous silence. Qui mieux que lui, pour me servir de l'expression pittoresque de Montaigne, *sut presser la sentence au pied nombreux de la poésie?* Ceux qui ont paru croire que le goût rendait le talent timide, auraient dû se détromper en lisant Horace.

La justesse et l'audace se réunissent dans son expression; et quant l'oreille est remplie de son rhythme harmonieux, l'imagination ébranlée par ses figures hardies, la raison, en décomposant les beautés de ce poëte, prouve qu'elle en a toujours suivi les écarts et gouverné le délire: mais tous les esprits n'aiment pas également la poésie lyrique; quelques uns préfèrent l'élégante familiarité, les grâces faciles, et la philosophie consolante dont Horace a rempli ses belles épîtres.

Elles instruisent tous les états; elles hâtent l'expérience de tous les âges: elles apprennent au jeune homme, au vieillard, à jouir sagement de la vie, à se consoler de la mort, à réunir la volupté avec la décence, la raison avec la gaieté. L'homme de lettres y trouve les préceptes du goût; l'homme de bien, ceux de la vertu. Elles font rire l'habitant de la ville des travers qu'il a sous les yeux; elles retracent au solitaire le charme de sa retraite: dans la joie et dans la douleur, dans l'indigence et dans les richesses, elles donnent des plaisirs ou des leçons; elles tiennent lieu d'un ami; et, quand on a le bonheur d'en posséder un, elles font mieux sentir le charme de l'amitié.

Montesquieu a dit que l'esprit de modération était celui de la Monarchie: Horace semble l'avoir senti, et cherche à fixer le caractère inquiet et farouche des républicains dans les jouissances douces d'une vie toujours égale. Sa philosophie consiste à fuir tous les excès; principe également fécond pour le goût et pour le bonheur.

DE FONTANES.

Tacite.

Pour peu qu'on soit sensible, au nom de Tacite l'imagination s'échauffe et l'âme s'élève. Si on demande quel est l'homme qui a le mieux peint les vices et les crimes, et qui inspire mieux l'indignation et le mépris pour ceux qui ont fait le malheur des hommes, je répondrai : c'est Tacite ; qui donne un plus saint respect pour la vertu malheureuse, et la représente d'une manière plus auguste, ou dans les fers ou sous les coups d'un bourreau : c'est Tacite; qui a le mieux flétri les affranchis et les esclaves, et tous ceux qui rampaient, flattaient, pillaient et corrompaient à la cour des empereurs : c'est encore Tacite. Qu'on me cite un homme qui ait jamais donné un caractère plus imposant à l'histoire, un air plus terrible à la postérité. Philippe II, Henri VIII et Louis XI n'auraient jamais dû voir Tacite dans une bibliothèque, sans une espèce d'effroi.

Si de la partie morale nous passons à celle du génie, quel homme a dessiné plus fortement les caractères ? qui est descendu plus avant dans les profondeurs de la politique ? a mieux tiré de grands résultats des plus petits événements ? a mieux fait, à chaque ligne, dans l'histoire d'un homme, l'histoire de l'esprit humain et de tous les siècles ? a mieux surpris la bassesse qui se cache et s'enveloppe ? a mieux démêlé tous les genres de crainte, tous les genres de courage, tous les secrets des passions, tous les motifs des discours, tous les contrastes entre les sentiments et les actions, tous les mouvements que l'âme se dissimule ? a mieux tracé le mélange bizarre des vertus et des vices, l'assemblage des qualités différentes et quelquefois contraires, la férocité froide et sombre dans Tibère, la férocité ardente dans Caligula, la férocité imbécile dans Claude, la férocité sans frein comme sans honte dans Néron, la férocité hypocrite et timide dans Domitien; les crimes de la domination et ceux de l'esclavage; la fierté qui sert d'un côté pour commander de l'autre; la corruption tranquille et lente, et la corruption impétueuse et hardie; le caractère et l'esprit des révolutions, les vues opposées des chefs, l'instinct féroce et avide du soldat, l'instinct tumultueux et faible de la multitude; et dans Rome la stupidité d'un grand peuple, à qui le vaincu, le vainqueur, sont également indifférents, et qui, sans choix, sans regret, sans désir, assis aux spectacles, attend froidement qu'on lui annonce son maître, prêt à battre des mains au hasard à celui qui viendra, et qu'il aurait foulé aux pieds, si un autre eût vaincu?

Enfin, dix pages de Tacite apprennent plus à connaître les hommes, que les trois quarts des histoires modernes ensemble. C'est le livre des vieillards, des philosophes, des citoyens, des courtisans, des princes. Il console des hommes celui qui en est loin, il éclaire celui qui est forcé de vivre avec eux. Il est trop vrai qu'il n'apprend pas à les estimer; mais on serait trop heureux que leur commerce à cet égard ne fût pas plus dangereux que Tacite même.

J'ai parlé de son éloquence, elle est connue. En général, ce n'est pas une éloquence de mots et d'harmonie, c'est une éloquence d'idées qui se succèdent et se heurtent. Il semble partout que la pensée se resserre pour occuper moins d'espace. On ne la prévient pas, on ne fait que la suivre. Souvent elle ne se déploie pas tout entière, elle ne se montre, pour ainsi dire, qu'en se cachant. Qu'on imagine une langue aussi rapide que les mouvements de l'âme; une langue qui, pour rendre un sentiment, ne le décomposerait jamais en plusieurs mots ; une langue dont chaque son exprimerait une collection d'idées : telle est presque la perfection de la langue romaine dans Tacite. Point de signe superflu, point de cortége inutile. Les pensées se pressent et entrent en foule dans l'imagination, mais elles la remplissent sans la fatiguer jamais. A l'égard du style, il est hardi, précipité, souvent brusque, toujours plein de vigueur, il peint d'un trait. La liaison est plus entre les idées qu'entre les mots. Les muscles et les nerfs y dominent plus que la grâce. C'est le Michel-Ange des écrivains. Il a sa profondeur, sa force, et peut-être un peu de sa rudesse.

THOMAS. (*Essai sur les Éloges.*)

Montaigne.

Dans tous les siècles où l'esprit humain se perfectionne par la culture des arts, on voit naître des hommes supérieurs qui reçoivent la lumière et la répandent, et vont plus loin que leurs contemporains, en suivant les mêmes traces. Quelque chose de plus rare, c'est un génie qui ne doive rien à son siècle, ou plutôt qui, malgré son siècle, par la seule force de sa pensée, se place de lui-même à côté des écrivains les plus parfaits, nés dans les temps les plus polis ; tel est Montaigne. Penseur profond sous le règne du pédantisme, auteur brillant et ingénieux dans une langue informe et grossière, il écrit avec le secours de la raison et des anciens. Son ouvrage reste, et fait seul toute la gloire littéraire d'une nation ; et, lorsque, après de longues années, sous les auspices de quelques génies sublimes qui s'élancent à la fois, arrive enfin l'âge du bon goût et du talent, cet ouvrage, longtemps unique, demeure toujours original ; et la France, enrichie tout-à-coup de tant de brillantes merveilles, ne sent pas refroidir son imagination pour ces antiques et naïves beautés. Un siècle nouveau succède, aussi fameux que le précédent, plus éclairé peut-être, plus exercé à juger, plus difficile à satisfaire, parce qu'il peut comparer davantage ; cette seconde épreuve n'est pas moins favorable à la gloire de Montaigne : on l'entend mieux, on l'imite plus hardiment, il sert à rajeunir la littérature, qui commençait à s'épuiser; il inspire nos plus illustres écrivains ; et ce philosophe du siècle de Charles IX semble fait pour instruire le dix-huitième siècle.

Quel est ce prodigieux mérite qui survit aux variations du langage, au changement des mœurs? C'est le naturel et la vérité. Voilà le charme qui ne peut vieillir. Qui pourrait se lasser d'un livre de *bonne foi*, écrit par un homme de génie ? Ces épanchements familiers de l'auteur, ces révélations inattendues sur de grands objets et sur des bagatelles, en donnant à ses écrits la forme d'une longue confidence, font disparaître la peine légère qu'on éprouve à lire un ouvrage de morale. On croit converser ; et comme la conversation est piquante et variée, que souvent nous y venons à notre tour, que celui qui nous instruit a soin de nous répéter : *Ce n'est pas ici ma doctrine, c'est mon étude,* nous avoue ses faiblesses pour nous convaincre des nôtres, et nous corrige sans nous humilier, jamais on ne se lasse de l'entretien.

L'ouvrage de Montaigne est un vaste répertoire de souvenirs et de réflexions nées de ces souvenirs. Son inépuisable mémoire met à sa disposition tout ce que les hommes ont pensé. Son jugement, son goût, son instinct, son caprice même lui fournissent aisément des pensées nouvelles. Sur chaque objet, il commence par dire tout ce qu'il sait, et, ce qui vaut mieux, il finit par dire ce qu'il croit. Cet homme qui, dans la discussion, cite toutes les autorités, écoute tous les partis, accueille toutes les opinions, lorsqu'enfin il vient à décider, ne consulte plus que lui seul, et donne son avis, non *comme bon, mais comme sien :* une telle marche est longue, mais elle est agréable, elle est instructive, elle apprend à douter ; et ce commencement de la sagesse en est quelquefois le dernier terme.

On sait avec quelle constance il avait étudié les grands génies de l'ancienne Rome, combien il avait vécu dans leur commerce et dans leur intimité. Doit-on s'étonner que son ouvrage porte, pour ainsi dire, leur marque, et paraisse, du moins pour le style, écrit sous leur dictée ? Souvent il change, modifie, corrige leurs idées. Son esprit, impatient du joug, avait besoin de penser par lui-même ; mais il conserve les richesses de leur langage et les formes de leur diction. L'heureux instinct qui le guidait lui faisait sentir que, pour donner à ses écrits le caractère de durée qui manquait à sa langue, trop imparfaite pour être déjà fixée, il fallait y transporter, y naturaliser en quelque sorte les beautés d'une autre langue qui, par sa perfection, fût assurée d'être immortelle; ou plutôt, l'habitude d'étudier les chefs-d'œuvre de la langue latine le conduisait à les imiter. Il en prenait à son inçu toutes les formes, et se faisait Romain sans le vouloir. Quelquefois, réglant sa marche irrégulière, il semble imiter Cicéron même. Sa phrase se développe lentement, et se remplit de mots choisis qui se fortifient et se soutiennent l'un l'autre dans un enchaînement harmonieux. Plus souvent, comme Tacite, il *enfonce* profondément la *signification* des mots, met une idée neuve sous un terme familier, et dans une diction fortement travaillée, laisse quelque chose d'inculte et de sauvage. Il a le trait énergique, les sons heurtés, les tournures vives et hasardées de Salluste, l'expression rapide et profonde, la force et l'éclat de Pline l'ancien. Souvent aussi, donnant à sa prose toutes les richesses de la poésie, il s'épanche, il s'abandonne avec l'inépuisable facilité d'Ovide, ou respire la verve et l'âpreté de Lucrèce. Voilà les diverses couleurs qu'il emprunte de toutes parts pour tracer des tableaux qui ne sont qu'à lui.

VILLEMAIN. (*Disc. couronné à l'Acad. franç.*)

Corneille et Racine.

Corneille n'a eu devant les yeux aucun auteur qui ait pu le guider; Racine a eu Corneille.

Corneille a trouvé le théâtre français très-grossier, l'a porté à un haut point de perfection; Racine ne l'a pas soutenu dans la perfection où il l'a trouvé.

Les caractères de Corneille sont vrais, quoiqu'ils ne soient pas communs; les caractères de Racine ne sont vrais que parce qu'ils sont communs.

Quelquefois les caractères de Corneille ont quelque chose de faux, à force d'être nobles et singuliers; souvent ceux de Racine ont quelque chose de bas, à force d'être naturels.

Quand on a le cœur noble, on voudrait ressembler aux héros de Corneille; et quand on a le cœur petit, on est bien aise que les héros de Racine nous ressemblent.

On rapporte des pièces de l'un, le désir d'être vertueux; et des pièces de l'autre, le plaisir d'avoir des semblables dans ses faiblesses.

Le tendre et le gracieux de Racine se trouvent quelquefois dans Corneille; le grand de Corneille ne se trouve jamais dans Racine.

Racine n'a presque jamais peint que des Français, et que le siècle présent, même quand il a voulu peindre un autre siècle et d'autres nations; on voit dans Corneille toutes les nations et tous les siècles qu'il a voulu peindre. Le nombre des pièces de Corneille est beaucoup plus grand que celui des pièces de Racine, et cependant Corneille s'est beaucoup moins répété lui-même que Racine n'a fait.

Dans les endroits où la versification de Corneille est belle, elle est plus hardie, plus noble et plus forte, et en même temps aussi nette que celle de Racine, mais elle ne se soutient pas dans ce degré de beauté, et celle de Racine se soutient toujours dans le sien.

Des auteurs inférieurs à Racine ont réussi après lui dans son genre : aucun auteur, même Racine, n'a osé toucher, après Corneille, au genre qui lui était particulier.

FONTENELLE, *neveu de Corneille.*

Même sujet.

Corneille ne peut être égalé dans les endroits où il excelle; il a pour lors un caractère original et inimitable; mais il est inégal. Ses premières comédies sont sèches, languissantes, et ne laissaient pas espérer qu'il dût ensuite aller si loin, comme ses dernières font qu'on s'étonne qu'il ait pu tomber de si haut. Dans quelques-unes de ses meilleures pièces, il y a des fautes inexcusables contre les mœurs, un style de déclamateur qui arrête l'action et la fait languir, des négligences dans les vers et dans l'expression, qu'on ne peut comprendre dans un si grand homme. Ce qu'il y a eu en lui de plus éminent, c'est l'esprit, qu'il avait sublime, auquel il a été redevable de certains vers les plus heureux qu'on ait jamais lus ailleurs, de la conduite de son théâtre, qu'il a quelquefois hasardée contre les règles des anciens, et enfin de ses dénoûments; car il ne s'est pas toujours assujéti au goût des Grecs et à leur grande simplicité; il a aimé, au contraire, à charger la scène d'événements dont il est presque toujours sorti avec succès : admirable surtout par l'extrême variété et le peu de rapport qui se trouve, pour le dessin, entre un si grand nombre de poèmes qu'il a composés.

Il semble qu'il y ait plus de ressemblance dans ceux de Racine, et qu'ils tendent un peu plus à une même chose : mais il est égal, soutenu, toujours le même partout, soit pour le dessin et la conduite de ses pièces, qui sont justes, régulières, prises dans le bon sens et dans la nature; soit pour la versification, qui est correcte, riche dans ses rimes, élégante, nombreuse, harmonieuse; exact imitateur des anciens, dont il a suivi scrupuleusement la netteté et la simplicité de l'action, à qui le grand et le merveilleux n'ont pas même manqué, ainsi qu'à Corneille, ni le touchant, ni le pathétique. Quelle plus grande tendresse que celle qui est répandue dans tout le *Cid*, dans *Polyeucte* et les *Horaces!* Quelle grandeur ne se remarque point en *Mithridate*, en *Porus* et en *Burrhus!* Ces passions encore favorites des anciens, que les tragiques aimaient à exciter sur les théâtres, et qu'on nomme la *terreur* et la *pitié*, ont été connues de ces deux poètes : *Oreste*, dans l'*Andromaque* de Racine, et *Phèdre* du même auteur, comme l'*OEdipe* et les *Horaces* de Corneille, en sont la preuve.

Si cependant il est permis de faire entre eux quelque comparaison, et de les marquer l'un et l'autre par ce qu'ils ont de plus propre, et par ce qui éclate le plus ordinairement dans leurs ouvrages, peut-être qu'on pourrait parler ainsi : Corneille nous assujétit à ses caractères et à ses idées ; Racine se conforme aux nôtres. Celui-là peint les hommes tels qu'ils devraient être; celui-ci les peint tels qu'ils sont. Il y a plus dans le premier de ce que l'on admire, et de ce que l'on doit même imiter ; il y a plus dans le second de ce que l'on reconnaît dans les autres, ou de ce que l'on éprouve dans soi-même. L'un élève, étonne, maîtrise, instruit ; l'autre plaît, remue, touche, pénètre : ce qu'il y a de plus beau, de plus noble et de plus impérieux dans la raison, est manié par le premier ; et par l'autre, ce qu'il y a de plus flatteur et de plus délicat dans la passion. Ce sont, dans celui-là, des maximes, des règles et des préceptes ; et dans celui-ci du goût et des sentiments. L'on est plus occupé aux pièces de Corneille ; l'on est plus ébranlé et plus attendri à celles de Racine. Corneille est plus moral, Racine plus naturel.

Il semble que l'un imite Sophocle, et que l'autre doit plus à Euripide.

La Bruyère.

Racine et Voltaire.

Tous deux ont possédé ce mérite si rare de l'élégance continue et de l'harmonie, sans lequel, dans une langue formée, il n'y a point d'écrivain ; mais l'élégance de Racine est plus égale, celle de Voltaire est plus brillante. L'une plaît davantage au goût, l'autre à l'imagination.

Dans l'un, le travail, sans se faire sentir, a effacé jusqu'aux imperfections les plus légères ; dans l'autre, la facilité se fait apercevoir à la fois, et dans les beautés et dans les fautes. Le premier a corrigé son style, sans en refroidir l'intérêt ; l'autre y a laissé des taches, sans en obscurcir l'éclat. Ici, les effets tiennent plus souvent à la phrase poétique ; là, ils appartiennent plus à un trait isolé, à un vers saillant.

L'art de Racine consiste plus dans le rapprochement nouveau des expressions ; celui de Voltaire, dans de nouveaux rapports d'idées. L'un ne se permet rien de ce qui peut nuire à la perfection ; l'autre ne se refuse rien de ce qui peut ajouter à l'ornement. Racine, à l'exemple de Despréaux, a étudié tous les effets de l'harmonie, toutes les formes du vers, toutes les manières de le varier. Voltaire, sensible surtout à cet accord si nécessaire entre le rhythme et la pensée, semble regarder le reste comme un mérite subordonné, qu'il rencontre plutôt qu'il ne le cherche. L'un s'attache plus à finir le tissu de son style ; l'autre, à en relever les couleurs. Dans l'un, le dialogue est plus lié, dans l'autre, il est plus rapide.

Dans Racine, il y a plus de justesse ; dans Voltaire, plus de mouvement. Le premier l'emporte pour la profondeur et la vérité ; le second, pour la véhémence et l'énergie. Ici, les beautés sont plus sévères, plus irréprochables ; là, elles sont plus variées, plus séduisantes. On admire dans Racine cette perfection toujours plus étonnante à mesure qu'elle est plus examinée ; on adore dans Voltaire cette magie qui donne de l'attrait même à ses défauts. L'un vous paraît toujours plus grand par la réflexion, l'autre ne laisse pas maître de réfléchir. Il semble que l'un ait mis son amour-propre à défier la critique, et l'autre à la désarmer.

Enfin, si l'on ose hasarder un résultat sur des

objets livrés à jamais à la diversité des opinions, Racine, lu par les connaisseurs, sera regardé comme le poète le plus parfait qui ait écrit : Voltaire, aux yeux des hommes rassemblés au théâtre, sera le génie le plus tragique qui ait régné sur la scène.

La Harpe.

Bossuet orateur.

On a dit que c'était le seul homme vraiment éloquent sous le siècle de Louis XIV. Ce jugement paraîtra sans doute extraordinaire : mais si l'éloquence consiste à s'emparer fortement d'un sujet, à en connaître les ressources, à en mesurer l'étendue, à en enchaîner toutes les parties, à faire succéder avec impétuosité les idées aux idées, et les sentiments aux sentiments, à être poussé par une force irrésistible qui vous entraîne, et à communiquer ce mouvement rapide et involontaire aux autres; si elle consiste à peindre avec des images vives, à agrandir l'âme, à l'étonner, à répandre dans le discours un sentiment qui se mêle à chaque idée et qui donne la vie; si elle consiste à créer des expressions profondes et vastes qui enrichissent les langues, à enchanter l'oreille par une harmonie majestueuse, à n'avoir ni un ton, ni une manière fixe, mais à prendre toujours et le ton et la loi du moment; à marcher quelquefois avec une grandeur imposante et calme, puis tout-à-coup à s'élancer, à s'élever encore, imitant la nature, qui est irrégulière et grande, et qui embellit quelquefois l'ordre de l'univers par le désordre même; si tel est le caractère de la sublime éloquence, qui parmi nous a jamais été aussi éloquent que Bossuet? qui mieux que lui a parlé de la vie, de la mort, de l'éternité, du temps?

Ces idées, par elles-mêmes, inspirent à l'imagination une espèce de terreur qui n'est pas loin du sublime; elles ont quelque chose d'indéfini et de vaste, où l'imagination se perd; elles réveillent dans l'esprit une multitude innombrable d'idées; elles portent l'âme à un recueillement austère qui lui fait mépriser les objets de ses passions comme indignes d'elle, et semble la détacher de l'univers. Bossuet tantôt s'arrête sur ces idées; tantôt, à travers une foule de sentiments qui l'entraînent, il ne fait que prononcer de temps en temps ces mots, et ces mots alors font frissonner, comme les cris interrompus que le voyageur entend quelquefois pendant la nuit, dans le silence des forêts, et qui l'avertissent d'un danger qu'il ne connaît pas.

Bossuet n'a presque jamais de route certaine, où plutôt il la cache. Il va, il vient, il retourne sur lui-même; il a le désordre d'une imagination forte et d'un sentiment profond. Quelquefois il laisse échapper une idée sublime, et qui, séparée, en a plus d'éclat; quelquefois il réunit plusieurs grandes idées, qu'il jette avec la profusion de la magnificence et l'abandon de la richesse. Mais ce qui le distingue le plus, c'est l'ardeur de ses mouvements, c'est son âme qui se mêle à tout. Il semble que, du sommet d'un lieu élevé, il découvre de grands évènements qui se passent sous ses yeux, et qu'il les raconte à des hommes qui sont en bas. Il s'élance, il s'écrie, il s'interrompt ; c'est une scène dramatique qui se passe entre lui et les personnes qu'il voit, et dont il partage ou les dangers ou les malheurs ; quelquefois même le dialogue passionné de l'orateur s'étend jusqu'aux êtres inanimés, qu'il interroge comme complices ou témoins des évènements qui le frappent.

Comme le style n'est que la représentation des mouvements de l'âme, son élocution est rapide et forte. Il crée ses expressions et ses idées. Il force impérieusement la langue à le suivre ; et au lieu de se plier à elle, il la domine et l'entraîne ; elle devient l'esclave de son génie, mais c'est pour acquérir de la grandeur. Lui seul a le secret de sa langue ; elle a je ne sais quoi d'antique et de fier, et d'une nature inculte, mais hardie. Quelquefois il attire même les choses communes à la hauteur de son âme, et les élève par la vigueur de l'expression ; plus souvent il joint une expression familière à une idée grande ; et alors il étonne davantage, parce qu'il semble même au-dessus de la hauteur de ses pensées. Son style est une suite de tableaux : on pourrait peindre ses idées, si la peinture était aussi féconde que son langage ; toutes ses images font des sensations vives et terribles ; il les emprunte des objets les plus grands de la nature, et presque toujours d'objets en mouvement.

Tel est cet orateur célèbre qui, par ses beautés et ses défauts, a le plus grand caractère du génie, et avec lequel tous les orateurs anciens et modernes n'ont rien de commun.

THOMAS. (*Essai sur les Éloges.*)

Bossuet historien.

C'est dans le *Discours sur l'Histoire universelle* que l'on peut admirer l'influence du génie du christianisme sur le génie de l'histoire. Politique comme Thucydide, moral comme Xénophon, éloquent comme Tite-Live, aussi profond et aussi grand peintre que Tacite, l'évêque de Meaux a de plus une parole grave et un tour sublime dont on ne trouve ailleurs aucun exemple, hors dans l'admirable début du livre des *Machabées*.

Bossuet est plus qu'un historien; c'est un Père de l'Église, c'est un prêtre inspiré, qui souvent a le rayon de feu sur le front, comme le législateur des Hébreux. Quelle revue il fait de la terre! il est en mille lieux à la fois : patriarche sous le palmier de Tophel, ministre à la cour de Babylone, prêtre à Memphis, législateur à Sparte, citoyen à Athènes et à Rome, il change de temps et de place à son gré; il passe avec la rapidité et la majesté des siècles. La verge de la loi à la main, avec une autorité incroyable, il chasse pêle-mêle devant lui et Juifs et Gentils au tombeau; il vient enfin lui-même à la suite du convoi de tant de générations, et marchant appuyé sur Isaïe et sur Jérémie, il élève ses lamentations prophétiques à travers la poudre et les débris du genre humain.

CHATEAUBRIAND.

Bossuet et Fénélon.

Bossuet, après sa victoire, passa pour le plus savant et le plus orthodoxe des évêques ; Fénélon, après sa défaite, pour le plus modeste et le plus aimable des hommes. Bossuet continua de se faire admirer à la cour; Fénélon se fit adorer à Cambrai et dans l'Europe.

Peut-être serait-ce ici le lieu de comparer les talents et la réputation de ces deux hommes également célèbres, également immortels. On pourrait dire que tous deux eurent un génie supérieur, mais que l'un avait plus de cette grandeur qui nous élève, de cette force qui nous terrasse ; l'autre, plus de cette douceur qui nous pénètre, et de ce charme qui nous attache. L'un fut l'oracle du dogme, l'autre celui de la morale ; mais il paraît que Bossuet, en faisant des conquêtes pour la foi, en foudroyant l'hérésie, n'était pas moins occupé de ses propres triomphes que de ceux du christianisme; il semble, au contraire, que Fénélon parlait de la vertu comme on parle de ce qu'on aime, en l'embellissant sans le vouloir, et s'oubliant toujours, sans croire même faire un sacrifice.

Leurs travaux furent aussi différents que leurs caractères. Bossuet, né pour les luttes de l'esprit et les victoires du raisonnement, garda, même dans les écrits étrangers à ce genre, cette tournure mâle et nerveuse, cette vigueur de raison, cette rapidité d'idées, ces figures hardies et pressantes qui sont les armes de la parole. Fénélon, fait pour aimer la paix et pour l'inspirer, conserva sa douceur, même dans la dispute, mit de l'onction jusque dans la controverse, et parut avoir rassemblé dans son style tous les secrets de la persuasion.

Les titres de Bossuet dans la postérité sont surtout ses *Oraisons funèbres* et son *Discours sur l'Histoire*. Mais Bossuet, historien et orateur, peut rencontrer des rivaux ; le *Télémaque* est un ouvrage unique, dont nous ne pouvons rien rapprocher. Au livre des *Variations*, aux combats contre les hérétiques, on peut opposer le livre de l'*Existence de Dieu*, et les combats contre l'athéisme, doctrine funeste et destructive, qui dessèche l'âme et l'endurcit, qui tarit une des sources de la sensibilité, et brise le plus grand appui de la morale, arrache au malheur sa consolation, à la vertu son immortalité, glace le cœur du juste, en lui ôtant un témoin et un ami, et ne rend justice qu'au méchant qu'elle anéantit.

LA HARPE. (*Éloge de Fénélon.*)

Bourdaloue.

Ce qui me ravit, ce qu'on ne saurait assez préconiser dans les sermons de l'éloquent Bourdaloue, c'est qu'en exerçant le ministère apostolique, cet orateur plein de génie se fait presque toujours oublier lui-même, pour ne s'occuper que de l'instruction et des intérêts de ses auditeurs ; c'est que dans un genre trop souvent livré à la déclamation, il ne se permet pas une seule phrase inutile à son sujet, n'exagère jamais aucun des devoirs du christianisme, ne change point en préceptes les simples conseils évangéliques; et que sa morale, constamment réglée par la sagesse éclairée de ses principes, peut et doit toujours être réduite en pratique; c'est la fécondité inépuisable de ses plans qui ne se ressemblent jamais, et l'heureux talent de disposer ses raisonnements avec cet ordre savant dont parle Quintilien, lorsqu'il compare l'habileté d'un grand écrivain qui règle la marche de son discours à la tactique d'un général qui range son armée en bataille; c'est cette puissance de dialectique, cette marche didactique et ferme, cette force toujours croissante, cette logique exacte et serrée, disons mieux, cette éloquence continue du raisonnement qui dévoile et combat les sophismes, les contradictions, les paradoxes, et forme de l'ordonnance de ses preuves un corps d'instruction, où tout est également plein, lié, soutenu, assorti, où chaque pensée va au but de l'orateur qui tend toujours, en grand moraliste, au vrai et au solide, plutôt qu'au brillant et au sublime du sujet; c'est cette véhémence accablante et néanmoins pleine d'onction, dans la bouche d'un accusateur qui, en plaidant contre vous, au tribunal de votre conscience, vous force à chaque instant de prononcer en secret le jugement qui vous condamne; c'est la perspicacité avec laquelle il fonde tous nos devoirs sur nos intérêts, et cet art si persuasif qu'on ne voit guère que dans ses sermons, de convertir les détails des mœurs en preuves de la vérité qu'il veut établir; c'est cette abondance de génie qui ne laisse rien à imaginer au lecteur par-delà chacun de ses discours, quoiqu'il en ait composé au moins deux, souvent trois, quelquefois quatre sur la même matière, et qu'on ne sache souvent, après les avoir lus, auquel de ces sermons il faut donner la préférence ; c'est cette sûreté et cette opulence de doctrine qui font de chacune de ses instructions un traité savant et oratoire de la matière dont elles sont l'objet; c'est la simplicité d'un style nerveux et touchant, naturel et noble, lumineux et concis, où rien ne brille que par l'éclat de la pensée, où règne toujours le goût le plus sévère et le plus pur, et où l'on n'aperçoit jamais aucune expression ni emphatique ni rampante ; c'est cette pénétrante sagacité qui creuse, approfondit, féconde, épuise chaque sujet ; c'est cette compréhension vaste et profonde qu'il ne partage qu'avec saint Augustin et Bossuet, pour saisir dans l'Evangile, et y embrasser d'un coup-d'œil, les lois, l'ensemble, l'esprit et tous les rapports de la morale chrétienne; c'est la série de ses tableaux, de ses preuves, de ses mouvements, la connaissance la plus étendue et la plus exacte de la Religion, l'usage imposant qu'il fait de l'Ecriture, l'à-propos des citations non moins frappantes que naturelles qu'il emprunte des Pères de l'Eglise, et dont il tire un parti plus neuf, plus concluant, plus heureux, que n'a jamais fait aucun autre orateur chrétien.

Enfin, je ne puis lire les ouvrages de ce grand homme, sans me dire à moi-même, en y désirant quelquefois, j'oserai l'avouer avec respect, plus d'élan à sa sensibilité, plus d'ardeur à son génie, plus de ce feu sacré qui embrasait l'âme de Bossuet, surtout plus d'éclat et de souplesse à son imagination : voilà donc, si l'on y ajoute ce beau idéal, jusqu'où le génie de la chaire peut s'élever, quand il est fécondé et soutenu par un travail immense.

Le cardinal MAURY. (*Essai sur l'Éloquence.*)

Fléchier.

On a souvent comparé Fléchier avec Bossuet : je ne sais s'ils furent rivaux dans leur siècle, mais aujourd'hui ils ne le sont pas. Fléchier possède bien plus l'art et le mécanisme de l'éloquence, qu'il n'en a le génie. Il ne s'abandonne jamais, il n'a aucun de ces mouvements qui annoncent que l'orateur s'oublie, et prend parti dans ce qu'il raconte. Son défaut est de toujours écrire, et de ne jamais parler. Je le vois qui arrange méthodiquement une phrase et en arrondit les sons. Il marche ensuite à une autre; il y applique le compas; et de là à une troisième. On remarque et l'on sent tous les repos de son imagination; au lieu que les discours de son rival, et peut-être tous les grands ouvrages d'éloquence, sont, ou paraissent du moins, comme ces statues de bronze que l'artiste a fondues d'un seul jet.

Après avoir vu les défauts de cet orateur, rendons justice à ses beautés. Son style, qui n'est jamais impétueux et chaud, est du moins toujours élégant. Au défaut de la force, il a la correction et la grâce. S'il lui manque de ces expressions originales, et dont quelquefois une seule représente une masse d'idées, il a ce coloris toujours égal qui donne de la valeur aux petites choses, et qui ne dépare point les grandes. Il n'étonne presque jamais l'imagination, mais il la fixe. Il emprunte quelquefois de la poésie, comme Bossuet; mais il en emprunte plus d'images, et Bossuet plus de mouvements. Ses idées ont rarement de la hauteur, mais elles sont toujours justes, et quelquefois ont cette finesse qui réveille l'esprit, et l'exerce sans le fatiguer. Il paraît avoir une connaissance profonde des hommes; partout il les juge en philosophe, et les peint en orateur. Enfin, il a le mérite de la double harmonie, soit de celle qui, par le mélange et l'heureux enchaînement des mots, n'est destinée qu'à flatter ou à séduire l'oreille, soit de celle qui saisit l'analogie des membres avec le caractère des idées, et qui, par la douceur ou la force, la lenteur ou la rapidité des sons, peint à l'oreille en même temps que l'image peint à l'esprit.

En général, l'éloquence de Fléchier paraît être formée de l'harmonie et de l'art d'Isocrate, de la tournure ingénieuse de Pline, de la brillante imagination d'un poète, et d'une certaine lenteur imposante qui ne messied peut-être pas à la gravité de la chaire, et qui était assortie à l'organe de l'orateur.

THOMAS.

Massillon.

Il excelle dans la partie de l'orateur, qui seule peut tenir lieu de toutes les autres, dans cette éloquence qui va droit à l'âme, mais qui l'agite sans la renverser, qui la consterne sans la flétrir, et qui la pénètre sans la déchirer. Il va chercher au fond du cœur ces replis cachés où les passions s'enveloppent, ces sophismes secrets dont elles savent si bien s'aider pour nous aveugler et nous séduire. Pour combattre et détruire ces sophismes, il lui suffit presque de les développer avec une onction si affectueuse et si tendre, qu'il subjugue moins qu'il n'entraîne, et qu'en nous offrant même la peinture de nos vices, il sait encore nous attacher et nous plaire.

Sa diction, toujours facile, élégante et pure, est partout de cette simplicité noble, sans laquelle il n'y a ni bon goût, ni véritable éloquence ; simplicité qui, réunie dans Massillon à l'harmonie la plus séduisante et la plus douce, en emprunte encore des grâces nouvelles ; et, ce qui met le comble au charme que fait éprouver ce style enchanteur, on sent que tant de beautés ont coulé de source, et n'ont rien coûté à celui qui les a produites. Il lui échappe même quelquefois, soit dans les expressions, soit dans les tours, soit dans la mélodie si touchante de son style, des négligences qu'on peut appeler heureuses, parce qu'elles achèvent de faire disparaître, non-seulement l'empreinte, mais jusqu'au soupçon du travail. C'est par cet abandon de lui-même que Massillon se faisait autant d'amis que d'auditeurs ; il savait que plus un orateur paraît occupé d'enlever l'admiration, moins ceux qui l'écoutent sont disposés à l'accorder, et que cette ambition est l'écueil de tant de prédicateurs qui, chargés, si on peut s'exprimer ainsi, des intérêts de Dieu même, veulent y mêler les intérêts si minces de leur vanité.

D'ALEMBERT. (*Éloge de Massillon.*)

Molière et La Fontaine.

Molière, dans chacune de ses pièces, ramenant la peinture des mœurs à un objet philosophique, donne à la comédie la moralité de l'apologue. La Fontaine, transportant dans ses fables la peinture des mœurs, donne à l'apologue une des grandes beautés de la comédie, les caractères. Doués tous les deux au plus haut degré du génie d'observation, génie dirigé dans l'un par une raison supérieure, guidé dans l'autre par un instinct non moins précieux, ils descendent dans le plus profond de nos travers et de nos faiblesses; mais chacun, selon la double différence de son genre et de son caractère, les exprime différemment.

Le pinceau de Molière doit être plus énergique et plus ferme, celui de La Fontaine plus délicat et plus fin. L'un rend les grands traits avec une force qui le montre comme supérieur aux nuances; l'autre saisit les nuances avec une sagacité qui suppose la science des grands traits. Le poète comique semble s'être plus attaché aux ridicules, et a peint quelquefois les formes passagères de la société. Le fabuliste semble s'adresser davantage aux vices, et a peint une nature encore plus générale. Le premier me fait plus rire de mon voisin, le second me ramène plus à moi-même. Celui-ci me venge davantage des sottises d'autrui ; celui-là me fait mieux songer aux miennes. L'un semble avoir vu les ridicules comme un défaut de bienséance choquant pour la société ; l'autre avoir vu les vices comme un défaut de raison fâcheux pour nous-mêmes. Après la lecture du premier, je crains l'opinion publique ; après la lecture du second, je crains ma conscience.

Enfin, l'homme corrigé par Molière, cessant d'être ridicule, pourrait devenir vicieux ; corrigé par La Fontaine, il ne serait plus ni vicieux, ni ridicule : il serait raisonnable et bon, et nous nous trouverions vertueux, comme La Fontaine était philosophe sans s'en douter.

CHAMFORT. (*Éloge de La Fontaine*.)

Châteaubriand et Lamartine.

Tous les deux ils ont parlé à l'âme des peuples un langage de vertu ; tous les deux ils ont réveillé, à peu de distance l'un de l'autre, le sens moral assoupi parmi nous. Quel enchantement ce fut pour notre époque, quand, au milieu de tant d'insupportables décadences ou de plus insupportables innovations, elle se sentit si délicieusement étonnée par les *Martyrs* et les *Méditations poétiques !* C'est une si grande consolation de voir un peuple qui ne croit plus à rien, croire encore à ses poëtes ! La poésie, dernière religion des peuples qui n'en ont plus !

A cette ressemblance morale qui unit si intimément nos deux grands écrivains, il faut ajouter une autre ressemblance qui n'échappera à personne. Tous les deux ils ont foi à la royauté comme ils ont foi à l'Evangile. Pour eux le malheur est une religion consacrée à deux fois; pour eux un trône détruit est, comme un autel renversé, une chose digne de respect et de larmes, comme si elle était debout! Le chrétien s'assied sur les débris de cet autel, et il prie. Il s'agenouille au trône renversé, par cela même qu'il est renversé, et il se souvient. Alors, à force de débris et de ruines, il se trouve que le poète devient homme d'état. Lui seul possède l'intelligence de ces désastres au-delà des désastres vulgaires....

Lamartine, c'est le poète des belles âmes, des nobles cœurs, des chastes passions, poète mélancolique et tendre, passionné et religieux! il a eu des chants pour toutes nos joies, pour toutes nos tristesses, des consolations pour tous nos chagrins, des encouragements pour toutes nos espérances. Lamartine a été pour nous, peuple découragé, un poète d'avenir; il a trouvé une langue toute nouvelle, quand nous avions épuisé tous les langages, même le barbarisme. Il nous a prouvé à nous-mêmes, à nous malheureux qui en doutions, qu'on pouvait aimer, qu'on pouvait prier, qu'on pouvait souffrir encore. Lamartine a eu, avant nous et pour nous, toutes les croyances abolies, croyance à l'autel, croyance au trône, croyance à la postérité, croyance à un monde meilleur! Grâce à lui aussi, nous avons cru au génie. Quel poète! fécond, inépuisable, mélancolique, italien, français, chrétien, terrible, parlant à lord Byron face à face. Les *pre-*

mières *Méditations poétiques* ont fait une révolution dans le monde moral, révolution salutaire et morale cette fois. Une véritable contre-révolution à l'horrible poésie de *Werther* et de toute l'école allemande! révolution bienfaisante qui nous a quelque peu retrempés et rafraîchis dans une vertu que nous n'avons plus, l'espérance! Heureuse et bienfaisante poésie! elle a été pour nous l'oasis du désert, l'ombre et la source auprès desquelles on se repose au milieu des sables brûlants.

Depuis les *premières Méditations*, cette poésie a pris toutes les faces : elle s'est élevée d'une coudée aux *secondes Méditations*, ce chef-d'œuvre d'un style plus arrêté et plus correct, sans avoir rien perdu de sa souplesse et de son charme; après quoi sont venues les *Harmonies*; les *Harmonies*, ce beau rêve d'un grand génie qui se repose, qui est poète à ses heures, aux plus belles heures; qui va, qui vient, qui chante, qui prie, mais comme on prie quand on est dans le Ciel.....

A son premier pas, M. de Lamartine fut populaire; il répandit une grande lumière. Aujourd'hui M. de Lamartine est au pouvoir; c'est une de ces forces morales qui nous sont restées quand toutes les autres forces se sont perdues.

Jules JANIN.

II.

PORTRAITS HISTORIQUES.

Les Grecs, les Romains.

Quoiqu'en dise un des plus judicieux écrivains de l'antiquité qui cherche à diminuer la gloire des Grecs, leur histoire ne tire point son principal lustre du génie et de l'art des grands hommes qui l'ont écrite. Peut-on jeter les yeux sur tout le corps de la nation grecque, et ne pas avouer qu'elle s'élève souvent au-dessus des forces de l'humanité? On voit quelquefois tout un peuple être magnanime comme Thémistocle et juste comme Aristide. Salluste nierait-il que Marathon, les Thermopyles, Salamine, Platée, Mycale, la retraite des Dix-Mille, et tant d'autres exploits exécutés dans le sein même de la Grèce pendant le cours de ses guerres domestiques, ne soient au-dessus des louanges que leur ont données les historiens? Les Romains n'ont vaincu les Grecs que par les Grecs mêmes. Mais quelle aurait été la fortune de ces conquérants, si, au lieu de porter la guerre dans la Grèce corrompue par mille vices, et affaiblie par ses haines et ses divisions intestines, ils y avaient trouvé ces capitaines, ces soldats, ces magistrats, ces citoyens qui avaient triomphé des armes de Xerxès? Le courage aurait été alors opposé au courage, la discipline à la discipline, la tempérance à la tempérance, les lumières aux lumières, l'amour de la liberté, de la patrie et de la gloire, à l'amour de la liberté, de la patrie et de la gloire.

Un éloge particulier que mérite la Grèce, c'est d'avoir produit les plus grands hommes dont l'histoire doive conserver le souvenir. Je n'en excepte pas la république romaine, dont le gouvernement était toutefois si propre à échauffer les esprits, à exciter les talents, et à les produire dans tout leur jour.

Qu'opposera-t-elle à un Lycurgue, à un Thémistocle, à un Cimon, à un Epaminondas, etc., etc.? On peut dire que la grandeur des Romains est l'ouvrage de toute la république. Aucun citoyen de Rome ne s'élève au-dessus de son siècle et de la sagesse de l'Etat, pour prendre un nouvel essor et lui donner une face nouvelle. Chaque romain n'est sage, n'est grand, que par la sagesse et le courage du gouvernement; il suit la route tracée, et le plus grand homme ne fait qu'y avancer de quelques pas plus que les autres. Dans la Grèce, au contraire, je vois souvent de ces génies vastes, puissants et créateurs, qui résistent au torrent de l'habitude, qui se prêtent à tous les besoins différents de l'état, qui s'ouvrent un chemin nouveau, et qui, en se portant dans l'avenir, se rendent les maîtres des évènements. La Grèce n'a éprouvé aucun malheur qui n'ait été prévu longtemps d'avance par quelqu'un de ses magistrats; et plusieurs citoyens ont retiré leur patrie du mépris où elle était tombée, et l'ont fait paraître avec le plus grand éclat. Quel est, au contraire, le Romain qui ait dit à sa république que ses conquêtes devaient la mener à sa ruine? Quand le gouvernement se déformait, quand on abandonnait aux proconsuls une autorité qui devait les affranchir du joug des lois, quel Romain a prédit que la république serait vaincue par ses propres armées? Quand Rome chancelait dans sa décadence, quel citoyen est venu à son secours, et a opposé sa sagesse à la fatalité qui semblait l'entraîner?

Dès que les Romains cessèrent d'être libres, ils devinrent les plus lâches des esclaves. Les Grecs, asservis par Philippe et Alexandre, ne désespérèrent pas de recouvrer leur liberté : ils surent en effet se rendre indépendants sous les successeurs de ces princes. S'il s'éleva mille tyrans dans la Grèce, il s'y éleva aussi mille Thrasybule.

Ecrasée enfin sous le poids de ses propres divisions et de la puissance romaine, la Grèce conserva une sorte d'empire, mais bien honorable, sur ses vainqueurs. Ses lumières et son goût pour les lettres, la philosophie et les arts, la vengèrent, pour ainsi dire, de sa défaite, et soumirent à leur tour l'orgueil des Romains. Les vainqueurs devinrent les disciples des vaincus, et apprirent une langue que les Homère, les Pindare, les Thucydide, les Xénophon, les Démosthène, les Platon, les Euripide, etc., avaient embellie de toutes les grâces de leur esprit. Des orateurs qui charmaient déjà Rome allèrent puiser chez les Grecs ce goût fin et délicat, peut-être le plus rare des talents, et ces secrets de l'art qui donnent au génie une nouvelle force ; ils allèrent, en un mot, se former au talent enchanteur de tout embellir. Dans les écoles de philosophie, où les Romains les plus distingués se dépouillaient de leurs préjugés, ils apprenaient à respecter les Grecs ; ils rapportaient dans leur patrie leur reconnaissance et leur admiration, et Rome rendait son joug plus léger ; elle craignait d'abuser des droits de la victoire, et par ses bienfaits distinguait la Grèce des autres provinces qu'elle avait soumises. Quelle gloire pour les lettres d'avoir épargné au pays qui les a cultivées des maux dont ses législateurs, ses magistrats et ses capitaines n'avaient pu le garantir ! Elles sont vengées du mépris que leur témoigne l'ignorance, et sûres d'être respectées, quand il se trouvera d'aussi justes appréciateurs du mérite que les Romains.

MABLY.

Les Carthaginois et les Romains.

Carthage, devenue riche plus tôt que Rome, avait aussi été plus tôt corrompue : ainsi, pendant qu'à Rome les emplois publics ne s'obtenaient que par la vertu, et ne donnaient d'utilité que l'honneur et une préférence aux fatigues, tout ce que le public peut donner aux particuliers se vendait à Carthage, et tout service rendu par les particuliers y était payé par le public...

Des anciennes mœurs, un certain usage de la pauvreté, rendaient à Rome les fortunes à peu près égales ; mais à Carthage, des particuliers avaient les richesses des rois.

De deux factions qui régnaient à Carthage, l'une

voulait toujours la paix, et l'autre toujours la guerre, de façon qu'il était impossible d'y jouir de l'une, ni d'y bien faire l'autre.

Pendant qu'à Rome la guerre réunissait d'abord tous les intérêts, elle les séparait encore plus à Carthage.

Dans les États gouvernés par un prince, les divisions s'apaisent aisément, parce qu'il a dans ses mains une puissance coërcitive qui ramène les deux partis; mais dans une république, elles sont plus durables, parce que le mal attaque ordinairement la puissance qui pourrait le guérir.

A Rome, gouvernée par les lois, le peuple souffrait que le sénat eût la direction des affaires ; à Carthage, gouvernée par des abus, le peuple voulait tout faire par lui-même.

Carthage, qui faisait la guerre avec son opulence contre la pauvreté romaine, avait par cela même du désavantage : l'or et l'argent s'épuisent; mais la vertu, la constance, la force et la pauvreté ne s'épuisent jamais.

Les Romains étaient ambitieux par orgueil, et les Carthaginois par avarice : les uns voulaient commander, les autres voulaient acquérir ; et ces derniers, calculant sans cesse la recette et la dépense, firent toujours la guerre sans l'aimer.

Des batailles perdues, la diminution du peuple, l'affaiblissement du commerce, l'épuisement du trésor public, le soulèvement des nations voisines, pouvaient faire accepter à Carthage les conditions de paix les plus dures; mais Rome ne se conduisait point par le sentiment des biens et des maux : elle ne se déterminait que par sa gloire, et comme elle n'imaginait point qu'elle pût être si elle ne commandait pas, il n'y avait point d'espérance ni de crainte qui pût l'obliger à faire une paix qu'elle n'aurait point imposée.

MONTESQUIEU. (*Grandeur et Décadence des Romains.*)

Alexandre.

Alexandre fit une grande conquête. Les mesures qu'il prit furent justes. Il ne partit qu'après avoir achevé d'accabler les Grecs, il ne laissa rien derrière lui contre lui. Il attaqua les provinces maritimes, et fit suivre à son armée de terre les côtes de la mer, pour n'être point séparé de sa flotte. Il se servit admirablement bien de la discipline contre le nombre; et s'il est vrai que la victoire lui donna tout, il fit aussi tout pour se procurer la victoire. Dans le commencement de son entreprise, c'est-à-dire dans un temps où un échec pouvait le renverser, il mit peu de chose au hasard; quand la fortune le mit au-dessus des évènements, la témérité fut quelquefois un de ses moyens. Lorsqu'il s'agit de combattre les forces maritimes des Perses, c'est plutôt Parménion qui a de l'audace, c'est plutôt Alexandre qui a de la sagesse. La bataille d'Issus lui donna Tyr et l'Egypte, la bataille d'Arbelles lui donna toute la terre. Voilà comme il fit ses conquêtes; il faut voir comment il les conserva.

Il résista à ceux qui voulaient qu'il traitât les Grecs comme maîtres, et les Perses comme esclaves. Il ne songea qu'à unir les deux nations, et à faire perdre les distinctions du peuple conquérant et du peuple vaincu. Il abandonna après la conquête tous les préjugés qui lui avaient servi à la faire. Il prit les mœurs des Perses, pour ne point désoler les Perses en leur faisant prendre les mœurs des Grecs. Il respecta les traditions anciennes, et tous les monuments de la gloire et de la vanité des peuples. Il semblait qu'il n'eût conquis que pour être le monarque particulier de chaque nation et le premier citoyen de chaque ville. Les Romains conquirent tout pour tout détruire; il voulut tout conquérir pour tout conserver. Sa main se fermait pour les dépenses privées; elle s'ouvrait pour des dépenses publiques. Fallait-il régler sa maison, c'était un Macédonien. Fallait-il payer les dettes des soldats, faire part de sa conquête aux Grecs, faire la fortune de chaque homme de son armée, il était Alexandre.

Alexandre mourut, et toutes les nations furent sans maître. Mais qu'est-ce que ce conquérant qui est plaint de tous les peuples qu'il a soumis? Qu'est-ce que cet usurpateur, sur la mort duquel la famille qu'il a renversée du trône verse des larmes?

Montesquieu.

Charlemagne.

Charlemagne mit un tel tempérament dans les ordres de l'état, qu'ils furent contre-balancés, et qu'il resta le maître. Tout fut uni par la force de son génie. L'empire se maintint par la grandeur du chef; le prince était grand, l'homme l'était davantage. Il fit d'admirables règlements; il fit plus, il les fit exécuter. On voit, dans les lois de ce prince, un esprit de prévoyance qui comprend tout, et une certaine force qui entraîne tout : les prétextes pour éluder les devoirs sont ôtés, les négligences corrigées, les abus réformés ou prévenus; il savait punir, il savait encore mieux pardonner. Vaste dans ses desseins, simple dans l'exécution, personne n'eut à un plus haut degré l'art de faire les plus grandes choses avec facilité, et les difficiles avec promptitude.

Il parcourait sans cesse son vaste empire, portant la main partout où il allait tomber. Les affaires renaissaient de toutes parts, il les finissait de toutes parts. Il se joua de tous les périls, et particulièrement de ceux qu'éprouvent presque toujours les grands conquérants, c'est-à-dire des conspirations.

Ce prince prodigieux était extrêmement modéré; son caractère était doux, ses manières simples; il aimait à vivre avec les gens de sa cour. Il fut peut-être trop sensible au plaisir des femmes; mais un prince qui gouverna toujours par lui-même, et qui passa sa vie dans les travaux, peut mériter plus d'excuses.

On ne dira plus qu'un mot : il ordonnait qu'on vendît les œufs des basses-cours de ses domaines, et les herbes inutiles de ses jardins; et il avait distribué à ses peuples toutes les richesses des Lombards, et les immenses trésors de ces Huns qui avaient dépouillé l'univers.

Le Même.

Charlemagne et Napoléon.

EXTRAITS.

Dix siècles ont séparé Charlemagne de Napoléon, et cependant ces deux grandes figures de l'histoire, mises en parallèle, offrent des rapports remarquables dans le génie et dans le caractère, et des rapprochements singuliers d'époques, de faits et d'évènements.

Charlemagne parvient au trône l'an 768; l'an 1768 voit naître Napoléon.

Charlemagne rétablit l'empire d'Occident au commencement du neuvième siècle; au commencement du dix-neuvième, le même empire est rétabli par Napoléon.

Napoléon prend, comme Charlemagne, le titre d'empereur des Français, et non celui d'empereur de France.

Les deux empereurs sont les premiers capitaines de leur siècle : ils portent leurs étendards dans les murs de Vienne, dans les capitales de la Germanie, de l'Espagne et de l'Italie.

On les voit créer des armées comme par enchantement; les faire voler, combattre et vaincre, avec une égale rapidité, dans tous les lieux, et au moment où il en est besoin. L'activité des deux chefs est la même : elle tient du prodige, et quand on croit qu'ils projettent, souvent ils ont exécuté.

Le premier défait les Turcs dans la Pannonie; le second les chasse de l'Égypte.

La guerre de l'un contre les Saxons, la guerre de l'autre contre les Anglais, sont une querelle interminable qui remplit les deux règnes.

Pepin, fils de Charlemagne, est fait par son père roi d'Italie : le fils de Napoléon reçoit dans son berceau le titre de roi de Rome.

Le fils de Napoléon est son seul héritier, quand il naît en 1811, et c'est en 811 que Louis devient seul héritier de Charlemagne.

Charlemagne et Napoléon n'ayant point d'enfants de leur première femme, divorcent pour se donner des successeurs.

Charlemagne et Napoléon, sacrés par deux pontifes souverains, se font souverains des terres pontificales. Léon III se reconnaît vassal de Charlemagne : il lui envoie à Aix-la-Chapelle les clés de la basilique de Saint-Pierre et la bannière de Rome. Les deux empereurs battent monnaie dans la vieille métropole de l'univers : Napoléon y établit un gouverneur, et fait, des États de l'Église, deux départements de son empire.

Ces deux souverains sont aussi les plus grands législateurs que montre l'histoire moderne.

Les codes immortels de Napoléon rendus, par le progrès de dix siècles, plus parfaits que les capitulaires, ne sont pas plus célèbres.

Les principaux capitulaires sont rédigés l'an 804 ; le code civil est décrété l'an 1804.

Charlemagne est seul son ministre : Napoléon dirige seul son conseil. L'un et l'autre conçoivent et exécutent eux-mêmes.

Ils admettent dans leur conseil des savants, des

poètes, des littérateurs. Ils savent écouter, approuver et contredire. Ils discutent, ils éclairent les délibérations. Ils font entrer leur raison et leurs lumières dans les actes du gouvernement.

Ils se plaisent à rendre des décrets dans les villes dont la victoire leur a ouvert les portes. L'un les date de Worms, de Paderborn; l'autre de Berlin et de Moscou.

L'un et l'autre inclinent vers le despotisme en s'éloignant également de la liberté et de la tyrannie.

Un ordre intelligent règne dans leurs finances. Ils examinent sévèrement eux-mêmes les recettes, les dépenses et les comptes de leur trésor. L'entretien de nombreuses armées, la construction des palais, l'érection des monuments publics, la fondation d'Aix-la-Chapelle et de Napoléonville, les charges de la guerre, le luxe des arts et des fêtes de la paix, tout marche de concert, tout est réglé largement, avec magnificence, mais dans un système si admirable que, jusque dans le faste, l'économie règne sans se montrer jamais.

Un capitulaire de Charlemagne interdit la mendicité vagabonde; des décrets de Napoléon établissent les dépôts de mendicité.

Boulogne devient, sous Charlemagne, un établissement maritime, où se réunissent les bâtiments de guerre destinés à repousser de nos côtes les Danois et les Normands; Napoléon rassemble à Boulogne, contre les Anglais, dominateurs des mers, une flotille immense et une grande armée.

Charlemagne fait construire un phare à Boulogne; l'armée française y élève une colonne à Napoléon.

La première pensée de l'université appartient à Charlemagne ; Napoléon fonde une seule université dans son empire.

L'un nomme un grand-maître des études ; l'autre un grand-maître de l'université.

L'un fonde la première académie connue, la loge dans son palais, et s'assied au nombre de ses membres ; l'autre réorganise l'institut national, lui donne un palais, entre lui-même dans la classe des sciences mathématiques et mêle son nom à ceux des académiciens.

Les deux héros cultivent l'art d'écrire. Charlemagne compose une grammaire tudesque, dont Trithême a recueilli des fragments, et quelques poésies latines font connaître quels étaient les loisirs de l'auteur des capitulaires. Plusieurs écrivains lui attribuent la vieille chanson nationale de Roland. Les discours de Napoléon, ses bulletins de la grande armée, ses proclamations, ses notes politiques dans le Moniteur, portent l'empreinte remarquable de son génie et de son caractère, et les mémoires qu'il a dictés à Sainte-Hélène sont le testament de sa gloire pour la postérité.

C'est en Espagne que Charlemagne et Napoléon ont trouvé leurs premiers revers.

L'histoire a flétri également le meurtre du duc de Frioul et celui du duc d'Enghien : c'était au moins deux crimes inutiles.

L'histoire reproche à Charlemagne de n'avoir rien consolidé ; la même censure atteindra Napoléon.

L'un et l'autre commençant deux nouvelles dynasties, se virent ou se crurent dans la nécessité de frapper sans cesse la terre de crainte et d'admiration. L'un et l'autre pensèrent ne pouvoir garder leur couronne que par la guerre, ne pouvoir consolider leur trône qu'en l'agrandissant toujours : politique douteuse qui avait peut-être ses nécessités, mais aussi ses dangers.

Charlemagne mourut l'an 814; Napoléon abdiqua l'an 1814.

Charlemagne ne vit pas s'achever la quatorzième année de son empire; Napoléon tomba dans la quatorzième année de son élévation au consulat.

Les deux héros reçurent et méritèrent le surnom de Grand. Ils furent grands toujours, même dans leurs fautes.

Aucune vie célèbre n'est sans quelques taches. On en trouve dans celle de Charlemagne et dans celle de Napoléon. La guerre des Saxons dépose contre l'un : la guerre d'Espagne s'élève contre l'autre. Le bonheur et les droits des peuples sont trop oubliés dans les calculs de leur ambition et dans l'intelligence de leur gloire. Des deux côtés sont des faits accusateurs. Mais ce qu'il y eut d'égarement dans leur puissance semble disparaître dans les grandes pages de l'histoire, et s'effacer dans l'éclat immortel dont Charlemagne brille depuis dix siècles, et dont, comme lui, doit briller Napoléon dans la postérité.

Le temps pardonne au génie ses erreurs et lui laisse sa gloire.

M.-G. VILLENAVE.

Saint Louis.

Enfant de saint Louis, imitez votre père; soyez comme lui doux, humain, accessible, affable, compatissant et libéral. Que votre grandeur ne vous empêche jamais de descendre avec bonté jusqu'aux plus petits, pour vous mettre à leur place; et que cette bonté n'affaiblisse jamais ni votre autorité ni leur respect. Etudiez sans cesse les hommes; apprenez à vous en servir sans être lié à eux. Allez chercher le mérite jusqu'au bout du monde; d'ordinaire, il demeure modeste et reculé. La vertu ne perce point la foule; elle n'a ni avidité ni empressement; elle se laisse oublier. Ne vous laissez point obséder par des esprits flatteurs et insinuants : faites sentir que vous n'aimez ni les louanges ni les bassesses. Ne montrez de la confiance qu'à ceux qui ont le courage de contredire avec respect, et qui aiment mieux votre réputation que votre faveur. Il est temps que vous montriez au monde une maturité et une vigueur d'esprit proportionnées au besoin présent. Saint Louis à votre âge était déjà les délices des bons et la terreur des méchants. Laissez donc tous les amusements de l'âge passé : faites voir que vous pensez et que vous sentez ce qu'un prince doit penser et sentir. Il faut que les bons vous aiment, que les méchants vous craignent, et que tous vous estiment. Hâtez-vous de vous corriger pour travailler utilement à corriger les autres. La piété n'a rien de faible, ni de triste, ni de gêné; elle élargit le cœur, elle est simple et aimable, elle se fait sentir à tous pour les gagner tous. Le royaume de Dieu ne consiste pas dans une scrupuleuse observation des petites formalités; il consiste pour chacun dans les vertus propres de son état. Un grand prince ne doit point servir Dieu de la même façon qu'un solitaire ou qu'un simple particulier. Saint Louis s'est sanctifié en GRAND ROI. Il était intrépide à la guerre, décisif dans les conseils, supérieur aux autres par la noblesse de ses sentiments; sans hauteur, sans présomption, sans dureté. Il suivait en tout les véritables intérêts de sa nation, dont il était autant le père que le roi. Il voyait tout de ses propres yeux dans les affaires principales. Il était appliqué, modéré, droit et ferme dans les négociations; en sorte que les étrangers ne se fièrent pas moins à lui que ses propres sujets. Jamais prince ne fut plus sage pour policer ses peuples, et pour les rendre tout ensemble bons et heureux. Il aimait avec confiance et tendresse tous ceux qu'il devait aimer; mais il était ferme pour corriger ceux qu'il aimait le plus. Il était noble et magnifique selon les mœurs de son temps, mais sans faste et sans luxe. Sa dépense, qui était grande, se faisait avec tant d'ordre qu'elle ne l'empêchait pas de dégager tout son domaine. Soyez héritier de ses vertus avant de l'être de sa couronne. Invoquez-le avec confiance dans vos besoins; souvenez-vous que son sang coule dans vos veines, et que l'esprit de foi qui l'a sanctifié doit être la vie de votre cœur. Il vous regarde du haut du ciel où il prie pour vous, et où il veut que vous régniez un jour avec lui.

Conserva, fili mi, præcepta patris tui.

FÉNÉLON.

Cromwell.

Olivier Cromwell est du nombre de ces personnages de l'histoire qui sont tout ensemble très-célèbres et très-connus. La plupart de ses biographes, et dans le nombre il en est qui sont historiens, ont laissé incomplète cette grande figure. Il semble qu'ils n'aient pas osé réunir tous les traits de ce bizarre et colossal prototype de la réforme religieuse, de la révolution politique d'Angleterre. Presque tous se sont bornés à reproduire sur des dimensions plus étendues le simple et sinistre profil qu'en a tracé Bossuet, de son point de vue monarchique et catholique, de sa chaire d'évêque appuyée au trône de Louis XIV.

Comme tout le monde, l'auteur de ce livre (le drame de Cromwel) s'en tenait là. Le nom d'Olivier Cromwell ne réveillait en lui que l'idée sommaire d'un fanatique régicide, grand capitaine. C'est en furetant la chronique, ce qu'il fait avec amour, c'est en fouillant au hasard les mémoires anglais du dix-septième siècle, qu'il fut frappé de voir se dérouler devant lui un Cromwell tout nouveau. Ce n'était plus seulement le Cromwell militaire, le Cromwell politique de Bossuet; c'est un être complexe, hétérogène, multiple, composé de tous les contraires, mêlé de beaucoup de mal et de beaucoup de bien, plein de génie et de petitesse; une sorte de Tibère-Dandin, tyran de l'Europe et jouet de sa famille; vieux régicide, humiliant les ambassadeurs de tous les rois, torturé par sa jeune fille royaliste; austère et sombre dans ses mœurs et entretenant quatre fous de cour autour de lui; faisant de méchants vers; sobre, simple, frugal et guindé sur l'étiquette, soldat grossier et politique délié, rompu aux arguties théologiques et s'y plaisant; orateur lourd, diffus, obscur, mais habile à parler le langage de tous ceux qu'il voulait séduire; hypocrite et fanatique; visionnaire dominé par des fantômes de son enfance; croyant aux astrologues et les proscrivant; défiant à l'excès, toujours menaçant, rarement sanguinaire; rigide observateur des prescriptions puritaines, perdant gravement plusieurs heures par jour à des bouffonneries, brusque et dédaigneux avec ses familiers, caressant avec les sectaires qu'il redoutait; trompant ses remords avec des subtilités, rusant avec sa conscience; intarissable en adresse, en piéges, en ressources; maîtrisant son imagination par son intelligence; grotesque et sublime; enfin un de ces hommes *carrés par la base*, comme les appelait Napoléon, le chef et le type de tous ces hommes complets, dans sa langue exacte comme l'algèbre, colorée comme la poésie.

Victor Hugo.

Saint Vincent de Paul.

A la tête de ces protecteurs de l'humanité souffrante, je vois un homme qui a reçu du ciel le don de l'élocution et la sensibilité la plus profonde, éloquent à force d'âme et de vertu, fécond en pensées du cœur, et par-là même également sublime et populaire dans ses discours, doué du plus rare courage d'esprit, de la conception des grandes entreprises et de la patience des plus petits détails, d'une imagination hardie et d'un jugement sage, d'une prudence consommée pour discerner l'à-propos des moments opportuns, saisir le point de maturité des projets utiles, et s'attacher aux établissements durables; enfin d'un zèle ardent et inébranlable, d'un attrait de persuasion qui rallie toutes les opinions à ses sentiments, et du talent plus heureux encore et plus rare, d'embraser les cœurs du feu divin, dont il est consumé lui-même. Cet homme anime tout, propose les bonnes œuvres, discute les moyens, indique les ressources, écarte les obstacles, correspond à la fois avec le gouvernement, avec les riches, avec les malheureux. Son regard embrasse toutes les provinces; il veille sans cesse pour la patrie, il est présent à toutes les calamités; il atteint tous les malheurs par sa bienfaisance; il transporte tous ses auditeurs au milieu des désastres publics; il les entraîne dans ce tourbillon de charité qui l'environne, les pénètre de terreur, les fait fondre en larmes, les oppresse de sanglots, leur ôte leur âme pour leur donner la sienne, et cet homme de la Providence est Vincent de Paul, qui, du milieu de son assemblée de charité, semble dire, comme le Fils de Dieu, d'une voix qui est entendue jusqu'aux extrémités du royaume : *Venez à moi, ô vous qui souffrez, et je vous soulagerai.*

Le cardinal MAURY.

Turenne et Condé.

Ç'a été, dans notre siècle, un grand spectacle de voir, dans les mêmes temps et dans les mêmes campagnes, ces deux hommes que la voix commune de toute l'Europe égalait aux plus grands capitaines des siècles passés; tantôt à la tête de corps séparés, tantôt unis, plus encore par le concours des mêmes pensées que par les ordres que l'inférieur recevait de l'autre; tantôt opposés front à front, et redoublant, l'un dans l'autre, l'activité et la vigilance, comme si Dieu, dont souvent, selon l'Écriture, la sagesse se joue dans l'univers, eût voulu nous les montrer en toutes les formes, et nous montrer ensemble tout ce qu'il peut faire des hommes. Que de campements, que de belles marches, que de hardiesse, que de précautions, que de périls, que de ressources! Vit-on jamais en deux hommes les mêmes vertus, avec des caractères si divers, pour ne pas dire si contraires?

L'un paraît agir par des réflexions profondes, et l'autre par de soudaines illuminations : celui-ci par conséquent plus vif, mais sans que son feu eût rien de précipité; celui-là d'un air froid, sans jamais rien avoir de lent, plus hardi à faire qu'à parler, résolu et déterminé au dedans, lors même qu'il paraissait embarrassé au dehors. L'un, dès qu'il paraît dans les armées, donne une haute idée de sa valeur, et fait attendre quelque chose d'extraordinaire, mais toutefois s'avance par ordre, et vient comme par degrés aux prodiges qui ont fini le cours de sa vie ; l'autre, comme un homme inspiré, dès sa première bataille, s'égale aux maîtres les plus consommés. L'un, par de vifs et continuels efforts, emporte l'admiration du genre humain, et fait taire l'envie ; l'autre jette d'abord une si vive lumière, qu'elle n'osait l'attaquer. L'un enfin, par la profondeur de son génie et les incroyables ressources de son courage, s'élève au-dessus des plus grands périls, et sait même profiter de toutes les infidélités de la fortune ; l'autre, et par l'avantage d'une si haute naissance, et par ces grandes pensées que le ciel envoie, et par une espèce d'instinct admirable dont les hommes ne connaissent pas le secret, semble né pour entraîner la fortune dans ses desseins et forcer les destinées.

Et, afin que l'on vît toujours dans ces deux hommes de grands caractères, mais divers, l'un, emporté d'un coup soudain, meurt pour son pays, comme un Judas Machabée ; l'armée le pleure comme un père, et la cour et tout le peuple en gémissent ; sa piété est louée comme son courage, et sa mémoire ne se flétrit point par le temps : l'autre, élevé par les armes au comble de la gloire comme un nouveau David, comme lui meurt dans son lit, en publiant les louanges de Dieu et en instruisant sa famille, et laisse tous les cœurs remplis tant de l'éclat de sa vie que de la douceur de sa mort. Quel spectacle de voir et d'étudier ces deux hommes, et d'apprendre de chacun d'eux toute l'estime que méritait l'autre.

BOSSUET. (*Oraisons funèbres.*)

Sully et Colbert.

Sully et Colbert! quels noms! C'est un spectacle intéressant de rapprocher ces deux hommes célèbres, qui font époque dans notre histoire, et peut-être dans celles de l'Europe.

Destinés tous deux à de grandes choses, ils furent élevés au ministère à peu près dans les mêmes circonstances. Sully parut après les horribles déprédations des favoris et les désordres de la Ligue; Colbert eut à réparer les maux qu'avait causés le règne orageux et faible de Louis XIII, les opérations brillantes, mais forcées, de Richelieu, les querelles de la Fronde, l'anarchie des finances sous Mazarin.

Tous deux trouvèrent le peuple accablé d'impôts, et le roi privé de la plus grande partie de ses revenus; tous deux eurent le bonheur de rencontrer deux princes qui avaient le génie du gouvernement, capables de vouloir le bien, assez courageux pour l'entreprendre, assez fermes pour le soutenir, désirant faire de grandes choses, l'un pour la France et l'autre pour lui-même; tous deux commencèrent par liquider les dettes de l'état, et les mêmes besoins firent naître les mêmes opérations; tous deux travaillèrent ensuite à accroître la fortune publique. Ils surent également combiner la nature des divers impôts; mais Sully ne sut pas en tirer tout le parti possible; Colbert perfectionna l'art d'établir entre eux de justes proportions.

Tous deux diminuèrent les frais énormes de la perception, bannirent le trafic honteux des emplois qui enrichissait et avilissait la cour, ôtèrent au courtisan tout intérêt dans les fermes. Tous deux firent cesser la confusion qui régnait dans les recettes, et les gains immenses que faisaient les receveurs; mais dans toutes ces parties, Colbert n'eut que la gloire d'imiter Sully, et de faire revivre les anciennes ordonnances de ce grand homme. Le ministre de Louis XIV, à l'exemple de celui de Henri IV, assura des fonds pour chaque dépense; à son exemple, il réduisit l'intérêt de l'argent.

Tous deux travaillèrent à faciliter les communications; mais Colbert fit exécuter le canal de Languedoc, dont Sully n'avait eu que le projet. Ils connurent également l'art de faire tomber sur les riches et les habitants des villes les remises accordées aux campagnes; mais on leur reproche à tous deux d'avoir gêné l'industrie par des taxes. Le crédit, cette partie intéressante des richesses publiques, qui fait circuler celles qu'on a, et qui supplée à celles qu'on n'a pas, paraît n'avoir pas été connu par Sully, et assez ménagé par Colbert. Les gains excessifs des traitants furent réprimés par tous les deux; mais Sully connut mieux de quelle importance il est pour un état de rapprocher les gains des finances, de ceux qu'on peut faire dans les entreprises de commerce ou d'agriculture.

Les monnaies attirèrent leur attention; mais Sully n'aperçut que les maux, ou ne trouva que des remèdes dangereux; Colbert porta dans cette partie une supériorité de lumières qu'il dut à son siècle autant qu'à lui-même.

On leur doit à tous deux l'éloge d'avoir vu que la réforme du barreau pouvait influer sur l'aisance nationale; mais l'avantage des temps fit que Colbert exécuta ce que Sully ne put que désirer. L'un, dans un temps d'orage et sous un roi soldat, annonça seulement à une nation guerrière qu'elle devait estimer les sciences; l'autre, ministre d'un roi qui portait la grandeur jusque dans les plaisirs de l'esprit, donna au monde l'exemple, trop oublié peut-être, d'honorer, d'enrichir et de développer tous les talents. Sully entrevit le premier l'utilité d'une marine; c'était beaucoup en sortant de la barbarie; nous nous souvenons que Colbert eut la gloire d'en créer une.

Le commerce fut protégé par les deux ministres; mais l'un voulait le tirer presque tout entier du produit des terres, l'autre des manufactures. Sully préférait avec raison celui qui, étant attaché au sol, ne peut être partagé ni envahi, et qui met les étrangers dans une dépendance nécessaire; Colbert ne s'aperçut pas que l'autre n'est fondé que sur des besoins de caprice ou de goût, et qu'il peut passer, avec les artistes, dans tous les pays du monde. Sully fut donc supérieur à Colbert dans la connaissance des véritables sources du commerce; mais Colbert l'emporta sur lui du côté des soins, de l'activité et des calculs politiques dans cette partie; il l'emporta par son attention à diminuer les droits intérieurs du royaume, que Sully augmenta quelquefois, par son habileté à combiner les droits d'entrée et de sortie : opération qui est peut-être un des plus savants ouvrages d'un législateur, et où la plus petite erreur de combinaison peut coûter des millions à l'état.

Il sera difficile d'égaler Colbert dans les détails et les grandes vues du commerce ; il sera difficile de surpasser Sully dans les encouragements qu'il donna à l'agriculture. Ce n'est pas que Colbert ait négligé entièrement cette partie importante. N'exagérons pas les fautes des grands hommes, et n'ayons pas la manie d'être toujours extrêmes dans nos censures comme dans nos éloges. Colbert, à l'exemple de Sully, voulut faire naître l'aisance dans les campagnes ; il diminua les tailles ; il prévint, autant qu'il put, les maux attachés à une imposition arbitraire ; il protégea, par des règlements utiles, la nourriture des troupeaux ; il encouragea la population par des récompenses ; mais, faute d'avoir permis le commerce des grains, tant d'opérations admirables furent presque inutiles ; il n'y avait point de richesses réelles : l'état parut brillant, et le peuple fut malheureux ; l'or que le trafic faisait circuler ne parvenait point jusqu'à la classe des cultivateurs ; le prix des grains baissa sans cesse, et l'on finit par la disette. Tels furent et les principes et les succès différents de ces deux grands hommes.

Si maintenant nous comparons leur caractère et leur talent, nous trouverons que tous deux eurent de la justesse et de l'étendue dans l'esprit, de la grandeur dans les projets, de l'ordre et de l'activité dans l'exécution ; mais Sully saisit peut-être mieux la masse entière du gouvernement ; Colbert en développa mieux les détails. L'un avait plus de cette politique moderne qui calcule ; l'autre, de cette politique des anciens législateurs, qui voyaient tout dans un grand principe. Le plan de Colbert était une machine vaste et compliquée, où il fallait sans cesse remonter de nouvelles roues ; le plan de Sully était simple, uniforme, comme celui de la nature. Colbert attendait plus des hommes ; Sully attendait plus des choses. L'un créa des ressources inconnues à la France ; l'autre employa mieux les ressources qu'elle avait. La réputation de Colbert dut avoir d'abord plus d'éclat ; celle de Sully dut acquérir plus de solidité.

A l'égard du caractère, tous deux eurent le courage et la vigueur d'âme, sans laquelle on ne fit jamais ni beaucoup de bien ni beaucoup de mal dans un état ; mais la politique de l'un se sentit de l'austérité de ses mœurs ; celle de l'autre, du luxe de son siècle. Ils eurent la triste conformité d'être haïs, mais l'un des grands, l'autre du peuple. On reproche de la dureté à Colbert, de la hauteur à Sully : mais si tous deux choquèrent des particuliers, tous deux aimèrent la nation. Enfin, si on examine leurs rapports avec les rois qu'ils servaient, on trouvera que Sully faisait la loi à son maître, et que Colbert recevait la loi du sien ; que le premier fut plus le ministre du peuple, et le second plus le ministre du roi ; enfin, d'après les talents des deux princes, on jugera que Sully dut quelque chose de sa gloire à Henri IV, et que Louis XIV dut une partie de la sienne à Colbert.

Thomas. (*Éloge de Sully.*)

Les Nations modernes.

Que de traits caractéristiques n'offrent point les nations nouvelles ! Ici, ce sont les Germains, peuple où la profonde corruption des grands n'a jamais influé sur les petits, où l'indifférence des premiers pour la patrie n'empêche point les seconds de l'aimer; peuple où l'esprit de révolte et de fidélité, d'esclavage et d'indépendance, ne s'est jamais démenti depuis les jours de Tacite. Là, ce sont ces industrieux Bataves qui ont de l'esprit par bon sens, du génie par industrie, des vertus par froideur, et des passions par raison. L'Italie aux cent princes et aux magnifiques souvenirs contraste avec la Suisse obscure et républicaine. L'Espagne, séparée des autres nations, présente encore à l'historien un caractère plus original : l'espèce de stagnation de mœurs dans laquelle elle repose lui sera peut-être utile un jour ; et, lorsque tous les peuples de l'Europe seront usés par la corruption, elle seule pourra reparaître avec éclat sur la scène du monde, parce que le fond des mœurs subsistera chez elle.

Mélange du sang allemand et du sang français, le peuple anglais décèle de toutes parts sa double origine. Son gouvernement formé de royauté et d'aristocratie, sa religion moins pompeuse que la catholique, et plus brillante que la luthérienne, son militaire à la fois lourd et actif, sa littérature et ses arts, chez lui, enfin, le langage, les traits, et jusqu'aux formes du corps, tout participe des deux sources dont il découle. Il réunit à la simplicité, au calme, au bon sens, à la lenteur germanique, l'éclat, l'emportement, la déraison, la vivacité et l'élégance de l'esprit français.

Les Anglais ont l'esprit public, et nous l'honneur national ; nos belles qualités sont plutôt des dons de la faveur divine, que les fruits d'une éducation politique : comme les demi-dieux, nous tenons moins de la terre que du ciel.

Fils aînés de l'antiquité, les Français, Romains par le génie, sont Grecs par le caractère. Inquiets et volages dans le bonheur; constants et invincibles dans l'adversité; formés pour tous les arts; civilisés jusqu'à l'excès durant le calme de l'Etat; grossiers et sauvages dans les troubles politiques; flottants, comme des vaisseaux sans lest, au gré de toutes les passions; à présent dans les cieux, l'instant d'après dans l'abîme; enthousiastes et du bien et du mal, faisant le premier sans en exiger de reconnaissance, et le second sans en sentir de remords; ne se souvenant ni de leurs crimes ni de leurs vertus; amants pusillanimes de la vie pendant la paix, prodigues de leurs jours dans les batailles; vains, railleurs, ambitieux, à la fois routiniers et novateurs, méprisant tout ce qui n'est pas eux; individuellement les plus aimables des hommes; en corps, les plus désagréables de tous; charmants dans leur propre pays, insupportables chez l'étranger; tour à tour plus doux, plus innocents que l'agneau qu'on égorge, et plus impitoyables, plus féroces que le tigre qui déchire : tels furent les Athéniens d'autrefois, et tels sont les Français d'aujourd'hui.

CHATEAUBRIAND. (*Génie du christianisme.*)

Mirabeau.

Mirabeau qui écrit, c'est quelque chose de moins que Mirabeau !... Mirabeau qui parle, c'est Mirabeau;

Mirabeau qui parle, c'est l'eau qui coule, c'est le flot qui écume, c'est le feu qui étincelle, c'est l'oiseau qui vole, c'est une chose qui fait son bruit propre, c'est une nature qui accomplit sa loi, spectacle toujours sublime et harmonieux.

Mirabeau à la tribune! tous les contemporains sont unanimes sur ce point maintenant, c'est quelque chose de magnifique. Là, il est bien lui, lui tout entier, lui tout puissant. Là, plus de table, plus de papier, plus d'écritoire hérissée de plumes, plus de cabinet solitaire, plus de silence et de méditation; mais un marbre qu'on peut frapper, un escalier qu'on peut monter en courant, une tribune, espèce de cage de cette bête fauve, où l'on peut aller et venir, marcher, s'arrêter, souffler, haleter, croiser ses bras, crisper ses poings, peindre la parole avec son geste, et illuminer une idée avec un coup-d'œil, un tas d'hommes qu'on peut regarder fixement, un grand tumulte, magnifique accompagnement pour une grande voix, une foule qui hait l'orateur, l'assemblée enveloppée d'une foule qui l'aime, le peuple autour de lui. Toutes ces intelligences, toutes ces âmes, toutes ces passions, toutes ces médiocrités, toutes ces ambitions, toutes ces natures diverses, qu'il connaît et desquelles il peut tirer le son qu'il veut, comme des touches d'un immense clavecin; au-dessus de lui la voûte de la salle de l'assemblée constituante vers laquelle ses yeux se lèvent souvent comme pour y chercher des pensées : car on renverse les monarchies avec les idées qui tombent d'une pareille voûte sur une pareille tête.

Ah! qu'il est bien là sur son terrain, cet homme!

qu'il a le pied ferme et sûr! que ce génie qui s'amoindrissait dans ses écrits est grand dans un discours! comme la tribune change heureusement les conditions de la production extérieure pour cette pensée! après Mirabeau écrivain, Mirabeau orateur, quelle transfiguration! tout en lui était puissant, son geste brusque et saccadé était plein d'empire. A la tribune, il avait un colossal mouvement d'épaules; comme l'éléphant porte sa tour armée en guerre, lui, il portait sa pensée; sa voix, lors même qu'il ne jetait qu'un mot de son banc, avait un accent formidable et révolutionnaire qu'on démêlait dans l'assemblée, comme le rugissement d'un lion dans sa ménagerie. Sa chevelure, quand il secouait la tête, avait quelque chose d'une crinière ; son sourcil remuait tout, comme celui de Jupiter *(cuncta supercilio moventis)*; ses mains semblaient pétrir quelquefois le marbre de la tribune. Tout son visage, toute son attitude, toute sa personne, étaient bouffis d'un orgueil pléthorique qui avait sa grandeur. Sa tête avait une laideur grandiose et fulgurante dont l'effet permanent était électrique et terrible.

V. Hugo.

Napoléon.

Napoléon est plutôt un homme de Plutarque qu'un héros moderne. Il est tombé comme un être d'une nature unique au milieu d'une civilisation qui lui était contraire. Il s'est trouvé le prisonnier de cette civilisation, mais un prisonnier souvent irrité contre ses entraves. Qu'a produit cette contrainte où l'enchaînaient les mœurs d'une vieille société? Ne pouvant les détruire, parce qu'au temps appartient un pareil changement, il s'était emparé de ces mœurs, et pour les approprier à sa nature, il avait dû les pousser à l'excès sous quelque forme qu'elles se fussent présentées à lui, soit dans la carrière des armes, soit dans celle du pouvoir; mais aussi il leur avait imprimé un grand caractère par l'influence de ses lois civiles, et par la régularité de sa majestueuse administration..... Dans l'espace de plusieurs siècles, l'histoire ne présente pas un homme à qui Napoléon puisse être comparé, et ce n'est qu'en remontant les siècles que l'on pourrait reconnaître ses ancêtres historiques dans Sésostris, Cyrus, Alexandre, César et Charlemagne. Charles-Quint, Henri-le-Grand, Frédéric-le-Grand, Catherine-la-Grande, furent, si on peut le dire, des souverains, des grands hommes plus modernes que Napoléon. Dans cent ans on ne comprendra ni l'apparition, ni la destruction de cet homme à part dans l'histoire comme dans la nature, qui, d'une île de la Méditerranée, s'élevant tout-à-coup sur l'Europe, la domina pendant vingt ans, disparut de la terre, et laissa ses débris au milieu des flots.

NORVINS.

Même sujet.

Napoléon Bonaparte, le héros des temps modernes, héros dans le sens antique du mot, héros à la façon de ces personnages épiques, demi-dieux de la terre, qui la remplissent de leurs exploits, laissent un souvenir ineffaçable dans la mémoire des hommes, prennent place dans les traditions des peuples, grandissent de siècle en siècle, grâce aux actions surhumaines dont la fable grossit leur histoire, et finissent par laisser l'érudit incertain si ces Hercule, ces Sésostris, ces Romulus, dont le nom et les monuments sont partout, ont jamais vécu; qu'un jour la civilisation disparût de notre vieux continent, qu'il restât des poésies, des chroniques, des médailles, des ruines; qu'à travers les ravages du temps, l'historien lût le même nom inscrit sur la pierre de l'Escurial, sur le marbre du Capitole, sur le granit des Pyramides; qu'il le trouvât dans les débris de Schœnbrünn, de Postdam, du Kremlin, comme sous les sables des déserts, ajouterait-il foi aux témoignages qui feraient de ce nom celui d'un seul conquérant, d'un même potentat, d'un monarque grand entre les législateurs aussi bien qu'entre les guerriers? Comment croire à cet empire du monde avec un point de départ si lointain, à ce complet changement de la face de l'univers sous la main d'un seul homme, à ces nations, à ces dynasties, faites ou défaites en dix ans? Comment croire surtout à ces victoires sans nombre, à ces conquêtes sans terme, avec toutes les créations des arts, les routes ouvertes, les temples restaurés, les ponts construits, les musés fondés, avec Anvers fondé et les Alpes aplanies? Que dire de ces autres créations plus grandes, les institutions, les codes, une législation entière, qui embrasse à la fois la vie civile et politique des peuples, au lendemain d'une révolution dévorante, à travers les invasions et les guerres plus dévorantes peut-être. Conciliez avec tant de puissance ces catastrophes soudaines; avec tant de génie, sa chute immense; avec tant de gloire, l'abandon du genre humain, et avec cet abandon, les terreurs des rois; l'Europe liguée pour se défendre d'un homme; l'Océan même préposé à sa garde, parce qu'un de ses pas pouvait encore ébranler le monde! Cet exil sur un écueil solitaire en face du géant Adamastor, cette agonie de Prométhée, tiennent de la mythologie plutôt que de l'histoire. L'histoire, comment fera-t-elle pour expliquer la mort de Napoléon, impuissante et ignorée comme sa naissance, lorsque, longtemps après, il reste à son nom assez d'empire pour prêter de la force à qui l'honore, et affermir le roi qui va à la tête de tout le peuple rendre gloire à sa statue relevée! Les partis mêmes qui l'ont combattu, se disputant l'héritage de sa mémoire comme un trophée, comme une arme, comme un bouclier, sembleront une imitation des chefs de la Grèce se disputant les armes d'Achille. Tout est homérique, tout est fatal, tout est prodigieux dans cette grande vie pour qui contemple son cours depuis l'île où fut son berceau, jusqu'à celle où gît son sépulcre; astre éclatant et terrible qui, pour remplir l'Orient et l'Occident, se lève du sein des mers et retourne s'y abîmer!!!

SALVANDY.

L'empereur Alexandre.

A ces trois noms: Napoléon, Alexandre, Charles X, quels noms répondent aujourd'hui? Sainte-Hélène, Tangarock, Holyrood. Lorsqu'Alexandre avait poussé à la chûte de Napoléon pour couronner le frère de Charles X, il n'avait donc fait que préparer une chûte nouvelle: il était intervenu entre deux grands désastres. Et, pour cela, il avait fallu remuer le monde!

Dans cette succession non interrompue de calamités, qui se nomme l'histoire, que sont tous ces triomphateurs fameux, que sont tous ces fiers distributeurs d'empires? Le peu qu'ils pèsent se voit mieux encore à leurs prospérités qu'à leurs revers. Le dix-neuvième siècle nous montre un monarque plus malheureux, plus humilié que Charles X. Et ce monarque, c'est l'empereur Alexandre, sans qui Charles X n'aurait jamais régné !

La puissance de cet empereur était grande assurément et formidable.

Il avait conduit la paix de capitale en capitale. Il avait gouverné souverainement les congrès et présidé des assemblées de rois. Il lui fut même donné de voir pâlir devant sa fortune celle d'un homme supérieur à César. Eh bien, il semblait qu'il n'eût été élevé si haut que pour mieux donner sa faiblesse en spectacle. Dévoré de mélancolie, il visita de lointains pays sans pouvoir s'éviter, et se mêla, pour étourdir ses vagues douleurs, à toutes les agitations de son temps. A Paris, où l'avait poussé le sort des batailles, on le vit surpris et presque effrayé de la grandeur de son destin, et il reprit la route de ses états, tout plein de la tristesse de ses triomphes. Pourquoi cette tristesse était-elle devenue si poignante sur la fin de sa vie? Qu'avait-il à s'agenouiller le soir au fond des cimetières? Quelles pensées le poursuivaient dans les promenades solitaires de Czarskoë-Selo? La mort tragique de Paul 1er avait-elle laissé dans son esprit troublé quelque ineffaçable image? on le crut. Peut-être ne faisait-il que succomber à ce dégoût de la vie, maladie morale que Dieu envoie aux puissants, pour venger de leurs souffrances physiques les faibles et les petits! Il était allé déjà depuis quelque temps loin de son pays, qu'il fuyait, lorsqu'un jour, pendant que sa mère priait pour lui dans la cathédrale de Saint-Pétersbourg, on apprit l'arrivée d'un courrier vêtu de noir. Le métropolitain entra dans l'église, portant un Christ couvert d'un crêpe, et on se mit à chanter comme pour les morts. Le fondateur de la sainte alliance, le pacificateur aimé de l'Europe, l'homme par qui avait été terrassé dans Napoléon le double génie de la guerre et de la France, l'empereur Alexandre n'était plus.

Chose bonne à méditer! des deux hommes qui, à Tilsitt, s'étaient partagé le monde, l'un est mort loin de son pays, dans une contrée sauvage où il s'était réfugié lassé des humains, de la nature et de lui-même. L'autre, écrasé sous sa toute puissance, s'est éteint lentement au milieu des mers. Ils s'ingèrent à disposer des peuples, et ne peuvent jusqu'au bout disposer d'eux-mêmes. Ceci est une religieuse leçon d'égalité.

Louis BLANC. (*Histoire de dix ans*.)

III.

PORTRAITS MORAUX.

Le Prêtre.

Il est un homme dans chaque paroisse, qui n'a point de famille, mais qui est de la famille de tout le monde, qu'on appelle comme témoin, comme conseil, ou comme agent dans tous les actes les plus solennels de la vie civile; sans lequel on ne peut ni naître ni mourir, qui prend l'homme du sein de sa mère et ne le laisse qu'à la tombe, qui bénit ou consacre le berceau, la couche conjugale, le lit de mort et le cercueil; un homme que les petits enfants s'accoutument à aimer, à vénérer et à craindre, que les inconnus mêmes appellent, mon père, aux pieds duquel les chrétiens vont répandre leurs aveux les plus intimes, leurs larmes les plus secrètes; un homme qui est le consolateur par état de toutes les misères de l'âme et du corps, l'intermédiaire obligé de la richesse et de l'indigence, qui voit le pauvre et le riche frapper tour-à-tour à sa porte : le riche pour y verser l'aumône secrète, le pauvre pour la recevoir sans rougir; qui n'étant d'aucun rang social, tient également à toutes les classes : aux classes inférieures, par la vie pauvre et souvent par l'humilité de la naissance; aux classes élevées, par l'éducation, la science et l'élévation des sentiments qu'une religion philanthropique inspire et commande; un homme enfin, qui sait tout, qui a le droit de tout dire, et dont la parole tombe de haut sur les intelligences et sur les cœurs avec l'autorité d'une mission divine et l'empire d'une foi toute faite! — Cet homme, c'est le curé : nul ne peut faire plus de bien ou plus de mal aux hommes, selon qu'il remplit ou qu'il méconnaît sa haute mission sociale.

Comme moraliste, l'œuvre du curé est admirable. Le christianisme est une philosophie divine, écrite de deux manières : comme histoire, dans la vie et la mort du Christ; comme précepte dans les sublimes enseignements qu'il a apportés au monde. Ces deux paroles du christianisme, le précepte et l'exemple, sont réunis dans le Nouveau Testament ou l'Évangile. Le curé doit l'avoir toujours à la main, toujours sous les yeux, toujours dans le cœur! Un bon prêtre est un commentaire vivant de ce livre divin. Chacune des paroles mystérieuses de ce livre répond juste à la pensée qui l'interroge, et renferme un sens pratique et social qui éclaire et vivifie la conduite de l'homme. Il n'y a point de vérité morale ou politique qui ne soit en germe dans un verset de l'Évangile; toutes les philosophies modernes en ont commenté un, et l'ont oublié ensuite; la philanthropie est née de son premier et unique précepte, la charité. La liberté a marché dans le monde sur ses pas, et aucune servitude dégradante n'a pu subsister devant sa lumière ; l'égalité politique est née de la reconnaissance qu'il nous a forcés à faire de notre égalité, de notre fraternité devant Dieu ; les lois se sont adoucies, les usages inhumains se sont abolis, les chaînes sont tombées. A mesure que sa parole a retenti dans les siècles, elle a fait crouler une erreur ou une tyrannie, et l'on peut dire que le monde actuel tout entier, avec ses lois, ses mœurs, ses institutions, ses espérances, n'est que le Verbe évangélique, plus ou moins incarné dans la civilisation moderne !

Le curé a donc toute morale, toute raison, toute civilisation, toute politique dans sa main quand il tient l'Évangile. Il n'a qu'à ouvrir, qu'à lire et qu'à verser autour de lui le trésor de lumière et de perfection, dont la Providence lui a remis la clé. Mais, comme celui du Christ, son enseignement doit être double, par la vie et par la parole, sa vie doit être, autant que le comporte l'infirmité humaine, l'explication sensible de sa doctrine, une parole vivante ! L'Église l'a placé comme exemple plus que comme oracle ; la parole peut lui faillir, si la nature lui en a refusé le don ; mais la parole qui se fait entendre à tous, c'est la vie ; aucune langue humaine n'est aussi éloquente et aussi persuasive qu'une vertu.

Le curé est encore administrateur spirituel des sacrements de son église et des bienfaits de la charité. Ses devoirs, en cette qualité, se rapprochent de ceux que toute administration impose. Il a affaire aux hommes ; il doit connaître les hommes. Il touche aux passions humaines, il doit avoir la main délicate et douce, pleine de prudence et de mesure. Il a dans ses attributions les fautes, les repentirs, les misères, les nécessités, les indigences de l'humanité; il doit avoir le cœur riche et débordant de tolérance, de miséricorde, de mansuétude, de compassion, de charité et de pardons! Sa porte doit être ouverte à toute heure à celui qui l'éveille, sa lampe toujours allumée, son bâton toujours sous sa main; il ne doit connaître ni saisons, ni distances, ni contagion, ni soleil, ni neige, s'il s'agit de porter l'huile au blessé, le pardon au coupable ou son Dieu au mourant. Il ne doit y avoir devant lui, comme devant Dieu, ni riche, ni pauvre, ni petit, ni grand, mais des hommes, c'est-à-dire, des frères en misères et en espérances.

Comme homme, le curé a encore quelques devoirs purement humains, qui lui sont imposés seulement par le soin de sa bonne renommée, par cette grâce de la vie civile et domestique qui est comme la bonne odeur de sa vertu. Retiré dans son humble presbytère, à l'ombre de son église, il doit en sortir rarement. Il lui est permis d'avoir une vigne, un jardin, un verger, quelquefois un petit champ, et de les cultiver de ses propres mains; d'y nourrir quelques animaux domestiques, de plaisir ou d'utilité, la vache, la chèvre, des brebis, le pigeon, des oiseaux chantants, le chien surtout, ce meuble vivant du foyer, cet ami de ceux qui sont oubliés du monde et qui pourtant ont besoin d'être aimés par quelqu'un! de cet asile de travail, de silence et de paix, le curé doit peu s'éloigner pour se mêler aux sociétés bruyantes du voisinage; il ne doit que dans quelques occasions solennelles tremper ses lèvres avec les heureux du siècle dans la coupe d'une hospitalité somptueuse ; le reste de sa vie doit se passer à l'autel, au milieu des enfants auxquels il apprend à balbutier le Catéchisme, ce code vulgaire de la plus haute philosophie, cet alphabet d'une sagesse divine, dans les études sérieuses parmi les livres, société morte du solitaire ; le soir, quand le marguiller a pris les clés de l'église, quand l'*Angelus* a tinté dans le clocher du hameau, on peut voir quelquefois le curé, son bréviaire à la main, soit sous les pommiers de son verger, soit dans les sentiers élevés de la montagne, respirer l'air suave et religieux des champs et le repos acheté du jour, tantôt s'arrêter pour lire un verset des poésies sacrées, tantôt regarder le ciel ou l'horizon de la vallée, et redescendre à pas lents dans la sainte et délicieuse contemplation de la nature et de son auteur.

Voilà sa vie et ses plaisirs ; ses cheveux blanchissent, ses mains tremblent en élevant le calice, sa voix cassée ne remplit plus le sanctuaire, mais retentit encore dans le cœur de son troupeau. Il meurt, une pierre sans nom marque sa place au cimetière, près de la porte de son église. Voilà une vie écoulée ! voilà un homme oublié à jamais ! Mais cet homme est allé se reposer dans l'éternité, où son âme vivait d'avance, et il a fait ici-bas ce qu'il avait de mieux à y faire. Il a continué un dogme immortel, il a servi d'anneau à une chaîne immense de foi et de vertu, et laissé aux générations qui vont naître une croyance, une loi, un Dieu.

DE LAMARTINE.

Même sujet.

Un prêtre est, par devoir, l'ami, la providence vivante de tous les malheureux, la consolation des affligés, le défenseur de quiconque est privé de défense, l'appui de la veuve, le père de l'orphelin, le réparateur de tous les désordres et de tous les maux qu'engendrent vos passions et vos funestes doctrines. Sa vie entière n'est qu'un long et héroïque dévoûment au bonheur de ses semblables. Qui de vous consentirait à échanger, comme lui, les joies domestiques, toutes les jouissances, tous les biens que les hommes recherchent si avidement, contre des travaux obscurs, des devoirs pénibles, des fonctions dont l'exercice brise le cœur et rebute les sens, pour ne recueillir souvent d'autre fruit de tant de sacrifices, que le dédain, l'ingratitude et l'insulte? Vous êtes encore plongés dans un profond sommeil, et déjà l'homme de charité, devançant l'aurore, a recommencé le cours de ses bienfaisantes œuvres. Il a soulagé le pauvre, visité le malade, essuyé les pleurs de l'infortune, ou fait couler ceux du repentir, instruit l'ignorant, fortifié le faible, affermi dans la vertu des âmes troublées par les orages des passions.

Après une journée toute remplie de pareils bienfaits, le soir arrive, mais non le repos. A l'heure où le plaisir vous appelle aux spectacles, aux fêtes, on accourt en grande hâte près du ministre sacré : un chrétien touche à ses derniers moments; il va mourir, et peut-être d'une maladie contagieuse : n'importe, le bon pasteur ne laissera point expirer sa brebis sans adoucir ses angoisses, sans l'environner des consolations de l'espérance et de la foi, sans prier à ses côtés le Dieu qui mourut pour elle, et qui lui donne, à cet instant même, dans le sacrement d'amour, un gage certain d'immortalité.

Voilà le prêtre ; le voilà, non tel qu'en en jugeant sur quelques exceptions scandaleuses, votre aversion se plaît à se le figurer, mais tel que réellement il existe au milieu de nous. Oui, la religion est aujourd'hui ce qu'elle fut à son origine. Il y a moins de chrétiens, mais les chrétiens ne sont pas changés. Les plus pures vertus, des vertus dignes des premiers siècles, honorent encore le christianisme. Je n'en voudrais pour preuve que ces pieuses associations, ces utiles établissements, qu'un zèle aussi vif qu'éclairé forme tous les jours sous nos yeux. Que d'hommes et de femmes de toutes conditions, que de jeunes gens mêmes, se dérobant à tous les regards pour faire le bien, selon le précepte de l'évangile, consacrent à chercher le malheur et à le soulager, le temps que vous perdez dans de frivoles amusements, ou que vous employez peut-être à insulter la religion sainte qui leur inspire ce merveilleux dévoûment ! Vous ne les connaissez pas, je le sais; mais on les connaît dans les hôpitaux, dans les prisons, dans les réduits obscurs, où l'indigence qu'ils ont secourue les bénit. La dame de charité n'a point oublié le chemin qui conduit à la demeure du pauvre ; et, si vous ne la rencontrez jamais, c'est à vous que nous en demanderons la raison.

De Lamennais.

Le Curé de campagne.

Le pasteur, sur lequel la politique peut-être ne daigne pas abaisser ses regards, le ministre relégué dans la poussière et l'obscurité des campagnes, voilà l'homme de Dieu qui les éclaire, et l'homme d'état qui les calme. Simple comme eux, pauvre comme eux, parce que son nécessaire même devient leur patrimoine, il les élève au-dessus de l'empire du temps, pour ne leur laisser ni le désir de ses trompeuses promesses, ni le regret de ses fragiles félicités. A sa voix, d'autres cieux, d'autres trésors s'ouvrent pour eux, à sa voix, ils courent en foule aux pieds de ce Dieu qui compte leurs larmes, ce Dieu, leur éternel héritage, qui doit les venger de cette exhérédation civile à laquelle une Providence qu'on leur apprend à bénir les a dévoués. Les subsides, les impôts, les lois fiscales, les éléments mêmes, fatiguent leur triste existence; dociles à cette voix paternelle qui les rassemble, qui les ranime, ils tolèrent, ils portent, ils oublient tout. Je ne sais quelle onction puissante s'échappe de nos tabernacles; le sentiment toujours actif de cette autre vie qui nous attend adoucit dans les pauvres toute l'amertume de la vie présente. Ah! la foi n'a point de malheureux; ces mystères de miséricorde dont on les environne, ces ombres, ces figures, le traité de protection et de paix qui se renouvelle, dans la prière publique, entre le ciel et la terre, tout les remue, tout les attendrit dans nos temples; ils gémissent, mais ils espèrent, et ils en sortent consolés.

Ce n'est pas tout : garant des promesses divines, ce pasteur, cet ange tutélaire les réalise, en quelque sorte, dès cette vie, par les secours, par les soins les plus généreux, les plus constants : je dis les soins, et peut-être, hommes superbes, n'avez-vous jamais compris la force et l'étendue de cette expression! figurez-vous les ravages d'un mal épidémique, ou plutôt placez-vous dans ces cabanes infectes, habitées par la mort seule, incertaine sur le choix de ses victimes : hélas! l'objet le moins affreux qui frappe vos regards est le mourant lui-même; épouse, enfants, tout ce qui l'environne semble être sorti du cercueil pour y rentrer pêle-mêle avec lui. Si l'horreur du dernier moment est si pénétrante au milieu des pompes de la vanité, sous le dais de l'opulence qui couvre encore de son faste l'orgueilleuse proie que la mort lui arrache, quelle impression doit-elle produire dans des lieux où toutes les misères et toutes les horreurs sont rassemblées! voilà ce que bravent le zèle et le courage pastoral. La nature, l'amitié, les ressources de l'art, le ministre de la religion seul remplace tout; seul au milieu des gémissements et des pleurs, livré lui-même à l'activité du poison, qui dévore tout à ses yeux, il l'affaiblit, il le détourne; ce qu'il ne peut sauver, il le console, il le porte jusque dans le sein de Dieu; nuls témoins, nuls spectateurs, rien ne le soutient; ni la gloire, ni les préjugés, ni l'amour de la renommée, ces grandes faiblesses de la nature, auxquelles on doit tant de vertus; son âme, ses principes, le ciel qui l'observe, voilà sa force et sa récompense. Le monde, cet ingrat qu'il faut plaindre et servir, ne le connaît pas; s'occupe-t-il, hélas! d'un citoyen utile, qui n'a d'autre mérite que celui de vivre dans l'habitude d'un héroïsme ignoré?

L'abbé DE BOISMONT.

Le Souverain.

Que de dons du ciel ne faut-il pas pour bien régner! Une naissance auguste, un air d'empire et d'autorité, un visage qui remplisse la curiosité des peuples empressés de voir le prince, et qui conserve le respect dans un courtisan; une parfaite égalité d'humeur, un grand éloignement pour la raillerie piquante, ou assez de raison pour ne se la permettre point; ne faire jamais ni menaces, ni reproches; ne point céder à la colère, et être toujours obéi; l'esprit facile, insinuant; le cœur ouvert, sincère, et dont on croit voir le fond, et ainsi très-propre à se faire des amis, des créatures et des alliés; être secret toutefois, profond et impénétrable dans ses motifs et dans ses projets; du sérieux et de la gravité dans le public; de la brièveté jointe à beaucoup de justesse et de dignité, soit dans les réponses aux ambassadeurs des princes, soit dans les conseils; une manière de faire des grâces, qui est comme un second bienfait; le choix des personnes que l'on gratifie; le discernement des esprits, des talents, des complexions pour la distribution des postes et des emplois; le choix des généraux et des ministres; un jugement ferme et solide, décisif dans les affaires, qui fait que l'on connaît le meilleur parti et le plus juste; un esprit de droiture et d'équité qui fait qu'on le suit jusques à prononcer quelquefois contre soi-même en faveur du peuple, des alliés, des ennemis; une mémoire heureuse et très-présente qui rappelle les besoins des sujets, leur visage, leurs noms, leurs requêtes; une vaste capacité qui s'étende, non-seulement aux affaires du dehors, au commerce, aux maximes d'État, aux vues de la politique, au reculement des frontières par la conquête de nouvelles provinces, et à leur sûreté par un grand nombre de forteresses inaccessibles, mais qui sache aussi se renfermer au-dedans, et comme dans les détails de tout un royaume; qui abolisse des usages cruels et impies, s'ils y règnent; qui réforme les lois et les coutumes, si elles étaient remplies d'abus; qui donne aux villes plus de sûreté et plus de commodités par le renouvellement d'une exacte police, plus d'éclat et de majesté par des édifices somptueux; punir sévèrement les vices scandaleux; donner par son autorité et par son exemple du crédit à la piété et à la vertu; protéger l'église, ses ministres, ses droits, ses libertés; ménager ses peuples comme ses enfants, être toujours occupé de la pensée de les soulager, de rendre les subsides légers, et tels qu'ils se lèvent sur les provinces, sans les appauvrir; de grands talents pour la guerre; être vigilant, appliqué, laborieux; avoir des armées nombreuses, les commander en personne, être froid dans le péril, ne ménager sa vie que pour le bien de son État, aimer le bien de son État et sa gloire plus que sa vie; une puissance très-absolue qui ne laisse point d'occasion aux brigues, à l'intrigue et à la cabale; qui ôte cette distance infinie qui est quelquefois entre les grands et les petits, qui les rapproche, et sous laquelle tous plient également; une étendue de connaissances qui fait que le prince voit tout par ses yeux, qu'il agit immédiatement et par lui-même, que ses généraux ne sont, quoique éloignés de lui, que ses lieutenants, et les ministres que ses ministres; une profonde sagesse qui sait déclarer la guerre, qui sait vaincre et user de la victoire, qui sait faire la paix, qui sait la rompre, qui sait quelquefois, et selon les divers intérêts, contraindre les ennemis à la recevoir; qui donne des règles à une vaste ambition, et sait jusque où l'on doit conquérir; au milieu d'ennemis couverts ou déclarés, se procurer le loisir des jeux, des fêtes, des spectacles; cultiver les arts et les sciences; former et exécuter des projets d'édifices surprenants; un génie, enfin, supérieur et puissant qui se fait aimer et révérer des siens, craindre des étrangers, qui fait d'une cour et même de tout un royaume, comme une seule famille unie parfaitement sous un même chef, dont l'union et et la bonne intelligence est redoutable au reste du monde. Ces admirables vertus semblent renfermées dans l'idée du Souverain. Il est vrai qu'il est rare de les voir réunies dans un même sujet; il faut que trop de choses concourent à la fois, l'esprit, le cœur, les dehors, le tempérament; et il me paraît qu'un monarque, qui les rassemblerait toutes en sa personne, serait bien digne du nom de Grand.

LA BRUYÈRE.

Le Vétéran poète.

Enfants, disait-il en élevant son grand front cicatrisé, ils se battaient bien, ces soldats à la minute comme on les appelait dans ces endroits, parce que le grand *Vasinton*, à qui j'ai eu l'honneur de parler, — et il souleva son bonnet de police..... — Le grand *Vasinton* était là..... Et c'était un bon troupier.... Or, nous marchions près du Missipi, ou du Mississipi, un grand fleuve, un beau fleuve, ma foi !..... Large à perte de vue, comme qui dirait le Napoléon des fleuves !..... Mais que je suis bête de comparer l'empereur à un fleuve !..... ça me rappelle que Kléber lui disait à Aboukir : — Mon général, vous êtes grand comme le monde, ni plus ni moins. — Et le petit caporal lui allait à la poitrine, à lui, Kléber.... Kléber, c'était une tête de lion sur un corps de géant.... Mais un jour de bataille, au milieu de son état-major, l'empereur grandissait, grandissait..... Voyez-vous, quand il passait devant la ligne, c'était comme une traînée de feu qui courait à travers les rangs ; son cheval vomissait du feu, son petit chapeau en était tout rouge..... Mille tonnerres !.... Moi qui vous parle j'ai vu les aigles d'or secouer leurs ailes devant lui, partout où l'empereur allait, ça chauffait, enfants.... ça chauffait....Il pleuvait des abricots de fer, et ceux qui avalaient de ces abricots là ne les digéraient guères... Mais mordieu quand l'empereur étendant la main, disait : En avant ! — et que la garde croisait la baïonnette, elle marchait toujours, toujours, sans jamais rencontrer que des corps morts et des boulets, et elle marchait jusqu'à la victoire.

La Gloire et la Réputation.

Qu'est-ce que la gloire? Le jugement de l'humanité sur un de ses membres; or l'humanité a toujours raison. En fait, citez-moi une gloire imméritée; de plus *à priori*, c'est impossible, car on n'a de gloire qu'à la condition d'avoir beaucoup fait, d'avoir laissé de grands résultats. Les grands résultats, Messieurs, les grands résultats, tout le reste n'est rien. Distinguez bien la gloire de la réputation. Pour la réputation, qui en veut en a. Voulez-vous de la réputation? priez tel ou tel de vos amis de vous en faire; associez-vous à tel ou tel parti; donnez-vous à une coterie; servez-la, elle vous louera. Enfin, il y a cent manières d'acquérir de la réputation : c'est une entreprise tout comme une autre; elle ne suppose pas même une grande ambition. Ce qui distingue la réputation de la gloire, c'est que la réputation est le jugement de quelques-uns, et que la gloire est le jugement du plus grand nombre, de la majorité dans l'espèce humaine. Or, pour plaire au petit nombre, il suffit de petites choses; pour plaire aux masses, il en faut de grandes. Auprès des masses, les faits sont tout, le reste n'est rien. Les intentions, la bonne volonté, la moralité, les plus beaux desseins, qu'on n'aurait certainement pas manqué de conduire à bien, n'eût été ceci ou cela, tout ce qui ne se résout pas en fait est compté pour rien par l'humanité; elle veut de grands résultats; car il n'y a que les grands résultats qui viennent jusqu'à elle; or, en fait de grands résultats, il n'y a pas de tricherie possible. Les mensonges des partis et des coteries, les illusions de l'amitié n'y peuvent rien, il n'y a pas même lieu à discussion. Les grands résultats ne se contestent pas: la gloire, qui en est l'expression, ne se conteste pas non plus. Fille de faits grands et évidents, elle est elle-même un fait manifeste aussi clair que le jour. La gloire est le jugement de l'humanité, et un jugement en dernier ressort; on peut en appeler des coteries et des partis à l'humanité; mais de l'humanité, à qui en appeler en ce monde? Elle est infaillible. Pas une gloire n'a été infirmée et ne peut l'être. De plus, sur quels faits l'humanité estime-t-elle et décerne-t-elle la gloire? Sur les faits utiles, c'est-à-dire utiles à elle. Sa mesure est sa propre utilité; et elle ne peut en avoir d'autres, à moins de s'abdiquer elle-même, et de cesser d'emprunter à sa nature les principes de ses jugements. La gloire est le cri de la sympathie et de la reconnaissance; c'est la dette de l'humanité envers le génie; c'est le prix des services qu'elle reconnaît en avoir reçu, et qu'elle lui paie avec ce qu'elle a de plus précieux, son estime.

Il faut donc aimer la gloire, parce que c'est aimer les grandes choses, les longs travaux, les services effectifs rendus à la patrie et à l'humanité en tout genre; et il faut dédaigner la réputation, les succès d'un jour et les petits moyens qui y conduisent; il faut songer à faire, à beaucoup faire, à bien faire, messieurs, et non à paraître; car, règle infaillible, tout ce qui paraît sans être, bientôt disparaît; mais tout ce qui est, par la vertu de sa nature, paraît tôt ou tard. La gloire est presque toujours contemporaine; mais il n'y a jamais un grand intervalle entre le tombeau d'un grand homme et la gloire.

Cousin.

L'Ambition.

L'ambition, ce désir insatiable de s'élever au-dessus et sur les ruines mêmes des autres; ce ver qui pique le cœur et ne le laisse jamais tranquille; cette passion qui est le grand ressort des intrigues et de toutes les agitations des cours, qui forme les révolutions des États, et qui donne tous les jours à l'univers de nouveaux spectacles; cette passion qui ose tout, et à laquelle rien ne coûte, rend malheureux celui qui en est possédé.

L'ambitieux ne jouit de rien : ni de sa gloire, il la trouve obscure; ni de ses places, il veut monter plus haut; ni de sa prospérité, il sèche et dépérit au milieu de son abondance; ni des hommages qu'on lui rend, ils sont empoisonnés par ceux qu'il est obligé de rendre lui-même; ni de sa faveur, elle devient amère dès qu'il faut la partager avec ses concurrents; ni de son repos, il est malheureux à mesure qu'il est obligé d'être plus tranquille.

Son ambition, en le rendant ainsi malheureux, l'avilit encore et le dégrade. Que de bassesse pour parvenir! Il faut paraître, non pas tel qu'on est, mais tel qu'on nous souhaite. Bassesse d'adulation; on encense et on adore l'idole qu'on méprise: bassesse de lâcheté; il faut savoir essuyer des dégoûts, dévorer des rebuts et les recevoir presque comme des grâces : bassesse de dissimulation; n'avoir point de sentiment à soi, et ne penser que d'après les autres : bassesse de dérèglement; devenir les complices et peut-être les ministres des passions de ceux de qui nous dépendons, et entrer en part de leurs désordres, pour participer plus sûrement à leurs grâces : enfin bassesse même d'hypocrisie; emprunter quelquefois les apparences de la piété; jouer l'homme de bien pour parvenir, et faire servir à l'ambition la religion même qui la condamne. Qu'on nous dise après cela que c'est le vice des grandes âmes : c'est le caractère d'un cœur lâche et rampant; c'est le trait le plus marqué d'une âme vile. Le devoir tout seul peut nous mener à la gloire; celle qu'on doit aux bassesses et aux intrigues de l'ambition porte toujours avec elle un caractère de honte qui nous deshonore: elle ne promet les royaumes du monde, et toute leur gloire, qu'à ceux qui se prosternent devant l'iniquité, et qui se dégradent honteusement eux-mêmes. On reproche toujours nos bassesses à notre élévation; nos places rappellent sans cesse les avilissements qui les ont méritées; et les titres de nos honneurs et de nos dignités deviennent eux-mêmes les traits publics de notre ignominie.

L'ambition nous rend faux, lâches, timides, quand il faut soutenir les intérêts de la vérité. On craint toujours de déplaire, on veut toujours tout concilier, tout accommoder. On n'est pas capable de droiture, de candeur, d'une certaine noblesse qui inspire l'amour de l'équité, et qui seule fait les grands hommes, les bons sujets, les ministres fidèles et les magistrats illustres. Ainsi on ne saurait compter sur un cœur en qui l'ambition domine; il n'a rien de sûr, rien de fixe, rien de grand; sans principes, sans maximes, sans sentiment, il prend toutes les formes, il se plie sans cesse au gré des passions d'autrui, prêt à tout également, selon que le vent tourne, ou à soutenir l'équité, ou à prêter sa protection à l'injustice. On a beau dire que l'ambition est la passion des grandes âmes; on n'est grand que par l'amour de la vérité, et lorsqu'on ne veut plaire que par elle.

Massillon.

L'Esprit.

Penser peu, parler de tout, ne douter de rien, n'habiter que les dehors de son âme, et ne cultiver que la superficie de son esprit, s'exprimer heureusement, avoir un tour d'imagination agréable, une conversation légère et délicate, et savoir plaire sans se faire estimer : être né avec le talent équivoque d'une conception prompte, et se croire par là au-dessus de la réflexion; voler d'objets en objets, sans en approfondir aucun; cueillir rapidement toutes les fleurs, et ne donner jamais aux fruits le temps de parvenir à leur maturité : c'est une faible peinture de ce qu'il a plu à notre siècle d'honorer du nom d'esprit.

Esprit plus brillant que solide, lumière souvent trompeuse et infidèle, l'attention le fatigue, la raison le contraint, l'autorité le révolte ; incapable de persévérance dans la recherche de la vérité, elle échappe encore plus à son inconstance qu'à sa paresse.

D'Aguesseau.

Même sujet.

Il sert ou il nuit au bonheur plus qu'aucune de nos facultés ; l'abus de ce mot en altère la valeur. On a de l'esprit en France avec une facilité qui le met au rabais : c'est peut-être pour cela que les gens d'esprit maintenant veulent tous avoir du génie. Les gens d'esprit, seulement spirituels, par conséquent épilogueurs, et cherchant, achetant, cultivant la gaîté comme une fleur exotique, sont quelquefois impatientants. On n'échappe point à leur finesse ; mais que leur rapporte-t-elle ? Si peu de chose que, en général, les hommes trop spirituels ont presque tous le cœur miné. Beaucoup d'esprit avec beaucoup d'imagination, et une sensibilité qu'elle exalte, font les carrières brillantes et les destinées orageuses. Assez d'esprit, avec de la bonté et beaucoup de raison, est certainement préférable : c'est le partage des élus.... Mais dépend-il de soi de le régler ? Ce qui dépend de soi, c'est de ne pas trop se presser de croire que l'on ait beaucoup d'esprit ; c'est d'étudier, pour la conduite de la vie, celle de quelques personnes dont on ne parle pas, et qui seraient bien fâchées que l'on s'occupât d'elles. L'esprit de conduite, bon ou mauvais, gâte ou arrange toutes choses: c'est le secret des fortunes solides et des félicités inaltérables. Il consiste, en grande partie, à ne point trop dédaigner les petites épargnes, à ne point trop estimer les petits succès, à s'interdire les pointes avec les gens sensés et les épigrammes avec ses amis.

L'homme d'esprit capable de sacrifier les égards de l'amitié au plaisir de dire un bon mot, dès lors n'est plus un homme d'esprit. On doit juger d'après son amour-propre du plus ou moins de complaisance de l'amour-propre que l'on attaque, rien ne nous flatte d'avantage, dans les causeries du soir, que d'être attentivement écouté de qui va parler à son tour; quand ce tour vient, sachons donc écouter. Ce conseil d'une femme aussi aimable que célèbre, et particulièrement si remarquable par sa profonde connaissance du monde, et la justesse et la délicatesse de tous ses aperçus, cet important conseil de Mme Genlis doit nous être présent, non-seulement dans la société où l'on ne cause plus guère, mais dans les discussions de toute espèce. Il prévient le mécontentement d'un interlocuteur susceptible et verbeux, il donne à la réplique le temps de se former; de sorte que, avec plus de politesse, vous vous trouvez avoir réellement plus d'esprit.

Un manque d'esprit bien fréquent auquel, jadis n'étaient sujets que les enfants ou les hommes du peuple, et que nous ne pouvons attribuer qu'à l'ambition, l'usage ou l'imitation de la tribune, c'est l'habitude d'élever la voix quand nous commençons à fléchir dans un dialogue qui nous fatigue, et d'en appeler des yeux ou d'un signe de tête, au témoignage des assistants, qui n'avaient que faire d'être informés de ce qu'on nous disait. Cette impolitesse grossière a plus d'une fois suffi pour jeter une longue amertume entre telles personnes, dont l'une ne croyait pas avoir offensé l'autre. S'abstenir de ces petitesses, est encore une des règles fondamentales de l'esprit de conduite, le meilleur, le plus rare, et celui auquel l'expérience nous invite à finir, tôt ou tard, par rapporter tous les genres d'esprit.

Mme SIMONS-CANDEILLE.

Le Fat.

C'est un homme dont la vanité seule forme le caractère; qui ne fait rien par goût, qui n'agit que par ostentation, et qui, voulant s'élever au-dessus des autres, est descendu au-dessous de lui-même. Familier avec ses supérieurs, important avec ses égaux, impertinent avec ses inférieurs, il tutoie, il protège, il méprise. Vous le saluez, il ne vous voit pas; vous lui parlez, il ne vous écoute pas; vous parlez à un autre, il vous interrompt. Il lorgne, il persiffle au milieu de la société la plus respectable et de la conversation la plus sérieuse. Il dit à l'homme vertueux de venir le voir, et lui indique l'heure du brodeur et du bijoutier. Il n'a aucune connaissance, et il donne des avis aux savants et aux artistes. Il en eût donné à Vauban sur les fortifications, à Le Brun sur la peinture, à Racine sur la poésie.

Il fait un long calcul de ses revenus; il n'a que soixante mille livres de rente, il ne peut vivre. Il consulte la mode pour ses travers comme pour ses habits, pour son médecin comme pour son tailleur. Vrai personnage de théâtre, à le voir, vous croiriez qu'il a un masque; à l'entendre, vous diriez qu'il joue un rôle : ses paroles sont vaines, ses actions sont des mensonges, son silence même est menteur. Il manque aux engagements qu'il a; il en feint quand il n'en a pas. Il ne va pas où on l'attend; il arrive tard où il n'est point attendu. Il n'ose avouer un parent pauvre ou peu connu. Il se glorifie de l'amitié d'un grand à qui il n'a jamais parlé, ou qui ne lui a jamais répondu. Il a du bel-esprit la suffisance et l'esprit satirique; de l'homme de qualité, les talons rouges, le coureur et les créanciers.

Pour peu qu'il fût fripon, il serait en tout le contraste de l'honnête homme: en un mot, c'est un homme d'esprit pour les sots qui l'admirent; c'est un sot pour les gens sensés qui l'évitent. Mais si vous connaissiez bien cet homme, ce n'est ni un homme d'esprit, ni un sot; c'est un fat, c'est le modèle d'une infinité de jeunes sots mal élevés.

DESMAHIS.

Le Courtisan.

N'espérez plus de candeur, de franchise, d'équité, de bons offices, de services, de bienveillance, de générosité, de fermeté, dans un homme qui s'est depuis quelque temps livré à la cour, et qui secrètement veut sa fortune. Le reconnaissez-vous à son visage, à ses entretiens? Il ne nomme plus chaque chose par son nom : il n'y a plus pour lui de fripons, de fourbes, de sots et d'impertinents. Celui dont il lui échapperait de dire ce qu'il pense, est celui-là même qui, venant à le savoir, l'empêcherait de cheminer.

Pensant du mal de tout le monde, il n'en dit de personne; ne voulant du bien qu'à lui seul, il veut persuader qu'il en veut à tous, afin que tous lui en fassent, ou que nul du moins ne lui soit contraire. Non content de n'être pas sincère, il ne souffre pas que personne le soit : la vérité blesse son oreille : il est froid et indifférent sur les observations que l'on fait sur la cour et sur le courtisan; et, parce qu'il les a entendues, il s'en croit complice et responsable.

Tyran de la société et martyr de son ambition, il a une triste circonspection dans sa conduite et dans ses discours, une raillerie innocente, mais froide et contrainte, un ris forcé, des caresses contrefaites, une conversation interrompue, et des distractions fréquentes; il a une profusion, le dirai-je, des torrents de louanges pour ce qu'a fait ou ce qu'a dit un homme placé, et qui est en faveur, et pour tout autre une sécheresse de pulmonique : il a des formules de compliments pour l'entrée et pour la sortie, à l'égard de ceux qu'il visite, ou dont il est visité; et il n'y a personne de ceux qui se paient de mines et de façons de parler, qui ne sorte d'avec lui fort satisfait. Il vise également à se faire des patrons et des créatures; il est médiateur, confident, entremetteur; il veut gouverner, il a une ferveur de novice pour toutes les petites pratiques de cour, il sait où il faut se placer pour être vu; il sait vous embrasser, prendre part à votre joie, vous faire coup sur coup des questions empressées sur votre santé, sur vos affaires; et, pendant que vous lui répondez, il perd le fil de sa curiosité, vous interrompt, entame un autre sujet; ou, s'il survient quelqu'un à qui il doive un discours tout différent, il sait, en achevant de vous congratuler, lui faire un compliment de condoléance; il pleure d'un œil, et il rit de l'autre. Se formant quelquefois sur les ministres ou sur le favori, il parle en public de choses frivoles, du vent, de la gelée : il se tait, au contraire, et fait le mystérieux sur ce qu'il sait de plus important, et plus volontiers encore sur ce qu'il ne sait point.

LA BRUYÈRE.

Le Fantasque.

Qu'est-il donc arrivé de funeste à Mélanthe? Rien au dehors, tout au dedans. Ses affaires vont à souhait. Tout le monde cherche à lui plaire. Quoi donc? C'est que sa rate fume. Il se coucha hier les délices du genre humain : ce matin on est honteux pour lui; il faut le cacher. En se levant, le pli d'un chausson lui a déplu : toute la journée sera orageuse, et tout le monde en souffrira. Il fait peur, il fait pitié; il pleure comme un enfant; il rugit comme un lion. Une vapeur maligne et farouche trouble et noircit son imagination, comme l'encre de son écritoire barbouille ses doigts. N'allez pas lui parler des choses qu'il aimait le mieux il n'y a qu'un moment : par la raison qu'il les a aimées, il ne les saurait plus souffrir. Les parties de divertissement, qu'il a tant désirées, lui deviennent ennuyeuses ; il faut les rompre. Il cherche à contredire, à se plaindre, à piquer les autres ; il s'irrite de voir qu'ils ne veulent point se fâcher. Souvent il porte ses coups en l'air, comme un taureau furieux qui de ses cornes aiguisées va se battre contre les vents.

Quand il manque de prétexte pour attaquer les autres, il se tourne contre lui-même. Il se blâme, il ne se trouve bon à rien, il se décourage, il trouve fort mauvais qu'on veuille le consoler. Il veut être seul, et il ne peut supporter la solitude. Il revient à la compagnie, et s'aigrit contre elle. On se tait : ce silence affecté le choque. On parle tout bas : il s'imagine que c'est contre lui. On parle tout haut : il trouve qu'on parle trop, et qu'on est trop gai pendant qu'il est triste. On est triste : cette tristesse lui paraît un reproche de ses fautes. On rit : il soupçonne qu'on se moque de lui. Que faire ? être aussi ferme et aussi patient qu'il est insupportable, attendre en paix qu'il revienne demain aussi sage qu'il était hier. Cette humeur étrange s'en va comme elle vient : quand elle le prend, on dirait que c'est un ressort de machine qui se démonte tout à coup. Il est comme on dépeint les possédés : sa raison est comme à l'envers ; c'est la déraison elle-même en personne. Poussez-le ; vous lui ferez dire en plein jour qu'il est nuit, car il n'y a plus ni jour ni nuit pour une tête démontée par son caprice. Quelquefois il ne peut s'empêcher d'être étonné de ses excès et de ses fougues. Malgré son chagrin, il sourit des paroles extravagantes qui lui ont échappé.

Mais quel moyen de prévoir ces orages, et de conjurer la tempête? Il n'y en a aucun : point de bons almanachs pour prédire ce mauvais temps. Gardez-vous bien de dire : demain nous irons nous divertir dans un tel jardin. L'homme d'aujourd'hui ne sera point celui de demain ; celui qui vous promet maintenant, disparaîtra tantôt : vous ne saurez plus le prendre pour le faire souvenir de sa parole. En sa place, vous trouverez un je ne sais quoi qui n'a ni forme ni nom, qui n'en peut avoir, et que vous ne sauriez définir deux instants de suite de la même manière. Etudiez-le bien ; puis dites-en tout ce qu'il vous plaira : il ne sera plus vrai le moment d'après que vous l'aurez dit : ce je ne sais quoi veut et ne veut pas; il menace, il tremble; il mêle des hauteurs ridicules avec des bassesses indignes ; il pleure, il rit, il badine, il est furieux : dans sa fureur la plus bizarre et la plus insensée, il est plaisant et éloquent, subtil, plein de tours nouveaux, quoiqu'il ne lui reste pas seulement une ombre de raison.

Prenez bien garde de ne lui rien dire qui ne soit juste, précis et exactement raisonnable : il saurait bien en prendre davantage, et vous donner adroitement le change. Il passerait d'abord de son tort au vôtre, et deviendrait raisonnable pour le seul plaisir de vous convaincre que vous ne l'êtes pas. C'est un rien qui l'a fait monter jusqu'aux nues; mais ce rien qu'est-il devenu? il est perdu dans la mêlée, il n'en est plus question : il ne sait plus ce qui l'a fâché; il sait seulement qu'il se fâche; et qu'il veut se fâcher; encore même ne le sait-il pas toujours. Il s'imagine souvent que tous ceux qui lui parlent sont emportés, et que c'est lui qui se modère : comme un homme qui a la jaunisse croit que tous ceux qu'il voit sont jaunes, quoique le jaune ne soit que dans ses yeux.

Mais peut-être qu'il épargnera certaines personnes auxquelles il doit plus qu'aux autres, ou qu'il paraît aimer davantage. Non, sa bizarrerie ne connaît personne; elle s'en prend sans choix à tout le monde. Il n'aime plus les gens, il n'en est point aimé. On le persécute, on le trahit. Il ne doit rien à qui que ce soit. Mais attendez un moment : voici une autre scène. Il a besoin de tout le monde; il aime, on l'aime aussi; il flatte, il s'insinue, il ensorcelle tous ceux qui ne pouvaient plus le souffrir. Il avoue son tort, il rit de ses bizarreries; il se contrefait, et vous croiriez que c'est lui-même dans ses accès d'emportement, tant il se contrefait bien. Après cette comédie jouée à ses propres dépens, vous croyez bien qu'au moins il ne fera plus le démoniaque. Hélas! vous vous trompez; il le fera encore ce soir pour s'en moquer demain, sans se corriger.

Fénélon.

La Médisance.

La médisance est un feu dévorant qui flétrit tout ce qu'il touche, qui exerce sa fureur sur le bon grain comme sur la paille, sur le profane comme sur le sacré ; qui ne laisse, partout où il a passé, que la ruine et la désolation ; qui creuse jusque dans les entrailles de la terre, et va s'attacher aux choses les plus cachées ; qui change en de viles cendres ce qui nous avait paru, il n'y a qu'un moment, si précieux et si brillant ; qui, dans le temps même qu'il paraît couvert et presque éteint, agit avec plus de violence et de danger que jamais ; qui noircit ce qu'il ne peut consumer, et qui sait plaire et briller quelquefois avant que de nuire.

La médisance est un orgueil secret qui nous découvre la paille dans l'œil de notre frère et nous cache la poutre qui est dans le nôtre ; une envie basse, qui, blessée des talents ou de la prospérité d'autrui, en fait le sujet de sa censure, et s'étudie à obscurcir l'éclat de tout ce qui l'efface ; une haine déguisée, qui répand sur ses paroles l'amertume cachée dans le cœur ; une duplicité indigne, qui loue en face et déchire en secret ; une légèreté honteuse, qui ne sait pas se vaincre et se retenir sur un mot, et qui sacrifie souvent sa fortune et son repos à l'imprudence d'une censure qui sait plaire ; une barbarie de sang-froid, qui va percer notre frère absent ; un scandale pour ceux qui nous écoutent ; une injustice où vous ravissez à votre frère ce qu'il a de plus cher.

La médisance est un mal inquiet qui trouble la société ; qui jette la dissension dans les cités ; qui désunit les amitiés les plus étroites ; qui est la source des haines et des vengeances ; qui remplit tous les lieux où elle entre de désordres et de confusion ; partout ennemie de la paix, de la douceur, de la politesse ;

c'est une source pleine d'un venin mortel ; tout ce qui en part est infecté et infecte tout ce qui l'environne ; ses louanges même sont empoisonnées, ses applaudissements malins, son silence criminel ; ses gestes, ses mouvements, ses regards, tout a son poison, et le répand à sa manière.

Massillon.

L'Avarice.

L'avare n'amasse que pour amasser ; ce n'est pas pour fournir à ses besoins, il se les refuse ; son argent lui est plus précieux que sa santé, que sa vie, que lui-même ; toutes ses actions, toutes ses vues, toutes ses affections ne se rapportent qu'à cet indigne objet. Personne ne s'y trompe, et il ne prend aucun soin de dérober aux yeux du public le misérable penchant dont il est possédé ; car tel est le caractère de cette honteuse passion de se manifester de tous les côtés, de ne faire au dehors aucune démarche qui ne soit marquée de ce maudit caractère, et de n'être un mystère que pour celui seul qui en est possédé. Toutes les autres passions sauvent du moins les apparences ; on les cache aux yeux du public ; une imprudence peut quelquefois les dévoiler, mais le coupable cherche, autant qu'il est en soi, les ténèbres. Mais, pour la passion de l'avarice, l'avare ne se la cache qu'à lui-même ; loin de prendre des précautions pour la dérober aux yeux du public, tout l'annonce en lui, tout la montre à découvert; il la porte écrite dans son langage, dans ses actions, dans toute sa conduite, et pour ainsi dire, sur son front.

L'âge et les réflexions guérissent d'ordinaire les autres passions, au lieu que l'avarice semble se ranimer et reprendre de nouvelles forces dans la vieillesse. Plus on avance vers ce moment fatal, où tout cet amas sordide doit disparaitre et nous être enlevé, plus on s'y attache; plus la mort approche, plus on couve des yeux son misérable trésor, plus on le regarde comme une précaution nécessaire pour un avenir chimérique. Ainsi, l'âge rajeunit pour ainsi dire cette indigne passion : les années, les maladies, les réflexions, tout l'enfonce plus profondément dans l'âme; elle se nourrit et s'enflamme par les remèdes mêmes qui guérissent et éteignent toutes les autres. On a vu des hommes, dans une décrépitude où à peine leur restait-il assez de force pour soutenir un cadavre tout près de retomber en poussière, ne conserver, dans la défaillance totale des facultés de leur âme, un reste de sensibilité, et pour ainsi dire, de signe de vie, que pour cette indigne passion; elle seule se soutenir, se ranimer sur les débris de tout le reste; le dernier soupir être encore pour elle; les inquiétudes des derniers moments la regarder encore; et l'infortuné qui meurt, jeter encore des regards mourants qui vont s'éteindre sur un argent que la mort lui arrache, mais dont elle n'a pu arracher l'amour de son cœur.

Le Même.

L'homme qui a la manie des visites.

On dit que l'homme est un animal sociable ; sur ce pied-là, il me paraît que le Français est plus homme qu'un autre : c'est l'homme par excellence ; car il semble être fait uniquement pour la société.

Mais j'ai remarqué parmi eux des gens qui non seulement sont sociables, mais sont eux-mêmes la société universelle. Ils se multiplient dans tous les coins, ils peuplent en un moment les quatre quartiers d'une ville : cent hommes de cette espèce abondent plus que deux mille citoyens ; ils pourraient réparer aux yeux des étrangers les ravages de la peste et de la famine. On demande dans les écoles si un corps peut-être en un instant en plusieurs lieux ; ils sont une preuve de ce que les philosophes mettent en question.

Ils sont toujours empressés, parce qu'ils ont l'affaire importante de demander à tous ceux qu'ils voient où ils vont et d'où ils viennent.

On ne leur ôterait jamais de la tête qu'il est de la bienséance de visiter chaque jour le public en détail, sans compter les visites qu'ils font en gros dans les lieux où l'on s'assemble ; mais, comme la voie en est trop abrégée, elles sont comptées pour rien dans les règles de leur cérémonial.

Ils fatiguent plus les portes des maisons à coups de

marteau que les vents et les tempêtes. Si l'on allait examiner la liste de tous les portiers, on y trouverait chaque jour leur nom estropié de mille manières en caractères suisses. Ils passent leur vie à la suite d'un enterrement, dans les compliments de condoléance ou dans des félicitations de mariage. Le roi ne fait point de gratification à quelqu'un de ses sujets qu'il ne leur en coûte une voiture pour lui en aller témoigner leur joie. Enfin, ils reviennent chez eux, bien fatigués, se reposer, pour pouvoir reprendre le lendemain leurs pénibles fonctions.

Un d'eux mourut l'autre jour de lassitude, et on mit cette épitaphe sur son tombeau :

« C'est ici que repose celui qui ne s'est jamais reposé. Il s'est promené à cinq cent trente enterrements. Il s'est réjoui de la naissance de deux mille six cent quatre-vingts enfants. Les pensions dont il a félicité ses amis, toujours en des termes différents, montent à deux millions cent six mille livres ; le chemin qu'il a fait sur le pavé, à neuf mille six cents stades ; celui qu'il a fait dans la campagne, à trente-six. Sa conversation était amusante ; il avait un fonds tout fait de trois cent soixante-cinq contes ; il possédait d'ailleurs, depuis son jeune âge, cent dix-huit apophthegmes tirés des anciens qu'il employait dans les occasions brillantes. Il est mort enfin à la soixantième année de son âge. Je me tais, voyageur; car comment pourrais-je achever de te dire ce qu'il a fait et ce qu'il a vu ? »

MONTESQUIEU.

LETTRES.

PRÉCEPTES DU GENRE.

Une lettre est une conversation par écrit entre personnes absentes. De là cette règle générale qu'on doit écrire comme on parle, pourvu toutefois que l'on parle bien. Peut-être même doit-on mieux parler dans une lettre que dans la conversation, parce qu'on a le temps de choisir ses idées et ses expressions, et de leur donner un tour agréable. Il faut cependant ne jamais s'écarter du naturel, et éviter avec soin les expressions trop pompeuses, les tournures recherchées et tout ce qui sent la contrainte et le travail.

Les sujets que les lettres embrassent sont aussi variés que ceux de la conversation peuvent l'être; cependant ils se réduisent à deux espèces principales, les sujets philosophiques et les sujets familiers.

Les lettres philosophiques traitent en général des questions d'histoire, de morale, de politique, de littérature, de philosophie; elles doivent prendre le ton qui convient aux matières dont elles s'occupent.

Les lettres familières ont pour objet tous les sujets dont il peut être question dans l'usage habituel de la vie, comme conseils, demandes, remercîments, félicitations, condoléances, reproches, excuses, affaires, etc. Le caractère, l'âge, la qualité de la personne qui écrit et de celle à qui la lettre est adressée, les divers rapports qui peuvent exister entre elles, le sujet dont on s'entretient, le temps, le lieu et mille autres circonstances, exigent dans le style des nuances variées à l'infini; celui qui ne sait pas les saisir ne saura jamais écrire. Ainsi un inférieur doit parler en termes respectueux sans s'abaisser; un supérieur ne doit pas faire sentir ce qu'il est; un ami laissera courir sa plume et parler son cœur; on remerciera sans bassesse, on félicitera sans jalousie, on donnera des conseils sans hauteur et sans orgueil, etc.

La réponse devra être analogue, soit pour le fond, soit pour la forme, à la lettre qui la détermine, puisqu'elle est la continuation de l'entretien qu'elle a commencé.

Dans les *lettres de conseils* il ne faut jamais prendre un ton doctoral; il faut, au contraire, y ménager l'amour-propre de celui à qui l'on écrit, et employer, autant que possible, un ton de politesse, de douceur ou de franche amitié.

Le ton des *lettres de demande* doit être modeste et respectueux selon la qualité de la personne à laquelle on écrit; il est essentiel de bien connaître le caractère de cette personne. Il faut quelquefois louer avec finesse, flatter adroitement pour obtenir ce que l'on demande; il est bien aussi de parler de reconnaissance, suivant les circonstances, mais il faut toujours le faire avec noblesse; enfin, il faut dissimuler, autant que possible, l'art qui a présidé à la confection de la lettre.

Dans les *lettres de remercîments*, le cœur doit fournir ce que l'on a à dire; si l'on est sensible, on ne sera jamais embarrassé; c'est dans ces lettres surtout qu'il faut être respectueux sans bassesse, et savoir flatter sans flagornerie.

Les *lettres de félicitations* adressées à un ami sont faciles à écrire; il n'en est pas de même de celles que la bienséance oblige d'écrire à un supérieur ou à un égal: il faut alors savoir rajeunir tous les liens communs dont on doit se servir, comme le mérite de la personne, la justice rendue, etc. Ces lettres doivent être courtes.

Les *lettres de condoléances* exigent un style grave et sérieux; des réflexions touchantes y sont en général bien placées.

Dans les *lettres de reproches* il faut beaucoup de réserve et de prudence, se plaindre avec douceur, blâmer avec égards, justifier ses reproches sans emportement. Des plaintes trop vives et trop amères n'aboutiraient qu'à une rupture ouverte.

Les *lettres d'excuses* peuvent contenir une explication propre à atténuer le fait, un recours aux intentions que l'on a eues, quelquefois un aveu franc et sincère de ses torts, des témoignages de regret, et, suivant les circonstances, une protestation de respect et d'attachement. Surtout il ne faut jamais rougir d'avouer ses torts: dire qu'on se trompa hier, c'est montrer qu'on est plus sage aujourd'hui.

Dans les *lettres d'affaires* il faut dire tout ce qu'il

faut et rien de trop, le dire d'une manière claire, simple et précise. L'esprit et l'enjouement ne peuvent y trouver place. Il faut aussi rejeter avec soin ces tournures étranges, ces expressions barbares et incorrectes qui se trouvent trop souvent dans la correspondance des négociants.

Enfin, les *lettres de nouvelle année* sont dictées par les égards et les ménagements. Devant toujours dire les mêmes choses, elles sont difficiles à faire; le mieux est de souhaiter simplement aux personnes une heureuse année et de leur demander la continuation de leur amitié ou de leurs bontés.

Les *Lettres de Cicéron* sont un modèle du genre. Bayle leur donnait la préférence sur tous les ouvrages de cet illustre écrivain.

Les *Lettres de Sénèque* contiennent de très-belles pensées et d'excellents principes.

Une grande affectation règne dans les *Lettres de Pline* que les gens de goût mettent bien au-dessous de celles de Cicéron.

Les *Lettres de Mme de Sévigné* sont devenues un des monuments les plus précieux de notre littérature; sans y penser, elle a fait un ouvrage charmant. Dans son style plein d'imagination, elle crée presque une langue nouvelle, elle donne aux mots les plus communs une physionomie, une âme; elle jette à tout moment de ces expressions que l'esprit ne fournit pas et qu'un cœur sensible peut seul trouver.

C'est qu'elle écrivait pour sa fille, pour ses amis, et non pour être admirée; c'est que MM. de Grignan, Coulanges, etc., étaient là devant elle, qu'elle causait avec eux, leur racontait pêle-mêle ses pensées et un fait qui l'avait frappée, ses projets et la chronique du jour, qu'elle leur faisait partager toutes les émotions de joie, de tristesse, d'aversion, d'enthousiasme. c'est qu'elle se gardait bien d'effacer une répétition, de corriger une négligence ou même une faute si elles avaient coulé de sa plume, conservant toute la grâce du *laisser-aller*, toute la verve du premier jet.

Les *Lettres de Voltaire* forment le tiers au moins des quatre-vingts volumes composant ses œuvres. Il s'y montre toujours écrivain habile, plein d'esprit et d'une verve moqueuse; mais il y fronde trop ouvertement les choses les plus respectables et les plus saintes. Il s'y trouve, en effet, des lettres nombreuses pleines de haine contre la religion et ses ministres, d'âcreté contre les personnes et les choses qui ne lui plaisent pas, d'injustice envers ses rivaux, et d'injures contre ses ennemis.

Les *Lettres de Racine* sont adressées aux solitaires de Port-Royal qui avaient prétendu que les poëtes tragiques et comiques étaient des empoisonneurs publics. Ces lettres sont de véritables modèles d'une discussion vive, animée, étincelante de plaisanterie et de bon goût.

Mais il ne faut pas prendre au sérieux toutes les prétendues lettres intimes ou au moins particulières qui ont été imprimées. Bien souvent leur auteur n'a eu d'autre correspondant que le public, et c'est à son adresse qu'il écrivait ses lettres. Beaucoup d'écrivains ont choisi cette forme pour la composition de leurs ouvrages. Il nous suffira de citer les fameuses *Lettres provinciales* de Pascal, qui parurent effectivement en forme de lettres, les *Lettres persannes* de Montesquieu;

les *Lettres d'une Péruvienne* de M. de Graffigny; les *Lettres sur l'Italie*, de Dupaty, etc., etc. Les romans, surtout, ont souvent été écrits sous forme de lettres; ainsi la *Nouvelle Héloïse* de J.-J. Rousseau, *Delphine* de Mme de Staël, et tant d'autres plus ou moins célèbres dans ce genre que le plus grand romancier moderne, Walter Scott lui-même, n'a pas dédaigné.

Après tous ces grands modèles le style épistolaire compte encore chez nous plusieurs femmes qui l'ont possédé avec des nuances et des degrés différents. Ainsi les lettres de Mme de Maintenon se distinguent par une spirituelle raison et une correcte élégance; celles de Mme du Deffand par la finesse des observations et par des appréciations presque toujours remplies de tact et de goût; celles enfin de Melle L'Espinasse par la chaleur des sentiments et ce qu'on pourrait appeler la beauté de la passion. Sans offrir des qualités aussi prononcées, les lettres de MM^{mes} de Lafayette, de Villars, de Tencin, méritent encore d'être citées.

On voit que le style épistolaire a surtout été chez nous le domaine des femmes. Cela devait être, puisqu'il exige avant tout du naturel, de l'abandon, une gracieuse simplicité : aussi, nos auteurs les plus célèbres ont-ils dû leur céder la palme de ce concours. Combien sont froides et sèches les lettres de Boileau, de J.-B. Rousseau, mises à côté de celles, je ne dis pas de Mme de Sévigné, mais des autres femmes nommées plus haut! Voltaire, presque seul en France, a pu se faire citer en ce genre auprès d'elles. Grâce à la flexibilité de son esprit, il avait pu acquérir ce que la nature leur avait donné.

C'est à peu près dans les mêmes proportions que le talent épistolaire se trouve réparti chez nous entre les deux sexes. Pour un homme tel que P.-L. Courier, on pourrait citer peut-être vingt femmes de la société qui ne sont point des *femmes de lettres*, et dont les *lettres*, écrites à l'improviste, pourraient les faire nommer sans trop de flatterie galante, les Sévigné du dix-neuvième siècle.

Voiture à Melle de Rambouillet.

Mademoiselle,

Je voudrais que vous m'eussiez pu voir aujourd'hui dans un miroir, en l'état où j'étais. Vous m'eussiez vu dans les plus effroyables montagnes du monde, au milieu de douze ou quinze hommes les plus horribles que l'on puisse voir, dont le plus innocent en a tué quinze ou vingt autres, qui sont tous noirs comme des diables, et qui ont des cheveux qui leur viennent jusqu'à la moitié du corps; chacun deux ou trois balafres sur le visage, et deux pistolets et deux poignards à la ceinture; ce sont les bandits qui vivent dans les montagnes des confins du Piémont et de Gênes. Vous eussiez eu peur sans doute, Mademoiselle, de me voir entre ces messieurs-là, et vous eussiez cru qu'ils m'allait couper la gorge. De peur d'en être volé, je m'en étais fait escorter; j'avais écrit, dès le soir, à leur capitaine, de me venir accompagner, et de se trouver en mon chemin ; ce qu'il a fait, et j'en ai été quitte pour trois pistoles. Mais surtout, je voudrais que vous eussiez vu la mine de mon neveu et de mon valet, qui croyaient que je les avais menés à la boucherie.

Au sortir de leurs mains, je suis passé par des lieux où il y avait garnison espagnole, et là, sans doute, j'ai couru plus de dangers. On m'a interrogé : j'ai dit que j'étais Savoyard ; et, pour passer pour cela, j'ai parlé, le plus qu'il m'a été possible, comme M. de Vaugelas : sur mon mauvais accent, ils m'ont laissé passer. Regardez si je ferai jamais de beaux discours qui me valent tant, et, s'il n'eût pas été bien mal à propos qu'en cette occasion, sous ombre que je suis de l'Académie, je me fusse piqué de parler bon français. Au sortir de là, je suis arrivé à Savone, où j'ai trouvé la mer un peu plus émue qu'il ne fallait pour le petit vaisseau que j'avais pris ; et néanmoins je suis, Dieu merci, arrivé ici à bon port.

Voyez, Mademoiselle, combien de périls j'ai courus dans un jour. Enfin, je suis échappé des bandits, des Espagnols, et de la mer.

Ganganelli à madame ***.

La vraie dévotion ne consiste, ni dans un air négligé, ni dans un habit brun. La plupart des dévotes s'imaginent, et je ne sais pourquoi, que les couleurs obscures plaisent davantage aux esprits célestes, que les couleurs vives. Cependant on nous peint toujours les anges en blanc ou en bleu. Je n'aime point la piété qui s'affiche : la modestie ne dépend point d'une couleur; il suffit qu'on ait de la décence dans ses habits et dans son maintien, pour être comme on doit être.

Observez d'ailleurs que, si quelque femme médit dans une assemblée, paraît acariâtre, en colère contre le genre humain, c'est ordinairement celle qui est en brun. La singularité s'allie si peu avec la vraie dévotion, qu'il nous est ordonné dans l'Évangile de laver notre visage lorsque nous jeûnons, afin de n'être pas remarqués.

Ainsi je suis d'avis, madame, que vous ne changiez rien à la couleur et à la forme de vos habits. Que votre cœur soit à Dieu, que toutes vos actions se rapportent à lui ; et voilà le point principal.

Le monde n'aurait pas tant badiné la dévotion, si les dévôts n'y avaient donné lieu. Presque toujours d'un zèle amer, ils ne sont contents que d'eux-mêmes ; et ils voudraient que chacun s'asservît à leurs bizarreries, parce qu'ils n'ont qu'une piété d'humeur.

Toute personne vraiment pieuse est patiente, douce, humble, ne soupçonne point le mal, ne s'aigrit jamais, et cache les défauts du prochain lorsqu'elle ne peut les excuser. Toute personne vraiment pieuse rit avec ceux qui rient, pleure avec ceux qui pleurent, conformément à l'avis de saint Paul, et n'est sage qu'avec sobriété, parce qu'il faut de la tempérance en toutes choses.

Enfin la vraie dévotion est la charité, et sans elle, tout ce qu'on fait est absolument inutile pour le salut. Les faux dévots ne font guère moins de mal à la religion que les impies mêmes. Toujours prêts à s'enflammer contre ce qui ne s'accorde ni avec leurs opinions, ni avec leur humeur, ils ont un zèle inquiet, impétueux, persécutant, et ils sont ordinairement fanatiques ou superstitieux, hypocrites ou ignorants. Jésus-Christ ne les épargne pas dans l'Évangile, pour nous apprendre à nous en méfier.

Quand vous sentirez, Madame, qu'il n'y a ni rancune dans votre cœur, ni hauteur dans votre esprit, ni singularité dans vos actions, que vous observez enfin les préceptes de Dieu et de l'Eglise sans affectation, sans minutie, alors vous pourrez croire que vous êtes réellement dans la voix du salut.

Surtout, rendez vos domestiques heureux, en vous abstenant de les tourmenter. Ce sont d'autres nous-mêmes, et il faut continuellement alléger leur joug. Le moyen d'être bien servi, c'est d'avoir toujours un visage serein : la vraie piété conserve en tout temps le même calme et la même tranquillité, tandis que la fausse dévotion varie à tout instant.

Entretenez vos nièces selon leur condition, et n'exigez pas d'elles qu'elles fassent précisément tout ce que vous ferez, parce que vous avez un attrait particulier pour la mortification.

Cet article demanderait une lettre entière. On dégoûte souvent les jeunes personnes de la piété, par la raison qu'on leur demande une trop grande perfection, et l'on se lasse soi-même des œuvres de pénitence, lorsqu'on ne sait pas se modérer. La vie commune est la plus sûre, quoiqu'elle ne soit pas la plus parfaite : c'est un parti violent que de vouloir vous interdire toute visite et tout délassement. Prenez garde que votre directeur ne soit trop mystique, et que sa direction ne finisse par vous rendre scrupuleuse, plutôt que bonne chrétienne.

Faut-il donc tant se tourmenter pour embrasser la piété? La religion nous apprend ce qu'on doit croire, ce qu'on doit pratiquer; et il n'y aura jamais un meilleur directeur que l'Évangile. Mêlez la solitude à la société, et faites-vous des connaissances qui ne vous jettent, ni dans la mélancolie, ni dans la dissipation.

Variez vos lectures. Il y en a de récréatives, qu'on peut faire succéder à celles qui sont sérieuses. Saint Paul, en nous donnant des règles pour converser décemment, nous permet de dire des choses qui soient riantes et gracieuses, *quæcumque amabilia*.

On servirait Dieu en esclave, si l'on s'imaginait toujours pécher. Le joug du Seigneur est le plus doux et le plus léger. Aimez Dieu, dit saint Augustin, et faites ce que vous voudrez, parce qu'alors vous ne ferez rien qui ne lui soit agréable, et vous agirez à son égard, comme un fils envers un père qu'il chérit.

Surtout aimez les pauvres, d'autant mieux que vous êtes en état de les secourir. La religion a pour piédestal l'humanité; et si l'on n'est pas charitable, on n'est pas chrétien.

Traduit de l'italien par Caraccioli.

D'Alembert à l'impératrice de Russie.

Il est un lien plus puissant que tous les autres, auquel l'Europe entière doit aujourd'hui l'espèce de société qui s'est perpétuée entre ses membres, le christianisme. Méprisé à sa naissance, il servit d'asile à ses détracteurs, après avoir été si cruellement et si vainement persécuté par eux.

Quelques prétendus esprits forts disent que le christianisme est gênant; c'est avouer qu'on est incapable de porter le joug des vertus qu'il commande. Il est nuisible, ajoutent-ils; c'est fermer les yeux aux avantages les plus sensibles, les plus indispensables qu'il procure à la société. Ses devoirs excluent ceux de citoyen; c'est le calomnier manifestement, puisque le premier de ces préceptes est de remplir les devoirs de son état. Il favorise le despotisme, l'autorité arbitraire des princes; c'est méconnaître son esprit, puisqu'il déclare, dans les termes les plus énergiques, que les souverains, au tribunal de Dieu, seront jugés plus rigoureusement que les autres hommes, et qu'ils paieront avec usure l'impunité dont ils auront joui sur la terre. La foi qu'exige le christianisme contredit et humilie la raison; c'est insulter à l'expérience et à la raison même, que de regarder comme humiliant un joug qui soutient cette raison toujours vacillante, toujours inquiète quand elle est abandonnée à elle-même.

Que deviendrait donc le monde, madame, que deviendraient ceux qui l'habitent, si, par la douceur de ses consolations, par l'attrait de ses espérances, par les compensations inestimables qu'elle offre aux malheureux, la religion n'adoucissait dans cette vie les maux inévitables à chaque individu, et plus encore aux gens de bien! C'est surtout dans l'inégalité des conditions, dans l'inexacte distribution des honneurs et des récompenses, que cette religion fait connaître la douceur de son empire et la sagesse de ses lois, qui tempèrent et réparent autant qu'il est possible les adversités humaines.

Comme l'ordre de la société exige pour son propre soutien de la subordination, de la dépendance, de la fatigue; comme la corruption de l'humanité répand sur le général et sur le particulier des peines, des travaux, des oppressions, des injustices, quel homme pourrait se soumettre aux rigueurs d'un partage si cruel à la nature, sans une lumière qui lui apprend à supporter les amertumes de son sort, sans un contrepoids qui réprime les soulèvements d'une sensibilité trop souvent juste, sans une loi de soumission qui lui fait accepter par des vues surhumaines tout ce qui peut blesser son esprit et révolter son cœur? Le mal du chrétien n'est aux yeux de la foi qu'un mal passager et toujours propre à lui mériter des récompenses éternelles. Le mal du philosophe est un aiguillon pour sa malice, un sujet pour ses révoltes, un serment pour son humeur, un motif d'injustice et d'iniquité.

Par la religion seule les maux cessent d'être ce qu'ils sont; par elle seule, souffrir est un moindre mal que de goûter les douceurs de la vie au préjudice de sa conscience et de ses devoirs; par elle seule l'homme, élevé au-dessus de lui-même, se dérobe en quelque sorte aux mauvais traitements, à la persécution, à l'iniquité, pour se reposer sous ses auspices dans un centre de bonheur et de paix au-dessus de tous les revers.

J.-J. Rousseau à un jeune homme.

Vous ignorez, monsieur, que vous écrivez à un pauvre homme accablé de maux, et, de plus, fort occupé, qui n'est guère en état de vous répondre, et qui le serait encore moins d'établir avec vous la société que vous lui proposez. Vous m'honorez en pensant que je pourrais vous y être utile, et vous êtes louable du motif qui vous le fait désirer; mais sur le motif même, je ne vois rien de moins nécessaire que de vous établir à Montmorency: vous n'avez pas besoin d'aller chercher si loin les principes de la morale.

Rentrez dans votre cœur, et vous les y trouverez; et je ne pourrai rien vous dire à ce sujet, que ne vous dise encore mieux votre conscience, quand vous voudrez la consulter. La vertu, monsieur, n'est pas une science qui s'apprend avec tant d'appareil: pour être vertueux, il suffit de vouloir l'être; et si vous avez bien cette volonté, tout est fait; votre bonheur est décidé.

S'il m'appartenait de vous donner des conseils, le premier que je voudrais vous donner serait de ne point vous livrer à ce goût que vous dites avoir pour la vie contemplative, et qui n'est qu'une paresse de l'âme, condamnable à tout âge, et surtout au vôtre. L'homme n'est point fait pour méditer, mais pour agir; la vie laborieuse que Dieu nous impose n'a rien que de doux au cœur de l'homme de bien qui s'y livre en vue de remplir son devoir, et la vigueur de la jeunesse ne vous a pas été donnée pour la perdre à d'oisives contemplations.

Travaillez donc, monsieur, dans l'état où vous ont placé vos parents et la Providence : voilà le premier précepte de la vertu que vous voulez suivre ; et si le séjour de Paris, joint à l'emploi que vous remplissez, vous paraît d'un trop difficile alliage avec elle, faites mieux, monsieur, retournez dans votre province ; allez vivre au sein de votre famille, servez, soignez vos vertueux parents : c'est là que vous remplirez véritablement les soins que la vertu vous impose.

Une vie dure est plus facile à supporter en province que la fortune à poursuivre à Paris, surtout quand on sait, comme vous ne l'ignorez pas, que les plus indignes manèges y font plus de fripons gueux que de parvenus. Vous ne devez point vous estimer malheureux de vivre comme fait M. votre père ; et il n'y a point de sort que le travail, la vigilance, l'innocence et le contentement de soi ne rendent supportable, quand on s'y soumet en vue de remplir son devoir.

Voilà, monsieur, des conseils qui valent tous ceux que vous pourriez venir prendre à Montmorency; peut-être ne seront-ils pas de votre goût, et je crains que vous ne preniez pas le parti de les suivre; mais je suis sûr que vous vous en repentirez un jour. Je vous souhaite un sort qui ne vous force jamais à vous en souvenir.

Fénélon au duc de Bourgogne.

Enfant de saint Louis, imitez votre père ; soyez, comme lui, doux, humain, accessible, affable, compatissant et libéral. Que votre grandeur ne vous empêche jamais de descendre avec bonté jusqu'aux plus petits, pour vous mettre à leur place ; et que cette bonté n'affaiblisse jamais ni votre autorité ni leur respect. Etudiez sans cesse les hommes ; apprenez à vous en servir sans être lié à eux. Allez chercher le mérite jusqu'au bout du monde; d'ordinaire, il demeure modeste et reculé. La vertu ne perce point la foule; elle n'a ni avidité, ni empressement; elle se laisse oublier. Ne vous laissez point obséder par des esprits flatteurs et insinuants : faites sentir que vous n'aimez ni les louanges ni les bassesses. Ne montrez de la confiance qu'à ceux qui ont le courage de contredire avec respect, et qui aiment mieux votre réputation que votre faveur. Il est temps que vous montriez au monde une maturité et une vigueur d'esprit proportionnées au besoin présent. Saint-Louis, à votre âge, était déjà les délices des bons et la terreur des méchants. Laissez donc tous les amusements de l'âge passé : faites voir que vous pensez et que vous sentez ce qu'un prince doit penser et sentir. Il faut que les bons vous aiment, que les méchants vous craignent, et que tous vous estiment. Hâtez-vous de vous corriger pour travailler utilement à corriger les autres. La piété n'a rien de faible, ni de triste, ni de gêné; elle élargit le cœur, elle est simple et aimable, elle se fait sentir à tous pour les gagner tous. Le royaume de Dieu ne consiste pas dans une scrupuleuse observation des petites formalités; il consiste pour chacun dans les vertus propres de son état. Un grand prince ne doit point servir Dieu de la même façon qu'un solitaire ou qu'un simple particulier. Saint-Louis s'est sanctifié en grand roi. Il était intrépide à la guerre, décisif dans les conseils, supérieur aux autres par la noblesse de ses sentiments; sans hauteur, sans présomption, sans dureté. Il suivait en tout les véritables intérêts de sa nation, dont il était autant le père que le roi. Il voyait tout de ses propres yeux dans les affaires principales. Il était appliqué, modéré, droit et ferme dans les négociations; en sorte que les étrangers ne se fièrent pas moins à lui que ses propres sujets. Jamais prince ne fut plus sage pour policer ses peuples, et pour les rendre tout ensemble bons et heureux. Il aimait avec confiance et tendresse tous ceux qu'il devait aimer; mais il était ferme pour corriger ceux qu'il aimait le plus. Il était noble et magnifique selon les mœurs de son temps, mais sans faste et sans luxe. Sa dépense, qui était grande, se faisait avec tant d'ordre qu'elle ne l'empêchait pas de dégager tout son domaine. Soyez héritier de ses vertus avant de l'être de sa couronne. Invoquez-le avec confiance dans vos besoins; souvenez-vous que son sang coule dans vos vaines, et que l'esprit de foi qui l'a sanctifié doit être la vie de votre cœur. Il vous regarde du haut du Ciel où il prie pour vous, et où il veut que vous régniez un jour avec lui.

Le chevalier de Méré à M. ***.

L'ÉCLAT ET LE FASTE CHEZ LES GRANDS ET CHEZ LES PARTICULIERS.

Vous me demandez, Monsieur, si l'éclat sied bien, et si je vous conseille de l'aimer; il me semble qu'il sied bien aux maîtres du monde, aux princes de la maison royale, aux généraux d'armée, et même aux gouverneurs de provinces; car ce serait une chose de mauvais air, et peu digne de ces personnes qui doivent paraître, que d'aller à petit bruit. Pour ce qui est des particuliers, l'éclat et le faste ne leur servent qu'à s'attirer la haine et l'envie, et qu'à s'incommoder dans leurs affaires domestiques; un train commode et réglé, une dépense honorable et modeste, les fait estimer et les rend agréables : la plus belle action du monde qui se fait par vanité n'est pas louable, celles mêmes qui ne viennent que d'un principe de vertu ne sont pas tout-à-fait heureuses, quand on les peut soupçonner de vanité; mais une action belle et grande, qui se fait en secret, et qu'on n'apprend que par une espèce de révélation, quelle haute estime ne donne-t-elle point, au prix de celles qui se passent à la vue de deux armées !

Pour en revenir aux particuliers, je n'en connus jamais un seul à qui l'éclat et le faste aient réussi. Mais quoi! dira quelqu'un qui se sentira dans l'abondance, c'est le moyen de *le porter de bel air;* et puisqu'il m'est aisé de soutenir cette dépense, à quoi bon voudrais-je épargner du bien qui me serait inutile? On croirait que celui qui tient ce langage est libéral; toutefois, les plus avares que je me souviens avoir vu raisonner de la sorte, sont aussi vains qu'avares; et pour répondre à cet homme qui paraît si libéral, je dis que *le porter du bel air,* comme il entend, c'est se mettre en parade pour attirer les yeux d'un sot sur un sot, et que ce bien qui lui resterait d'une dépense raisonnable serait le seul dont il serait riche, et qui lui rendrait la vie heureuse, s'il avait l'esprit d'en user. Mais ces beaux messieurs plaindraient moins dix mille écus pour se rendre ridicules parmi les honnêtes gens, que dix pistoles pour sauver la vie au plus brave homme de la terre. Je ne puis vous écrire, de la solitude où je suis, que sur de pareils sujets.

A une Mère.

Oui, vous êtes extrêmement malheureuse; le coup qui vous abat, abat les âmes les plus fortes. Ce que la vôtre souffre, il n'y a qu'une mère qui puisse le savoir, et une mère aussi heureuse que vous l'avez été... Non seulement vos amis, mais les personnes même les plus étrangères à votre famille et aux affections maternelles, ont gémi sur votre malheur, et je ne crois pas qu'il y ait dans toute cette province quelqu'un à qui le nom de Sophie n'arrache encore de temps en temps ou une larme ou un soupir. Ceux qui l'ont connue la pleureront toujours, et tant de gens qui sans la connaître entendaient de tous côtés les louanges qu'on lui donnait, ne peuvent en parler sans être attendris. Si jeune, finir si tristement! Rencontrer son dernier jour dans ses plus belles années, et s'éteindre tout-à-coup lorsqu'à peine elle commençait à briller de tout son éclat!...

Avec une fille si accomplie, et un fils que vous-même n'auriez pu souhaiter plus parfait, vous deviez vous regarder comme la plus heureuse des mères, et il n'y avait point de famille si nombreuse ou si florissante qui pût montrer rien de semblable à ce qu'offrait la vôtre dans ces deux enfants. Que dis-je? à présent même, il n'y en a point dont l'orgueil ne s'accrût d'avoir produit un homme semblable à votre fils, ou une fille digne de lui. Oh! que vous étiez vraiement heureuse, puisque, après avoir perdu la moitié de votre bonheur, il vous reste encore de quoi faire celui d'une autre famille! Quelquefois, je vous l'avoue, je croyais apercevoir dans cette seule considération de quoi adoucir vos maux, s'ils étaient de nature à recevoir quelque soulagement, ou si votre âme pouvait écouter d'autres conseils que ceux de la douleur; car enfin, où sont les parents qui ne se contentassent d'avoir pour fils Edouard? Vous-même, tous vos désirs seraient satisfaits, et vos vœux comblés, si vous n'eussiez pas goûté la douceur d'être encore la mère de Sophie.

Tout ce qu'il fallait pour votre bonheur, vous l'avez dans Edouard; ce qui vous fut donné de plus était un surcroît de félicité que vous ne pouviez vous flatter de conserver tojours. Ce fut une méprise plutôt qu'une faveur de la Providence, de vous avoir fait double part d'un bien dont elle est si avare, et prodigué ce qu'elle ménage au petit nombre de ses favoris... Vous ne désireriez rien si vous n'eussiez jamais eu d'autre enfant qu'Edouard, et vous trouveriez en lui tout ce qu'une mère peut demander au ciel... Faut-il donc qu'un bonheur si rare, si réel, dont il ne tient qu'à vous de jouir, soit empoisonné par le rêve d'un bonheur encore plus grand; que, pour un trésor perdu, vous négligiez ceux qui vous restent; qu'un enfant qui n'est plus vous fasse oublier celui qui vous tend les bras; que la mémoire seule de Sophie ait plus de pouvoir sur vous que la présence d'Edouard, et que les larmes dont vous arrosez une cendre inanimée vous rendent insensible à celles que votre fils répand sur vous...?

Vous regrettez votre fille, est-ce pour elle-même ou pour vous? Je veux dire: est-ce elle que vous trouvez malheureuse de n'être plus, ou vous d'être privée d'elle? Quant à vous-même, on ne peut nier que vous n'ayez sujet de vous affliger; mais de fuir toute consolation, de renoncer à la lumière, de vous ensevelir dans votre tristesse, comme une personne que rien n'attache plus à la vie, cela est déraisonnable, injuste, indigne de vous. Car, après tout, le malheur ne vous a frappée que d'un côté, tandis qu'à tout autre égard vous avez tant à vous louer de la fortune et de la nature, que quelqu'un qui ne saurait pas ce qu'elles vous ont ôté, en voyant ce qu'elles vous laissent, aurait de la peine à comprendre de quoi vous les accusez. Quant à votre fille, si c'est elle dont vous déplorez le sort, à cet égard votre douleur trouvera plus d'approbateurs, et tout le monde sera d'accord avec vous pour plaindre Sophie. Cependant, qui peut dire si elle est véritablement à plaindre? Tout ce que nous en savons, c'est qu'elle n'est plus avec nous, qu'elle n'est plus comme nous ; mais, pour décider que de cela seul elle soit misérable, il faut que nous sentions bien notre félicité, que nous soyons bien convaincus d'être parfaitement heureux, et qu'on ne peut l'être séparé de nous, ni autrement que nous. Je ne veux point vous faire ici une énumération sans fin des peines de la vie; mais est-ce à vous d'en regarder la privation comme un malheur, quand vous ne pouvez la supporter, quand vous reconnaissez tous les jours que vous y avez trouvé si peu de douceur mêlée à tant d'amertume? Et fut-il même démontré qu'elle ait été fort heureuse tant qu'elle est restée avec nous, encore faudrait-il être sûr qu'elle l'eût été toujours, pour pouvoir la plaindre de nous avoir quittés. Vous, à qui vos maux paraissent si pesants, vous éprouvez ce dont elle était menacée, et qu'elle pouvait éprouver plus cruellement encore. Elle eût pu perdre une Sophie, sans avoir un Edouard pour la consoler.

COURIER.

Un grand-père à son petit-fils.

Tu m'as demandé dans ta dernière lettre, mon cher Henri, qu'elle était de toutes les qualités la plus essentielle pour faire de bonnes études. Je suis enchanté, mon enfant, de te voir, dans un âge encore si tendre, assez de discernement pour me faire une question de cette importance ; et il paraît que le bon air du collége Bourbon a chassé tout l'enfantillage qui empêchait ta raison de prendre le dessus, lorsque tu étais auprès de ton vieux grand-père. Je vais répondre à ta demande de la manière qui me paraît la moins ennuyeuse pour ta jeune tête, et te mettre sous les yeux les portraits de deux jeunes gens qui ont fait leurs études avec moi, et dont je me plaisais à deviner les différentes nuances de caractère.

Cléophas était vif, brillant ; sa conversation étincelait de finesse et d'esprit ; doué d'une imagination piquante et spirituelle, il lançait à chaque instant dans la conversation de ces mots heureux qui provoquaient notre gaîté ; en un mot, Cléophas était de tous les écoliers le plus aimable et le plus attrayant ; il passait parmi nous pour avoir beaucoup d'esprit, nous allions même jusqu'à lui donner du génie. Par malheur, je ne tardai pas à découvrir que Cléophas n'avait pas l'ombre du bon sens, et je me félicitai de ne m'être pas laissé entraîner par ses dehors brillants. Cléophas, l'âme des jeux, des récréations, se laissait aisément surpasser dans la classe par les jeunes gens bien éloignés d'avoir son esprit et ses moyens ; ne prenant jamais la peine de penser, de réfléchir, sa tête était vide des choses les plus utiles ; enfin, le sémillant Cléophas, croyant en savoir beaucoup plus que ses maîtres, fit de fort mauvaises études ; il languit maintenant dans une mince sous-préfecture, et sa renommée ne dépasse pas les limites de son arrondissement.

Lysippe, au contraire, était loin d'avoir cet extérieur agréable qui séduit et plait tant aux yeux : simple, modeste dans le peu de paroles qu'il nous adressait, il était estimé, respecté même, mais peu recherché; sa conversation, si différente de celle de Cléophas, nous ennuyait, et nous délaissions le savant Lysippe. Je crois encore le voir seul, un Plutarque à la main, relégué sur un modeste banc de bois placé sous les arbres de la cour du collége ; et ne s'occupant pas plus de nous que s'il eut été seul dans l'univers.

Lysippe n'avait pas d'esprit naturel, mais il était profondément instruit. Ayant perdu ses parents fort jeune, il s'était habitué à révérer ses maîtres, à se laisser conduire entièrement par eux, et à regarder comme des oracles tout ce qui sortait de leur bouche. Cette continuelle application à se défier de son propre jugement lui avait donné une certaine timidité sauvage qui éloignait de lui ses camarades, mais qui le faisait aimer de tous ceux qui connaissaient à fond son noble caractère. La Providence bénit les efforts du vertueux Lysippe : les sciences les plus abstraites devinrent pour lui un jeu. Je l'ai souvent surpris, pendant que les élèves étaient profondément endormis, traduisant, à la faible lueur d'une lampe, des caractères hébreux ou chinois, ou suivant des heures entières le cours d'une planète. Son application et surtout sa bonne volonté ont été pleinement récompensées : Lisippe a remporté les premiers prix de l'université, et il fait partie depuis nombre d'années, de notre savante académie.

Tu vois, mon cher enfant, d'après les deux exemples que je viens de te citer, qu'il ne suffit pas d'avoir de l'esprit pour faire de bonnes études, mais qu'au contraire, si l'on n'y joint le bon sens et la volonté d'apprendre, cet avantage devient très-pernicieux. Sois donc toujours soumis, mon bon Henri : laisse-toi guider par le jugement éclairé de tes maîtres, et tu deviendras non-seulement un élève distingué, mais encore un homme utile et recommandable.

Adieu, mon cher Henri.

Le bon Curé.

Au bas de la montagne que j'habite est une espèce de village qui dépend du château. J'y suis descendue aujourd'hui pour la première fois, et j'ai été effrayée de l'horrible misère qui y règne. Représentez-vous des femmes, des enfants presque nus, et couverts de lambeaux si dégoûtants, que je ne pouvais m'empêcher d'en détourner les yeux. J'ai donné le peu que j'avais sur moi; et ces bonnes gens m'ont entourée, m'ont bénie, comme si j'effaçais tous leurs maux, ou que je leur eusse fait de grands sacrifices. Autrefois leur reconnaissance m'aurait causé une joie bien vive; aujourd'hui elle m'attriste : ah ! combien ils doivent être à plaindre, puisqu'un si léger secours les satisfait !

Le curé est venu au-devant de moi; son grand âge, ses cheveux blancs, la bonté qui respire sur son visage, m'ont inspiré de la vénération. Mais quel a été mon étonnement, lorsque je l'ai entendu s'exprimer dans les meilleurs termes? Toutes ses paroles avaient une onction angélique : il ne se servait jamais que des mots les plus simples, et je trouvais toujours que le goût le plus parfait n'aurait pas mieux choisi. Je n'ai pu m'empêcher de paraître surprise qu'on l'eût relégué dans un pays perdu comme celui où il se trouvait.

« J'ai pensé comme vous, Madame, dans ma jeunesse, m'a-t-il répondu en souriant, et alors j'étais toujours agité, un reste d'amour-propre m'abusait. Depuis longtemps j'ai reconnu mon insuffisance; et je me suis convaincu que, particulièrement dans ce hameau, il est des devoirs qui surpassent beaucoup mes faibles moyens. »

Ma sœur, il y a dans sa voix, dans son regard, dans ses discours, un accord de douceur et de piété qui calmait mon âme. J'étais fâchée lorsqu'il cessait de parler, et je l'interrogeais pour l'entendre encore.

« Ici, me dit-il, tous sont également infortunés ; le pauvre ne rencontre que des pauvres. Il faudrait une persuasion vraiment céleste pour parvenir à consoler des hommes qui sont dans l'excès de la misère. — Vos paroissiens sont donc bien à plaindre ! — Oui, Madame, et si, à votre âge, il est possible d'avoir déjà connu le malheur, sûrement il serait adouci par le bien que vous pouvez répandre parmi nous. — Oh oui! ai-je repris, j'ai connu le malheur!.... » A ces mots, l'expression de la pitié parut dans les yeux du bon vieillard; elle avait quelque chose de si affectueux et de si divin, que j'ai été sur le point de lui ouvrir mon âme.

Mme DE SOUZA.

A une jeune Fille.

Que te dirai-je, jeune fille au front serein, au regard calme ou joyeux? Tu es jolie. Est-ce un bien, est-ce un mal? L'avenir te l'apprendra. L'avenir, pauvre enfant! il est gros d'orages que tu ne vois pas, et plus je te contemple, plus je te prends en pitié; car de même que de distance en distance quelques unes des fleurs que tu portes et trouves si riantes et si belles, tes plus riantes illusions t'abandonneront à ton inçu, et lorsqu'il sera trop tard pour les retenir.

Alors le souvenir de ton âge tout fait de joie et d'insouciance; de ton âge qui te donne un bonheur d'autant plus grand que tu ne cherches pas à l'approfondir, sera dans ta vie ce qu'est dans un verre d'eau une goutte d'huile; elle surnage toujours. A trente, à quarante, à soixante ans encore tu regretteras ton adolescence, et tu diras : Que n'ai-je encore quinze ans! Cet âge est celui que la femme ne devrait jamais cesser d'avoir. — Car alors l'amour d'une mère lui suffit, et fut-elle laide, elle est presque jolie de grâce et de fraîcheur.

Car alors nulle émotion n'est émoussée en elle, nulle peine n'est prévue! Oh! n'est-ce pas, jeune fille, que chacune de tes nuits est une nuit de sommeil? que chacun de tes jours est un jour de bonheur?...... et que ton plus grand chagrin ne t'est jamais venu que d'une fête manquée, d'une leçon mal apprise, ou d'une robe déchirée?..... N'est ce pas que des arbres à secouer, des fleurs à effeuiller, des rochers à gravir, des oiseaux pour chanter avec toi, et ta mère pour te bénir le soir, te font des jours dont tu ne comprendras tout le prix que lorsque tu les auras perdus? Oh! garde, garde longtemps ce trésor d'ignorance, dont un monde jaloux te dépouillera, pour qu'il ne soit pas dit qu'une créature humaine puisse traverser ta vie, le bonheur dans les yeux, le sourire sur les lèvres et la vertu dans le cœur. — La vertu, hélas! du moment qu'on te la voudra enseigner, elle s'éloignera de toi. L'éducation de la femme, telle qu'il faut qu'elle soit pour n'être en desharmonie avec aucun des usages de l'ordre social, est un triste composé d'astuce et de légéreté. Et lorsqu'un cri s'échappe de son âme, on s'étonne et l'on blâme. Mais quels que soient les écueils où se vienne heurter et briser une âme douce et vraie, mieux vaut souffrir pour avoir trop cru dans la bonté des hommes, que de vivre en méfiance d'eux toujours; mieux vaut une année de douleur qu'un jour de remords.

Oh! que si je t'avais pour fille, je te garderais du monde! de ce monde dont le souffle ternit tout, alors qu'il ne tue pas! Que je voudrais prolonger ton enfance, tes jeux, et te voir conserver longtemps cette douce gaucherie, première grâce de la jeunesse !

Ceux qui te regardent ne voient que tes yeux brillants, ton front uni comme une glace et ton frais sourire ; mais moi, à qui la vie ouvrit ses sources empoisonnées, à l'âge où tout encore est joie et bonheur, je vois ton front s'assombrir, tes contours gracieux s'amaigrir, et tes yeux se mouiller de ces pleurs qui leur font un cercle bleuâtre, dont les baisers d'une mère ne peuvent effacer la trace. Oui, jeune fille, si tu étais mienne, je ne te conduirais pas dans les bals et les fêtes ; je n'apâlirais point sous des guirlandes de fleurs ton front de seize ans ; je ne t'exposerais pas à ces regards qui enseignent à rougir, à ces mots qui, se glissant dans le cœur, comme le ver dans le bouton de rose, y font germer la mort avant que la vie y soit développée. Je n'apprendrais pas à ta bouche à dire non, quand ton cœur dirait oui. Je ne façonnerais pas ton âme pure et confiante à tous les vices, pour lui donner tous les semblants de la vertu. Je ne te dirais pas surtout : « tu es belle, ma fille ; et le monde te regarde ! »

Je te ferais pieuse et craintive, franche et dévouée ; je t'apprendrais à croire le bien plutôt que le mal, et à beaucoup pardonner. Puis, chaque soir, quand à mes genoux tu ferais ta prière, j'ajouterais bien bas : « Mon Dieu ! épaississez autour d'elle le nuage qui lui cache le monde ! »

Mme Mélanie WALDOR.

Napoléon au Prince Régent d'Angleterre.

Rochefort, le 13 juillet 1815.

Altesse Royale,

En butte aux factions qui divisent mon pays, et à l'inimitié des plus grandes puissances de l'Europe, j'ai terminé ma carrière politique, et je viens, comme Thémistocle, m'asseoir aux foyers du peuple britannique. Je me mets sous la protection de ses lois, que je réclame de Votre Altesse Royale, comme du plus puissant, du plus constant, et du plus généreux de mes ennemis.

Marie Antoinette à Mme Élisabeth.

C'est à vous, ma sœur, que j'écris pour la dernière fois.

Je viens d'être condamnée, non pas à une mort honteuse (elle ne l'est que pour les criminels), mais rejoindre votre frère. Comme lui, innocente, j'espère montrer la même fermeté que lui dans ses derniers moments. Je suis calme comme on l'est quand la conscience ne reproche rien.

J'ai un profond regret d'abandonner mes pauvres

enfants. Vous savez que je n'existais que pour eux et vous, ma bonne et tendre sœur, vous qui avez, par votre amitié, tout sacrifié pour être avec nous. Dans quelle position je vous laisse!

J'ai appris, dans le plaidoyer même du procès, que ma fille était séparée de vous. Hélas! la pauvre enfant! je n'ose pas lui écrire : elle ne recevrait pas ma lettre : je ne sais pas même si celle-ci vous parviendra.

Recevez pour eux deux ici ma bénédiction. J'espère qu'un jour, lorsqu'ils seront plus grands, ils pourront se réunir à vous, et jouir en entier de vos tendres soins. Qu'ils pensent tous deux à ce que je n'ai cessé de leur inspirer, que les principes et l'exécution exacte de ses devoirs sont les premiers biens de la vie; que leur amitié et leur confiance mutuelle en feront le bonheur. Que ma fille sente qu'à l'âge qu'elle a, elle doit toujours aider son frère par les conseils que l'expérience qu'elle a de plus que lui et son amitié pourront lui inspirer.

Que mon fils, à son tour, rende à sa sœur tous les soins, tous les services que l'amitié peut inspirer. Qu'ils sentent que, dans quelque position qu'ils puissent se trouver, ils ne seront vraiment heureux que par leur union. Qu'ils prennent exemple de nous. Combien, dans nos malheurs, votre amitié nous a donné de consolations! Et dans le bonheur, on jouit doublement quand on le partage avec un ami : et où en trouver de plus tendres que dans sa famille?

Que mon fils n'oublie jamais les derniers mots de son père, que je lui répète expressément : Qu'il ne cherche jamais à venger notre mort.

J'ai à vous parler d'une chose bien pénible à mon cœur. Je sais combien cet enfant doit vous avoir fait de peine. Pardonnez-lui, ma chère sœur ; pensez à l'âge qu'il a, et combien il est facile de faire dire à un enfant ce qu'on veut, et même ce qu'il ne comprend pas. Un jour viendra où il n'en connaîtra que mieux tout le prix de votre bonté et de votre tendresse pour tous deux.

Il me reste à vous confier ma dernière pensée : j'aurais voulu vous écrire dès le commencement du procès ; mais outre qu'on ne me laissait pas écrire, la marche en a été si rapide, que je n'en aurais réellement pas eu le temps.

Je meurs dans la religion catholique, apostholique et romaine, dans celle de mes pères, dans celle où j'ai été élevée, et que j'ai toujours professée.

N'ayant aucune consolation spirituelle à attendre, ne sachant pas s'il existe encore ici des prêtres de cette religion, et même le lieu où je suis les exposant trop, s'ils y entraient une fois, je demande sincèrement pardon à Dieu de toutes les fautes que j'ai pu commettre depuis que j'existe. J'espère que, dans sa bonté, il voudra bien recevoir mes derniers vœux, ainsi que ceux que j'ai faits depuis longtemps pour qu'il veuille bien recevoir mon âme dans sa miséricorde et sa bonté.

Je demande pardon à tous ceux que je connais, et à vous, ma sœur, en particulier, de toutes les peines que, sans le vouloir, j'aurais pu vous causer.

Je pardonne à tous mes ennemis le mal qu'ils m'ont fait.

Je dis ici adieu à mes tantes et à tous mes frères et

sœurs. J'avais des amis : l'idée d'en être séparée pour jamais, et leurs peines, sont un des grands regrets que j'emporte en mourant ; qu'ils sachent que, jusqu'à mon dernier moment, j'ai toujours pensé à eux.

Adieu, ma bonne et tendre sœur; puissé-je mériter vos regrets ! Pensez toujours à moi. Je vous embrasse de tout mon cœur, ainsi que ces bons et chers enfants. Mon Dieu ! qu'il est déchirant de les quitter pour toujours !

Adieu ! adieu ! je ne vais plus m'occuper que de mes devoirs spirituels. Comme je ne suis pas libre de mes actions, on m'amènera peut-être un prêtre ; mais je proteste ici que je ne dirai pas un mot, et que je le regarderai comme un être absolument étranger.

Ce 16 octobre 1793, à quatre heures et demie du matin.

FIN DU SECOND ET DERNIER VOLUME.

TABLE DES MATIÈRES

CONTENUES DANS LE SECOND VOLUME.

Préface................................. 1

Religion, Morale et Philosophie.

Préceptes du genre...................... 13
Influence de l'instruction sur les mœurs. Droz. . 16
Influence de l'étude des lettres. Fontanes. ... 18
Des Plaisirs du travail. Tissot............. 20
Des Plaisirs de l'étude. Mme de Staël...... 21
Avantages de l'étude dans les différents âges de la vie. Jules Taulier................. 23
De la Reconnaissance due par les jeunes gens à leurs maîtres. *Le même*................ 28
De la reconnaissance envers nos parents. *Le même*................................. 30
Des Plaisirs des sens et des Plaisirs du cœur. Laromiguière........................ 33
Conseils à un jeune homme. Suard........ 35
De l'Art d'être heureux. Auger............ 38
Des Principaux éléments du bonheur. Jullien. . 40
La Liberté dans le monde. Jules Taulier. ... 42
De l'Emploi du temps dans la jeunesse. Thurot. 46

Les Jeunes gens corrompus de bonne heure sont inhumains et cruels; le jeune homme sage jusqu'à vingt ans est le meilleur et le plus aimable des hommes. J.-J. ROUSSEAU. 48
Du Remords et de la Conscience. CHATEAUBRIAND. 49
Rapidité de la vie. BOSSUET. 50
Tout ne meurt pas avec nous. MASSILLON. 52
La perte d'un ami. DE MAISTRE. 54
Du désir d'une autre vie. MASSILLON. 55
Le petit nombre des élus. *Le même.* 57
L'Établissement du Christianisme. LAMENNAIS. . 59
Les Rogations. CHATEAUBRIAND. 60
L'Évangile. J.-J. ROUSSEAU. 63
Révolutions du Globe. CUVIER. 64
De la Chûte de l'Empire romain. GUIZOT. . . . 67
Dignité de l'homme. BUFFON. 70
Le Spiritualisme et l'école expérimentale. FRED. TAULIER. 71
Le Droit naturel et le Droit positif. *Le même.* . . 74
La Justice. *Le même.* 77
L'Oubli et l'Abandon des pauvres. BOURDALOUE. 79
La Dureté envers les indigents. MASSILLON. . . . 80
Même sujet. L'Abbé POULLE. 82
De la bonté envers les serviteurs. BILLECOQ. . . 85
Des Anciennes réunions de famille. CHATEAUBRIAND. 86
De l'Amour de la terre natale. BERNARDIN DE ST-PIERRE. 89
Amour de la maison paternelle. ALIBERT. 90
La Retraite essentielle au travail. LA HARPE. . . 92
La solitude pour l'homme de génie, pour le sage, THOMAS. 93

Bonheur de l'obscurité. BERNARDIN DE SAINT-
   PIERRE. 93
La Vie champêtre. BERGASSE. 95
Avis d'un père proscrit à sa fille. CONDORCET. . 97
De l'Économie. J.-B. SAY 104
De la force d'âme. NICOLE. 106
De l'Irrésolution. JULLIEN. 107
De l'Égoïsme. LACRETELLE, aîné. 109
L'Amour-Propre. PASCAL. 110
Même sujet. NICOLE. 112
De la Volonté. JOUFFROY. 114
Le Suicide. J.-J. ROUSSEAU. 117
Le Duel. *Le même.* 119

Morceaux lyriques.

Préceptes du genre. 122
La Piété. DE LAMENNAIS. . . . . *Ib.*
Nécessité de la prière. *Le même.* 123
L'Exilé. *Le même.* 125
Le Nègre. FONTAN. 127
La jeune fille et sa mère. LAMENNAIS. 129
Chants funèbres sur la mort d'une jeune fille.
   ANNA-MARIE. 131
Dernier Chant de Cymodocée. CHATEAUBRIAND. 135
Dernier Chant de Corinne. Mme DE STAEL. . . . 136

Discours et Morceaux oratoires.

Préceptes du genre. 140
Union de la philosophie et de l'éloquence.
   D'AGUESSEAU. 146

Exorde de l'oraison funèbre de la reine d'Angleterre. BOSSUET. 148
Exorde de l'oraison funèbre de Turenne. FLÉCHIER. 150
Exorde d'un sermon de Bridaine. 154
Péroraison de l'éloge funèbre de Condé. BOSSUET. 156
Péroraison de l'éloge de Marc-Aurèle. THOMAS. 158
Le maréchal de Biron à ses juges. MÉZERAY. ... 161
Le maréchal de Biron à Henri IV. *Le même*. .. 162
Jacques Molay à ses juges. *Le même*. 164
La Récluse aux archers qui veulent lui enlever sa fille. V. HUGO. 165
Renault aux principaux conjurés. ST-RÉAL. ... 167
L'Ombre de Fabricius aux Romains. J.-J. ROUSSEAU. 171
Eloge de Cuvier. DE JOUY. 172
Exhortation à l'étude des sciences naturelles. LACÉPÈDE. 174
Avantages de la lecture. JULES TAULIER. 177
Avantages de la famille. FRED. TAULIER. 182
Le général Bonaparte à l'armée d'Italie. 184
Napoléon à ses soldats après la bataille d'Austerlitz. 186
Dernière instruction de Moïse aux enfants d'Israël. BERRUYER. 188
Mirabeau à ses accusateurs. 190
L'Éloquence chez les peuples sauvages. MARMONTEL. 191

Dialogues.

Préceptes du genre. 195
Œdipe et Antigone. BALLANCHE. 200

Le connétable de Bourbon et Bayard. Fénélon. 207
Argan et Béralde. Molière. . . . . . , ... 211
Harpagon, Valère et maître Jacques. *Le même.* . 218
Gennaro, dona Lucrezia. V. Hugo. 227

Contes et Narrations.

Préceptes du genre. 233
Les deux destinées. *(Papillotes)*. 235
La tête de mort. Vicomte Walsh. 238
Le chapeau. *Le même.* 243
Le Bourreau de Versailles. *(l'Entr'acte)*. . . . 245
Les Lapins de Portugal. *(Ibid)*. . . . . - 248
Mieux que ça ou l'Empereur et le Sergent. . . . 251
Le dîner dans la cour. Lebel. 253
La cuiller d'argent. *Le même.* 255
Une Aventure de P.-L. Courier en Calabre. P.-
   L. Courier. 256
La mort d'Alexandre. Bossuet. 260
Mort de Henriette d'Angleterre. *Le même.* . . . 262
Mort de Turenne. Mascaron. 264
Mort de Mirabeau. J. Janin. 265
Mort d'André Chénier. A. Filon. 270
Naufrage et mort de Virginie. Bernardin de St-
   Pierre. 273
Bataille de Hastings. Aug. Thierry. 277
Bataille de Rocroi. Bossuet. 280
Bataille de Naseby. Guizot. 283
Bataille d'Aboukir. Norvins. 286
Incendie de Moscou. Ph. de Ségur. 289
Incendie de la flotte turque à Ténédos. Pouque-
   ville. 292

Passage des Alpes par François 1er. GAILLARD. . 295
Passage du mont Saint-Bernard. SALVANDY. . . 296
Combat d'un gladiateur. A. GUIRAUD. 299
Calme au milieu de l'Océan. MARMONTEL. . . . 303
La Lionne reconnaissante. RAYNAL. 305
L'Abbé de l'Épée et ses élèves. 308

Fables.

Le Lapin de La Fontaine. Le Prince DE LIGNE. . 311
Le Singe. FÉNÉLON. 313
Le Colibri et l'Oiseau-Mouche. 315
La Goutte d'eau et la Fontaine. L'abbé BLAN-
    CHET. *Ib.*
Les Abeilles. FÉNÉLON. 316
Le Renard et la Fourmi. MEISSNER. 318
La Brebis. LESSING. . . . . *Ib.*
Le Lierre et le Thym. PFEFFEL. 319
Le Ver luisant. *Le même.* 320
La Grue blessée. KLEIST. . . . . *Ib.*

Allégories.

La Nuit du nouvel an d'un malheureux P.-F.
    RICHTER. 323
Le Pardon. L'abbé GERBET. 326
L'Espérance. CHATEAUBRIAND. 327
Le Rocher et les deux Voyageurs. DE LAMENNAIS 328
L'Académie silencieuse. L'abbé BLANCHET. . . 329
Le Voyageur et le Palais. KERATRY. 331
La Mort. CHATEAUBRIAND. 335
Le Séjour du temps. DE LA BAUME. . . . . . . *Ib.*

Le Berger et le Troupeau. LA BRUYÈRE. 338
La France. DE MARCHANGY. . . . . *Ib.*

Tableaux et Descriptions.

Préceptes du genre. 341
Le Cèdre du Liban. LÉON GOZLAN. 345
Marie-Antoinette à la conciergerie. J. JANIN. . . 350
L'Amour maternel. ALIBERT. 355
Les Tombeaux aériens. CHATEAUBRIAND. 356
Les Tombeaux. BERNARDIN DE ST-PIERRE. . . . 357
Félicité des Rois justes dans les Champs-Elysées.
    FÉNÉLON. 359
Les Invalides aux pieds des autels. NECKER. . . 363
Prière du soir à bord d'un vaisseau. CHATEAU-
    BRIAND. 364
L'imitation. A. DE LA TOUR. 366
Les quatre âges. LACÉPÈDE. 367
Le Spectacle d'une belle nuit dans les déserts du
    Nouveau-Monde. CHATEAUBRIAND. 376
Lever du Soleil. J.-J. ROUSSEAU. 377
L'Orage. BARTHÉLEMY. 378
Les Forêts agitées par le vent. BERNARDIN DE ST-
    PIERRE. 379
L'Ouragan des Antilles. RAYNAL. 381
Une Tempête. DE LAMARTINE. 382
Le Tocsin. MICHEL RAYMOND. 385
L'Orage infernal. ROSSEW ST-HILAIRE. 386
Le Pont du diable. *Le même.* 388
Les Nuages. BERNARDIN DE ST-PIERRE. 390
Les Forêts et les Habitants des régions glaciales.
    LACÉPÈDE. 392

Les Ruines de Palmyre. Volney. 394
Les Déserts de l'Arabie Pétrée. Buffon. 396
Les Salles d'Asile. J. Janin. 397
Coup-d'œil sur l'Espagne. Maréchal Suchet. . . 401
La Cataracte de Niagara. Chateaubriand. . . . 402
Venise. Mme de Stael. 403
Naples. *La même*. 405
Le Tyrol. Mme Bayle-Celnart. 406
Jérusalem. Chateaubriand 408
Même sujet. De Lamartine 410
Rome. Chateaubriand 411
Rome et Carthage. Victor Hugo 414
Paris au xve siècle. *Le même* 416
Versailles. J. Janin 419
Le Vésuve. Mme de Stael. 420
Aspect de l'Allemagne. *La même* 422
Chants des Oiseaux. Chateaubriand 425
Nids des Oiseaux. *Le même*. 426
Le Nid de l'Hirondelle. Ch. Nodier. 428
Le Rossignol. Guénaud de Montbéliard . . . 429
Le Chien. Buffon 432
Le Serpent. Chateaubriand. 434
Le Serpent devin. Lacépède 435
L'Ane. Buffon. 438

Portraits et Parallèles.

Préceptes du genre. 441
Portraits littéraires 444
Eschyle, Sophocle, Euripide. Barthélemy. . . *Ib*.
Horace. De Fontanes. 450
Tacite. Thomas. 451

DES MATIÈRES. 585

Montaigne. VILLEMAIN. 454
Corneille et Racine. FONTENELLE. 457
Même sujet. LA BRUYÈRE 459
Racine et Voltaire. LA HARPE. 461
Bossuet Orateur. THOMAS. 463
Bossuet Historien. CHATEAUBRIAND 466
Bossuet et Fénélon. LA HARPE 467
Bourdaloue. L'abbé MAURY 468
Fléchier. THOMAS. 471
Massillon. D'ALEMBERT 472
Molière et La Fontaine. CHAMFORT. 474
Châteaubriand et Lamartine. J. JANIN. 475
PORTRAITS HISTORIQUES 478
Les Grecs, les Romains. . . . . *Ib.*
Les Carthaginois et les Romains. MONTESQUIEU. 481
Alexandre. *Le même* 483
Charlemagne. *Le même*. . . . . , ... 484
Charlemagne et Napoléon. VILLENAVE. 486
Saint Louis. FÉNÉLON. 491
Cromwell. VICTOR HUGO. 493
Saint Vincent de Paul. MAURY. . . . . . , . . . 494
Turenne et Condé. BOSSUET. 496
Sully et Colbert. THOMAS. 498
Les Nations modernes. CHATEAUBRIAND. 502
Mirabeau. V. HUGO. 504
Napoléon. NORVINS 506
Même sujet. SALVANDY. 507
L'Empereur Alexandre. LOUIS BLANC 510
PORTRAITS MORAUX 512
Le Prêtre. DE LAMARTINE. . . . . *Ib.*
Même sujet. DE LAMENNAIS 517
Le Curé de campagne. L'abbé DE BOISMONT. . . 519

Le Souverain. La Bruyère 521
Le Vétéran poète. G. Drouineau 524
La Gloire et la Réputation. Cousin 525
L'Ambition. Massillon . . . . , ... 527
L'Esprit. D'Aguesseau 529
Même sujet. Mme Simons-Candeille 530
Le Fat. Desmahis 572
Le Courtisan. La Bruyère 533
Le Fantasque. Fénélon 535
La Médisance. Massillon 538
L'Avarice. *Le même*. 540
L'Homme qui a la manie des visites. Montesquieu. 542

Lettres.

Préceptes du genre . . . , ... 544
Voiture à Mlle de Rambouillet. 550
Ganganelli à Mme ***. 551
D'Alembert à l'Impératrice de Russie. 555
J.-J. Rousseau à un jeune homme. 557
Fénélon au duc de Bourgogne. 559
Le chevalier de Méré à M. ***. 561
A une Mère. Courier 562
Un grand-père à son petit-fils. 566
Le bon Curé. Mme de Souza. 568
A une jeune Fille. Mme Mélanie Waldor. . . . 570
Napoléon au Prince Régent d'Angleterre. . . . 573
Marie Antoinette à Mme Élisabeth. . . . . . . *Ib.*

FIN DE LA TABLE

ON TROUVE CHEZ LES MÊMES LIBRAIRES,

THÉORIE RAISONNÉE DU CODE CIVIL, par M. J. Frédéric Taulier, Professeur à la Faculté de droit, chevalier de la Légion-d'Honneur.

Les tom. 1, 2 et 3, sont en vente, le 4me est sous presse. Le prix du volume est de 8 fr.

NOUVELLES INSTRUCTIONS RAISONNÉES SUR LE SYSTÈME MÉTRIQUE, par M. Mathieu, Sous-Inspecteur des écoles primaires, un fort vol. in-18 (*sous presse*).

NOUVEAU TARIF POUR LE CUBAGE DES BOIS, un vol. in-18 (*sous presse*).

PETITE HISTOIRE DU DAUPHINÉ, à l'usage des écoles primaires, élémentaires et supérieures, 2me édition, revue et augmentée, un fort vol. in 18 (*sous presse*).

La première édition tirée à 3000 exemplaires a été épuisée immédiatement.

ABRÉGÉ DE L'HISTOIRE SAINTE à la portée du jeune âge, par Jules Taulier, chef d'institution près Grenoble, un vol. in-18, cartonné.

Le même ouvrage orné d'un grand nombre de gravures dans le texte, un vol. grand in-12, cartonné.

PRINCIPES DE LITTÉRATURE, d'après l'Académie, un vol. in-18, cartonné. Prudhomme, imprimeur-éditeur, rue Lafayette, 14. Prix 75 cent.

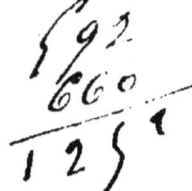

www.ingramcontent.com/pod-product-compliance
Lightning Source LLC
Chambersburg PA
CBHW070328240426
43665CB00045B/1209